DUMONT
Reise-Taschenbuch

london

Annette Kossow

Senkrechtstarter

Alle Lebensstränge der Stadt laufen am schönen Trafalgar Square zusammen. Er ist eine Schnittstelle der lärmenden Metropole und zugleich ihr Ruhepol. Nur einen Steinwurf vom Trubel entfernt gibt es – typisch für London – auch stillere Ecken. Die vom Platz abgehenden Straßen haben alle ihr Thema: Die Mall führt zum Königspalast, Whitehall mit Ministerien und Instituten zu den Houses of Parliament, Northumberland Avenue zum Fluss, ohne den es die Stadt wohl nicht geben würde.

Überflieger

Forever Punk, forever young

Camden Town

Somerstown

Königliches Jagdgebiet? 400 Hektar Erholung

Regent's Park

Bahnhof mit Wow-Effekt

St Pancras

Bloomsbury

8.000.000 Kunstobjekte unter einem Dach

British Museum

Little Venice

Boote, Boote, Boote

Marylebone

Hübsch und gepflegt

Shop till

Bayswater

Paddington

Soho · So schmeckt China

Rauf aufs Kistchen und losreden · Speaker's Corner

Mayfair

Piccadilly Circus

Eros oder Engel? Hauptsache Liebe!

Ein Turm? Ein Wahrzeichen!

Baden, rudern, picknicken. Oder nur die Füße kühlen?

Ist die Queen da?

St James's

Hyde Park

Big Ben

Knightsbridge

Buckingham Palace

Houses of Parliament

Hochelegant

Spielplatz der Reichen und Schönen

Blöken hier die Schafe? Nein, hier wird regiert ...

Belgravia

Westminster

Brompton

Chelsea

Pimlico

MI6

Dem britischen Geheimdienst auf der Spur

London — mal eben drüberfliegen, über Wahrzeichen und Wolkenkratzer an der Themse, über schicke alte Viertel und neue Szene-Hotspots im Süden und Osten.

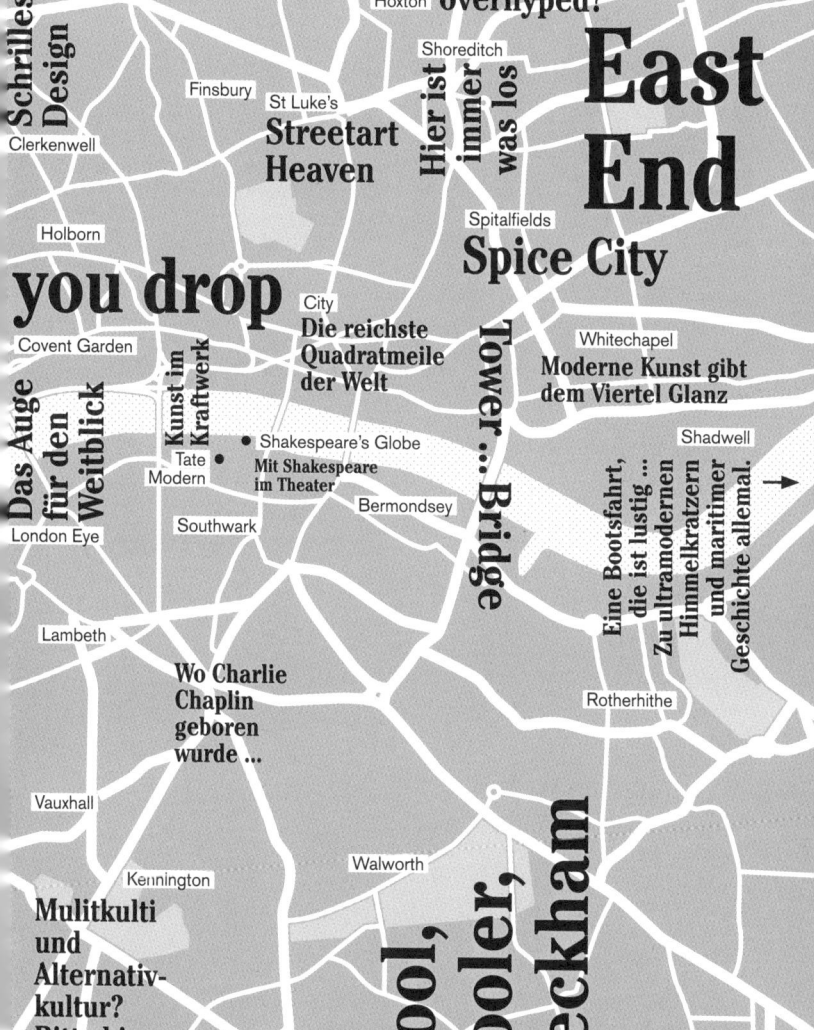

Pentonville

Hoxton **overhyped?**

Shoreditch

Hier ist immer was los

East End

Schrilles Design

Finsbury

St Luke's

Streetart Heaven

Clerkenwell

Spitalfields

Spice City

Holborn

you drop

City
Die reichste Quadratmeile der Welt

Covent Garden

Whitechapel

Moderne Kunst gibt dem Viertel Glanz

Das Auge für den Weitblick

Kunst im Kraftwerk

Shakespeare's Globe

Tower ... Bridge

Shadwell

Tate Modern

Mit Shakespeare im Theater

Bermondsey

London Eye

Southwark

Eine Bootsfahrt, die ist lustig ... Zu ultramodernen Himmelkratzern und maritimer Geschichte allemal.

Lambeth

Wo Charlie Chaplin geboren wurde ...

Rotherhithe

Vauxhall

Kennington

Walworth

Cool, cooler, Peckham

Mulitkulti und Alternativ-kultur? Bitte hier entlang.

Peckham

Brixton

Kreuz und quer

Die Weltstadt aus Dörfern — Ein liebenswerter und chaotischer Moloch, in dem scheinbar nichts, aber dann doch alles funktioniert.

Go with the flow

London ist laut und bunt, immer in Eile. Lassen Sie sich darauf ein. Und bleiben Sie um Himmels willen nicht links auf der Rolltreppe stehen. Knapp 9 Mio. Einwohner leben in der Themsemetropole, rund 300 verschiedene Sprachen werden hier gesprochen. Gibt es den typischen Londoner, die typische Londonerin? Nein. Multikulti bestimmt den Alltag und so lange man sich nicht auf die Füße tritt, ist alles okay.

Wo ist die Stadtmitte?

Der schöne, verkehrsberuhigte Trafalgar Square, leicht zu erreichen, ist für Besucher und Locals gleichermaßen ein zentraler Treffpunkt in der Stadt. Von hier aus können Sie in jede Richtung ausschwärmen. Westminster und das West End bieten Ihnen die typischen Postkartenmotive, die Sie noch aus dem Schulbuch kennen. Ja, hier sind Sie definitiv mitten in der Stadt.

Gar nicht brutal

Lassen Sie sich nicht vom Äußeren abschrecken. Das Southbank Centre im Stil des Brutalismus ist großartig. Hier ist immer was los: Konzerte in der Royal Festival Hall, Kunst in der Hayward Gallery oder Schauspiel im National Theatre nebenan. Auch sonst ist es ein Treffpunkt von Jung und Alt.

London besteht aus zahllosen Dörfern, die irgendwann zusammengewachsen sind. Die Londoner definieren sich ganz stark über ihren Postcode. »South of the river« ist für Nordlondoner schon per se völlig indiskutabel, Westlondon, insbesondere am Fluss oder am Park, bedeutet Geld, das East End hingegen ist jung und angesagt.

Cool, cooler – Peckham

Urbane Trends erwecken immer neue Stadtteile zu hippem Leben. Erst schießen schicke Lokale, dann Galerien aus dem Boden, schließlich die Mieten in die Höhe. Derzeit hat Peckham enorme Anziehungskraft. Frank's Cafe dort auf dem Dach eines Parkhauses ist genial – mit tollem Blick auf die Stadt.

Ein Pint im Pub

Das Beste an London sind die Pubs, klare Sache. Am Abend in einen urgemütlichen Pub einzukehren und die Eindrücke vom Tag bei einem kühlen Pint Revue passieren zu lassen – was kann es Schöneres geben?

Stadtführung mit der Autorin

Oft kann man gar nicht so schnell gucken, wie sich in London Stadtansichten oder ganze Viertel verändern. Alles ist in Bewegung. Kommen Sie mit mir mit. Ich zeige Ihnen mein London und wir entdecken zusammen Ihres. Ich bin gespannt darauf, von Ihnen zu hören: annettekossow123@gmail.com.

Nach Greenwich oder zum grünen Hampstead Heath zieht's am Wochenende auch die Londoner.

Und welche ist Ihre Lieblingsbrücke?

Mit der Themse begann alles, sie bildete schon zur Zeit der Römer die Lebensader der Stadt. Zur urbanen Flusslandschaft gehören untrennbar die Brücken. Sie bieten traumhafte Ausblicke, die Londoner lieben sie. Viele haben eine Lieblingsbrücke, von der aus sie das Panorama gern genießen. Ein Prachtstück ist die Millennium Bridge, die von der Tate Modern direkt auf St Paul's Cathedral zuführt. Ausgesprochen hübsch ist auch die 1873 eröffnete Albert Bridge, die Chelsea und Battersea verbindet. Ich persönlich bin ein Fan der Golden Jubilee Bridges. Bei Dunkelheit muten ihre angeleuchteten Streben wie Wasserfontänen an. Vielleicht schließen ja auch Sie eine der Themsebrücken besonders ins Herz.

Inhalt

Vor Ort

Westminster, St James's und Mayfair 34

Die Millennium Bridge führt in gerader Linie auf die St Paul's Cathedral zu.

West End und Marylebone 62

Bloomsbury, Holborn und Clerkenwell 90

Südlich der Themse 208

Außerhalb des Stadtzentrums 226

Das Kleingedruckte

Das Magazin

Stadtlandschaften

Sage mir, wo du lebst — und ich sage dir, wer du bist. Das gilt in London ganz besonders. Doch die urbanen Strukturen sind in stetigem Wandel begriffen.

City und Westminster

Täglich strömen 400 000 Menschen zur Arbeit in die **City,** die als die reichste Quadratmeile der Welt gilt. Hier werden in den Banken und Börsen Milliarden umgewälzt. Optische ›Landmarken‹ sind St Paul's Cathedral, der Tower of London und die ultramodernen Bauriesen. **Westminster** ist von jeher mit dem Königshaus, der Kirche und dem Parlament verbunden. Westminster Abbey, die Houses of Parliament und Whitehall, die Prachtstraße der Ministerien, bilden den historischen Gegenpol zur City. Whitehall trifft auf den Trafalgar Square. Über ihn und Charing Cross verlaufen die großen Schneisen Strand und Fleet Street, die Westminster mit der City verbinden.

West End

Das West End mit seinen repräsentativen Straßenachsen und Plätzen ist der Inbegriff von Kultur und Konsum: Hier finden Sie Einkaufsstraßen wie Regent Street oder Oxford Street und unzählige Theater und Kinos. Um den Leicester Square drängen sich die wuseligen Stadtquartiere von **Soho, China-town** und **Covent Garden**: kleinteilig, vollgestopft, lebendig. **Mayfair** und **St James's** hingegen sind noble und in alten Traditionen verhaftete Gegenden. Hier wird die feine, britische Lebensart zelebriert. Die besten Hotels der Stadt, teure Restaurants, elegante Läden der Luxusklasse und wichtige Kunstgalerien prägen das Bild.

Im Westen

In den Stadtvierteln Knightsbridge, Chelsea, Belgravia und **South Kensington** südlich von Hyde Park und Green Park bis hin zur Themse schlendern Sie durch überaus elegante klassizistische Straßenzüge, durchmischt mit repräsentativen Backsteinbauten. Hochelegant ist **Belgravia** mit seinen riesigen Stadtvillen, säulengeschmückten, cremefarbenen Hausreihen, Botschaften und Konsulaten, die um Squares mit Gartenanlagen liegen. **Knightsbridge** ist ein Shopping-Hotspot. Rund um den Sloane Square in **Chelsea** und die Brompton Road herrscht ein anregendes Gemisch aus teuerster Wohnlage, edlen Geschäften und ruhigen Nebenstraßen.

In **Notting Hill** nordwestlich vom Hyde Park ließen sich in den 1960er-Jahren vor allem Einwanderer aus der Karibik nieder. In den 1980er-Jahren gentrifiziert, bestimmen heute angesagte Lokale und Boutiquen das Bild. Berühmt sind die Portobello Road mit ihrem Straßenmarkt und der Notting Hill Carnival.

Im Osten

Das **East End** machte die größte Metamorphose durch: Neue Hochhausbauten der City rückten den Arbeiter- und Einwandererquartieren von **Whitechapel, Spitalfields** und **Shoreditch** auf die Pelle. Als junge Künstler mit Ateliers, Designerläden, Galerien nachrückten, wurde das Gemenge immer kontrastreicher: Neben den alten Sozialbauten, in denen Bangladescher leben, und der indisch-pakistanisch geprägten Brick Lane prunken coole Hotels und der Boxpark mit Pop-up-Shops und -Lokalen. Die derzeit angesagtesten Viertel sind **Stoke Newington, Dalston** und jüngst auch **Walthamstow.**

Jenseits der Themse

Die Südseite der Themse beeindruckt mit ihrer Promenade am Fluss. Die Kultur- und Kunstmeile umfasst u. a. das Southbank-Kulturzentrum, die Tate Modern, das Globe Theatre und den 309 m hohen Shard, der mit dem alten Borough Market, der Southwark Cathedral und der buchstäblich schrägen City Hall zu einer fröhlichen Mischung zusammengewachsen ist. Gegenden wie **Brixton** und **Peckham** sind vor allem durch multikulturelles Leben und Alternativkultur geprägt.

Außerhalb des Zentrums

Der hoch gelegene Stadtteil **Hampstead** im Norden ist eine der feinsten Adressen Londons. Der alte Ortskern hat nichts von seinem dörflich-kleinstädtischen Charakter verloren. In der Thatcher-Ära begonnen, haben sich die **Docklands** im brachliegenden Hafengelände zu einem zweiten Finanzzentrum entwickelt. Gleich gegenüber liegt **Greenwich** mit dem grandiosen klassizistischen Bauensemble des Old Royal Naval College.

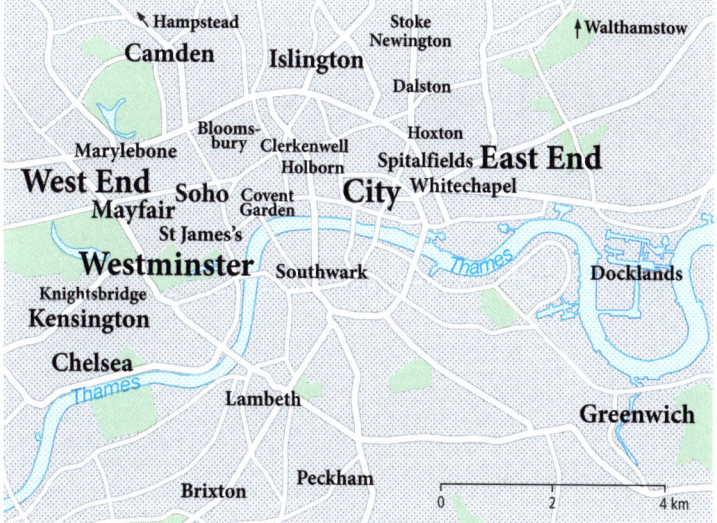

Essen ist mehr

Ein Klischee hält sich hartnäckig — die britische Esskultur sei miserabel. Und leider stimmt das sogar, Fast Food, wohin man schaut, alles ›on the go‹. Aber das ist nur eine Seite. Und die andere? Auswahl und Qualität der Londoner Restaurants sind einfach hervorragend. Fast täglich kommen neue Restaurants, Cafés, Food Trucks, Märkte und Delis hinzu, ob traditionell, vegetarisch oder mit raffinierter Sterneküche. Wer die Wahl hat, hat die Qual – worauf haben Sie Appetit?

Cooked breakfast hält den ganzen Tag vor

Das traditionelle ›full English breakfast‹ – keineswegs nur was für nostalgische Touristen – bringt Sie gut gestärkt durch den Tag. Es besteht aus gebratenem Speck, aus Eiern, nach Wunsch auch aus Bohnen in Tomatensoße, gebratener Blutwurst und anderen kalorienreichen Zutaten. Lecker ist außerdem goldgelb gebratener Räucherfisch, *kipper* genannt. ›Cooked breakfast‹ gibt es übrigens auch in vegetarischen Varianten.

Kulinarisch hat London wirklich alles zu bieten. Hier wird gerade sehr gekonnt chinesisch gebrutzelt.

Die Hauptmahlzeit

In England wird abends warm gegessen. Mittags sieht man in den Lokalen hauptsächlich Geschäftsleute und Urlauber. Die Londoner selbst ernähren sich tagsüber vielfach von Kartoffelchips *(crisps)* und (!) bzw. oder Sandwiches. Sandwichbars gibt es an jeder Ecke, meist in Form von Ladenketten (z. B. Pret a Manger), die fertige Sandwiches anbieten.

Kulinarische Weltreise

Natürlich können Sie traditionelle Fish & Chips und Sausage & Mash (Würstchen mit Püree) essen. Aber Sie können sich auch dafür entscheiden, kulinarisch Londons multikulturellen Charakter kennenzulernen. Die Bandbreite der ethnischen Restaurants reicht von afrikanisch bis zypriotisch. Ein besonderer Fall ist dabei die indische Küche, denn Currys gelten schon

als satt werden

1980 kam das Unternehmen Marks & Spencer auf die Idee, ein belegtes Brot in einer Plastikschachtel anzubieten: 2 Scheiben Weißbrot, mit Ei und Kresse belegt, diagonal durchgeschnitten. Nichts Besonderes. Wer würde schon für so etwas bezahlen? Es war ein Versuchsballon. Wie sehr hatte man sich geirrt. Innerhalb eines Jahres begann die industrielle Produktion, die zehn Jahre später bereits 1 Milliarde Pfund wert war. Heute werden 80 Millionen Sandwiches pro Tag hergestellt. Sandwiches sind ›food on the go‹ – jederzeit verfügbar, superbequem. Weder Gabel noch Tisch werden benötigt. Es bedarf keiner festen Mahlzeit und keiner Gesellschaft. Und ein Sandwich ist in maximal 3,5 Minuten essbar.

fast als Nationalspeise, und indische Restaurants finden Sie in jedem Stadtteil. Ein Curry ist in der Regel auch vergleichsweise günstig. Wenn schrecklich großer Hunger nagt, hilft oft nur eine wunderbar zubereitete, duftende Pizza. Pizzerien bester Qualität finden sich überall und die Pizzabäcker übertrumpfen sich mit erfinderischen Toppings.

Coole Trends

Street Food Markets, wie hier in Camden Lock, sind schwer angesagt. Das tolle Angebot macht Appetit.

›Pop Up Venues‹ und ›Street Food Markets‹ oder auch Spots, die beides kombinieren wie die Boxparks Shoreditch, Croydon und Pop Brixton, wo es auch Mode oder Lifestyle-Dinge gibt, sind megaangesagte Esslocations. Kein Wunder, denn hier geht es schnell, das kulinarische Angebot kommt aus aller Welt und ist in der Regel günstiger als in jedem anderen Lokal. Beim Mexikaner, Thailänder, Libanesen oder im Fish-Shop mit Spezialitäten aus der Karibik bekommen Sie Köstliches für unter 10 £. Gesessen wird oft auf langen Holzbänken.

Vegetarisch, vegan und ›raw‹

Vegetarier können unbesorgt sein. London hat eine riesige Auswahl für sie – ob im weißbetuchten Restaurant, als Street Food oder ›cheap and cheerful‹. Die Szene boomt. Und auch Veganer kommen nicht zu kurz. Immerhin gibt es über 50 rein vegane Restaurants in der Stadt. Selbst einige Pubs haben auf ›fleischfrei‹ umgerüstet, wie der legendäre Coach & Horse (http://coachsoho.co.uk) in Soho, und der Spread Eagle (the spreadeaglelondon.co.uk) in Homerton ist sogar der allererste 100 % vegane Pub. Totally angesagt ist neuerdings ›raw‹, also ungekochtes, unbehandeltes Essen. Bestimmt supergesund. Die Raw-Fraktion kann auf rund zehn Lokale zurückgreifen.

Zum Afternoon Tea ins Hotel

Satt wird man eigentlich nicht, Spaß macht er trotzdem, der High Tea.

In einem der teuren Hotels den berühmten Afternoon Tea einzunehmen verspricht ein paar entspannte Nachmittagsstunden. Inzwischen ist das nicht mehr nur was für die ›Upper Class‹. Auch ganz normale Leute gönnen sich diese ›ach so britische‹ Tradition. Der Klassiker sind natürlich die zum Tee gereichten hauchdünnen Cucumber-Sandwiches oder aber Scones mit Marmelade und Butter. Traditionellen Afternoon Tea bieten z. B. das Dorchester am Hyde Park oder das Ritz am Green Park. Eine Krawatte für den Herrn gehört allerdings dazu, wenn man für 50–70 £ oder mehr pro Gedeck Tee trinken geht.

Wohin zum Essen?*

Sie haben großen Hunger und möchten unkompliziert etwas essen? Hilfreich bei der Suche nach dem richtigen Lokal sind die Restaurantkritiken im »Evening Standard« oder im »Time Out«.

Borough Market ♥ S 9: Den Markt in Southwark gibt's angeblich schon seit dem 12. Jh. Immer rappelvoll mit Einheimischen und Stadtbesuchern. Super Atmosphäre und ein großartiges kulinarisches Angebot aus aller Welt.

Soho ♥ Karte 2, M/N 7/8: Hier reiht sich ein Lokal an das nächste: ob Sternerestaurant, schickes Café, traditioneller Pub oder coole Bar. Und Chinatown mit rund 70 Lokalen ist gleich um die Ecke.

East End ♥ T–V 4–7: Die Brick Lane besteht fast nur aus indischen und bangladeschischen Restaurants. Die Qualität ist nicht besser als anderswo in London, doch die Fülle überwältigt.

Pop Brixton ♥ Karte 5, D 3: Total interessant, eine Nachbarschaftsinitiative, die ganz in der Nähe der U-Bahn in alten Schiffscontainern eingerichtet wurde. Japanisch, Koreanisch, Griechisch – oder wie wär's mit einer zünftigen Currywurst?

Essen mit Aussicht: Restaurants mit Aussicht gibt es viele in London, z. B. das **Top Floor Restaurant** im Kaufhaus Peter Jones (s. S. 135) am Sloane Square oder das **Oxo Tower Restaurant** (s. S. 221). Wenn's nur ein Kaffee sein soll: Im **Caffè Nero** (100 New Bridge Street) nördlich der Blackfriars Bridge gibt's den Ausblick gratis dazu. Dann sind da noch die ganz Großen: Vom **Aqua Shard** im 31. Stock des Shard (s. S. 216) aus wirkt die Stadt wie ein Puppenhaus. Das für seine Fusionsküche bekannte **Sushisamba** (s. S. 128) hat sogar eine Terrasse – die Aussicht vom 38. Stock des Heron Tower ist sensationell.

* Wo Sie in den verschiedenen Stadtgegenden gut essen können, steht an Ort und Stelle im Buch.

KOCH-KUNST – LONDONS MUSEUMSRESTAURANTS **K**

Das Rex Whistler Restaurant in der **Tate Britain** (s. S. 52) ist super und mit seinen außergewöhnlichen Wandmalereien gibt es auch etwas zum Gucken. Hier kann man gut zum Lunch hingehen. Aber eigentlich können alle Londoner Museen und Galerien mit außergewöhnlich guten Restaurants aufwarten. Wunderbar ruhig sitzt man im Innenhof der eleganten **Wallace Collection** (s. S. 81), wo Peyton and Byrne französische Köstlichkeiten kredenzen. Unkompliziert und gut isst man im Café des **Imperial War Museum** (Lambeth Road, www.iwm.org.uk) in Gehentfernung von der Waterloo Station. Hier treffen Sie nicht nur Museumsbesucher an, sondern auch ganz normale Angestellte aus den umliegenden Büros und Colleges. Hochgerühmt ist die Rochelle Cantine des **ICA** (s. S. 53). Auch wenn Sie kein Liebhaber zeitgenössischer Kunst sind, können Sie hier ganz hervorragend – klassisch und zeitgenössisch verfeinert – essen. Das lichtdurchflutete Portrait Restaurant der **National Portrait Gallery** (s. S. 52) gewährt Ihnen einen fantastischen Blick auf den Trafalgar Square, die Whitehall und – sofern Sie den richtigen Platz gewählt haben – sogar bis hinüber zum Big Ben.

Ausgewählt

Hochgelobt

Seite 82
5 **Nopi:** Hell und klar und die Küche mediterran-arabisch. Einfach umwerfend gut. ♥ Karte 2, **M 8**

Seite 83
9 **Rules:** Eine wahre Institution in Covent Garden. Traditionell, rot beplüscht und immer zuverlässig. ♥ Karte 2, **O 8**

Seite 109
5 **St John:** Englische Küche, kreativ und gekonnt, kredenzt von Starkoch Fergus Henderson. ♥ **R 5**

Seite 109
9 **Club Gascon:** Michelin-besternt. Französische Gourmetküche vom Allerallerfeinsten. ♥ **R 6**

Seite 154
4 **Clarke's Restaurant:** Sally Clarke in Notting Hill kann kochen – und zwar fantastisch. ♥ Karte 3, **F 9**

Aus aller Welt

Seite 82
6 **Xu:** Taiwanesisches Essen bekommt man nicht alle Tage und so gut wie von den Geschwistern Chung bestimmt nicht. ♥ Karte 2, **N 8**

Seite 83
12 **Golden Hind:** Zweifellos die besten Fish & Chips ›in town‹. Der Fisch kommt aus nachhaltigen Quellen und wird nur in einem dünnen Teigmantel serviert. Köstlich. ♥ **L 7**

Seite 109
10 **Moro:** Im beliebten Restaurant gibt es äußerst leckere Küche rund ums Mittelmeer. ♥ **Q 5**

Seite 154
2 **Haandi:** Ausgezeichnete nordindische Küche, die wie so vieles aus der Kolonialzeit über Kenia nach London kam. ♥ Karte 3, **J 10**

Seite 202
4 **Pizza East:** Hier ist immer viel los. Laut und ausgelassen geht es zu und die Pizzen schmecken klasse. ♥ **U 5**

Seite 203
5 **Oklava:** Selin Kiazim gibt türkisch-zypriotischen Rezepten einen modernen ›Twist‹. ♥ **T 5**

Streetfood

Seite 99
3 **Leather Lane
Market:** Hier werden die
Angestellten aus den
umliegenden Büros mit
Veggie-Burritos, Fala-
feltaschen und Burgern
versorgt. **♀ Q 6**

Seite 118
2 **Whitecross Street
Market:** Mit viel guter
Stimmung präsentierte
kulinarische Köstlichkei-
ten aus aller Welt. **♀ S 5**

Seite 222
9 **Maltby Street
Market:** Der kleine Markt
unweit der London
Bridge bietet Augen- und
Gaumenschmaus – lei-
der nur am Wochenende.
♀ U 10

Gesund und
vegetarisch

Seite 83
8 **Mildreds:** Eine Institution! 1988 gegründet
und mittlerweile mit vier
Zweigstellen in der Stadt,
ist Mildreds eine be-

ständige Anlaufstelle für
Vegetarier und Veganer.
♀ Karte 2, N 7

Seite 180
4 **The Gate:** Das
etablierte vegetarische
und vegane Restaurant
wird Sie garantiert nicht
enttäuschen. **♀ Q 4**

Süßes & Kaltes

Seite 180
5 **Alpino:** Das Frühstück im altmodischen
Café Alpino ist einfach
toll. Man fühlt sich für die
nächsten Stunden gut
gestärkt. **♀ Q 4**

Seite 203
7 **E Pellicci:** Im Jahre
1900 gegründet, steht
das wunderbare Café
mittlerweile unter Denk-
malschutz. Zum Lunch
gibt es solide Pasta-
gerichte oder Grillteller.
♀ V 5

Seite 203
8 **Fabrique:** Winziges
schwedisches Cafe.
Aber der Kaffee ist
stark und gut und die
Zimtschnecken sind ein
Traum! **♀ U 4**

Gastropubs

Seite 57
6 **The Windmill:** Das
Beste – abgesehen von

den leckeren Pies – ist
der kleine Dachgarten
mitten in Mayfair. **♀ Karte
2, M 8**

Seite 179
1 **The Albion:** Ein Gastropub zum Wohlfühlen
für die ganze Familie. Toll
im Winter mit offenem
Kaminfeuer. **♀ Q 2**

Seite 185
 Warwick Castle: In
diesen schönen Pub
kehren Sie am besten vor
oder nach einem Spa-
ziergang am Regent's
Canal zur Stärkung ein.
♀ Karte 3, G 6

Seite 221
3 **Anchor & Hope:** Das
interessante Tagesmenü
steht mit Kreide an der
Tafel: Gewürzte Auber-
ginen mit Joghurt, mari-
nierte Muscheln und zum
Nachtisch Pfirsich-Par-
fait – lecker! **♀ Q 9**

Seite 237
4 **The Greenwich
Union:** Hier gibt es die
interessanten Biere der
Meantime Brewery, bei
schönem Wetter natür-
lich im Garten.
♀ Karte 5, D 3

Flanieren

An Schaufenstern entlanglaufen — auf Märkten stöbern, das Besondere entdecken …

Schaufenstermeilen

Mayfair: ♀ L/M 7–9
In der New Bond Street und den Seitenstraßen finden Sie alle Designer von Rang und Namen. S. 48

Oxford Street: ♀ K–N 7
Für Hardcore-Shopper führt kein Weg an der Oxford Street vorbei. Topshop, Selfridges, John Lewis – schnell kommt man da nicht wieder raus. S. 73

Marylebone: ♀ J–L 6–7
Dörfliche Atmosphäre bringt Einkaufsfreuden. S. 77

Shoreditch: ♀ T/U 4/5
Secondhand-/Retro-Mode und Pop-up-Shops. Alles megacool. S. 191

Schlaghose, Plattformschuh oder bunter Fummel: In den Secondhandshops in Shoreditch wird man fündig.

LONDON FASHION WEEK F

Höhepunkt der Fashionszene ist die zweimal im Jahr stattfindende London Fashion Week. Über 250 Designer stellen ihre Kollektionen vor. Die Shows zählen zu den weltweit vier bedeutendsten Modeshows und sind gesellschaftliche Ereignisse. Für Fashionistas sind auch die Abschlussshows der Kunsthochschulen, z. B. des Central Saint Martins College of Art and Design, wichtig.

Flohmärkte

Portobello Road Market ♀ Karte 3, D/E 6–8
Freiluftmarkt mit Antiquitäten und Krimskrams. Mo–Mi Obst und Gemüse, Do bunter Markt, Fr, Sa Mode alt/neu, bunter Markt, Sa Haupttag. S. 155

Camden Market ♀ L 2
Kunsthandwerk, Secondhandmode, Krimskrams. Alles, was das (junge) Shoppingherz begehrt. Über tausend Shops. Immer voll! S. 182

Spitalfields Market ♀ U 6
Riesenangebot in viktorianischer Markthalle: Mode, Kurioses, Kunsthandwerk, Geschenke, Antikmarkt, Kunst. Tgl. ab 10 Uhr, So Haupttag. S. 193

Fundstücke

stöbern

Märkte

Bio-Wochenmärkte
Jeden Tag können Sie in London einen anderen Biomarkt besuchen. Über 20 Biomärkte haben sich als London Farmers Markets zusammengeschlossen (www.lfm.org.uk).

Von Kopf bis Fuß

Diese Museen ...

Über 250 Museen gibt's in London — aber welche lohnen wirklich? Hier ein paar Meinungen.

Tate Modern

Einst Kraftwerk, heute Kunstpalast: Die gigantische Tate Modern bietet ein wahres Who's who in moderner und zeitgenössischer Kunst – von Picasso bis Sigmar Polke, von Max Ernst bis Tracey Emin sind alle da. S. 219, ♥ R8

Natural History Museum, Science Museum und V&A

Naturgeschichte, Wissenschaftsgeschichte und Kunstgewerbe (Victoria & Albert Museum) – die drei großartigen Tempel des Wissens gehen auf Prinz Albert zurück. Er hatte eine Vision: Bildung und Kunst für das Volk. Heute zählen diese drei zu den beliebtesten Museen in London. Immer voll und immer toll. S. 142, ♥ Karte 3, H/J 10/11

British Museum

Es zählt zu den Top-Attraktionen in London: Eine überwältigende Ansammlung der Kunst- und Kulturgeschichte, zur Zeit des Empires aus aller Welt zusammengerafft. Absoluter Höhepunkt: die ägyptische Grabkunst. S. 103, ♥ O 6

Tate Britain

Hier sind Meisterwerke der britischen Kunst aus 500 Jahrhunderten versammelt. Turner ist eine eigene Abteilung gewidmet. Toll auch die Werke von Bildhauern des 20. Jh. wie Henry Moore und Barbara Hepworth. S. 52, ♥ O 12

Dulwich Picture Gallery

Rembrandt, Rubens, Gainsbury ... Dazu großartige Sonderausstellungen zeitgenössischer Kunst. Großbritanniens erste öffentliche Gemäldegalerie. S. 220, ♥ Karte 5, D 3

Cartoon Museum

Zum Lachen ins Museum? Aber ja. Das Cartoon Museum zieht 2019 in größere Räumlichkeiten nahe der Oxford Street. Hier wird die Sammlung mit Werken berühmter britischer Cartoonisten vom 18. Jh. bis heute noch schöner präsentiert. S. 80, ♥ Karte 2, M 7

Wallace Collection

Ein Geheimtipp! Dieses ausgezeichnete Kunstmuseum beherbergt die größte Sammlung französischer Gemälde der Welt. S. 81, ♀ **L 7**

National Gallery

Die heiß geliebte Bildergalerie am Trafalgar Square birgt die Top Acts der europäischen Malerei: von Giotto, Tizian, Holbein, Rubens, David, Constable und Turner bis hin zu Monets Wasserlilien. S. 52, ♀ Karte 2, **O 8**

Petrie Museum of Egyptian Archaeology

Verstaubte Kabinette, vergilbte Beschriftungen, keine Knöpfe zum Drücken. Dafür aber rund 80 000 kostbare Objekte aus Ägypten und dem Sudan, die man in Ruhe bestaunen kann. S. 103, ♀ **N 5**

National Maritime Museum

Ins Land von Admiral Nelson gehört natürlich auch ein Seefahrtsmuseum. Dieses gehört zu den Royal Museums Greenwich und ist das größte maritime Museum der Welt. S. 235, ♀ Karte 5, **D 3**

Museum of London

Wie wurde London zu dem, was es ist? Das Museum of London und seine Dependance, das Museum of London Docklands (s. S. 231), vermitteln besucherfreundlich Interessantes zur Geschichte der britischen Hauptstadt von den Römern bis heute. S. 126, ♀ **R/S 6**

MUSEUMSBESUCHE PLANEN **M**

Die großen Museen und Galerien sind i. d. R. tgl. außer am 25. Dez. und 1. Jan. geöffnet. Der **Eintritt** in staatliche Museen ist frei (Spende erbeten). Andere Museen gewähren z. T. **Ermäßigungen:** u. a. für Rentner, Studierende, Menschen mit Handicap nach Vorlage eines Ausweises. Für **Kinder** ist der Eintritt oft frei oder ermäßigt. Einige Museen bieten **Familienkarten** an. Vor allem in den Ferien sind die großen Museen sehr voll. Besuchen Sie dann z. B. statt des British Museum das Petrie Museum of Egyptian Archaeology, statt des Natural History Museum das Grant Museum of Zoology.

... lieben wir!

Nachtschw

Socialising in Shoreditch: Richtig voll wird's kurz vor Mitternacht.

Wonach ist Ihnen zumute? Das Angebot an Abendunterhaltung ist in London riesig. Auch spontan werden Sie sicher noch eine Theater- oder Konzertkarte ergattern können (s. S. 68). Schauen Sie sich am besten das Veranstaltungsprogramm an: Oper, Theater, Konzert – klassisch, Jazz, Rock? Oder wollen Sie vielleicht mal einen richtig tollen Londoner Club kennenlernen? Dann beeilen Sie sich, denn die Clubszene ist mittlerweile im Schwinden begriffen. In den letzten zehn Jahre hat sich die Anzahl der Clubs halbiert. Ging es früher bei einer guten ›Night out‹ zunächst in den Pub und nach der ›Last Order‹ in den Club, ist es heutzutage anders. Londoner suchen ihr Vergnügen an neuen Hotspots,

suchen andere Erlebnisse. Und was es da nicht alles gibt, was man bzw. Sie am Abend und in der Nacht tun könnten: Yoga- oder Kickboxen, einen Street-Food-Nachtmarkt besuchen, an einem Allnighter Secret Cinema Event (www. secretcinema.org) teilnehmen, bei den Midnight Runners mitlaufen oder die Nacht im Museum verbringen, wie z. B. dem Science Museum oder dem Natural History Museum. Im sommerlichen London sind *Outdoor cinemas* ein tolles Erlebnis – auf der Dachterrasse, im Park oder sogar auf dem Fluss. Langweilig wird's bestimmt nicht!

* Wohin am Abend? Bei jedem Viertel sind ausgewählte Adressen und Tipps gelistet.

ärmereien

Da ist nachts was los …

West End ♥ **Karte 2**
Das klassische Ausgeh-viertel mit unzähligen Theatern, Kinos, Kneipen und Clubs. Freitag- und Samstagnacht nach Schließung der Pubs sind die U-Bahnen brechend voll. S. 65

Islington und Camden ♥ **L–R 2/3**
Entlang der Upper Street reihen sich Restaurants bzw. Pubs aneinander. Hier kann man gut abends hingehen. Und in Camden gibt es Livemusik: u. a. Rock, Jazz, Blues, Folk. S. 169, S. 170

Shoreditch ♥ **T/U 4/5**
Angesagte Musikclubs und DJ-Bars, ob auf dem Rooftop oder im Keller – wer Clubszene sucht, ist hier richtig. S. 191

South Bank ♥ **P 9**
Die Royal Festival Hall bietet nicht nur Klassik, sondern auch Rock, Pop und Folk. Gleich nebenan sind u. a. das National Theatre und das Kino BFI Southbank. S. 211

Musik hören

Seite 60
❷ St Martin-in-the-Fields: Spielstätte des gleichnamigen Orchesters, mehrmals wöchentlich freie Konzerte.
♥ Karte 2, **O 8**

Seite 87
❺ Ronnie Scott's Jazz Club: Berühmter Jazzclub mit viel Atmosphäre.
♥ Karte 2, **N 7**

Seite 87
❼ Pizza Express Jazz Club: Eine der besten Locations für modernen Jazz. Am besten während des London Jazz Festivals im November.
♥ Karte 2, **N 7**

Super Venue für coolen Jazz: der Pizza Express Jazz Club.

Seite 87
❽ The Borderline: REM und PJ Harvey haben hier gespielt. Gemischtes Publikum, u. a. Musikfanatiker und Talentspotter.
♥ Karte 2, **N 7**

AKTUELLE PROGRAMMINFOS

P

Das Veranstaltungsmagazin »Time Out« (www.timeout.com), das jeden Dienstag erscheint und kostenlos ist, informiert umfassend über Theater, Filme, Konzerte, Clubs, Gigs etc. Auf der Website findet man ebenfalls viele Infos. Auch die Beilagen der großen Tageszeitungen am Samstag bringen ausführliche Veranstaltungsprogramme. Die Websites www.visitlondon.com und www.standard.co.uk haben beständig aktualisierte ›What's on‹-Seiten.

*Beim Sundowner über den Dächern der Stadt läuten Londoner den
Abend ein. Rooftop-Bars, ob schick oder relaxed, sind total in. In der
Queen of Hoxton fehlt nur noch die Hollywoodschaukel.*

Seite 87

⑩ 100 Club: Legendärer (Jazz-)Club. Heute gemischtes Programm, u. a. traditioneller Jazz, Blues, Rock Rhythm, Swing und Indie. 📍 Karte 2, **N 7**

Seite 88

⑱ Wigmore Hall: Wunderschöner Konzertsaal mit vielseitigem Programm, Schwerpunkt: Kammerkonzerte, hervorragende Akustik. 📍 **L 7**

Seite 157

⑤ Royal Albert Hall: Eine der wichtigsten Konzerthallen Londons. Konzerte aller Art. Berühmt für die »Proms« im Sommer. 📍 Karte 3, **H 10**

Seite 182

② Hope & Anchor: Eine Institution in Islington. Livemusik von eher unbekannten Bands; Pub im Erdgeschoss, auch Theater. 📍 **nördlich R 2**

Seite 183

㊼ KOKO: Der einstige Theatersaal mit ca. 1400 Plätzen zählt zu Londons beliebtesten Music Venues; Soullegende Amy Winehouse trat hier auf. 📍 **M 3**

Seite 183

㊼ The Roundhouse: Avantgarde-Theater, aber auch zeitgenössische und klassische Musik, Zirkus und Tanz. 📍 **nördlich L 2**

Seite 205

③ Cafe Oto: Forum für neue kreative Musik mit allabendlicher Livemusik im angesagten Dalston. Tagsüber gibt es Kaffee und Kuchen. 📍 **nördlich U 2**

Seite 237

㊻ O2 Arena: Mega-Venue, wo die aktuell angesagten Künstler auftreten. 📍 **östlich Z 7/8**

Chillen

Seite 85

㊽ Bar Italia: Kennt jeder in Soho. Hier ist immer was los. 📍 Karte 2, **N 7**

Seite 205
⚙ **Queen of Hoxton:**
Bar oder Club – auf
jeden Fall hip. DJ-Musik,
Ausstellungen, manch-
mal verrückte Filme und
manchmal Theater. Mit
toller Dachterrasse! ♥ **T 6**

Seite 218
⓯ **Frank's Cafe:** Einen
Cocktail auf dem Dach
des ehemaligen Parkhau-
ses Peckham Levels zu
schlürfen ist absolut Kult.
♥ **südlich U 10**

Kino

Seite 85
⚙ **Prince Charles
Cinema:** Beliebtes Pro-
grammkino, besonders
für alte Kultfilme. Auch
›Sing along‹ (zum Mitsin-
gen!). ♥ **Karte 2, N 8**

Seite 87
⓫ **Curzon Soho:** Viel
besuchtes, etabliertes
Programmkino. Drei Lein-
wände. Café und Bar.
♥ **Karte 2, N 8**

Seite 157
⚙ **Electric Cinema:** Im
ältesten Kino in Großbri-
tannien kann man es sich
auf Sofas und sogar Bet-
ten gemütlich machen.
♥ **Karte 3, D 7**

Seite 157
⚙ **Gate Cinema:** Wun-
derschöne Art-déco-Ein-
richtung und interessan-

tes Programm. ♥ **Karte
3, E 8**

Seite 183
⚙ **The Screen on the
Green:** Altes Kino mit
herrlich bequemen Sitzen
und Sofas. Guter Mix an
Filmen. ♥ **Q/R 3**

Seite 224
⑥ **BFI IMAX:** Mit
20 x 26 m die größte
Leinwand in England.
Spektakuläre 3-D-Filme.
♥ **P 9**

Seite 224
⑩ **Rivoli Ballroom:**
Mindestens einmal im
Monat Pop-up-Kino im
wunderbaren alten Tanz-
saal. ♥ **südlich U 10**

Oper, Ballett, Theater

Es gibt einige Opern-,
Ballett- und Theater-
bühnen von Weltrang:
Royal Opera House
(♥ Karte 2, O 7), hier ist
auch das **Royal Ballet**
beheimatet; **English**

National Opera (♥ O 8),
moderne, ›volksnahe‹
Aufführungen (im London
Coliseum); **Sadler's
Wells** (♥ Q 4) ist bekannt
für innovative Produktio-
nen; **Almeida Theatre** (♥
R 2), viele Uraufführun-
gen; **Barbican Centre**
(♥ S 6), Komplex mit
Konzerthalle, Kino, zwei
Theaterbühnen, wichtig
für modernen Tanz;
Donmar Warehouse (♥
Karte 2, O 7), eines der
besten kleinen Theater

im West End; **National
Theatre** (♥ P 9), Klassiker
und Modernes auf drei
Bühnen; **Shakespeare's
Globe Theatre** (♥ R 8);
elisabethanische Auffüh-
rungen in der Replik des
ursprünglichen Globe
Theatre.

PER U-BAHN ODER BUS   **B**

Am Freitag und Samstag bieten Victoria Line, Central Line, Jubilee Line, Northern Line und Piccadilly
Line sowie z. T. die Overground einen 24-Std.-Ser-
vice. Allerdings sind die U-Bahnen nach Schließung
der Pubs brechend voll. Rund um den Trafalgar
Square hat man die beste Chance, einen Nachtbus,
in welche Richtung auch immer, zu erwischen.

Wo du schläfst,

Und dafür bietet London viele Optionen — ob private Atmosphäre, mal was ganz Neues probieren oder luxuriös wohnen.

London ist teuer, das gilt auch für die Unterkunft: Im Durchschnitt kostet ein Doppelzimmer ca. 120 £. Analog zur Preisgestaltung der Billigflieger richten sich die Preise nach Auslastung und Zeitpunkt der Buchung. Alle Hotels sind in der Regel gut belegt, egal in welcher Preiskategorie und zu welcher Jahreszeit.

In den oberen Preiskategorien ab etwa 150 £ pro Doppelzimmer ist die Auswahl an Hotelzimmern riesig. Schwieriger wird es, wenn man gut und günstig übernachten möchte. Die meisten Hotels bieten auf ihren Websites für Wochenenden oder in bestimmten Monaten Preisnachlässe an. Auf der Suche nach einer preiswerten Unterkunft könnten Sie auch in einem Vorort von London fündig werden. Bei An- und Abreise vom Flughafen Gatwick käme beispielsweise Croydon infrage, wo es in Bahnhofsnähe zahlrei-

che Hotels gibt. Zu berücksichtigen ist allerdings der höhere Fahrpreis in die Innenstadt.

Wenn Sie kein Problem mit Airbnb haben: Es gibt Hunderte von Sharing-Privatunterkünften in London – vom Boot auf der Themse über das typische Reihenhaus für die ganze Familie bis hin zur viktorianischen Kapelle im East End.

Mit London-Feeling

Gartenblick statt Fernseher

🏠 **Temple Lodge Club**, 📍 Karte 5, **C 3**: Wenn Sie einen Rückzugsort nach den Anstrengungen der Stadtbesichtigung suchen, ist der einladende, unaufgeregte Temple Lodge Club sicher das Richtige. Er ist als Veggie-Hotel zertifiziert und ökologisch ausgerichtet. Auf dem selben Areal befindet sich das berühmte vegetarische Restaurant The Gate. Fernseher gibt es nicht, aber dafür einen Garten und am Morgen ein supergesundes Frühstück.
51 Queen Caroline Street, T 020 87 48 83 88 91, https://templelodgeclub.com, U: Hammersmith, DZ ab 76 £

Am Tisch ins Gespräch kommen

🏠 **22 York Street**, 📍 **K 6**: Für seinen persönlichen und ungezwungenen Stil bekommt das 22 York Street in Marylebone stets gute Kritiken. Alle zehn Zimmer sind mit Bedacht schlicht gestaltet. Der lange Frühstückstisch ist nicht jedermanns Sache, bietet aber auf jeden Fall Möglichkeiten, mit anderen Gästen ins Gespräch zu kommen. Auf ein ›full English breakfast‹ warten Sie hier allerdings vergeblich.

22 York Street, T 020 72 24 29 90, www.22yorkstreet.co.uk, U: Baker Street, DZ ab 150 £

Quadratisch, praktisch und cool

🔺 **Z Hotel, 📍 S 5:** Unkompliziert, modern und ideal für Nachteulen. Die schlichten, aber wirklich winzigen Zimmer bieten alles, was man braucht. Es gibt mehrere Zweigstellen in der Stadt.

136–144 City Road, T 020 35 51 37 00, www.thezhotels.com, U: Old Street, DZ ab 75 £

Die Lage bringt's

🔺 **Ace Hotel, 📍 U 5:** Direkt an der Shoreditch High Street gelegen, ist das Ace Hotel genau das Richtige, um das East End unsicher zu machen. Jung, hip, cool, bieten die zweckmäßigen Zimmer eine ausreichend komfortable Unterkunft. Freundlich, unkompliziert und mit viel Platz zum Chillen.

100 Shoreditch High Street, T 020 76 13 98 00, www.acehotel.com, U: Shoreditch High Street, DZ um 250 £

Voller Charakter

🔺 **Palmers Lodge Swiss Cottage, 📍 nördlich H 2:** Ein liebevoll renoviertes, denkmalgeschütztes viktorianisches Haus mit viel Charakter. 300 Betten in Doppel- und Mehrbettzimmern mit 5–28 (!) Betten – vielleicht ist das interessant, wenn Sie als Familie in London unterwegs

STUDENTISCH WOHNEN **S**

Während der Sommermonate bieten Universitäten preiswerte Zimmer in Studierendenwohnheimen. So öffnet beispielsweise die **London School of Economics and Political Science** ihre Wohnheime für Urlauber (z. B. die Passfield Hall, 1–7 Endsleigh Place, T 020 71 07 59 25, www.lsevacations.co.uk, U: Euston, EZ ab 45 £, 2-Bett-Zimmer ab 88 £).

sind. Es gibt mehrere Aufenthaltsräume und eine Gemeinschaftsküche.

40 College Crescent, T 020 74 83 84 70, http://palmerslodges.com, U: Swiss Cottage, Preise je nach Ausbuchung, Frühbucher ab 15 £

Nachhaltigkeit ist wichtig

🔺 **Qbic Hotel, 📍 V 7:** Das Qbic Hotel mitten in Whitechapel ist anders, will anders sein. Es will mich zum Lachen bringen, ich soll mich hier wohlfühlen. So steht es im Prospekt und ich bin neugierig. Nachhaltigkeit steht auf der Prioritätenliste ganz oben, alles ist durchdacht, schön und persönlich.

42 Adler Street, T 020 30 21 33 00, https:// qbichotels.com, U: Aldgate East, DZ um 160 £

Wie der Vater, so die Söhne

🔺 **Luna Simone Hotel, 📍 M/N 12:** Schlichtes, aber freundliches Hotel, das heute von den Söhnen des Hotelgründers geführt wird und eine familiäre Atmosphäre ausstrahlt. 35 helle und saubere Zim-

bist du zu Hause

mer, die meisten ›en suite‹. Auch 3- und 4-Bett-Zimmer. Etwa zehn Minuten von Victoria Station entfernt.
47–49 Belgrave Road, T 020 78 34 58 97, www.lunasimonehotel.com, U: Victoria, DZ ab 155 £

Coole Nächte

Alt und Neu kombiniert
🏠 **Town Hall Hotel, ♥ W 4:** In den riesigen Räumlichkeiten der ehemaligen Town Hall mitten im angesagten East End, ist die Kombination von Alt und Neu interessant. Die meisten Zimmer und Studios haben eine kleine Küchenzeile. Schön, komfortabel und mit Pool.
Patriot Square, T 020 78 71 04 60, www.townhallhotel.com, U: Bethnal Green, DZ ab 150 £

»Sleep, work, eat and play«
🏠 **The Hoxton, ♥ T 5:** Modern, sauber, minimalistisch und hip. Die Zimmer im 5. und 6. Stock nach hinten raus bieten schöne Ausblicke auf die Stadt. Morgens hängt ein kleiner Frühstücksbeutel an der Tür. Das Hoxton Hotel in Shoreditch ist für Nachteulen ideal.

81 Great Eastern Street, T 020 75 50 10 00, www.thehoxton.com, U: Old Street, DZ in ›Shoe Box‹-Größe ab 109 £. In Holborn gibt es noch ein Hoxton: 199–206 High Holborn, T 020 76 61 30 00, U: Holborn

Vom Pub in den Tiefschlaf
🏠 **Rose & Crown, ♥ nördlich U 2:** Der traditionelle Pub Rose & Crown ist eine Institution in Stoke Newington. Und weil's hier so schön ist, kann man abends gleich dableiben. Es gibt sechs helle und moderne Zimmer. Bei schönem Wetter kann man sich auf die Dachterrasse begeben.
199 Stoke Newington Church Street, T 020 79 23 33 37, https://roseandcrownn16.co.uk, U: Stoke Newington, DZ ab 110 £

Hip gestylt und zuverlässig
🏠 **Citizen M, ♥ R 9:** Die Boutique-hotelkette ist so minimalistisch, dass die Gäste sich sogar selbst einchecken. Alles superstylisch – viel moderne Kunst – und sehr zentral gelegen. Mit Mood Light und Gute-Laune-Faktor.
20 Lavington Street, T 020 35 19 16 80, www.citizenm.com, U: London Bridge, Tower Bridge und Shoreditch, DZ ab 100 £

Am oberen Ende

An Luxushotels mangelt es nicht: The Ritz, Savoy, Dorchester, Browns, The Langham, The Lanesborough, Claridge's und wie sie alle heißen gehören zu den Tophotels der Welt. Ab 500 £ ist sicher irgendwo ein Zimmer frei.

Schwer angesagt
🏠 **Zetter, ♥ R 6:** Dem Team vom Moro Restaurant ist mit den Zetter-Hotels etwas ganz Besonderes gelungen. Das Zetter in Clerkenwell finden Sie in einem umgebauten Lagerhaus. Es ist zeitgemäß und modern eingerichtet – alles extrem

schön. Laut Condé Nast Traveller eines der 50 coolsten Hotels der Welt. Bestens angebunden und in Gehentfernung von Farringdon. Klappräder gratis zum Ausleihen.

St John's Square, 86–88 Clerkenwell Road, T 020 73 24 45 67, www.thezetter.com, U: Farringdon; zwei weitere Zetter-Hotels

Spitzenblick von der ›Scherbe‹

🔶 **Shangri-La Hotel At The Shard,** 📍 **T 9:** London aus der Vogelperspektive vom hauseigenen Swimmingpool aus. Das Shangri-La macht es möglich. Das Luxushotel erstreckt sich vom 34. bis zum 52. Stock des berühmten Renzo-Piano-Gebäudes. Die Ausblicke von den 200 Zimmern und Suiten, natürlich alle ›top notch‹, sind atemberaubend.

31 St Thomas Street, T 020 72 34 80 00, www.shangri-la.com, U/Rail: London Bridge, DZ ab 500 £

Ein bisschen verrückt

Captain ahoi

🔶 **Jessie the Narrowboat,** 📍 Karte 3, **G 6:** Morgens vom sanften Plätschern des Regent's Canal aufzuwachen ist schon etwas Feines. »Jessie« ist eines von Hunderten von Langbooten, die in Little Venice im Westen Londons docken. Liebevoll eingerichtet, bietet es Platz für vier Personen in zwei Kabinen inklusive aller Annehmlichkeiten des modernen Lebens. Abends den Tag auf Deck ausklingen zu lassen hat definitiv was.

T 020 37 95 50 06, www.bedsonboard.com/boat/jessie-the-narrowboat-in-little-venice/, U: Warwick Avenue, ab 160 £ pro Nacht

Off the beaten track

🔶 **Church Street Hotel,** 📍 südlich **S 11:** Das Church Street Hotel ist ein funky hispano-lateinamerikanisch angehauchtes 3-Sterne-Hotel in Camberwell. 31 liebevoll gestaltete, farbenfrohe Zimmer mit allen ›Mod Cons‹. Im Restaurant gibt es leckere Tapas. Viele Busverbindungen nach Holborn, Waterloo, Brixton, Peckham und zur U-Bahn-Station Oval. Schlendern Sie die High Street in Camberwell entlang – hier lernen Sie eine ganz andere Ecke von London kennen. Die South London Gallery ist auch in der Nähe.

29–33 Camberwell Church Street, 020 77 03 59 84, www.churchstreethotel.com, U: Oval, DZ ab 100 £ je nach Saison, Frühstück 5 £

DAS PASSENDE BETT SELBST SUCHEN **B**

Buchungsportale
www.booking.com
www.hrs.de

www.ihg.com
www.goodhotel.london
www.greenrooms.london

Hotelketten mit mehreren Häusern
www.premierinn.com
www.travellodge.co.uk
www.motel-one.com
www.ibis.com

Privat wohnen
www.airbnb.co.uk

B&B
www.bed-breakfast.de

Gut fürs Budget
www.thezhotels.com

Jugendherbergen
www.yha.org.uk

Vor

Ort

Am Südufer der Themse – auch unweit der City Hall, wo der Bürgermeister seinen Sitz hat – herrscht eine besonders entspannte Atmosphäre, in der jeder und jede willkommen ist.

Westminster, St James's und Mayfair

Altbekanntes und Vertrautes erwartet Sie hier — das Postkarten-London und abseits davon manche Überraschung.

Trafalgar Square

Am wichtigsten Platz der Stadt treffen sich Einheimische und Besucher. Und über alle wachen Lord Nelson und die Löwen. Immer spannend: das zweijährig wechselnde Kunstwerk auf dem berühmten ›Fourth Plinth‹.

Eine rote Telefonzelle zu finden ist gar nicht mehr so einfach.

Westminster Abbey

Sie ist aus dem Leben der Londoner nicht wegzudenken. In Westminster Abbey wird geheiratet, geehrt und begraben. Neu sind ein Fenster von David Hockney und die Queen's Diamond Jubilee Galleries.

Houses of Parliament

Hier diskutieren sich die Abgeordneten die Köpfe heiß. Dabei können Sie ihnen zuschauen. Der Uhrenturm Big Ben ist ›das‹ Wahrzeichen Londons, der Klang seiner Glocke weltberühmt.

Eintauchen

St James's Park

Mein absoluter Lieblingspark. Bänke und Liegestühle, ein romantischer See, Blumen und allerhand Federvieh, einschließlich lustiger Pelikane, machen ihn zu etwas ganz Besonderem.

Seite 47
Buckingham Palace

Weht der ›Royal Standard‹ über dem Palast, wissen Sie Bescheid: Die Queen ist daheim. Im Sommer können Sie einige Staatsgemächer besichtigen.

Seite 50
Galerien-Tour in Mayfair

So viel spannende – vor allem zeitgenössische – Kunst bekommen Sie sonst nicht auf einem Fleck zu sehen.

Seite 52
National Gallery

Unfassbar – diese Fülle an Kunst: Über 2000 kostbare Werke zählt der Bestand. Und auch mit den Blockbuster-Ausstellungen macht das Museum Furore. Am besten dosiert man sich das Ganze und geht mehrmals hin.

Seite 58
(Window-) Shopping-Tour

Bei einem Bummel durch die einschlägigen Einkaufsstraßen von Mayfair bekommen Sie einen Eindruck von dem, was man ›die feine englische Lebensart‹ nennt.

Das Eichhörnchen ist in London ein Grauhörnchen. Es hat seine roten Verwandten aus der Stadt verdrängt.

Acht Meter ragte sie 1868 vor dem Parlament auf: Londons erste gusseiserne und gasbetriebene Ampel. Doch schon drei Wochen nach ihrem ersten Einsatz explodierte sie.

Macht, Monarchie und Millionäre

Auf Schritt und Tritt stolpern Sie in Westminster über die bekannten Postkartenmotive: Big Ben, die Houses of Parliament, Westminster Abbey, Buckingham Palace. Alle sind natürlich Besuchermagnete und das Sightseeing immer gleich eine Massenveranstaltung. Aber man muss die Wahrzeichen der Stadt wohl einfach mal mit eigenen Augen gesehen haben. Seit dem 11. Jh. ist Westminster mit Königshaus und Kirche und seit dem 14. Jh. auch mit dem englischen Parlament verbunden. Downing Street Nr. 10 ist seit über 280 Jahren die Residenz des Premierministers bzw. der Premierministerin. Londoner zieht es vor allem nach Westminster, wenn sie Besuchern die Stadt zeigen, oder natürlich, wenn sie hier arbeiten. Es wimmelt nur so von Ministerien und Verwaltungsbauten. Die City of Westminster umfasst große Teile des West End – und so auch die Viertel St James's und Mayfair. Im Alltagssprachgebrauch bezeichnet der Name Westminster allerdings nur das historische, politische Gebiet rund um den Parliament Square.

St James's erstreckt sich zwischen Piccadilly, Haymarket, Mall und Green Park. Mayfair umfasst das Gebiet zwischen Oxford Street, Regent Street, Piccadilly und Park Lane. Würde man fragen, welche Londoner Stadtteile die wenigsten sozialen Veränderungen erlebt haben, müsste die Antwort »Mayfair und St James's« lauten. Diese exklusive Wohngegend hat stadtweit die höchste Dichte an Millionären, die besten Hotels, edelsten Kunstgalerien und Auktionshäuser und die schicksten Einkaufsstraßen. Selbst wer viel Wert auf Kleidung legt, fühlt sich hier schnell *slightly underdressed*. Egal, einen Bummel durch die Bond Street und einen Besuch bei Sotheby's sollten Sie sich nicht entgehen lassen.

ORIENTIERUNG ⊙

Reisekarte: ⚲ L–O 8–12
Cityplan: S. 40
Das Viertel entdecken: Die besten U-Bahn-Stationen für diese Viertel sind Charing Cross, Embankment, Leicester Square, Piccadilly Circus, Westminster oder Green Park. Von allen aus lassen sich die Sehenswürdigkeiten problemlos zu Fuß abklappern. Natürlich können Sie Ihre Erkundungstour auch an Victoria Station beginnen und als Erstes der Queen im Buckingham Palace zuwinken. Oder machen Sie es sich bequem: klassisch bei einer Stadtrundfahrt – es sieht Sie ja keiner.

Westminster

📍 **M–O 9–11**

Erst mal ankommen

Westminster ist weiß Gott nicht nur das kleine Viertel, das wir aus den allabendlichen Fernsehnachrichten kennen, sondern als City of Westminster ein ganz normaler Stadtteil, wo Menschen leben, arbeiten oder zur Schule gehen. Es ist ein Stadtteil mit immensen sozialen Unterschieden, großer ethnischer Vielfalt – und jeder Menge Hektik. Wichtigster Verkehrsknotenpunkt ist Victoria Station. Mit weit über 200 000 Passagieren täglich ist er nach Waterloo Station der zweitfrequentierteste Bahnhof Londons. Nicht selten muss der U-Bahn-Zugang morgens wegen Überfüllung geschlossen werden. Aber zum Glück ist St James's Park (s.

S. 46) ja in der Nähe und somit auch die nächste U-Bahn-Station. Als Ausgangspunkt für die Erkundung von Westminster eignet sich eine andere Schnittstelle des Londoner Lebens noch besser als Victoria Station: Trafalgar Square.

Trafalgar Square

Über allem thront Herr Nelson

Vielleicht ist er nicht der Nabel der Welt, aber der von London ganz gewiss: **Trafalgar Square ❶**. Der Platz ist der wichtigste Versammlungsort für Kundgebungen, Konzerte, Demonstrationen und legendäre Silvesterfeiern, aber auch einfach ein schöner Treffpunkt für Einheimische und Besucher der Stadt.

Er hat den Überblick: Gleich in dreifacher Lebensgröße, still und starr auf einer 42 m hohen Säule stehend, erinnert

Der Trafalgar Square wird von den Londonern innig geliebt. Gefühlt ist man hier im Herzen der Stadt.

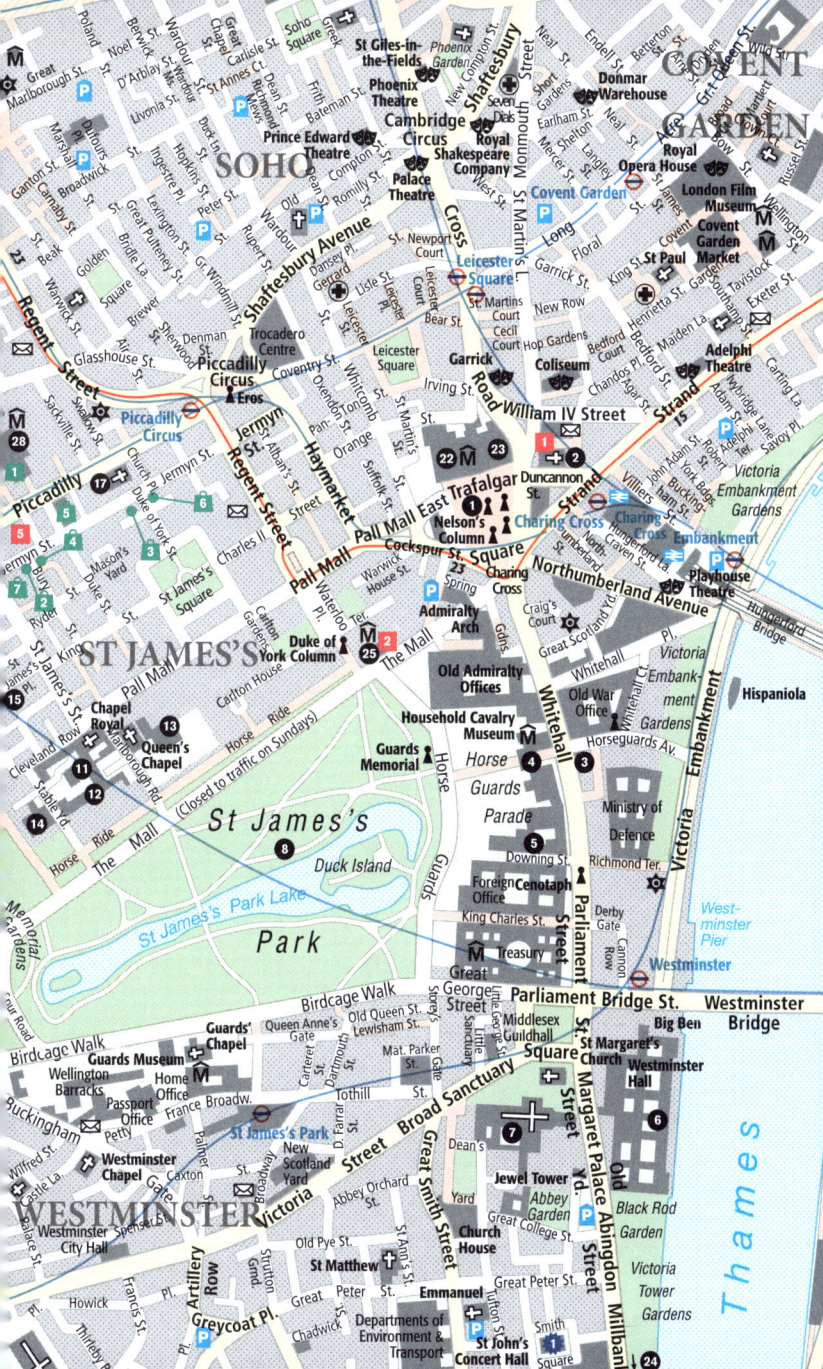

Westminster, St James's und Mayfair

Ansehen

❶ Trafalgar Square
❷ St Martin-in-the-Fields
❸ Banqueting House
❹ Horse Guards
❺ Downing Street Nr. 10
❻ Houses of Parliament
❼ Westminster Abbey
❽ St James's Park
❾ Queen Victoria Memorial
❿ Buckingham Palace
⓫ St James's Palace
⓬ Clarence House
⓭ Marlborough House
⓮ Lancaster House
⓯ Spencer House
⓰ The Ritz
⓱ St James's Church Piccadilly
⓲ Shepherd Market
⓳ Hauser & Wirth
⓴ Sotheby's
㉑ Phillips
㉒ National Gallery
㉓ National Portrait Gallery
㉔ Tate Britain
㉕ Institute of Contemporary Arts (ICA)
㉖ Queen's Gallery
㉗ Handel & Hendrix in London
㉘ Royal Academy of Arts
㉙ Faraday Museum

Essen

1 Café in the Crypt
2 Rochelle Bar & Canteen
3 Nova Food
4 The Wolseley
5 Wilton's Restaurant & Oyster Bar
6 The Windmill

Einkaufen

1 Burlington Arcade
2 Turnbull & Asser
3 Floris
4 Bates
5 Fortnum & Mason
6 Paxton & Whitfield
7 D. R. Harris
8 Stella McCartney
9 Vivienne Westwood
10 Browns

Ausgehen

1 St John's Smith Square
2 St George, Hanover Square
3 Curzon Mayfair

---

ein steinerner Lord Nelson an den Sieg des leibhaftigen Admirals am Kap Trafalgar in Spanien 1805. Dessen Verdienst: Er sicherte den Briten die Vorherrschaft zur See. Doch seinen Erfolg konnte er nicht mehr auskosten – bei der Schlacht hatte ihn eine Kugel erwischt. Der Tod kam rasch, das Denkmal spät: Erst 1843 war die **Nelson's Column** vollendet.

An den Ecken des Platzes stehen vier Podeste, die mit Statuen berühmter Häupter geschmückt sind. Für den **Forth Plinth** in der Nordwestecke fehlte zunächst das Geld, später konnte man sich nicht einigen, welcher Monarch oder Held an dieser Stelle geehrt werden sollte. Da kam man auf eine geniale Idee: Seit 1999 wird auf dem ›vierten Sockel‹ jeweils für zwei Jahre ein zeitgenössisches Kunstwerk gezeigt. Seit 2018 setzt der in Chicago lebende Künster Michael Rakowitz mit »The Invisible Enemy should not exist« ein Zeichen gegen den Krieg und besonders gegen die Zerstörung von Kulturgütern. Bei seinem Werk handelt es sich um die Nachbildung eines Lamassus, also eines Schutzdämons aus babylonischer Zeit – gestaltet aus mehr als 10 000 leeren Dattelsirup-Dosen. Stimmt nachdenklich.

Noch viel mehr Kunst – allerdings älteren Datums – gibt's in der **National Gallery** ㉒ (s. S. 52) an der verkehrsberuhigten Nordseite des Platzes zu sehen. Da sie mal wieder aus allen Nähten zu platzen drohte, verpasste man ihr 1991 einen modernen Anbau, den **Sainsbury Wing,** nach einem Entwurf des postmodernen amerikanischen Architekten Robert Venturi.

Die Kirche der Obdachlosen

Als Ort für Verabredungen am Trafalgar Square wählen Londoner gern die Stufen zur Kirche **St Martin-in-the-Fields** ❷. Sie eignen sich auch gut zum Ausruhen und Leutegucken. Die Kirche selbst ist schön, hell und einladend. Erbaut wurde sie im frühen 18. Jh. nach Plänen von James Gibbs, doch existierte hier auf dem ›Feld‹ zwischen Westminster und der City of London bereits seit dem 13. Jh. ein Gotteshaus. Wie eigentlich in allen Londoner Kirchen sind auch in St Martin-in-the-Fields die Gottesdienste gut besucht. Wichtig ist das Gotteshaus aber nicht nur für Kirchgänger und kunsthistorisch Interessierte, sondern – im ganz existenziellen Sinne – für die Obdachlosen der Stadt. Schon seit über hundert Jahren kümmert sich die Kirche mit Suppenküche und Sozialstation um die unzähligen Wohnungslosen und Gestrandeten im West End und darüber hinaus (www.connection-at-stmartins.org.uk). Tagtäglich finden sich bis zu 200 Bedürftige ein. Ein wieder ganz anderer Aspekt kirchlichen Lebens sind die erstklassigen Konzerte, darunter auch die regelmäßig um die Mittagszeit stattfindenden »Free Lunchtime Concerts«.

Sehr unkompliziert ist das **Café in the Crypt** ❶ unter der Kirche, in dem auch immer mal Jazzkonzerte stattfinden. Die Gewölbearchitektur schafft eine wunderbare Atmosphäre. Man wähnt sich weit weg vom städtischen Trubel. Dass es sich bei den Bodenplatten z. T. um jahrhundertealte Grabplatten handelt, unterstreicht die Weltentrücktheit.

www.stmartin-in-the-fields.org, Mo–Fr 8.30–18, Sa, So 9–18 Uhr

Whitehall und die Houses of Parliament

Kopf hoch!

Schlendern Sie vom Trafalgar Square aus mal den imposanten Straßenzug **Whitehall** mit seinen vielen Statuen und Denkmälern entlang. Vom ehemaligen **Whitehall Palace,** bis zu einem Brand 1698 königliche Residenz, ist nur noch das **Banqueting House** ❸ erhalten. Wie der Name schon sagt, wurde und wird es für große Bankette genutzt, heute auch für Modeschauen und Konferenzen. 380 Gäste können hier gemeinsam tafeln. Man fragt sich allerdings, ob sie überhaupt Blicke für ihr Essen haben, denn an der Decke prangt ein immerhin 34 m langes allegorisches Deckengemälde (1636) von Peter Paul Rubens. Er hat es für den Kunstliebhaber Charles I. angefertigt. Nach allen Regeln der Kunst wird darin die Monarchie verherrlicht.

ZUR ERINNERUNG   **E**

Alljährlich im November wird es in Whitehall richtig voll. Die Königin, weltliche und kirchliche Verteter sowie Vertreter der Streitkräfte gedenken am Remembrance Sunday der Gefallenen bewaffneter Konflikte, darunter jener der beiden Weltkriege. Seit fast 100 Jahren werden am **Cenotaph** Kränze niedergelegt. Schon Wochen vorher werden für einen kleinen Obolus rote ›Poppies‹, künstliche Mohnblumen, als symbolische Blumen zum Gedenken verkauft – eine Tradition, die landauf, landab mit großer Selbstverständlichkeit gepflegt wird. Die Feierlichkeiten gipfeln am 11. November um 11 Uhr in zwei Schweigeminuten.

Die hier so unspektakuläre Straße Whitehall verwandelt sich gern. Was kann sie nicht alles sein: Rennstrecke der Angestellten morgens und abends, Touristenschneise, Hauptweg von Demonstrationszügen …

Also: Kopf hoch und schauen, bis die Nackenstarre einsetzt. Apropos Kopf: Nur wenige Meter von dem Gemälde entfernt, das einst sein Auge erfreut hatte, fand Charles I. den Tod: 1649 köpfte man ihn auf Anordnung von Oliver Cromwell – der König war des Hochverrats angeklagt. Bemerkenswert ist Banqueting House bzw. der Whitehall Palace noch aus einem anderen Grund: Baumeister Inigo Jones brachte mit ihm – weit vor dem Geschmack seiner Zeit – den Klassizismus der italienischen Renaissance nach dem Vorbild Andrea Palladios in die gotisch geprägte Stadt. Dem Trendsetter der englischen Architektur können Sie auch am Covent Garden begegnen.

Die schlichte Nummer zehn

Gleich gegenüber ein London-Klassiker: die **Horse Guards** ❹. Zwei berittene Guards in traditioneller Uniform bewachen den offiziellen Eingang zum Buckingham und zum St James's Palace. Jeweils um 11 Uhr (am So um 10 Uhr) treffen zwölf Reiter aus ihrem Quartier im Hyde Park ein und zelebrieren die Wachablösung. Auf dem Paradeplatz hinter dem Gebäude wird jährlich im Juni mit der Militärparade »Trooping the Colours« der Geburtstag der Königin gefeiert.

Und noch ein berühmter Eingang liegt in der Nähe: der zur **Downing Street Nr. 10** ❺, seit 1732 Residenz des jeweiligen britischen Premierministers oder der Premierministerin. Hier schieben nicht Horse Guards, sondern Polizisten Wache. Die eher unscheinbare und doch so berühmte Straße wurde 1986 durch ein großes Tor für die Öffentlichkeit gesperrt – eine Maßnahme zum Schutz gegen IRA-Terror, die einen IRA-Granatenanschlag auf Premierminister John Major und sein (Golf-)Kriegskabinett

1991 allerdings nicht verhinderte. Eine von drei Granaten schlug im Garten ein und verletzte drei Menschen – glücklicherweise nur leicht.

Der Lord auf dem Wollsack

Schlappe 1100 Räume, verbunden durch Gänge mit einer Gesamtlänge von 3 km, 100 Treppen und 11 Höfe, 8 Bars und 6 Restaurants – das sind die **Houses of Parliament ⑥**. Ab 1840 wurden sie nach Plänen von Charles Barry und Augustus Welby Pugin errichtet. Weltbekanntes Wahrzeichen ist **Big Ben,** der Uhrenturm. Eigentlich ist mit ›Ben‹ nur die 13 t schwere Glocke gemeint. Ihr Klang gehört zum Sound von Westminster, ja von ganz London. Doch – oh Schreck – bis 2021 bleibt die Glocke stumm. Nach 159-jährigem Einsatz wird der gesamte Uhrenturm – mit offiziellem Namen Elizabeth Tower – saniert. Während der Arbeiten an dem Bauwerk soll die Glocke aber zu Silvester und anlässlich wichtiger Ereignisse läuten dürfen.

THE FIFTH OF NOVEMBER **F**

Alljährlich am 5. November wird der **Guy Fawkes Day** gefeiert. Die Briten gedenken des gescheiterten Gunpowder Plot (der Pulververschwörung) von Guy Fawkes im Jahre 1605. Er hatte versucht, James I. und das Parlament in die Luft zu jagen. Der Tag ist auch als Bonfire Night oder Firework Night bekannt. Schon Tage vorher und nach dem 5. November finden überall im Land und auch an vielen Orten in London Feuerwerke statt. Jedes Schulkind kennt den Reim: »Remember, remember, the Fifth of November / Gunpowder, treason and plot / I see no reason / why gunpowder treason / Should ever be forgot.«

Selbst wenn Sie sich nicht besonders für Politik interessieren, könnte Ihnen ein Besuch im Parlament Spaß machen. Dort bekommen Sie einen exzellenten Einblick in das britische Politikverständnis und die Lebenskultur. Das britische Parlament untergliedert sich in das **House of Lords** (Oberhaus) und das **House of Commons** (Unterhaus). Die Abgeordneten, MPs (Members of Parliament) genannt, treffen sich im House of Commons, um neue Gesetze vorzuschlagen und zu diskutieren (s. auch »Mutter aller Parlamente« S. 274). Regierung und Opposition sitzen sich wie Chorknaben gegenüber. Bei den Debatten geht es dann jedoch wie im Bienenkorb zu. Abgeordnete erheben sich, bringen ihre Argumente vor. Äußerungen der Gegenpartei werden jeweils mit abfälligen »yeah yeah«-Rufen kommentiert. Am spannendsten ist die Prime Minister's Question Time am Mittwoch, in der sich die Premierministerin eine halbe Stunde lang Fragen der MPs stellt.

Auch die Debatten im House of Lords können von einer Galerie aus verfolgt werden, allerdings sind oft nur wenige Lords anwesend und die Diskussionen sind meist recht uninteressant. Lediglich die Tatsache, dass der Lord Speaker – diese Tradition geht auf Edward III. zurück – auf einem roten Wollsack sitzt, ist erheiternd. Das House of Lords ist für progressivere Politiker ein Stein des Anstoßes. Sie halten es für eine völlig antiquierte Institution. Es sei überdimensioniert, verschlinge viel zu viel Geld und setze sich aus zu vielen Männern zusammen. Zudem sei das System der Ernennung zum Lord zweifelhaft.

Um der Prime Minister's Question Time und Debatten beizuwohnen, muss man sich am Cromwell Green Gate anstellen. Achtung: Für die ›Prime Time‹ sind die Karten knapp – früh erscheinen! Informieren Sie sich vor Ihrem Besuch, ob bzw. welche Sitzung stattfindet: www.parliament.uk/visiting. Über Weihnachten, Ostern, Pfingsten und Ende Juli bis Anfang Sept. macht das Parlament Pause.

Westminster Abbey

Hier wird die Krone aufgesetzt

Sie ist Großbritanniens größter Sakralbau und eine der meistbesuchten Kirchen der Welt: **Westminster Abbey** ❼. Eines ist sie jedoch nicht – eine Kathedrale. Sie untersteht nämlich direkt dem Königshaus und zwar als Gotteshaus der anglikanischen Kirche sowie als Krönungsort der Monarchen. William the Conqueror wurde hier gekrönt und seither, mit zwei Ausnahmen, alle weiteren Monarchen – zuletzt 1953 Elizabeth II. Wer wird der Nächste sein? Daneben dient Westminster Abbey als Grablege der Monarchen und anderer berühmter Briten. Im Inneren befinden sich Hunderte Monumente, Gedenktafeln und Inschriften für Staatsmänner, Wissenschaftler, Musiker und Dichter, von Chaucer und Shakespeare bis hin zu Charles Dickens und zuletzt Stephen Hawking. Es gibt so viele, dass die Namen in der **Poets' Corner** im südlichen Querschiff sogar im Fenster niedergeschrieben werden mussten.

Als Weltwunder wurde die **Henry VII Lady Chapel** bezeichnet. Anfang des 16. Jh. errichtet und rundum mit Bannern und Emblemen der Großkreuzritter vom Höchst Ehrenvollen Orden vom Bade (Order of the Bath) geschmückt. Hauptattraktion ist das filigrane Fächergewölbe im Perpendicularstil, dem Spätstil der englischen Gotik. Am Westportal der Abtei finden Sie einen Beleg dafür, dass auch ein jahrhundertealtes Prachtstück wie Westminster Abbey noch Veränderungen erlebt: In den Nischen über dem Portal sind zehn Skulpturen zu sehen, die 1998 enthüllt wurden und Männer und Frauen des 20. Jh. darstellen, die für ihren Glauben gestorben sind, darunter Martin Luther King und Dietrich Bonhoeffer. Die vier allegorischen Skulpturen unterhalb stehen für Barmherzigkeit, Wahrheit, Gerechtigkeit und Frieden.

Das oktogonale Chapter House mit Mittelpfeiler stammt von 1250.

Auf dem iPad designtes Fenster

Angeblich ließ sich David Hockney ein bisschen bitten, bevor er einwilligte, ein Buntglasfenster anzufertigen, das die Regierungszeit von Königin Elizabeth II. ehrt. Der Dean von Westminster Abbey musste höchstpersönlich bei dem über 80-jährigen Künstler vorstellig werden. Im September 2018 eingeweiht, spiegelt das Fenster in den für Hockney so typischen fröhlichen Farben die Liebe der Königin zur Natur und ihre tiefe Verbundenheit mit ihr wider. **The Queen's Window** im nördlichen Querschiff, ehemals ein schlichtes Glasfenster, ist Hockneys erste Arbeit aus Buntglas. »Flipping marvellous«, kommentierte Großbritanniens wohl wichtigster zeitgenössischer und mit dem Order of Merit dekorierter Künstler sein eigenes Werk, das er auf dem iPad entwarf. Festlich sei das Fenster, ein mit Sekt übergossener

Weißdornbusch. Ob die Queen beim Anblick des Fensters in Feierlaune war, gibt das Protokoll nicht preis.

Noch ein Neuzugang in der Abtei

Durch den **Weston Tower** mit großartigen Blicken auf den Palace of Westminster und das Chapter House geht es in 16 m Höhe, wo das aus dem 13. Jh. stammende Triforium in einen hervorragenden Ausstellungsraum verwandelt wurde: **The Queen's Diamond Jubilee Galleries.** Kostbarkeiten wie das älteste erhaltene Altarbild Großbritanniens, das aus der Zeit von Henry III. stammt, ein atemberaubend illuminiertes Manuskript, aber auch die Hochzeitsurkunde von Prinz William und Katherine Middleton sind zu bestaunen. Was mir aber am besten gefällt: die sagenhafte Sicht in die Abtei aus der Vogelperspektive.

TOLLE AKUSTIK

Ein paar Minuten von Westminster Abbey entfernt liegt die barocke Kirche **St John's Smith Square** ✹, heute eine Konzerthalle. Wegen der ausgezeichneten Akustik werden hier oft klassische Musikaufnahmen eingespielt. Hochrangige Künstler und Ensembles geben Konzerte und genießen wie das Publikum die besondere Atmosphäre des Raums. Auf der Website können Sie das Programm nach Ihren bevorzugten Musikrichtungen durchforsten – z. B. Chormusik, Kammermusik oder Jazz. Ist vor oder nach dem Konzert oder sonst unter der Woche eine Stärkung angesagt, ist das **Restaurant Footstool** in der Krypta ein toller Ort (Smith Square, T 020 72 22 10 61, www.sjss.org.uk, U: Westminster).

Was mich immer wieder erstaunt: Westminster Abbey ist ›big business‹, mit einem stolzen Eintrittspreis von 22 £ für Erwachsene plus 7 £, um sich einer (lohnenswerten) Führung anzuschließen. Ein Besuch in den Queen's Diamond Jubilee Galleries kostet weitere 5 £. Ein Kirchenbesuch, bei dem man glatt vom Glauben abfallen könnte.

Vom **Dean's Yard** haben Sie einen schönen Blick auf die Türme der Westminster Abbey. Hier liegt der Eingang zum Kreuzgang und zu den **College Gardens** der Abtei. Sie ermöglichen eine nette Erholungspause nach der Reizüberflutung drinnen. Der Kräutergarten der Benediktinermönche, der Gründer des ersten Gotteshauses an dieser Stelle, ist über 900 Jahre alt. In den ehemaligen Klostergebäuden befindet sich auch die noble **Westminster School.** Daneben gibt es noch die Chorschule, die schon vor dem 15. Jh. gegründet wurde. 24 Chorknaben singen täglich in der Abtei die Liturgie. Es trieft nur so vor Geschichte.

www.westminster-abbey.org, i. d. R. Mo–Fr 9.30–16.30 (letzter Einlass 1 Std. vorher), Sa 9.30–13.30 Uhr, regelmäßig 90-min. Führungen (7 £), Audiotouren frei, Abendandacht mit Chorgesang Mo–Fr 17, Sa, So 15 Uhr (im Sommer Sa 17 Uhr), 22 £, Mi 16.30–19 Uhr, 10 £

St James's und Mayfair ♀ L–N 8–10

Leben tut man in St James's und Mayfair nicht, jedenfalls nicht als Normalsterblicher, denn die beiden Stadtviertel westlich des Trafalgar Square sind die teuersten Wohngegenden Londons. Eine Eigentumswohnung mit zwei Schlafzimmern, also drei Zimmern insgesamt,

Lieblingsort

Mit Pelikanen plaudern – oder Zeitung lesen

Für viele Londoner und auch für mich ist der **St James's Park** ❽ der hübscheste aller Stadtparks. Hier kann man herrlich flanieren oder sich nach einem anstrengenden Tag in der Stadt ausruhen. Das Besondere an dieser ältesten Grünanlage Londons sind nicht nur die vielen alten Bäume, Sträucher und Blumenrabatten, sondern auch der romantische See und die Pelikane, die seit der Regierungszeit James' I. im Park leben (na ja, nicht dieselben wie damals). Der russische Botschafter hatte dem König Anfang des 17. Jh. einen Pelikan zum Geschenk gemacht. Heute gibt es hier sechs sehr muntere Exemplare, die sich ab und an zu den Parkbesuchern auf die Bank setzen (Fütterung tgl. 14.30–15 Uhr). Außerdem gibt es australische schwarze Schwäne, Flamingos und Kormorane, und auf der kleinen Insel im Teich nisten unzählige Singvögel. Bänke oder Liegestühle zum Ausleihen laden zum Verweilen ein. Am romantischsten ist es hier ganz früh morgens bei Sonnenaufgang oder am frühen Abend, wenn der nahe gelegene Buckingham Palace festlich angestrahlt ist.

kostet hier 2,8 Mio. Pfund – die ideale Studentenbude für Kinder reicher Asiaten, Russen oder Araber. Als die eleganten Plätze und Straßen in Mayfair im frühen 18. Jh. entstanden, waren die Grundstücke im Besitz von nur wenigen. Heute stammen die Anwohner Mayfairs aus 42 Ländern. Den Grosvenors, also dem Duke of Westminster und seiner Familie, gehören allerdings auch heute noch große Teile des Viertels. Doch in den einstigen privaten Prachthäusern residieren inzwischen internationale Firmen, Botschaften, Investmentbanken und Maklerbüros. Auch die teuersten Hotels der Stadt, darunter einige der besten der Welt, wie das Claridge's oder The Beaumont, sind in Mayfair zu finden. Und die Riege der Topadressen bekommt bald noch Zuwachs: Die ehemalige amerikanische Botschaft, die eine ganze Seite des Grosvenor Square einnimmt, wird derzeit von einer Investmentfirma aus Katar zu einem Luxushotel umgebaut – sehr zum Unmut von Präsident Trump, der die neue Location der Botschaft in Nine Elms für völlig ab vom Schuss hält. Weit gefehlt, Mr President: In London ist nie irgendetwas im Abseits.

Aber zurück zu St James's und Mayfair: Nicht nur das Logieren, auch das Einkaufen ist hier vom Allerfeinsten. Die alten Fachgeschäfte in **Jermyn Street** und **St James's Street** stehen für Qualität und Tradition. **Savile Row** ist die Straße der Herrenschneider. In **South Molton Street, New Bond Street, Old Bond Street** und **Cork Street** sind alle Designer von Rang und Namen sowie Juweliere, Kunst- und Antiquitätengeschäfte und die großen Auktionshäuser zu Hause.

The Mall

Die Marmor-Monarchin

Wie ein gigantischer roter Teppich liegt die Straße The Mall zwischen Trafalgar Square und Buckingham Palace. Rund 1 km lang und zu wichtigen Anlässen beidseitig mit Union Jacks bestückt, ist sie Londons Paradestraße. Wenn Sie vom Trafalgar Square kommen, sehen Sie linker Hand den idyllischen **St James's Park** ❽ (s. S. 46), rechter Hand stattliche, herrschaftliche Häuser. Und schon von Weitem erblicken Sie das pompöse, immerhin 25 m hohe **Queen Victoria Memorial** ❾ aus weißem Marmor. Arme Victoria, erst 18 Jahre war sie alt, als sie 1837 Queen of the United Kingdom of Great Britain and Northern Ireland wurde. Später sollte sie als Herrscherin über das British Empire Namensgeberin für ein ganzes Jahrhundert werden. Neun Kinder brachte sie im Laufe von 20 Jahren zur Welt – sie, die gar keine Babys mochte und Schwangerschaften verabscheute. Viele der 42 Enkel und 87 Urenkel der ›Großmutter Europas‹ saßen auf den Thronen Europas. Nach dem frühen Tod ihres geliebten Ehemanns Albert, Prinz von Sachsen-Coburg und Gotha, zog sie sich ganz ins Privatleben zurück.

Zu Besuch bei der Queen ⭐

An Regierungsjahren wurde Queen Victoria 2015 von einer anderen übertroffen: ihrer Ur-Ur-Enkelin Queen Elizabeth II. Sie ist seit über 66 Jahren auf dem Thron – länger als jeder andere britische Herrscher.

Ist die Königin zu Hause? Wenn der ›Royal Standard‹ über dem Palast weht, weiß man, dass sie vor Ort ist: Queen Elizabeth, die berühmteste Frau der Welt, verehrt und bewundert für ihren unerschütterlichen Mut und ihre Fähigkeit, selbst in schwierigen Zeiten Haltung zu wahren. Vielleicht um dem etwas angeschlagenen Image des Königshauses entgegenzuwirken, aber wohl auch, um mit den Eintrittsgeldern den Wiederaufbau des 1992 durch einen Brand teils zerstörten Windsor Castle zu finanzieren, öffnete sie den **Buckingham Palace**

(Details s. www.rct.uk) 1993 erstmals der Öffentlichkeit. Zu sehen sind 19 der 661 Räume – allerdings nur, wenn die Windsors gerade im Urlaub sind. In den Staatsgemächern ist nichts beschildert, aber die Eintrittskarte beinhaltet eine selbst geführte Audiotour.

Ein Publikumsrenner ist natürlich **Changing of the Guard** (April–Juli tgl. 11 Uhr, sonst alle zwei Tage, außer bei Regen) der ›Schichtwechsel‹ der Foot Guards of the Household Regiment vor dem Buckingham Palace. Hunderte Touristen drängeln sich vor den Gittern des Palastes, um den Wachsoldaten in ihren roten Uniformen und puscheligen Bärenfellmützen zuzuwinken. Eigentlich muss man da nicht hin, eine Postkarte anzusehen genügt.

Die noble Nachbarschaft

Ein beeindruckendes Torhaus aus der Tudorzeit bildet nahezu das einzige Überbleibsel des ursprünglichen **St James's Palace ⓫**, dessen Bau Henry VIII. 1532 in Auftrag gab. Nachdem der Whitehall Palace (s. S. 41) abgebrannt war, befand sich hier bis zur Thronbesteigung von Victoria die königliche Residenz. 1837 zog sie in den größeren Buckingham Palace um. **Clarence House ⓬** ist der Wohnsitz von Prinz Charles und der Duchess of Cornwall, Camilla. Im Sommer können fünf kostbar ausgestattete Räume im Rahmen einer Führung besichtigt werden (Details s. www.royal collection.org.uk). Weitere großartige Häuser sind **Marlborough House ⓭**, heute das Commonwealth-Sekretariat, **Lancaster House ⓮**, wo Regierungskonferenzen stattfinden, und **Spencer House ⓯**, ein wunderschöner Stadtpalast, wo die Vorfahren von Lady Di lebten (www.spencerhouse.co.uk).

›Nur mal so reinschauen‹ ist in **The Ritz ⓰** (T 020 74 93 81 81, www.theritz london.com) nicht erwünscht. 1906 eröffnet, ist es nach wie vor eines der exklusivsten Hotels in London. Aber Sie könnten sich dort zum beliebten Afternoon Tea nach feiner britischer Art einfinden (nach telefonischer Anmeldung; 58 £). Männer sollten die Krawatte nicht vergessen.

Vielleicht ist Ihnen ja eher nach Abschalten zumute. Dafür ist **St James's Church Piccadilly ⓱** mit ihrem hellen, ruhigen Innenraum ein guter Ort. 1684 geweiht, ist sie die einzige von Christopher Wren komplett neu gestaltete Kirche. Mehrmals in der Woche gibt es Konzerte, mittags bei freiem Eintritt.

197 Piccadilly, www.sjp.org.uk, tgl. 8–19 Uhr, freie Mittagskonzerte Mo, Mi, Fr 13.10 Uhr, Mi–Sa 10–18 Uhr im Kirchhof bunter Kunsthandwerksmarkt, Mo, Di 11–17 Uhr Kulinarisches

Mayfair

›Schäfer-Markt‹ ohne Schafe

Fürs Feiern nahm man sich in Mayfair früher ordentlich Zeit: 14 Tage dauerte der Jahrmarkt (engl. *fair*), der hier ab Ende des 17. Jh. alljährlich im Mai (engl. *may*) abgehalten wurde. Das Ganze spielte sich auf dem Areal des späteren **Shepherd Market ⓲** ab. Der Name der entzückenden kleinen Piazza zwischen Piccadilly und Curzon Street geht nicht etwa auf einen Schäfermarkt, sondern auf den Architekten Edward Shepherd zurück, der sie um die Mitte des 18. Jh. gestaltete. Der bekannte Pub **Ye Grapes,** einige Nobelrestaurants und hübsche Friseurläden sorgen für einen dörflichen Charakter. Eine feste Fangemeinde hat wenige Schritte entfernt das **Curzon Mayfair ❸.** Das altmodische Kino zeigt Art-House-Filme und neue Produktionen.

Nur keine Hemmungen

Alle wichtigen Galerien für zeitgenössische Kunst haben in Mayfair ihre Basis oder zumindest eine Vertretung (s. Tour S. 50). Außerdem gibt es mehrere Auk-

Men on a mission, ob mit Raubvogel oder Butterbrot. London ist die Stadt der oft harten Kontraste – auch in Mayfair.

tionshäuser sowie unzählige Kunst- und Antiquitätenhändler. ›Ladenhemmung‹? Verständlich, aber andererseits machen die supercoolen Galerie-Typen ja nur ihren Job und dazu gehört für einige wohl, blasiert auszusehen. Aber es gibt auch ausgesprochen besucherfreundliche Galerien. **Hauser & Wirth** ⓳ (23 Savile Row, www.hauserwirth.com, Di–Sa 10–18 Uhr) beispielsweise haben gleich ein ganzes Veranstaltungsprogramm für ein breites Publikum auf die Beine gestellt. Dazu gehören Gespräche mit Künstlern ebenso wie Workshops für die ganze Familie. Im Shop werden Bücher zum Thema Kunst und kleinere Objekte von Künstlern der Galerie verkauft.

Selbst bei **Sotheby's** ⓴ (34–35 New Bond Street, www.sothebys.com) können Sie einfach mal reinspazieren. Egal ob mit oder ohne Scheckkarte in der Tasche, jede/r kann problem- und kostenlos an einer Kunstauktion teilnehmen und vorher die zu versteigernden Objekte begutachten. 1744 von Samuel Baker gegründet, ist Sotheby's heute das älteste und bekannteste Auktionshaus mit 80 Standorten in der ganzen Welt. Seit 1917 operiert das Unternehmen von Mayfair aus und macht seither mit spektakulären Verkäufen Schlagzeilen. 2008, im Jahr des Bankencrashs, verkaufte Sotheby's innerhalb von zwei Tagen 223 neue Kunstwerke von Damien Hirst im Direktverkauf für schlappe 111 Mio. Pfund. Und eine Auktion, die 2018 stattfand, wird ebenfalls unvergessen bleiben: Die Versteigerung von Banksys Werk »Girl with Balloon«. Kaum war es ersteigert, zerstörte sich das Kunstwerk teilweise selbst. Für die frischgebackene Besitzerin des Werks muss das ein Schock gewesen sein. Aber sie machte den Kauf nicht rückgängig. Selbst wenn

TOUR
Kunstvoll durch Mayfair

Ein Galerienrundgang, den man ewig fortsetzen könnte

2017, mitten im Brexit-Debakel, eröffnete der Österreicher Thaddaeus Ropac im denkmalgeschützten Ely House (1772) in der **Dover Street** seine **Galerie Thaddaeus Ropac** (Nr. 37). Er repräsentiert eine stolze Anzahl von Künstlern des 20. und 21. Jh., u. a. Beuys, Anselm Kiefer, Arnulf Rainer und Erwin Wurm. Beginnen Sie Ihre Tour durchs ›Mayfair der schönen Künste‹ hier oder z. B. gegenüber bei **David Zwirner** in der **Grafton Street** (Nr. 24), einem der bedeutendsten Galeristen der Welt.

Brexit hin oder her, die Kunstszene in Mayfair boomt. Trotz Finanzkrise und Zukunftsangst ist Londons Anziehungskraft als eines der wichtigsten Kunstzentren der Welt ungebrochen. Ropac war beileibe nicht der Letzte, der hier eine Dependance eröffnete. 2018 kamen gleich mehrere Galerien hinzu (z. B. die Maddox Gallery, Sheperd St.). Mit Umsätzen in Milliardenhöhe leisten die Galerien einen großen Beitrag zur britischen Wirtschaft.

Alljährlich im Herbst findet am Berkeley Square die **LAPADA Arts & Antiques Fair** statt. Bei dieser Kunstmesse sind auch Händler vertreten, die in der übrigen Zeit im Jahr nur im Internet operieren (www. lapadalondon. com).

An der Grafton Street (Nr. 7) liegt auch die Londoner Dependance des Galeristinnen-Duos **Sprüth Magers.** Es ist bereits seit 2003 in der Themse-Metropole. Andreas Gursky, Jenny Holzer, Thomas Ruff und Cindy Sherman sind nur einige der von ihnen vertretenen Künstler. Wenn Sie der Straße weiter folgen, treffen Sie auf die **New Bond Street,** die sich als Verlängerung der Old Bond Street schnurgerade bis hoch zur Oxford Street zieht. Bunte Fahnen zieren die Häuser der Haute Couture, die in Europas teuerster Einkaufsstraße mit Mietpreisen von über 16 000 Euro pro Quadratmeter viele der einst hier ansässigen Kunstgalerien in die Seitenstraßen abdrängte. Die Fine Art Society, seit 1876 ein Fixpunkt in der Bond Street, packte gleich ganz ihre Koffer, verscherbelte Teile ihrer Sammlung bei Sotheby's und zog nach Chelsea um. Kurioserweise hat jetzt kein Modelabel ihr

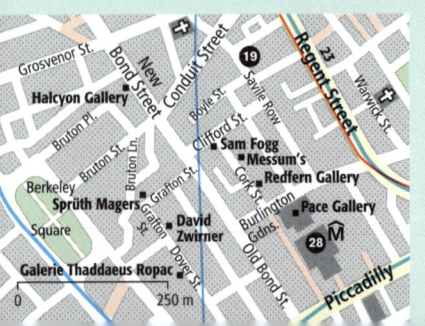

Infos

📍 Karte 2, M 8

Start:
Dover Street

U: Green Park

Dauer: 1,5–2 Std.

Galerien: Thaddaeus Ropac, www.ropac. net; David Zwirner, www.davidzwirner. com; Sprüth Magers, www.spruethmagers. com; Halcyon Gallery, www.halcyongallery. com; Messum's, www.messums. com; Redfern, www. redfern-gallery.com; Pace Gallery, www. pacegallery.com; Sam Fogg, www.samfogg. com; Öffnungszeiten s. Websites

elegantes, fünfstöckiges Stadthaus Nr. 148 übernommen, sondern die supercoole **Halcyon Gallery** unter Leitung von Ehud Sheleg. Halcyon hatte bereits Galerieräume in Nr. 29 und Nr. 144–146 New Bond Street. Dort zogen eine Ausstellung des Glasmeisters Dale Chihuly und noch im selben Jahr die Songtexte und Zeichnungen von Bob Dylan ein zahlungskräftiges Publikum an. So muss man das machen!

Gehen Sie aber erst noch in die **Cork Street,** die parallel zur Bond Street verläuft. In der ganzen Welt ist die kurze Straße für ihre Kunstgalerien bekannt. Künstler wie Francis Bacon, Max Ernst und Paul Klee zeigten hier erstmals einem britischen Publikum ihre Werke. Wie in der Bond Street treiben aber auch hier reiche ausländische Investoren die Mietpreise derart in die Höhe, dass zahlreiche Galerien die Kunst-Hochburg verlassen mussten. Eine 2012 ins Leben gerufene »Save Cork Street«-Kampagne versucht, die Straße als ›Art District‹ zu bewahren. Schauen Sie sich ruhig um – noch ist hier Kunst zu sehen. Die etablierte Galerie **Messum's** in Nr. 28 hat sich auf britische Impressionisten spezialisiert, **Redfern** in Nr. 20 zeigt seit 1923 zeitgenössische Kunst und **Sam Fogg** an der Ecke zur Clifford Street ist eine Institution für mittelalterliche und asiatische Kunst.

Mayfair und Kunst und der Verkauf von Kunst gehören zusammen – spätestens seit 1768, als die **Royal Academy of Arts 28** (s. S. 56) in das extra für sie gebaute Burlington House einzog. 250 Jahre ist das jetzt her. Als Geburtstagsgeschenk bescherte uns Stararchitekt Sir David Chipperfield mit seiner großartigen Erweiterung 70 % mehr Ausstellungsraum. A ›nice cup of tea‹ im hübschen Café hilft gegen die Reizüberflutung. Direkt an die RA schließt sich die **Pace Gallery** an, die seit 1960 wichtige Künstler des 20. und 21. Jh. ausstellt, z. B. Chuck Close.

Eine meine Lieblingsgalerien in Mayfair ist **Hauser & Wirth 19** (s. S. 49). Immer ›cutting edge‹, bietet jeder Besuch eine neue Überraschung. Die Ausstellungen werden nicht selten kontrovers diskutiert, sind manchmal anstrengend, aber immer anregend. Die erfolgreiche, 1992 als Familienunternehmen in Zürich gegründete Galerie hat Zweigstellen in Hongkong, New York, London und natürlich in der Schweiz.

Lassen Sie Ihren Rundgang am Abend mit einem Glas Sekt beim Besuch einer Vernissage ausklingen (Termine s. https:// newexhibitions. com/current).

sie weniger ereignisreich verlaufen, sind Kunstauktionen tolle Spektakel. Einem Henry Highley bei **Phillips ㉑** (30 Berkeley Square, www.phillips.com) zuzuschauen bereitet großes Vergnügen.

Museen

Publikumsliebling ✪
㉒ National Gallery: ›Blockbuster‹-Sonderausstellungen zu einzelnen Künstlern und Epochen nehmen hier zuweilen selbst für Londoner Verhältnisse extreme Dimensionen an. Da kann's schon mal passieren, dass Besucher in spe nachts vor dem Museum campieren, um morgens als Erste reinzukommen. Auch die ständige Sammlung von über 2300 Gemälden des 13. bis späten 19. Jh. sorgt dafür, dass die National Gallery nicht nur eine der größten, sondern auch eine der beliebtesten Gemäldegalerien der Welt ist. Die Anfänge waren

TURNER PRIZE

Ob sich Turner beim Anblick zeitgenössischer Kunst im Grabe umdrehen würde? Der Preis, der seinen Namen trägt, ehrt und fördert jedenfalls seit 1984 neue Entwicklungen in der Kunst. Das Preisgeld von 40 000 £ (!) geht jedes Jahr an einen britischen Künstler oder eine Künstlerin, seit 2017 ohne Altersbeschränkung. Die Preisverleihung wird von viel Medienrummel begleitet. Um die ›Stuckists‹, die jahrelang gegen Konzeptkunst demonstrierten, ist es dagegen ruhig geworden. Die Bezeichnung Stuckist (engl. *stuck* = stecken geblieben) geht auf Tracey Emin zurück, die ihren damaligen Freund Billy Childish mit den Worten beleidigte: »Your paintings are stuck, you are stuck! Stuck! Stuck! Stuck!«

geradezu niedlich: 38 Bilder umfasste die Sammlung, als das Museum 1824 gegründet wurde. Auf der Website des Museums finden Sie zwei Rundgänge auf Deutsch zum Downloaden. Für den Fall, dass Ihre Zeit nur für eine Stippvisite reicht, bekommen Sie gute Tipps unter dem Menüpunkt »Visiting > Short of time?«.

Trafalgar Square, www.nationalgallery.org. uk, U: Leicester Square, Charing Cross, tgl. 10–18, Fr 10–21 Uhr, Gratis-Führungen (60 Min.) tgl. 11.30 und 14.30 Uhr, Audiotouren auf eigene Faust 4 £, Eintritt frei

Gesichter überall
㉓ National Portrait Gallery: In dem Museum gleich um die Ecke von der National Gallery grüßen Porträts von rund 9000 berühmten Briten von den Wänden: gekrönte Häupter ebenso wie Dichter und Denker. In einer Videoinstallation ist der schlafende David Beckham zu sehen. Die Kuratoren lassen sich allerhand einfallen, um die unterschiedlichsten Interessengruppen anzusprechen. So gab's z. B. anlässlich von Michael Jacksons 50. Geburtstag eine Sonderausstellung.

2 St Martin's Place, www.npg.org.uk, U: Leicester Square, Charing Cross, Sa–Do 10–18, Fr 10–21 Uhr, Eintritt frei

Zuckerkönig gründet Museum
㉔ Tate Britain: Zur Tate müssen Sie, wenn Sie Turner oder Constable lieben. 1897 wurde sie von Sir Henry Tate, dem Erfinder des Zuckerwürfels und Besitzer einer großen Zuckerraffinerie, gegründet. Mittlerweile gibt es drei Zweigstellen der berühmten Gemäldegalerie: Tate Modern am südlichen Themseufer, Tate Liverpool und Tate St Ives in Cornwall. Tate Britain, irgendwie immer etwas ab vom Schuss und daher nie so voll, zeigt britische Kunst vom 16. bis zum späten 20. Jh. Außer Werken von Constable und Turner ist auch Sozialkritisches von William Hogarth zu sehen sowie Society-Porträts von Gainsborough und Reynolds, Pferde von George Stubbs,

viele Präraffaeliten, Francis Bacon, David Hockney, Lucian Freud und Skulpturen von Henry Moore, Barbara Hepworth und Jacob Epstein.

Millbank, www.tate.org.uk, U: Pimlico, tgl. 10–18 Uhr, kostenlose thematische Führungen (45 Min.) tgl. 11, 12, 14, 15 Uhr (um 15 Uhr Schwerpunkt Turner), Eintritt frei, außer für Sonderausstellungen; Thames Clippers, www.thamesclippers.com, betreibt einen Tate-to-Tate-Bootsservice, Abfahrt alle 40 Min.

Experimentell, obskur, radikal

㉕ Institute of Contemporary Arts (ICA): Das ICA, 1948 gegründet, zeigt alles, was modern und kontrovers ist. Henry Moore, Pablo Picasso und Max Ernst hatten hier ihre ersten Ausstellungen in Großbritannien und auf dem Höhepunkt der BritArt wurden Werke von Damien Hirst und den Chapman Brothers gezeigt. Spannend ist auch das Veranstaltungsprogramm: Filme, Vorträge, Musik und Theater. Und wenn Sie Appetit verspüren, können Sie die Rochelle Canteen aufsuchen.

The Mall, www.ica.art, U: Piccadilly Circus, Di–Do, So 11–23, Fr, Sa 12–12 Uhr, 1 £

Nicht von schlechten Eltern

㉖ Queen's Gallery: In jährlich wechselnden Ausstellungen gibt's Kostbarkeiten aus der königlichen Sammlung zu bestaunen: Gemälde von Rubens, Rembrandt, Vermeer, van Dyck, Canaletto, Reynolds, Gainsborough, Skulpturen, Keramik und Möbel. Rund 450 Werke, natürlich nur vom Feinsten, sind in den eleganten Räumlichkeiten versammelt – ›Peanuts‹ angesichts eines Gesamtumfangs von über 1 Mio. Kunstwerken, die seit der Stuart-Restauration 1660 zusammengetragen wurden.

Buckingham Pallace, Buckingham Palace Road, www.royalcollection.org.uk, U: Victoria, St James's Park, Green Park, tgl. 10–17.30, im Sommer ab 9.30 Uhr, 11 £

Händel und Jimi Hendrix

㉗ Handel & Hendrix in London: Was interessiert Sie mehr – Barock oder Rock?

Diese Gitarre gehörte dem Musikgenie Jimi Hendrix.

Sie brauchen sich nicht zu entscheiden, denn in diesem Museum werden gleich zwei Stars der Musikgeschichte geehrt. Der 1685 in Halle geborene Händel – ab 1726 Brite und Hofkomponist – komponierte in London den größten Teil seiner Werke, u. a. die »Music for the Royal Fireworks« (»Feuerwerksmusik«) und den »Messiah«. Lieben Sie Barockmusik? Mi und Sa 11.30–13.30 Uhr gibt es öffentliche Proben im Haus. Hinterher geht man in den Windmill Pub gleich um die Ecke. Auch in der nahe gelegenen St George Church (s. S. 60) finden regelmäßig Konzerte statt. Besonders beliebt ist das Händel-Festival im Frühling (www.london-handel-festival.com). In der Wohnung im ersten Stock von Haus Nr. 23, die Sie besichtigen können, lebte Gitarrengenie Jimi Hendrix 1968/69. Es sei sein »erstes, richtiges eigenes Zuhause«, sagte er damals zu seiner Freundin Kathy.

TOUR
Die Räume des Licht- und Farbenmeisters William Turner

Auf den Spuren eines genialen Künstlers durch die Tate Britain

Infos

📍 ○ 12

Start:
Tate Britain ㉔,
Millbank

U: Pimlico

Planung:
tgl. 10–18 Uhr geöff-
net, www.tate.org.uk,
Eintritt frei

Wie gut, dass von den rund 300 Ölbildern und 37 000 Aquarellen und Zeichnungen, die William Turner (1775–1851) dem englischen Staat vermachte, in der **Tate Britain** ㉔ nur eine Auswahl gezeigt wird. Es werden aber oft einzelne Werke oder die Hängung eines ganzen Raums ausgetauscht. Wer in zeitlichem Abstand wiederkommt, kann so nach und nach – praktisch im Vorübergehen – das Werk des britischen Malers, der für seine lichtdurchfluteten, atmosphärisch verschwommenen Landschaften berühmt wurde, immer besser kennenlernen.

Entdecken Sie mit mir die neun Räume der **Clore Gallery,** die ausschließlich dem Werk von William Turner gewidmet sind. Gleich im ersten Raum begrüßt uns sein berühmtes Selbstporträt von 1799, das ab 2020 die neue 20-Pfund-Note zieren wird. Turner war 24 Jahre alt und gerade als Associate of the Royal Academy (s. S. 51) aufgenommen worden. Seit 1789 hatte er an der königlichen Kunstschule studiert und blieb ihr fortan eng verbunden. Aus bescheidenem Hause kommend, war der junge William sehr geschäftstüchtig und, wie man auf dem Porträt sehen kann, elegant gekleidet. Selbstbewusst blickt er direkt aus dem Bild hinaus. Seinen Lebensunterhalt verdiente der begabte Künstler zunächst mit topografischen Stichen und Naturstudien.

Die drei zentralen Räume zeigen Gemälde, die Turner für Ausstellungen vorwiegend in der Royal Academy geschaffen hat und die fest in der Tradition der alten Meister wie Tizian, Rubens, Claude Lorrain und Poussin stehen. Die »Heilige Familie« von 1803 im **ersten Raum** sieht gar nicht wie ein ›Turner‹ aus. Doch schon

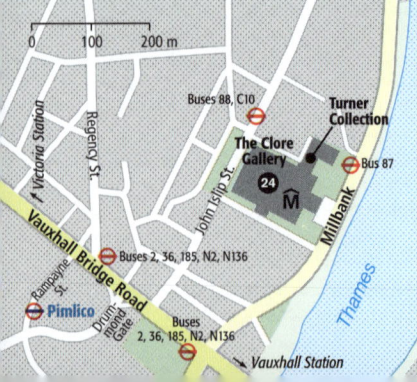

Das Gemälde »Landscape with Water« zählt zum Spätwerk des Künstlers.

bald entwickelte der Künstler seinen eigenen, spezifischen Stil, was sich in den folgenden Räumen gut nachvollziehen lässt.

Im **nächsten Raum links** erleben wir Turner als englischen Künstler mit naturalistischen, leicht patriotischen Darstellungen der heimischen Landschaft. Während der rund 20 Jahre dauernden Napoleonischen Kriege hatte Turner nur eine Reise auf den Kontinent unternehmen können. Erst nach 1815 lebte er seine Reiselust aus und entdeckte bis 1845 auf mehreren Reisen Kontinentaleuropa. In Italien besuchte er 1819 und 1828/29 Venedig, Rom und Neapel. Begeistert von dem hellen Licht schuf er zunächst bewegte Panoramalandschaften und gewagtere Impressionen in Farbe und Licht. Bezeichnenderweise heißt der Raum, wo wir diese Bilder sehen können, auch **»Travelling Light«**. Ganz unmittelbar erlebte Turner den Übergang ins industrielle Zeitalter und den viktorianischen Wohlstand. Ab den 1830er-Jahren reiste er auch mit dem Dampfschiff und der Eisenbahn.

In **weiteren Räumen** sehen wir Seelandschaften, die nach Turners Tod in seinem Atelier gefunden wurden und die er während seines Lebens nie ausgestellt hatte. Vielleicht hatte er sie für unvollkommen gehalten, denn Zeit seines Lebens stellte der selbstbewusste Künstler seine Bilder eigentlich gern und oft aus. Ab den späten 1820er-Jahren entstanden jene Werke, die Turner in der ganzen Welt bekannt gemacht haben: in hellen Tönen gehaltene, romantisch verklärte Landschaften, deren Formen traumartig im Licht aufgelöst sind. Ganz im Sinne der Romantik zeigt er mit seinen aufgelösten, verwischten Konturen die menschliche Unzulänglichkeit und Schwäche angesichts der Naturgewalten. Oder er spielt, wie »The Burning of the Houses of Lords and Commons« von 1834 nahelegt, auf die umwälzenden wirtschaftlichen, sozialen und politischen Entwicklungen der 1840er- und 1850er-Jahre an. Mit einer Betrachtung der **Spätwerke,** die den Abschied von der alten und die Ankunft in einer noch unbekannten neuen Welt zum Thema haben, könnten Sie den Rundgang beenden.

25 Brook Street, www.handelhendrix.org,
U: Bond Street, Mo–Sa 11–18 Uhr, 10 £

Hochkarätig

㉘ Royal Academy of Arts: s. S. 51.
Ganzjährige, hochkarätige Wechsel-
ausstellungen.›Das‹ Kunstspektakel des
Jahres ist die ›Summer Exhibition‹.
Burlington House, Piccadilly, T 020 73 00 80
00, www.royalacademy.org.uk, U: Green Park,
Piccadilly Circus, tgl. 10–18 Uhr, Eintritt variiert

Was ist ein Faradayscher Käfig?

㉙ Faraday Museum: Wissenschaftliche Geräte und Instrumente aus zwei
Jahrhunderten zeigt das nach dem
berühmten Physiker Michael Faraday
benannte und von der Royal Institution
betriebene Museum. 14 Nobelpreisträger
haben in der Royal Institution gearbeitet.
21 Albemarle Street, T 020 74 09 29 92,
http://www.rigb.org/visit-us/faraday-museum,
U: Green Park, Mo–Fr 8–18 Uhr, BH geschl.,
Eintritt frei

Essen

Unkompliziertes in der Krypta

1 Café in the Crypt: Eine warme Suppe, Salat, Afternoon Tea und einen Platz
zum Ausruhen, das Ganze in heimeliger
Krypta-Atmosphäre unter St Martin-in-
the-Fields – was will man mehr, wenn
der Magen knurrt! (s. auch S. 41).
St Martin-in-the-Fields, Duncan Street, T 020
77 66 11 58, U: Charing Cross, Mo, Di 10–20,
Mi 10–22.30 (nach 18.30 Uhr nur mit Ticket für
das Jazz-Konzert), Do–Sa bis 21, So 11–18
Uhr, Hauptgerichte um 10 £

Restaurant im ICA

2 Rochelle Bar & Canteen: Melanie
Arnold und Margot Henderson, zwei bekannte Londoner Köchinnen, kredenzen
klassische Küche mit saisonal wechseln-
dem Menü zum Lunch und Dinner. Es gibt
Bier von Peroni, Kaffee von Caravan, Möbel von Alvar Aalto. Alles schön, gut und
edel. Und schmecken tut es hervorragend.
ICA, The Mall, www.ica.art/rochelle-canteen,
www.arnoldandhenderson.com, U: Piccadilly
Circus, Di–So 11–23 Uhr, Hauptgerichte
unter 20 £

Schlemmerparadies

3 Nova Food: Falls Sie auf dem Weg
zum Buckingham Palace oder nach
Belgravia sind und Hunger verspüren,
schauen Sie mal bei Nova Food herein.
17 (!) Restaurants sind hier unter einem
Dach vereint: Ob japanisches Sushi,
dänisches Smørrebrød oder amerikanische Spare Ribs – alles wird sehr
schön und appetitlich präsentiert. Bei
gutem Wetter können Sie auch prima
draußen sitzen.
79 Buckingham Palace Road, T 020 79 63
40 00, https://novasw1.com, U: Victoria

Europäisches Grandeur

4 The Wolseley: Ob Sie es im Urlaub
früh genug zum Frühstück hierher schaffen, weiß ich ja nicht, aber im Wolseley gibt
es auch Brunch, Lunch, Afternoon Tea,
großartiges Dinner und sogar ›Late Nite
drinks‹. Im grandiosen Stil europäischer
Kaffeehäuser der 1920er-Jahre ursprünglich als Auto-Schauraum gestylt, befand
sich hier später eine Barclays Bank, bis
Anfang des 21. Jh. zwei Restaurateure
die Architekturikone übernahmen und als
Londons erstes ›Grand Cafe‹ eröffneten.
Unbedingt einen Besuch wert.
160 Piccadilly, T 020 74 99 69 96, www.
thewolseley.com, U: Green Park, Mo–Fr 7–23,
Sa, So 8–23 Uhr

Seit 1742 feinste britische Küche

5 Wilton's Restaurant & Oyster Bar:
Wild, passend zur Jahreszeit, Rind von
den besten Farmen des Landes und die
besten Austern, die das Meer hergibt.
Traumhaft auch der »Granny Smith apple
and gooseberry crumble« zum Dessert.
Ein teures Vergnügen natürlich.

55 Jermyn Street, T 020 76 29 99 55, www.wiltons.co.uk, U: Green Park, Mo–Fr 12–14.30, 17.30–22.30, Sa 17.30–22.30 Uhr

Der Knüller ist die Dachterasse

6 **The Windmill:** Im kleinen Pub-Restaurant gibt es traditionelles Pub Food, wie Sausages & Mash, Fish & Chips und vor allem Pies – bei schönem Wetter auch oben auf der Dachterasse. Ab 7 £.

6/8 Mill Street, T 020 74 91 80 50, www. windmillmayfair.co.uk, U: Oxford Circus, Pub Mo–Fr 11–23, Sa 12–23, So 12–18 Uhr, Restaurant Mo–Sa 12–22, So 12–17 Uhr

---

Einkaufen

Sunday Browsing: Die meisten Läden öffnen am Sonntag um 11.30 Uhr, der Verkauf beginnt aber erst um 12 Uhr.

Zwischen Tradition und Kommerz

1–**4** Trocken shoppen, und dann vom Hemd über Düfte zum Hut, Tour S. 58.

Goldene Schrift auf Mintgrün

5 **Fortnum & Mason:** In diesem schönen Warenhaus ist alles elegant. Aber um ehrlich zu sein: Über das Erdgeschoss bin ich noch nie hinausgekommen, denn die altmodische Lebensmittelabteilung hat nicht nur eine riesige Teeauswahl, sondern auch mindestens 50 Marmeladensorten im Angebot. Besonders toll: Der Honig stammt von den hauseigenen Bienen – die Bienenstöcke stehen auf dem Dach. Verwöhnen Sie sich nach dem Einkauf mit einem Afternoon Tea im Diamond Jubilee Tea Salon, falls noch Geld in der Kasse ist!

181 Piccadilly, www.fortnumandmason. com, U: Piccadilly Circus, Mo–Sa 10–22, So 11.30–18 Uhr

Uralt, aber noch rüstig: Der Erfolg des 1707 gegründeten Unternehmens Fortnum & Mason basiert auch darauf, dass es innovativ geblieben ist. Eine Neuerung: Seit 2013 gibt es Filialen, u. a. in St Pancras.

TOUR
(Window-)Shopping in Mayfair

Eine Tour, die Sie teuer zu stehen kommen kann, aber nicht muss

Infos

Karten 1 und 2, M/N 8/9

U/Start: Green Park
Dauer: 1–1,5 Std.

Planung: Burlington Arcade 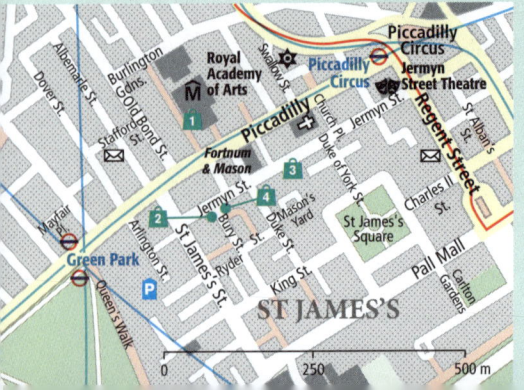, www.burlingtonarcade.com, Mo–Sa 9–19.30, So 11–18 Uhr; Turnbull & Asser, https://turnbulland asser.eu, tgl. 9–18 Uhr; Floris, www.florislondon.com, Mo–Sa 9.30–18.30, So 11.30–17.30 Uhr; Bates, www.bates-hats.com, Mo–Fr 9–18, Sa 10–18, So 11–16 Uhr

Tauchen Sie ein in die Welt des Geldes, der Aristokraten und der High Society, aber auch der Schneider, Schuhmacher und Händler. Sie zögern noch? Ein Einkaufsbummel in Mayfair ist Ihnen ein zu kostspieliges Vergnügen? Da sind Sie in guter und zahlreicher Gesellschaft. Darauf verzichten sollten Sie trotzdem nicht, denn ein Spaziergang in Londons teuerstem Shoppingviertel ermöglicht tiefe Einblicke in die ›feine britische Lebensart‹ oder das, was man allgemein dafür hält.

Wenn Sie in **Green Park** aus der U-Bahn gestiegen sind, schlendern Sie zunächst Piccadilly hoch. Haben Sie rechter Hand das Ritz passiert, lockt linker Hand bald der Eingang zur **Burlington Arcade**. 1819 wurde sie von Lord George Cavendish erbaut, der nebenan im Burlington House (heute Royal Academy) wohnte. Er wollte seiner Frau und anderen Damen der vornehmen Gesellschaft in der überdachten Arkade einen sicheren Einkaufsbummel ermöglichen. Mit Zylinderhut versehene, livrierte Türsteher, sogenannte Beadles, passen seitdem auf, dass man sich hier anständig benimmt: Singen, Pfeifen, Eilen oder das Öffnen eines Regenschirms sind untersagt: Yes, Sir!

Vor ein paar Jahren wurde die elegante Einkaufspassage topsaniert und für 300 Mio. Pfund an einen Privatinvestor verkauft. Die ursprünglichen Juwelier- oder Lederwarengeschäfte sind längst verschwunden. Das dicke Geld machen jetzt die großen Unternehmen. In den

Auf Hochglanz poliert: Shoe Shine Service in der Burlington Arcade.

ca. 40 Ladeneinheiten locken Luxuslabel wie Chanel, Rolex und Manolo Blahnik eine internationale Kundschaft mit High-Class-Kreditkarten an. Insgesamt schlendern jährlich rund 4 Mio. Besucher durch die Passage.

Südlich von Piccadilly geht es zur **Jermyn Street.** Ein wenig skurril und anachronistisch sind die kleinen Läden hier – typisch britisch eben. Nicht wenige haben eine jahrhundertelange Tradition. Viele Geschäfte dürfen sich ›königlicher Hoflieferant‹ nennen und tragen das Motto der Windsors, »Dieu et Mon Droit« sowie das königliche Wappen. **Turnbull & Asser** 2 (Nr. 71–72), 1903 gegründet, ist für seine eleganten Hemden berühmt und einer der wenigen Hersteller, die ausschließlich in Großbritannien produzieren. Die Schneider und Schneiderinnen, die hier arbeiten, sind Meister ihres Metiers. **Floris** 3 (Nr. 89) ist eine exklusive Parfümerie, 1730 von Juan Famenias Floris gegründet. Die Aromen seiner menorkanischen Heimat vermissend, begannen er und seine Frau schöne Düfte herzustellen und zu verkaufen. Auch heute noch wird das Traditionsgeschäft von Mitgliedern der Gründerfamilie geführt, mittlerweile in der achten und neunten Generation.

Bates 4 (Nr. 73) verkauft Hüte. Es wird gründlich beraten und der Kopf vermessen. Man kann zwischen einem Burlington für 185 £ oder einem Weekender für 225 £ wählen, allerdings nicht mehr im ursprünglichen Geschäft von 1898, denn das fiel den Bauhaien zum Opfer. Und wer kauft in den noblen Geschäften ein? Reiche Amerikaner und Chinesen – und die Hedgefonds Manager aus den umliegenden Büros, klar. Aber auch ein Freund von mir, der, wenn er auf Durchreise in London ist, gute Beratung, zuverlässige Qualität und einen zeitlosen Stil einem Kauf von der Stange vorzieht.

Am Abend ins Theater? Das Jermyn Street Theatre ist ein kleines Art-House-Theater (16B Jermyn Street, www. jermynstreethea tre.co.uk).

Königlicher Hoflieferant
6 **Paxton & Whitfield:** Brauchen Sie ein Mitbringsel? Im ältesten Käsegeschäft der Stadt gibt es britischen Käse, Portwein, Schinken, Pasteten sowie hübsch verpackte Pickles und Chutneys.

93 Jermyn Street, Piccadilly, www.paxton andwhitfield.co.uk, U: Green Park, Mo–Sa 10–18.30, So 11–17 Uhr

Museumsreif
7 **D. R. Harris:** Den Drogisten und Parfümisten gibt's schon seit 1790. Schnurrbartwachs, Rasur-Sets und alles, was Mann so braucht. Eine Zweigstelle finden Sie in Piccadilly.

29 St James's Street, www.drharris.co.uk, U: Green Park, Mo–Fr 8.30–18, Sa 9.30–17 Uhr

Stardesignerin
8 **Stella McCartney:** Das schöne weiße Kleid, das Meghan Markle bei ihrem Hochzeitsempfang getragen hat, stammt aus Stellas Hand. Wenn Sie in der Gegend sind, gehen Sie ruhig einmal rein: Die Verkaufsräume in der Old Bond Street sind großartig.

23 Old Bond Street, www.stellamccartney. com, U: Green Park, Mo–Sa 10–18.30, So 12–18 Uhr

Provokativ
9 **Vivienne Westwood:** Ein Besuch bei der weltbekannten Designerin der Punk-Generation mit ihren innovativen und provokativen Kreationen gehört für Fashionistas zu einem Londonaufenthalt dazu.

44 Conduit Street, www.viviennewestwood. com, U: Bond Street, Mo–Sa 10–18, Do bis 19, So 12–17 Uhr

Startete als Familienbetrieb
10 **Browns:** Hier kann man gut mal stöbern. Etliche Labels von bekannten und noch unbekannten Designern sind unter den Dächern von fünf miteinander verbundenen Geschäften vereint.

23–27 South Molton Street, www.browns fashion.com, U: Bond Street, Mo–Mi, Sa 10–19, Do, Fr 10–20, So 12–18 Uhr. Unbedingt auch Browns East in 21 Club Row auschecken, Mo–Sa 10–18, So 11–17 Uhr

Ausgehen

Weltberühmtes Kammerorchester
2 **St Martin-in-the-Fields:** Die Kirche St Martin-in-the-Fields ist die Spielstätte des gleichnamigen, international bekannten Orchesters. Auch spontan bekommen Sie hier sicherlich noch eine Eintrittskarte für eine der regelmäßigen Abendveranstaltungen. Mehrmals wöchentlich zudem Konzerte bei freiem Eintritt.

Trafalgar Square, T 020 77 66 11 00, www.stmartin-in-the-fields.org, U: Charing Cross

Klassik und ab und an Jazz
1 **St John's Smith Square:** s. S. 45.

Händels Hauskirche
2 **St George, Hanover Square:** Zwischen 1721 und 1724 im Zuge der »Commission for Building 50 New Churches« in London zur Regierungszeit von Queen Anne gebaut, ist St George in Mayfair eine elegante Gemeindekirche. Darüber hinaus ist das Gotteshaus für seine großartigen Konzerte bekannt, nicht nur während des alljährlichen Händel-Festivals.

Hanover Square, www.stgeorgeshanover square.org, U: Oxford Circus

Art House
3 **Curzon Mayfair:** Bürgermeister Sadiq Khan musste eingreifen, um das schöne 60er-Jahre-Kino vor dem Abriss zu bewahren – jedenfalls fürs Erste. Auf zwei Leinwänden wird das aktuelle Programm gezeigt.

38 Curzon Street, www.curzoncinemas.com, U: Green Park

Zugabe
Streiterin für Frauenrechte

Millicent Garrett Fawcett

Millicent hatte eine helle, klare Stimme und war als gute Rednerin bekannt.

Premierministerin Theresa May spricht von einem historischen Tag, als am 24. April 2018 die Skulptur von Dame Millicent Garrett Fawcett (1847–1929) feierlich enthüllt wird. Wer war diese Frau und warum ist sie so bedeutend, dass sie neben Mahatma Gandhi, Abraham Lincoln und Winston Churchill am Parliament Square geehrt wird? Nun, ohne Fawcett gäbe es weder eine Premierministerin May noch überhaupt weibliche Parlamentsmitglieder. Als Wegbereiterin der Suffrage-Bewegung (engl. *suffrage* = Wahlrecht) kämpfte Fawcett ihr ganzes Leben für das Wahlrecht der Frau, insbesondere in ihrer Zeit als Vorsitzende der 1897 gegründeten National Union of Women's Suffrage Societies (NUWSS). Die sogenannten Suffragistinnen waren friedlich, ihre Aktionen und Petitionen gesetzestreu. Ganz anders die späteren militanten Taktiken der Suffragetten unter Leitung von Emmeline Pankhurst, bei denen es um »Taten statt Worte« ging.

Millicent Fawcett, als achtes von zehn Kindern geboren und mit einem messerscharfen Verstand sowie einer brillanten Ausdrucksfähigkeit gesegnet, glaubte an Aufklärung und Bildung. 1914 zählte die NUWSS bereits 54 000 Mitglieder, wobei der überwiegende Teil

Sie waren friedlich, anders als die Suffragetten.

aus der *middle* oder *upper class* kam und sich entsprechend für die Belange der besitzenden Frauen einsetzte. Dennoch erhielten die eloquenten und charismatischen Frauen auch Zuspruch von Frauen aus der Arbeiterklasse.

Die Skulptur, ein Werk von Gillian Wearing, wurde als erste Skulptur einer Frau auf dem Parliament Square aufgestellt – 100 Jahre nachdem am 6. Februar 1918 in Westminster ein Gesetz erlassen worden war, das zumindest Frauen über 30 mit einem bestimmten Vermögen die Teilnahme an Wahlen und somit an politischer Mitbestimmung ermöglichte. ∎

West End und Marylebone

Am Pulsschlag der Stadt — Geschäfte en masse, aber auch Theater, Oper und Konzerte. Ruhe verschafft ›a nice cup of tea‹.

Seite 65
West End

In welches der rund 40 Theater wollen Sie gehen? Oder lieber in die Oper oder ins Kino? Das West End ist ›das‹ Ausgehviertel schlechthin. Eintrittskarten gibt es direkt im Theater oder beim Half Price Booth am Leicester Square.

Seite 69
Soho

In dem bunten, quirligen Viertel spielt sich das Leben vor allem auf der Straße oder in kleinen Cafés ab. Rund um die Uhr ist hier was los. Aber nett ist es auch am Vormittag, wenn normales Alltagsleben stattfindet.

›The Bone‹ ist die Kurzform der Taxifahrer für Marylebone.

Eintauchen

Seite 70
Tour durch Chinatown

Das in den Fenstern der kleinen Lokale hängende Geflügel ist kein Anblick für Zartbesaitete. Aber so ist das in Chinatown. Tausende Chinesen bilden hier eine enge Gemeinschaft. Auf einer Tour bekommen Sie einen kleinen Einblick.

Seite 74
Covent Garden

Talentierte Straßenkünstler erwarten Sie an Covent Garden. Die Markthallen, wo bis in die 70er-Jahre ein großer Markt stattfand, beherbergen heute nette Läden und Verkaufsstände.

Seite 77

Ruheoasen

Gegenüber vom Bahnhof Charing Cross können Sie auf der Skulptur »A Conversation with Oscar Wilde« Platz nehmen und sich ausruhen. Und richtig schön grün und erholsam ist es in den themsenahen Victoria Embankment Gardens, wo es auch Bänke gibt.

Seite 77

Marylebone

Wenige Schritte von der Oxford Street entfernt liegt das dörfliche Marylebone, wo Sie ungestört in kleineren Läden stöbern können und feine, kleine Cafés finden.

Seite 77

Regent's Park

Der 400 ha große Park mit riesigen Rasenflächen, Blumenrabatten und einem Rosengarten ist zum Spazierengehen und Picknicken wie geschaffen.

Seite 81

Wallace Collection

Ein wunderbarer Ort für Kunstinteressierte. Das Museum besitzt die größte Sammlung französischer Gemälde der Welt, vor allem aus der Zeit des Rokoko.

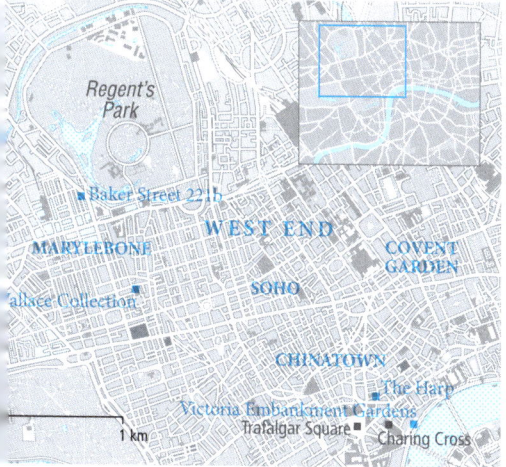

Sherlock Holmes lebte mit seinem Assistenten Watson in der Baker Street 221b. Wahrheit oder Lüge?

Kaputt vom Herumlaufen? Der Walkin Backrub (https://walkinbackrub.co.uk) im Neal's Yard bringt Sie wieder in Schwung. Rücken durchkneten gibt's schon ab 14 £.

erleben

Shop till you drop

E inkaufen bis zum Umfallen – das könnten Sie im West End definitiv. Aber wer will das schon? So viel anderes gibt es zu erleben, und sei es nur Leutegucken. Am besten gehen Sie hier gleich morgens und energiegeladen hin oder eben abends, um eine Show oder ein Theaterstück anzusehen. Auswahl gibt es genug! Das West End ist grob das Gebiet zwischen Piccadilly Circus und Trafalgar Square im Süden, Oxford Street im Norden, Regent Street im Westen und Covent Garden im Osten. Soho und Chinatown sind freundliche, lebhafte Quartiere und gar nicht so fest in touristischer Hand, wie man meinen könnte. Viele Londoner leben und arbeiten hier.

Covent Garden, obwohl natürlich immer voll, liefert jede Menge Gratis-Unterhaltung. Die dort auftretenden Straßenkünstler sind erstklassig. Schlendern Sie unbedingt auch die Gassen nördlich von Long Acre bis hoch zur Shaftesbury Avenue entlang. Und wenn Sie Ruhe brauchen: Der kleine Phoenix Garden (s. S. 303) ist nicht weit. Oxford Street ist Londons längste und bekannteste Einkaufsstraße, auf der sämtliche großen Ladenketten vertreten sind. Tag für Tag kann man hier sein

ORIENTIERUNG ❶

Reisekarte: 📍 H–P3–8 und Karte 2
Cityplan: S. 66; s. S. 78
Das Viertel entdecken: Die besten U-Bahn Stationen für dieses Gebiet sind Piccadilly, Leicester Square, Oxford Circus, Tottenham Court Road, Covent Garden oder Charing Cross. Von jeder der genannten U-Bahn-Stationen aus können Sie das West End erobern. Alles ist in Gehentfernung und verlaufen kann man sich nicht. Aber Vorsicht: Nach einem Tag ›in der Stadt‹ tun die Füße abends weh. Tipp: Lassen Sie sich treiben und bauen Sie ausreichend Pausen ein!

Geld ausgeben, angespornt von dem fast das ganze Jahr über stattfindenden Ausverkauf. Nördlich der Oxford Street liegt Marylebone. Hier können Sie schön einkaufen gehen oder die wunderbare Wallace Collection besuchen. Auch Madame Tussauds befindet sich hier. Die Nordhälfte des gediegenen Viertels nimmt der Regent's Park ein, wo auch Londons Zoo zu finden ist. Und wenn Sie sich für Sport interessieren oder mal etwas völlig anderes erleben wollen: Ein Besuch bei Lord's, der Heimat des Krickets, verspricht viel Lokalkolorit.

West End

📍 **Karte 2**

Welches Theater soll's sein?

Der Abend ist gesichert: Circa 40 Theater gibt es im West End. Von Leichtkost bis hochanspruchsvoll reicht das Spektrum des Dargebotenen. Auch tagsüber geizt dieser Teil der Innenstadt dank zahlreicher Einkaufs- und Unterhaltungskomplexe nicht mit Sinnesreizen. In der Oxford Street, Londons längster Shoppingmeile, sitzt das Geld locker.

Piccadilly Circus

Armer Eros

Nur Hohn und Spott erntete der Bildhauer Alfred Gilbert, als sein Werk »Angel of Christian Charity« 1893 auf dem Piccadilly Circus enthüllt wurde. Gewidmet war es, wie der gesamte **Shaftesbury Memorial Fountain ❶**, dem sozial engagierten Lord Shaftesbury. Fälschlicherweise als ›**Eros**‹ bekannt, bietet der ›Engel der christlichen Nächstenliebe‹ mit verbundenen Augen jedem seine Zuneigung dar. Aber, um ehrlich zu sein, die Londonerinnen und Londoner schenken ihm kaum Beachtung. Touristen dagegen werden von der Skulptur magisch angezogen. Im Sommer bevölkern sie in Scharen die Treppenstufen des Denkmals auf dem Piccadilly Circus, der in puncto Bekanntheit wohl allenfalls vom Times Square in New York übertroffen wird.

Mit seinem ›Eros‹ schrieb Alfred Gilbert, der seinen künstlerischen Schliff an der École-des-Beaux-Arts in Paris bekommen hatte, Skulpturengeschichte: Sein Engel war die erste jemals in Aluminium gegossene Skulptur und nur der Einsatz der neuartigen Technik ermög-

Ein Spitzenkragen, der ›piccadill‹, der in Piccadilly Hall gefertigt wurde, ist Namensgeber für den weltberühmten Platz.

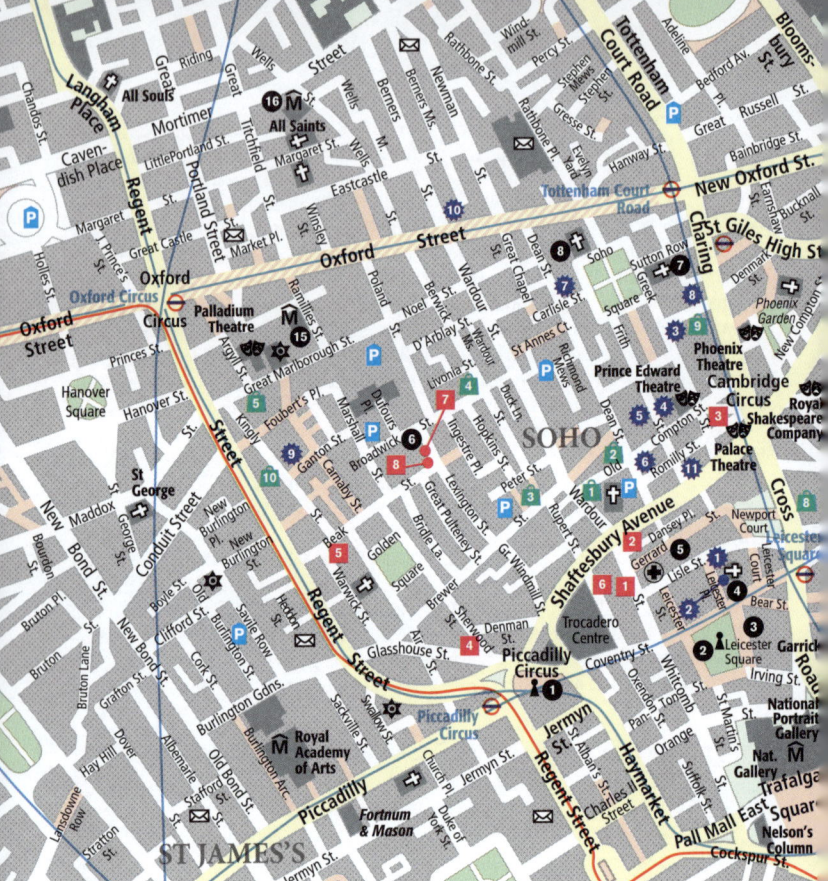

West End

Ansehen

1. Shaftesbury Memorial Fountain
2. Charlie-Chaplin-Statue
3. Odeon
4. Notre Dame de France
5. Chinatown
6. John Snow Pub
7. St Patrick's Church
8. French Protestant Church
9. St Paul's Church

10. Neal's Yard
11.–14. s. S. 78
15. The Photographers' Gallery
16. Cartoon Museum
17. London Transport Museum
18. Courtauld Gallery
19.–20. s. S. 78

Essen

1. Hung's
2. Shuang Shuang
3. Maison Bertaux
4. Brasserie Zédel
5. Nopi
6. Xu
7. Bao
8. Mildreds
9. Rules
10. Monmouth

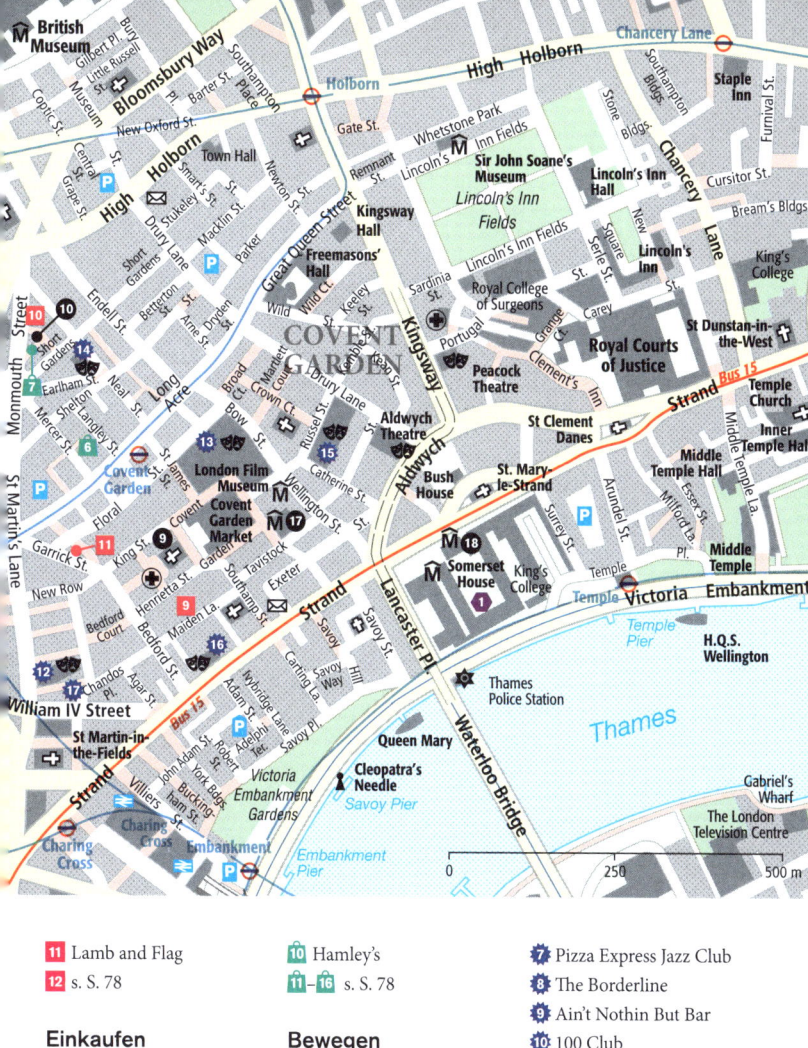

lichte die wagemutige Pirouette des ›Eros‹ auf einem Zeh. Wenn Sie am nächsten Kiosk vorbeikommen, könnten Sie übrigens mal einen Blick auf die Titelseite des »Evening Standard« werfen. Dort prangt … ja, was wohl? Tja, Engel sind halt überall.

Auch Reklamegeschichte hat Piccadilly geschrieben. Seit über hundert Jahren leuchten die Anzeigetafeln nahezu tagein, tagaus, anfänglich dank weißer Glühbirnen, dann dank Neonröhren. Heute bringt die mit 780 m² europaweit größte 4K-LED-Videowand Werbung an Mann und Frau. Die jetzige Werbefläche ist sogar wetterfühlig: Wenn's grau und regnerisch ist, kann gezielt Werbung für wetterfeste Kleidung auf die Videowand gespielt werden. Doch mit den Leuchtreklamen ist es wie mit dem Eros: Bewusst nimmt man sie kaum wahr. Als die Werbetafeln 2017 jedoch wegen der Umstellung auf die neue Technik monatelang fehlten bzw. schwarz blieben, wirkte der Piccadilly Circus plötzlich geradezu verwaist. Abgesehen von technischen Neuerungen bleiben die Lichter sonst nur anlässlich des Klimaaktionstags Earth Hour Day oder einschneidender Ereignisse aus, so z. B. 1997 am Tag der Beerdigung von Prinzessin Diana.

GÜNSTIGE TICKETS **T**

Bei **TKTS** an der Südseite des Leicester Square kann man Eintrittskarten für Shows und Theaterstücke für denselben Tag erwerben (Mo–Sa 10–19, So 11–16.30 Uhr, 1/2 Preis plus 3 £ Gebühr, https://officiallondontheatre.com/tkts). Achtung: Kaufen Sie keine ›half priced‹ Tickets in U-Bahnhöfen oder an inoffiziellen Buden. Sie können leicht doppelt so teuer sein wie normale Tickets.

Leicester Square

Im Kino-Karree

Wenn man im West End unterwegs ist, kommt man irgendwann unweigerlich zum **Leicester Square.** Vielleicht hat man ihn auch gezielt angesteuert – etwa wegen des **TKTS-Shops,** der Verkaufsstelle von Theatertickets zum halben Preis (s. Kasten), oder wegen des weltweit (!) größten Lego Stores. Sind irgendwo rote Teppiche ausgerollt, haben Sie die große Chance, am Abend nationalen oder gar internationalen Stars und Sternchen zu begegnen, denn es wird mal wieder eine Filmpremiere gefeiert. Cineasten ist Leicester Square ohnehin wohlbekannt, weil die drei großen Kinos rund um den Platz – Odeon, Cineworld und das Vue – für das alljährliche London Film Festival genutzt werden. Passend zum Hauptthema des Platzes wurde hier eine kleine **Charlie-Chaplin-Statue ❷** (1979) platziert. Sie zeigt Chaplin in seiner Paraderolle als ›Tramp‹. Geboren wurde Chaplin jedoch nicht im West End, sondern auf der anderen Seite der Themse nahe Elephant & Castle.

Falls Sie einen Kinobesuch an Londons cineastischem Hotspot erwägen: Tickets für Kinos mit einer Leinwand von über 18 m Länge und einem Auditorium, das 1700 Zuschauern Platz bietet, wie das frisch renovierte Art-déco-Kino **Odeon ❸** (1937), haben ihren Preis. Wenn Ihnen 20 £ oder mehr zu viel sind – das **Prince Charles Cinema** gleich um die Ecke zeigt internationale Blockbuster und Klassiker, hat eine super Atmosphäre, besonders beim »Sing along«, und ist günstiger.

Cocteaus Wandmalereien

Eingezwängt zwischen dem Kino Prince Charles und dem **Leicester Square Theatre ❷,** das sich mit Comedy und

Kabarett vor allem dem Lachmuskel-training verschrieben hat, steht die **French Church** oder – offizieller gesagt – **Notre Dame de France** ❹ (www.ndfchurch.org) am Leicester Square. Gehen Sie ruhig mal rein! Im Zweiten Weltkrieg stark zerstört, wurde die Kirche in einem Stilgemisch aus Neoklassizismus und Art déco wieder aufgebaut. Das Ungewöhnliche sind die Wandmalereien von Jean Cocteau: merkwürdig verschlungene Gestalten, Gesichter mit Fischaugen und exponierte Körperteile. Blasphemisch? Erotisch? Auf jeden Fall unterscheiden sich Cocteaus Szenen, die er mit der Jahreszahl 1960 und seinem Namen signierte, stark von der in anderen Kirchen meist anzutreffenden sakralen Kunst. Abgesehen davon können Sie sich in der Kirche wunderbar ein paar Minuten vom Trubel im West End erholen.

Soho

Alltag im Ausgehviertel

Waren werden angeliefert, die Rollläden von Lokalen hochgezogen und Straßenfeger gehen ihre Runden – willkommen im morgendlichen Soho. Das Viertel – ein Netz aus Gassen und engen Straßen mit Geschäften, Bars, Cafés und Restaurants – liegt zwischen Oxford Street, Regent Street, Shaftesbury Avenue und Charing Cross Road. Geschäfts- und Zeitungsleute prägen es ebenso wie Markthändler, Künstler, Obdachlose und Prostituierte. Ein kontrastreicher Stadtteil: Neben dem Sexshop präsentiert ein traditionsreicher Eisenwarenladen sein Angebot, neben alteingesessenen Clubs findet man auch jene aufgestylten Cafés, die wie Eintagsfliegen sind. Sie machen schnell auf und

Anlaufstellen für Musikfans sind in Soho natürlich die Plattenläden, wo auch Seltenes zu haben ist. Am jährlichen »Record Store Day« im Frühjahr muss man vor manchen Shops sogar Schlange stehen.

TOUR
Pagoden-Tore, Glücksspiel und rote Lampions

Ein Streifzug mit allen Sinnen durch Chinatown

Infos

 N/O 8,
Cityplan S. 66, **5**
U: Leicester Square

**Hippodrome
Casino:** www.hippo
dromecasino.com,
24 Std. geöffnet
Hung's **1**: 27
Wardour Street,
http://hungs.info,
Mo–Sa 10–3.30, So
12–3.30 Uhr
Shuang Shuang
2: 64 Shaftesbury
Avenue, www.
shuangshuang.co.uk,
tgl. 12–23, Fr, Sa bis
23.30 Uhr
Wan Jun: 20 Newport
Court, tgl. 11–21 Uhr

Im Internet:
www.chinatown.
co.uk

Über 120 000 Chinesen leben in London. Viele von ihnen oder ihren Eltern siedelten sich im Zuge einer Einwanderungswelle aus der damaligen Kronkolonie Hongkong in den 1950er-Jahren in London an. Eine ›Chinatown‹ hatte es hier, wie in fast jeder europäischen Hafenstadt, schon seit den 1890er-Jahren gegeben, und zwar am Themseufer in Limehouse im East End. Die heutige **Chinatown** (s. S. 66) erstreckt sich um Leicester Square und Shaftesbury Avenue mit Lisle Street und Gerrard Street als wichtigen Restaurantmeilen.

Trauen Sie sich am Anfang Ihrer Tour ins Kasino; die Türsteher des **Hippodrome Casino** in der Cranbourn Street haben im Allgemeinen nichts dagegen. Überwiegend ältere Chinesen spielen hier rund um die Uhr – oft in Hausschuhen und Strickjacke – an Spieltischen oder Geldmaschinen in der Hoffnung auf das große Glück. Die Spielleidenschaft der Chinesen ist legendär. Besonders in den 1980er-Jahren soll es in Chinatown viele Hinterzimmer-Spielhöllen gegeben haben.

Im ›Hypo‹ nehmen Sie am besten den Hinterausgang zur Little Newport Street und schlendern die Lisle Street, die Wardour Street und die Gerrard Street entlang. Willkommen im Reich der Mitte! Kein Anblick für Zartbesaitete ist das in den Fenstern der kleinen Restaurants hängende Geflügel. Die kitschig roten Laternen überall helfen da kaum. In Chinatowns Fressmeilen bekommt man auch dann noch etwas zu essen, wenn anderswo die Lokale längst geschlossen haben. Bei **Hung's** **1** z. B. können Sie bis 3 Uhr morgens u. a. Crispy Aromatic Duck (halbe Portion 16 £) bestellen. Insgesamt gibt es heute 70 bis

Gute Dumplings werden im Bambus-Dampfgarer zubereitet.

80 chinesische Restaurants in Chinatown. Es waren mal sehr viel mehr. Zwischen 1949 und dem Jahr 1961, in dem Beschränkungen für die Einwanderung von Hongkong-Chinesen erlassen wurden, trafen ca. 30 000 Chinesen in London ein. Sie arbeiteten zumeist in der Gastronomie, wo Arbeitskräfte benötigt wurden, da das Interesse der Briten an der asiatischen Küche nach dem Zweiten Weltkrieg enorm gestiegen war. Zu einer regelrechten Wohngegend für Chinesen entwickelte sich Chinatown aber nicht.

Falls Sie es nicht eilig haben, sollten Sie Buffets vermeiden. Eine Kombination mehrerer Gerichte ist viel spannender. Oder wie wäre es mit einem Hotpot im **Shuang Shuang 2**, wo man sich die Zutaten vom Laufband holt und in heißer Suppe selbst gart? Im bis oben vollgestopften *Gift Shop* **Wan Jun** im Newport Court finden Sie das zur Chinatown-Tour passende kitschige Souvenir.

Chinatown gehört zu London wie der Tower. Doch der urbane Wandel macht auch vor diesem Viertel nicht halt. Hohe Mieten zwingen immer wieder Geschäfts- und Lokalbesitzer zur Aufgabe. Außerdem setzt der Mangel an Mitarbeitern den chinesischen und anderen ethnischen Restaurants zu. Wiederholte Razzien auf Veranlassung des Innenministeriums, bei denen nach illegalen Immigranten gesucht wurde, brachten 2018 das Fass zum Überlaufen. Hunderte Restaurantbetreiber und ihre Mitarbeiter legten die Arbeit nieder, das Leben in Chinatown kam zum Stillstand. Ein ungewöhnliches Aufbegehren der sonst so ruhigen chinesischen Community.

Wenn Sie zum Jahresanfang in London sind, sollten Sie sich das chinesische Neujahrsfest nicht entgehen lassen. Dann wird es in Chinatown mit fröhlichen Umzügen und farbenfrohen Papierdrachen laut und bunt.

DR SNOW ZU EHREN **S**

Am **John Snow Pub** ❻ (39 Broadwick Street) erinnert eine Tafel an die katastrophale Cholera-Epidemie in Soho 1854 und an Dr. John Snow. Der Leibarzt von Queen Victoria ließ den Hahn einer Wasserpumpe in Broadwick Street abmontieren. Daraufhin gab es hier keine Neuerkrankungen mehr – der Beweis dafür, dass die Cholera durch verschmutztes Wasser und nicht über die Luft übertragen wurde. Ein weiterer Beweis: Keiner der Arbeiter der nahen Brauerei, die statt Wasser nur Bier tranken, erkrankte an Cholera.

verschwinden genauso schnell wieder von der Bildfläche.

Seit jeher Anziehungspunkt für Künstler, Schriftsteller und Einwanderer aus aller Welt, entwickelte sich in Soho bereits im 18. Jh. ein Unterhaltungsviertel mit Tavernen und halbseidenen Etablissements. Nach dem Zweiten Weltkrieg wurde Soho zum Treffpunkt der Bohème. Literaten, Künstler und Musiker fühlten sich hier zu Hause. In den 1960er- und 1970er-Jahren dominierte dann die Rotlicht- und eine sehr vitale Clubszene mit legendären Venues.

In den 80ern hielt die Gayszene Einzug. Vor allem die Old Compton Street ist seither fest in der Hand der Gay Community. Die Schwulenszene hat sich zwar inzwischen auch nach Shoreditch im Osten und Vauxhall südlich der Themse verlagert, doch hat Soho den Vorteil, dass hier auch tagsüber etwas los ist.

Echte Dauerbrenner

Ein guter Startpunkt für einen Spaziergang durch Soho ist die kleine Grünanlage **Soho Square** mit dem fotogenen

Fachwerkbau im Pseudo-Tudorstil. Bei schönem Wetter und vor allem mittags strömen die Angestellten aus den umliegenden Geschäften und Büros hierher, bevölkern die Bänke und machen es sich auf dem Rasen bequem. Zwei Kirchen aus rotem Backstein säumen den Square: Die katholische **St Patrick's Church** ❼ besuchen vorwiegend Iren, Italiener und Chinesen, die **French Protestant Church** ❽ wurde Mitte des 16. Jh. für französische Hugenotten errichtet.

Das beliebte **Pillars of Hercules** ❸ in der Greek Street (Nr. 7) ist einer der ältesten Pubs der Gegend. Sausages & Mash, gefolgt von Apple Pie, füllt hungrige Mägen. Greek Street Nr. 28 beherbergt das **Maison Bertaux** ❸ (www. maisonbertaux.com), eine charmante, 1871 gegründete französische Patisserie.

In der **Frith Street** wohnten Mozart (Nr. 20) und der Maler John Constable (Nr. 49). Jede Nachteule kennt die legendäre **Bar Italia** ❹. Direkt gegenüber liegt **Ronnie Scott's Jazz Club** ❺, der berühmteste Jazz-Club Großbritanniens. In **Dean Street** lebte Karl Marx 1851–56 mit seiner Familie in verschiedenen Wohnungen. Das **French House** ❻ (Nr. 49) ist ein kleiner, immer voller Pub, der unter Denkmalschutz steht. Er war De Gaulles Londoner Basis für den französischen Widerstand im Zweiten Weltkrieg und später die Lieblingskneipe der Maler Francis Bacon und Lucian Freud.

Die **Old Compton Street** ist die ›Hauptstraße‹ von Soho und Zentrum der Gayszene mit Schwulencafés und dem legendären Admiral Duncan Pub. Institutionen sind auch die italienischen Delikatessenladen **I Camisa & Son** ❶ (Nr. 61) und **Algerian Coffee Stores** ❷ (Nr. 52). Das 1887 gegründete Geschäft wird von Marisa Crocetta geführt, die es von ihrem Vater und Großvater erbte. Man kann aus über 100 Kaffee- und 160 Teesorten wählen, die in Säcken hinter dem Ladentisch lagern.

Mick Jagger was here

Wardour Street, die längste Straße in Soho, ist in der Hand unabhängiger Filmstudios und TV-Produktionsgesellschaften. Früher wurde hier Rockgeschichte geschrieben, z. B. in dem berühmten, bis 2008 existierenden Marquee Club, wo Rockgrößen wie Led Zeppelin und Jimi Hendrix spielten. Auch die Rolling Stones traten hier 1962 auf – das erste Mal unter diesem Bandnamen, den sie sich noch schnell gegeben hatten, damit der Club Werbung für ihr Konzert machen konnte.

Unübersehbar ist mit seiner pistaziengrünen Fassade **Lina Stores** ▣ (www.linastores.co.uk) in der Brewer Street Nr. 18. Das Delikatessengeschäft existiert bereits seit den 1940er-Jahren an dieser Stelle. Lecker, lecker – die Knoblauch- und die Weinwürstchen. Und da alles so gut schmeckt, gibt es nun auch ein Lina-Stores-Restaurant (51 Greek Street).

Werktags könnten Sie den **Berwick Street Market** ▣ (8–18 Uhr) besuchen, einen hübschen kleinen Straßenmarkt mit Obst, Gemüse, Kleidung und Krimskrams. Rechts und links gibt es einige Vintage- und Plattenläden mit Raritäten.

Weiter in Richtung Regent Street verlockt die legendäre **Carnaby Street,** einst das Zentrum von ›Swinging London‹, heute mit vielen Cafés und Geschäften aufgepeppt, zum Bummeln. Wenn Sie schon mal in der Gegend sind, versäumen Sie auch nicht einen Besuch in dem schönen Kaufhaus **Liberty** ▣.

Oxford Street

Albtraum oder Paradies?

Eine nie endende Schlange von Bussen und Taxis schiebt sich auf der über 3 km

Die Londoner U-Bahn ist großartig, nur die Rush Hour sollte man vermeiden. Am Oxford Circus treffen drei Linien aufeinander.

langen Shoppingmeile Oxford Street in beide Richtungen. Die Straße erstreckt sich zwischen Tottenham Court Road und Marble Arch. Für die einen ist sie ein Albtraum, für die anderen das Paradies.

Auf den Bürgersteigen drängeln sich Menschenmassen. Rund 60 000 Menschen arbeiten in den Geschäften entlang der Straße, die von Ost nach West angenehmer wird. Bei der U-Bahn-Station Bond Street befinden sich die großen Kaufhäuser **John Lewis** (Nr. 300) und das kollossale **Selfridges** (Nr. 400). 1908 eröffnet und nach Harrods das zweitgrößte Warenhaus Großbritanniens. Angeblich hat Selfridges die größte Schuhabteilung der Welt und die beste Auswahl an Handtaschen in London sowieso.

Covent Garden

Viel Action – mit und ohne Musik

Straßenkünstlern aller Art können Sie rund um die Covent Garden Piazza zuschauen bzw. lauschen. Es sollte Sie nicht wundern, wenn mittendrin ein arbeitsloser Opernsänger steht und eine Arie schmettert. Straßenkunst at its best! Die alten Markthallen, in denen bis in die 1970er-Jahre mit dem Covent Garden Market der größte Obst- und Gemüsemarkt des Landes anzutreffen war, wurden nach aufwendiger Restaurierung 1980 als Touristenattraktion wiedereröffnet. Sie beherbergen hübsche, kleine Geschäfte, Verkaufsstände, überteuerte Cafés und Restaurants.

Der Name Covent Garden leitet sich übrigens von ›Convent Garden‹ ab, dem Garten, den die Mönche der Westminster-Abtei hier bewirtschafteten. In den 1630er-Jahren schuf Baumeister Inigo Jones im Auftrag von Francis Russell, dem 4th Earl of Bedford, in Anlehnung an die Piazza in Livorno einen neoklas-

sizistischen Platz (s. S. 98). Er war Mittelpunkt eines zunächst vornehmen und eleganten Viertels, in das es im 18. und 19. Jh. zunehmend Künstler und Literaten zog. Kaffeehäuser und Bordelle brachten die Gegend zeitweilig in Verruf.

Für den schon seit Mitte des 17. Jh. bestehenden Markt baute man 1830 das zentrale Marktgebäude mit dem markanten Eisen-Glas-Dach, das noch heute existiert. Obwohl im Sommer ziemlich überlaufen, ist Covent Garden eine freundliche und friedliche Gegend, vor allem, weil einige Bereiche verkehrsberuhigt sind.

Der Kirchhof der **St Paul's Church** ❾, die auch als Kirche der Schauspieler bekannt ist, bietet Erholung vom Trubel. Direkt an der Nordseite von Covent Garden lockt der riesige Apple Store vor allem Schulkinder und Technikfans an. Opernfans hingegen gehen ins **Royal Opera House** ⓭, dessen neues, großzügiges Foyer vor Kurzem eröffnet wurde und ein breiter gefächertes Publikum anziehen soll.

Angesichts all der touristischen Attraktionen, könnte man glatt vergessen, dass Covent Garden auch ein Wohnviertel ist – eines, das sich immer wieder gegen kommerzielle Zugriffe zur Wehr setzen musste und muss. So sind die Anwohner von extremen Mietsteigerungen und damit einhergehenden Veränderungen des Viertels betroffen. Alteingessene Läden wie Arthur Beale, ein Fachgeschäft für Segelzubehör in der Shaftesbury Avenue, sind mittlerweile eine Rarität. Auch einen Supermarkt findet man hier nicht mehr. Kürzlich hat sogar Marks & Spencer gegenüber der U-Bahn-Station Covent Garden seine Tore geschlossen. Um die Nöte und Belange der immerhin rund 6000 Anwohner des ›Dorfes‹ Covent Garden kümmert sich – wie schon seit rund 40 Jahren – die Covent Garden Community Association (CGCA). Hervorgegangen ist sie aus der Protestbewegung

Nick Melonski, der auf einer Leiter schwebend, Messer wirft und dabei Shakespeare rezitiert, Beano the Clown, Felicity Footlose und wie sie alle heißen – Straßenkünstler in Covent Garden sind Top Acts.

gegen die Umgestaltungspläne für das Viertel in den 1970er-Jahren.
www.coventgarden.org.uk

Durch kleine Straßen bummeln

In den Straßen nördlich der Covent Garden Piazza kann man gut einen ganzen Nachmittag vertrödeln. Designer wie Paul Smith und Ted Baker haben in der **Floral Street** ihre Filialen. Entlang **Long Acre** finden Sie u. a. Hobbs, Barbour, Jigsaw, Gap und um die Ecke im Mercer Walk das Lieblingsgeschäft jedes Reisebuchautors: **Stanfords** **6**, das größte Landkartengeschäft der Welt. Bummeln Sie auch durch die Straßen nördlich von Long Acre bis hoch zur Shaftesbury Avenue, z. B. durch die **Neal Street** mit ihren vielen ungewöhnlichen Schuhläden und Bistros.

Neal's Yard **10** ist ein winziger, mediterran wirkender Innenhof mit bunt angestrichenen Häusern und kleinen Läden und Cafés, wunderschön, aber leider oft proppenvoll. Aber vielleicht ist doch gerade auf einer der Sitzbänke rund um die Blumenkübel etwas frei und Sie können eine Pause einlegen. Möglicherweise fällt Ihr Blick dann auf **Neal's Yard Remedies** **7** (www.nealsyardremedies. com). Die Firma wurde 1981 von Romy Fraser in dem kleinen, heruntergekommenen und damals noch unbekannten Yard gegründet. Mit Naturheilmitteln statt Schulmedizin wollte Romy, gelernte Lehrerin, die Welt zu einem besseren Ort zum Leben machen. Die Naturmedizin brachte Kunden in den Laden, aber dann waren es Kosmetika in markanten blauen Flaschen und Tiegeln, die den Profit brachten. Innerhalb von nur 15 Jahren entwickelte sich aus dem ›Grass-Root-Laden‹ ein weltweit operierendes Unternehmen mit Millionengewinnen. Romy konnte verkaufen

Lieblingsort

Lust auf ein kühles Bier?

Nur wenige Gehminuten vom Trafalgar Square und dem Bahnhof Charing Cross entfernt liegt der nette Pub **The Harp** 🔟. Hier kann man vor oder nach dem Theaterbesuch wunderbar einkehren oder abends die Zeit bis zur Abfahrt des letzten Zuges überbrücken. Es gibt Biere aus Gastbrauereien sowie zehn Ales vom Fass. Dazu können Sie die superleckeren O'Hagan's Sausages bestellen. Besonders angenehm sitzt man bei schönem Wetter im Pub direkt am großen, geöffneten Fenster – oder man genießt sein Bier gleich draußen vor der Tür (47 Chandos Place, T 020 78 36 02 91, www.harpcovent garden.com, U: Charing Cross, Mo–Do 10.30–23.30, Fr, Sa 10.30–24, So 12–22.30 Uhr).

und ihren Lebensraum verwirklichen: Sie legte sich in Devon eine Farm mit mehreren Ökobetrieben zu.

The Strand

Gibt es in London einen Strand?

Aber ja! Geschäfte, Theater, Pubs und Restaurants säumen den belebten Straßenzug gleichen Namens, der Trafalgar Square mit Aldwych verbindet. Im 19. Jh. galt er als »feinste Straße in Europa«. Die Verkehrsachse wurde schon Ende des 12. Jh. gebaut, um die damals noch getrennten Siedlungen City of London und City of Westminster miteinander zu verbinden. Rund um sie entstand eine vornehme Wohngegend mit prachtvollen Häusern und Gärten, die sich bis zum Ufer der Themse – dem Themsestrand – erstreckten. Von den vielen Theatern entlang der Straße existieren noch einige, darunter das **Adelphi Theatre 16** (https://lwtheatres.co.uk/theatres/adelphi) mit 1500 Plätzen. Musical-Papst Andrew Lloyd Webber (s. S. 88) kaufte es 1993, um hier sein Musical »Sunset Boulevard« auf die Bühne zu bringen.

Der Reizüberflutung entfliehen

Gegenüber vom großen Bahnhof Charing Cross, in der Adelaide Street, lädt Maggi Hamblings **Bronzeskulptur »A Conversation with Oscar Wilde«** (1997) die vorübereilenden Passanten zu einem Schwätzchen ein. Setzen Sie sich ruhig auf den großen schwarzen Granitsarg. Oscar Wilde hat bestimmt nichts dagegen. Oder aber Sie gehen links am Bahnhof Charing Cross vorbei und die Villiers Street hinunter bis zu den **Victoria Embankment Gardens.** Zahlreiche Bänke, Sonnenstühle und im Sommer ein Café bieten Erholung. Und wem das nicht nobel genug ist: Das ›Savoy‹ ist gleich um die Ecke.

Marylebone 📍K/L6/7

Ein ruhiges Wohnviertel

Typisch London: Nur ein paar Schritte von Oxford Street entfernt betreten Sie mit dem Marylebone Village eine andere Welt. In der Marylebone Lane, der Marylebone High Street und der parallel zur Oxford Street verlaufenden Wigmore Street können Sie ungestört in kleineren Läden und Boutiquen stöbern. Glücklich, wer in diesem Borough wohnt: in Gehentfernung zur Oxford Street einerseits und zum Regents Park andererseits. Die Anwohner sind vor allem stolz auf ihre hübschen Cafés und gepflegten Restaurants.

Zum Schauen und Hören

Im kleinen Garten der **St Marylebone Church 11** (17 Marylebone Road, www.stmarylebone.org) wird Nachbarschaft gepflegt. Samstags von 11 bis 17 Uhr lockt hier der **Cabbages & Frocks Market** (www.cabbagesandfrocks.co.uk) mit ungewöhnlicher Kleidung (frocks), aber auch Kulinarischem (cabbages).

Ein besonderer Anziehungspunkt ist für mich in Marylebone die **Wallace Collection 19** an dem von schönen Häusern umgebenen **Manchester Square.** Das Museum besitzt die größte Sammlung französischer Gemälde der Welt. Das Gute: Es ist nicht zu groß und sehr besucherfreundlich. Das Pendant für den Hörsinn ist die **Wigmore Hall 18** (1901) mit herausragender Akustik. Viele internationale Künstler fühlen sich der traditionsreichen Konzerthalle eng verbunden und lieben die besondere Atmosphäre, die hier bei den Konzerten entsteht.

Relaxen im gepflegten Grün

Der **Regent's Park** ist toll! Mit seinen Cafés, Blumenrabatten, dem Rosengarten, Teichen und einem japanischen Wasser-

Marylebone

Ansehen

Essen

Einkaufen

Ausgehen

---

fall wirkt er irgendwie altmodisch und anheimelnd zugleich. Kein Wunder, dass der 400 ha große Park bei Londonern wie auch Besuchern der Stadt ausgesprochen beliebt ist. Er wurde 1817–28 angelegt und war, wie viele andere Londoner Parks, ehedem ein königliches Jagdgebiet. Schon seit Jahrzehnten gibt es das **Regent's Park Open Air Theatre 19**, das Shakespeare-Stücke und andere Klassiker zur Aufführung bringt. Hier können Sie gut hingehen, denn die Atmosphäre ist immer entspannt und die Produktionen sind echt sehenswert. Ein weiteres Highlight im Park ist die einwöchige **Frieze Art Fair** (https://frieze.com/fairs/frieze-london, s. S. 292) im Oktober. Bereits drei Monate, bevor die wichtige Kunstmesse eröffnet wird, bietet der Regent's Park den großartigen Rahmen für die **Frieze Sculpture** mit 25 modernen Skulpturen aus führenden Galerien der Welt.

Am nördlichen Rand des Regent's Park verläuft der **Regent's Canal.** Er führt mitten durch den **London Zoo 12** (www.zsl.org, Mitte Febr.–Aug. 10–18, Nov.–Mitte Febr. 10–16, Sept., Okt. 10–17.30 Uhr, 25–30 £, online billiger). Schwerpunkte des über 190 Jahre alten zoologischen Gartens sind das Aufzuchtprogramm und der Schutz gefährdeter Tierarten. Von den über 600 Arten, die hier betreut werden, gehören 150 zu den meistgefährdeten Arten der Welt. Von Little Venice oder Camden Lock aus können Sie den Zoo per Boot auf dem Regent's Canal erreichen oder zu Fuß auf einer kleinen Stadtwanderung.

Nördlich des Regent's Park liegt der noble Stadtteil **Primrose Hill 13**. Hier müssen Sie hin, wenn Sie die Reichen und Schönen bzw. die eine oder andere Celebrity sehen wollen, die in den überteuerten Cafés und Gastropubs chillen. Der gleichnamige Hügel, Primrose Hill, ist aber sehr hübsch und vor allem bei schönem Wetter ideal für ein Picknick mit herrlichem Blick auf die Stadt.

Ganz in Weiß

Möchten Sie wissen, wie das englischste aller englischen Spiele funktioniert? Dann sollten Sie sich einer Führung im **Lord's Cricket Ground 14** (www.lords. org) anschließen, einem der besten und renommiertesten Kricketplätze der Welt. Hier geht es zivilisiert zu, mit den traditionell in adrettes Weiß gekleideten Spielern fast ein wenig exklusiv. Bereits seit 1550 ist das Mannschaftsspiel belegt. Anfangs wurde es von den Angehörigen der bäuerlichen Stände vor allem

im Südosten von England gespielt. Doch schon bald wurde es von der Oberschicht entdeckt. Heute ist das Schlagball- und Abwurfspiel, bei dem zwei Mannschaften gegeneinander antreten, außer in England u. a. in Indien beliebt. Dass das Spiel so schwer zu erfassen ist, liegt vor allem daran, dass die Ausgangsposition anders als bei anderen Sportspielen ist. Bei den meisten Ballspielen gehören Angriff und Verteidigung zusammen und wechseln sich innerhalb eines Spiels ab. Beim Kricket sind diese Phasen *(innings)* voneinander getrennt, sodass zunächst die Schlagpartei versucht, *Runs* (Punkte) zu erzielen, und die gegnerische Feldpartei sich bemüht, dies zu verhindern. Anschließend wird getauscht. Ungewöhnlich ist auch, dass von der Schlagpartei nur jeweils zwei Spieler, die Batsmen, auf dem Spielfeld sind, die anderen müssen warten, bis sie an der Reihe sind. Und das kann dauern.

Museen

Ganz im Bilde sein

⓯ The Photographer's Gallery: Wissen Sie, wie eine Camera obscura funktioniert? In der Photographer's Gallery, nur wenige Schritte von der Oxford Street entfernt, können Sie eine bestaunen und sich einen 360-Grad-Rundumblick der Außenwelt verschaffen. Die in den 1970er-Jahren gegründete Fotogalerie ist mit ihren Ausstellungen überhaupt ein genialer Ort für Fans des Mediums Fotografie. Angeschlossen sind ein Bookshop und ein Café.

16–18 Ramillies Street, https://thephotographersgallery.org.uk, U: Oxford Circus, Mo–Sa 10–18, Do 10–20, So, BH 11–18 Uhr, 5 £, freier Eintritt tgl. vor 12 Uhr

Zum Lachen ins Museum

⓰ Cartoon Museum: Was zeichnet schwarzen Humor aus? Über welche Karikaturen lachte man ehedem? Das beliebte Cartoon Museum, ab Frühjahr 2019 in größeren Räumlichkeiten nahe dem Oxford Circus, gibt Antworten auf diese und andere Fragen. Zahlreiche Werke berühmter Cartoonisten vom frühen 18. Jh. bis heute sowie britische Comics zeigen die ganze Vielfalt des britischen Humors. Auch Workshops; mit Museumsshop.

55 Wells Street, www.cartoonmuseum.org, U: Oxford Circus, die Öffnungszeiten standen bei Redaktionsschluss noch nicht fest

Mind the gap

⓱ London Transport Museum: Wenn Sie schon immer mal wissen wollten, was es mit dem fröhlich vorgetragenen »mind the gap« an Londoner U-Bahnsteigen auf sich hat, sollten Sie das hervorragende London Transport Museum besuchen. Mit vielen Vehikeln zum Einsteigen und interaktiven Attraktionen, wie den 15 KidZones, die die Geschichte des Transportwesens vergnüglich darstellen, ist das LTM besonders bei Kindern beliebt. Die Entwicklung des weltweit ersten öffentlichen Verkehrssystems vom pferdegezogenen Bus bis zu heutigen Fortbewegungsmitteln wird anschaulich dokumentiert. Am interessantesten finde ich die Darstellung der Visionen für den künftigen nachhaltigen Stadtverkehr in der Megametropole.

Covent Garden Piazza, www.ltmuseum.co.uk, U: Covent Garden, Sa–Do 10–18, Fr 11–18 Uhr, 17,50 £

Cezanne, van Gogh, Gauguin

⓲ Courtauld Gallery: Schade, dass die Courtauld Gallery im Somerset House lange geschlossen sein wird. Zur exquisiten Sammlung, die in dieser Zeit z. T. in der National Gallery und an anderen Orten zu sehen ist, zählen Werke von Rubens, Bellini, Cranach und Botticelli sowie eine imposante Sammlung an Impressionisten und Post-Impressionisten (van Gogh, Manet, Renoir, Gauguin und Pissarro). Auch Werke deutscher Expressionisten und französischer Fauvisten gehören zum Bestand. Im

Kunst-Erlebnisraum voller Kostbarkeiten: die Wallace Collection

zentralen Innenhof, dem Edmond J. Safra Fountain Court, beeindruckt das zauberhafte Wasserspiel von Edmond J. Safra: 55 tanzende Wasserfontänen, durch die man hindurchgehen kann, ohne dabei nass zu werden (oder doch?). Im Sommer finden im Innenhof auch Konzerte, Modeschauen und Filmabende statt, im Winter verwandelt er sich in eine Eisbahn.

Somerset House, Strand, www.courtauld. ac.uk, www.somersethouse.org.uk, U: Embankment, bis voraussichtlich 2020 geschlossen

Sammler mit Leidenschaft

⑲ Wallace Collection: Französische Malerei des 18. Jh. mag nicht jedermanns Favorit sein, aber ein Besuch im Hertford House ist etwas Besonderes. Die großartige Wallace Collection geht auf die Sammelleidenschaft der Marquesses of Hertford zurück, die zwischen 1780 und 1880 eine umfangreiche Kunstsammlung zusammentrugen. Der 4. Marquess of Hert-

ford vererbte diese seinem illegitimen Sohn Richard Wallace. Neben Rokokogemälden gibt es auch wertvolle Werke alter Meister sowie Majolika, Porzellan, Miniaturen sowie kurioserweise eine Waffensammlung inklusive Ritterrüstungen für Pferd und Reiter zu bestaunen. Vorträge und Seminare runden das Programm ab. Das stilvolle Café-Restaurant im überdachten Innenhof ist schön – auch schön teuer.

Hertford House, Manchester Square, www. wallacecollection.org.uk, U: Bond Street, tgl. 10–17 Uhr, Eintritt frei

Täuschend echt aus Wachs

⑳ Madame Tussauds: Das schon in viktorianischer Zeit beliebte Wachsfigurenkabinett ist noch heute der Renner – wahrscheinlich, weil die Ausstellung ständig auf den neuesten Stand gebracht wird und Persönlichkeiten aus Politik, Sport etc. und natürlich die Royals zeigt. Eine Figur herzustellen dauert etwa sechs Monate. Amüsant ist die ›Spirit of London‹-Tour, die mit einem kleinen Taxi in fünf Minuten durch die Geschichte Londons führt, wobei man u. a. die ›Swinging Sixties‹ erlebt. Im Anschluss an Madame Tussauds lockt ein 4-D-Filmerlebnis, mit wackelndem Fußboden und richtigem Rauch!

Marylebone Road, www.madametussauds. com, U: Baker Street, Mo–Fr 9–17, Sa, So 9–18 Uhr, vorab auf der Website checken; Tickets am besten online buchen und vor 10 Uhr da sein, ab 29 £, diverse Ermäßigungen

Essen

Chinesische Küche
Hung's **1** und **Shuang Shuang** **2**: s. Tour S. 70.

Nostalgisches Ambiente
3 **Maison Bertaux:** s. S. 72.

Frankreich auf dem Teller
4 **Brasserie Zédel:** Mittags wird's hier voll, denn die lebhafte Brasserie wenige Minuten vom Piccadilly Circus entfernt versorgt ihre Gäste mit sehr guten traditionellen französischen Gerichten. Ein Übriges tut das elegante Ambiente des ehemaligen Regent Palace Hotels. Für eine Verschnaufpause gehe ich gern in das kleine Café Zédel. Man kann in Ruhe Zeitung lesen, Leute gucken, einen Kaffee oder leckere Kleinigkeiten genießen.

20 Sherwood Street, T 020 77 34 48 88, www.brasseriezedel.com, U: Piccadilly Circus, Mo–Sa 11.30–24, So 11.30–23 Uhr, 2-Gänge-Menü 10,50 £

Mediterran-arabische Leichtigkeit
5 **Nopi:** Die exzellente mediterran-arabische Küche stammt von dem Team hinter Yotam Ottolenghi, dem weltberühmten israelischen Koch, der mehrfach in London vertreten ist. Das Interieur: hell und klar, viel Weiß und Gold. Die Gerichte: leicht, ob Fisch, Fleisch oder die einfallsreichen Salate. Ideal vor dem Theaterbesuch.

Die offene Küche bei Nopi ist Teil des Ottolenghi-Konzepts ebenso wie das gemeinsame Sitzen an einem Tisch.

21–22 Warwick Street, T 020 74 94 95 84, www.ottolenghi.co.uk, U: Piccadilly Circus, Mo–Fr 8–22.30, Sa 10–22.30, So 10–16 Uhr, ab 10 £

Taiwanesisch von Könnern
6 **Xu:** Taiwanesische Küche ist mal was anderes und Wai Ting, Shing Tat Chung und Erchen Chang können wirklich kochen. Das Preis-Leistungs-Verhältnis ist gut und das Ambiente klasse.

30 Rupert Street, www.xulondon.com, U: Piccadilly Circus, Mo–Do 12–15, 17–23, Fr, Sa 12–23 Uhr

Superleckere Teigtaschen
7 **Bao:** Die Besitzer des Xu (s. o.) betreiben auch das Bao in der Lexington Street in Soho, wo es wirklich die besten *steamed buns* (gedämpfte Teigtaschen) der Stadt gibt.

53 Lexington Street, www.baolondon.
com, U: Piccadilly Circus, Mo–Mi 12–15,
17.30–22, Do 12–15, 17.30–22.30, Fr, Sa
12–22.30 Uhr

Gemüse ist das neue Fleisch

8 **Mildreds:** Ein Urgestein der vegetarischen Szene. Gute Portionen, freundliche Bedienung, leckeres Essen, auch vegan. Stets gut besucht. Zweigstellen auch in Dalston, King's Cross und Camden.

45 Lexington Street, T 020 74 94 16 34,
www.mildreds.co.uk, U: Oxford Circus, Piccadilly Circus, Mo–Sa 12–23 Uhr, um 12 £

Die Wild-Spezialisten

9 **Rules:** Londoner gehen hier zu besonderen Anlässen hin. Rules, bereits 1798 gegründet, ist vor allem für seine Wildgerichte berühmt. Es gibt aber auch ausgezeichneten Fisch und traditionelle Käsesorten. Wenn Sie es rot beplüscht und traditionell lieben, sind Sie hier richtig.

35 Maiden Lane, T 020 78 36 53 14, www.
rules.co.uk, U: Covent Garden, Charing
Cross, Mo–Sa 12 Uhr–Mitternacht, So
12–23 Uhr, Hauptgerichte 19–37 £

Koffein und mehr

10 **Monmouth:** In dem altmodischen Laden der ›Coffee Company‹ können Sie ausgewählte Kaffeespezialitäten aus aller Welt kaufen oder gleich vor Ort genießen. Kleinigkeiten zu essen gibt es auch (Zweigstelle u. a. im Borough Market).

27 Monmouth Street, T 020 72 32 30 10,
www.monmouthcoffee.co.uk, U: Covent
Garden, Mo–Sa 8–18.30 Uhr

Ein Pub, der sich versteckt

11 **Lamb and Flag:** Historischer Pub mit blutrünstiger Vergangenheit. Angeblich wurden hier früher Faustkämpfe ausgetragen – heute geht es friedlich zu. Am Wochenende wird's richtig voll.

33 Rose Street (Seitengasse hinter Long
Acre), T 020 74 97 95 04, www.lambandflag
coventgarden.co.uk, U: Covent Garden

Fish & Chips

12 **Golden Hind:** Mögen Sie Fisch? Dann finden Sie hier im Marylebone Village die beste Anlaufstelle (Fr und Sa abends reservieren!). Hervorragend zubereiteter Fisch (auch Take-away) ab 12 £.

73 Marylebone Lane, T 020 74 86 36 44,
www.goldenhindrestaurant.com, U: Bond
Street, Mo–Fr 12–15, Mo–Sa 18–22 Uhr

Einkaufen

Internationale Spezialiäten

I Camisa & Son **1**, www.icamisa.co.uk, s. S. 72; **Algerian Coffee Stores** **2**, https://algeriancoffeestores.com, s. S. 72; **Lina Stores** **3**, www.linastores. co.uk, s. S. 73.

Straßenmarkt

4 **Berwick Street Market:** s. S. 73.

Das Gediegene hat seinen Reiz

5 **Liberty:** Das altmodische Kaufhaus im Pseudo-Tudor-Fachwerkhaus ist vor allem für seine Liberty-Motive im Art-Nouveau-Stil bekannt, die unzählige Produkte zieren. Besonders die Geschenkabteilung im dritten Stock lädt zum Stöbern ein. Hier können Sie ungewöhnlichen Schmuck, Parfüm und edle Schreibwaren erstehen. In puncto Mode verfolgt Liberty eine geschickte Strategie: Statt Supernamen werden individuellere Labels angeboten.

Regent Street/Ecke Great Marlborough
Street, www.libertylondon.com, U: Oxford
Circus, Mo–Sa 10–21, So 11.30–18 Uhr

Die ganze Welt in einem Laden

6 **Stanfords:** Landkarten, Atlanten, Reiseführer und Reiseliteratur. Und im Sacred Café können Sie mit gesunden Snacks, Kräutertees und Fairtrade-Kaffee Ihr nächstes Abenteuer planen.

7 Mercer Walk, www.stanfords.co.uk, U: Covent Garden, Mo–Sa 9–20, So 12–18 Uhr

Die 1912 eröffneten Geschäftsräume von Daunt Books in Marylebone waren von Anfang an als Buchladen konzipitiert worden.

Naturkosmetik in Blau
7 Neal's Yard Remedies: s. S. 75.

Wie viel Zeit haben Sie?
8 Any Amount of Books: Das Problem mit diesem Laden ist, dass man nicht wieder rauskommt. Hier gibt es so viele Secondhand-Bücher, die man schon immer mal lesen wollte, von der ›First Edition‹ bis zum Paperback. Sonderangebote und ständig wechselndes Angebot.
56 Charing Cross Road, 97, www.anyamount ofbooks.com, U: Charing Cross, tgl. 10.30–21.30 Uhr

Aus London nicht wegzudenken
9 Foyles: Als ich bei Foyles arbeitete, lebte Christina Foyle noch, Herrscherin über die einst größte Buchhandlung der Welt. Auch heute noch ist das Flagship-Geschäft eine gute Quelle, um aktuelle Bestseller, vergriffene Bücher, ausländische Literatur oder eine seltene Jazz-CD zu finden.

113–119 Charing Cross Road, www.foyles. co.uk, U: Tottenham Court Road, Mo–Sa 9.30–21, So 11.30–18 Uhr

William Hamley's Traum
10 Hamley's: Als Junge träumte William Hamley, dass er einmal den größten Spielzeugladen der Welt haben würde. Das war 1760. Aus dem Traum wurde Wirklichkeit: Hamley's hat alles, was sich kleine und vielleicht auch große Kinder sehnlichst wünschen. Schade nur, dass man in dem Laden nicht übernachten darf.
188–196 Regent Street, www.hamleys.com, U: Oxford Circus, Mo–Fr 10–21, Sa 9.30–21, So 12–18 Uhr

Lifestyle-Laden
11 Anthropologie: Ein hübscher One-Stop-Laden, wo man unbedingt mal hineinschnuppern muss. Ausgewählte Mode, Geschenke, Accessories, Wellness – alles verführerisch präsentiert.

33-34 Marylebone High Street, www.anthro
pologie.com, Mo–Sa 10–18.30, So 11–17
Uhr, U: Baker Street, Regent's Park Street

Mode-Einkaufsparadies
12 Topshop: ›Die‹ Lösung für Eltern von
Teenagern: Liefern Sie Ihre Kinder hier ab
und kommen Sie bei Ladenschluss wieder. Easy. Das gigantische Flagship der
bekannten Ladenkette verführt mit einer
riesigen Auswahl an junger Mode. 10 %
Ermäßigung für Studierende.
214 Oxford Street, www.topshop.com, U: Oxford Circus, Mo, Do 9.30–21, Mi, Fr 9.30–22,
Sa 9–21, So 12–18 Uhr

7. Himmel für Trödelmarkt-Fans
13 Alfie's Antique Market: An rund
100 Ständen gibt es Möbel, Kunsthandwerk, Haushaltswaren, Textilien, Drucke,
Keramik, Glas, Silber und Schmuck. Das
Allerbeste ist das Dachrestaurant Roof
Top Kitchen. Hier kann man herrlich die
Zeit vertrödeln.
13–25 Church Street, www.alfiesantiques.
com, U: Edgware Road, Marylebone, Di–Sa
10–18 Uhr

Buchhandlung mit Atmosphäre
14 Daunt Books: Ein wirklich schönes
Geschäft mit dunklem Holz und umlau-
fender Galerie. Daunt Books steht für
eine großartige Auswahl und sachkun-
dige Beratung – und das völlig relaxed.
83–83 Marylebone High Street, www.daunt
books.co.uk, U: Baker Street, Mo–Sa 9–19.30,
So 11–18 Uhr; mehrere Zweigstellen

Klassisch-zeitlose Eleganz
15 Margaret Howell: Nach ihrem
Kunststudium am Goldsmiths College
begann Margaret Howell ihre Laufbahn
als freischaffende Modedesignerin. Zeit-
losigkeit und Qualität kennzeichnen ihre
edle Mode.
34 Wigmore Street, www.margarethowell.
co.uk, U: Bond Street, Mo–Sa 10–18, Do
10–19, So 12–17 Uhr

Schöner Schmuck
16 Kabiri: Namensgeberin Nathalie Kabiri
vertritt mehr als 100 Schmuckdesigner,
(noch) unbekannte ebenso wie etablierte
Künstler (Zweigstelle in der King's Road).
37 Marylebone High Street, www.kabiri.
co.uk, U: Baker Street, Mo–Sa 10–18.30, So
11–17 Uhr

Bewegen

Wintervergnügen ganz zentral
1 Eisbahn: Von November bis Januar
befindet sich im Innenhof des Somerset
House die schönste Eisbahn der Stadt.
Der Preis richtet sich nach der Tageszeit
(frühmorgens billiger), dem Datum (in den
Ferien teurer) und der Ausbuchung. Mit
10 £ pro Stunde sollte man rechnen.

Ausgehen

Kultkino mit Fangemeinde
1 Prince Charles Cinema: ›Double-
bills‹ (zwei Filme hintereinander), ›Sing
along‹ (zum Mitsingen!), Dick & Doof, auch
internationale Blockbuster und Klassiker.
7 Leicester Square, T 020 74 94 36 54,
www.princecharlescinema.com, U: Leicester
Square

Für den Lachmuskelaufbau
2 Leicester Square Theatre: s.
S. 68. 400 Plätze, zwei Bars.
6 Leicester Place, T 020 77 34 22 22, www.
leicestersquaretheatre.com, U: Leicester
Square

Traditionspub
❀ Pillars of Hercules: s. S. 72.

Ein Stück Italien in Soho
❀ Bar Italia: In der 1950 von der Polle-
dri-Familie gegründeten Bar ist rund um
die Uhr was los. Schinken und Knoblauch-
zöpfe hängen von der Decke, ein italieni-

Lieblingsort

Eleganter Brückenschlag – nur für Fußgänger

Die Fußgängerbrücken **Golden Jubilee Bridges** (📍 O/P 9) führen vom Embankment beidseitig der Eisenbahnbrücke Hungerford Bridge über die Themse und verbinden die Nordseite mit dem südlichen Flussufer. An dem Blick über den Fluss und die so schön konstruierten Brücken kann ich mich nicht sattsehen. Abends werden die Brücken so geschickt angeleuchtet, dass die Stahlstreben wie Wasserfontänen aussehen, die von kleinen, blauen Lichtern bekrönt werden.

scher Radiosender plärrt. An den Wänden Memorabilia berühmter Boxkämpfe.

22 Frith Street, T 020 74 37 45 20, www.baritaliasoho.co.uk, U: Leicester Square, Mo–Sa 7–5 Uhr morgens, So 7 Uhr–Mitternacht

Weltberühmt

⑤ Ronnie Scott's Jazz Club: Wenn Sie Jazz lieben, ist der in den 50ern gegründete Jazzclub eine sichere Anlaufstelle. Geschickt nach oben gestaffelte Sitzreihen mit jeweils fünf Plätzen und kleinen Tischen sorgen für das richtige Ambiente. Für Nachteulen gibt es die Late-Late-Shows. Upstairs@ronnies bietet jeden Abend Livejazz, -funk, DJ-Musik u. a.

47 Frith Street, T 020 74 39 07 47, www.ronniescotts.co.uk, U: Leicester Square, Tottenham Court Road, 18 bis (i. d. R.) 3 Uhr, Fr–Sa Shows in zwei Durchgängen, Details s. Website, Tickets je nach Programm ab 20 £

Hotspots mit Geschichte in Soho

⑥ French House: s. S. 72.

Lieben Sie Jazz?

⑦ Pizza Express Jazz Club: Gilt als einer der besten Veranstaltungsorte für modernen Jazz. Und die Abendessen-Frage ist gleich mitgeklärt. Perfekt! Besonders interessant ist es hier während des London Jazz Festival im November.

10 Dean Street, T 020 74 39 49 62, www.pizzaexpresslive.co.uk, U: Tottenham Court Road. Mo–Do 18.30–10.30, Fr, Sa 19–23, So 18.30–22 Uhr

Rock und Indie

⑧ The Borderline: Im Borderline haben schon Stars wie REM, PJ Harvey, Debbie Harry und die Counting Crows gespielt. Sehr gemischtes Publikum, aber überwiegend Musikfanatiker oder Talentspotter. Club Nights 22.30–4 Uhr: Fr (Pop Rock) und Sa (Indie).

Orange Yard (von Manette Street ab), T 020 38 71 77 77, http://borderline.london, U: Tottenham Court Road, Eintritt variiert

Mögen Sie Blues?

⑨ Ain't Nothin But Bar: Diese Bar hat mich noch nie enttäuscht. Die Musik ist immer toll und die Stimmung auch. Wenn's abends spät wird: Oxford Circus oder Piccadilly Circus liegen in Gehentfernung.

20 Kingly Road, T 020 72 87 05 14, www.aintnothinbut.co.uk, U: Oxford Circus, So 15–23.30, Mo–Do 17–1, Fr 17–2, Sa 15–2 Uhr, Eintritt Fr–Sa nach 20.30 Uhr, sonst frei

Legendär

⑩ 100 Club: Die Sex Pistols, die Kinks und die Rolling Stones haben hier gespielt. Heute gibt es ein gemischtes Programm: traditioneller Jazz, Blues, Rock Rhythm, Jive, Swing und Indie.

100 Oxford Street, T 020 76 36 09 33, www.the100club.co.uk, U: Oxford Circus, i. d. R. ab 19.30 Uhr, Eintritt je nach Band 10–20 £

Beliebtes Programmkino

⑪ Curzon Soho: Ein viel besuchtes, seit Jahrzehnten etabliertes Programmkino mit mehreren Leinwänden. Das Café oder die Bar bieten sich auch als Treffpunkt in der Stadt an.

99 Shaftesbury Avenue, T 033 33 21 01 04, www.curzoncinemas.com, U: Leicester Square

Oper in modernem Gewand

⑫ English National Opera: ›Volksnahe‹ Aufführungen, gesungen wird auf Englisch, Jeans sind kein Problem. Bei »Romeo und Julia« fährt der Held schon mal im Alpha Romeo vor.

London Coliseum, St Martin's Lane, T 020 78 45 93 00, www.eno.org, U: Leicester Square

In Jeans oder Abendkleid

⑬ Royal Opera House: Das Royal Opera House gilt als eines der besten Opernhäuser der Welt. Es wurde bereits 1732 eröffnet und bietet fast allabendlich erstklassige Aufführungen. Eine Kleiderordnung gibt es nicht und so sitzen Abend-

DER MUSICAL-PAPST **M**

Jesus Christ Superstar (1970), Evita (1976), Cats (1981), Starlight Express (1984) oder Das Phantom der Oper (1986) – wer kennt sie nicht? 2018 feierte der weltweit berühmte Komponist Andrew Lloyd Webber, mittlerweile nicht nur zum Ritter geschlagen, sondern auch zum Baron ernannt, seinen 70. Geburtstag. 20 Musicals hat er geschrieben und auf die Bühne gebracht. Mit ihren leicht zugänglichen Plots und eingängigen Melodien sind sie populär wie eh und je. Im Londoner West End gehören dem millionenschweren Altmeister sieben Theater, u. a. The London Palladium und Theatre Royal Drury Lane.

kleid-Trägerinnenn und Jeans-Träger Seite an Seite. Interessante Führungen geben einen Einblick in die Arbeit hinter den Kulissen. Eine super Sache sind die ›Friday Rush tickets‹: 49 (bezahlbare) Karten für Aufführungen von Samstag bis zum darauffolgenden Freitag werden online verkauft. Nach umfassender Renovierung wurde das ROH wiedereröffnet. Die Vision von ›Open Up‹ ist vergleichbar mit der des V&A Exhibition Quarter: einen leicht zugänglichen Treffpunkt für Menschen zu schaffen, ob mit oder ohne Ticket (tgl. ab 10 Uhr). Bow Street, T 020 73 04 40 00, www.roh.org. uk, U: Covent Garden, Backstage Tours (75 Min.) i. d. R. Mo–Sa 3 x tgl., 12 £; Velvet, Gilt und Glamour Tour (45 Min.) tgl. 16 Uhr, 8–10 £

Bahnbrechend, experimentell
🌞 **Donmar Warehouse:** Eines der besten kleinen Theater im West End und international. Intelligente Produktionen, klassisches Repertoire und Uraufführungen. Meist ausgebucht, aber Mo um 12 Uhr sind Karten ab 10 £ erhältlich (online).

Earlham Street, T 020 32 82 38 08, www. donmarewarehouse.com, U: Covent Garden

Existiert seit über 350 Jahren
🌞 **Theatre Royal Drury Lane:** Früher ging es nicht so gesittet zu wie heute. Raufereien waren an der Tagesordnung. Das und vieles mehr erfahren Sie bei einer Tour, die hinter die Kulissen des Theatre Royal führt. Das Theater stammt von 1811, doch wurde das erste Theater hier bereits 1663 erbaut – als erstes Theater nach der theaterlosen Cromwellschen Zeit. Mit über 2200 Plätzen ist es eines der größten Londoner Theater und wird heute weitgehend für Musicals genutzt. Catherine Street, T 020 70 87 77 48, www. reallyusefultheatres.co.uk, Führungen (1 Std.) Mo, Di, Do, Fr 14.15 u. 16.15, Mi, Sa 10.15 u. 11.45 Uhr, 10,50 £

Für Musical-Fans
🌞 **Adelphi Theatre:** s. S. 77.

Lieblingsort
🌞 **The Harp:** s. S. 77.

Breit gefächertes Programm
🌞 **Wigmore Hall:** Die schöne Wigmore Hall ist für ihre herausragende Akustik berühmt und wird vorwiegend für Kammerkonzerte genutzt. Ganz toll sind auch die Konzerte der Meisterschüler. 36 Wigmore Street, T 020 79 35 21 41, www.wigmore-hall.org.uk, U: Bond Street, Coffee Concerts So 11.30, Mo Lunchtime Concerts 13 Uhr

Singing in the Rain
🌞 **Regent's Park Open Air Theatre:** Hoffentlich regnet es nicht, wenn Sie sich zum Regent's Park Open Air Theatre aufmachen, um Klassiker, Modernes, Shows für die ganze Familie und manchmal auch Kino zu erleben. T 084 48 26 42 42, www.openairtheatre.org, U: Baker Street, Regent's Park. Freiluftbühne im Park, Juni–Sept.

Zugabe
Importware Humor

Der deutsche Komiker Henning Wehn

»Get on with it!« – Ist der Titel seiner Show vielleicht zu politisch? Henning spielt vor ausverkauften Hallen.

Mit Tschingderassabum geht es los, wenn Henning Wehn auf die Bühne tritt. Oft in Buntfaltenhose und adrette C&A-Strickjacke gekleidet, hat der deutsche Komödiant schon einen Lacher weg, bevor er den Mund aufgemacht hat. Ein deutscher Komödiant auf britischen Bühnen – geht das? Henning hat's geschafft und sich in fast zwei Jahrzehnten als ›German Comedy Ambassador‹ unter den britischen Stand-up-Comedians einen Namen gemacht. Ob im Leicester Square Theatre in London, beim Edinburgh Fringe Festival oder auf anderen Bühnen kreuz und quer im ganzen Land, seine One-Man-Shows sind in der Regel ausverkauft.

Begonnen hatte alles mit einem Job in der Werbeabteilung eines englischen Fußballclubs. Eigentlich wollte der gebürtige Hagener nur sein Englisch verbessern, doch das gute Wetter *(joke),* das leckere Essen *(joke)* und die schicken Frauen überzeugten ihn, sich in ›good old Blighty‹ niederzulassen. Was auf die Schippe genommen wird? Natürlich als Erstes die Stereotype über Deutschland, wo alles ordentlich, logisch, quadratisch, praktisch und gut ist, gefolgt von den ebenso stereotypischen Unzulänglichkeiten in Großbritannien. Die schludrige

Er sieht sich eher als sozialer Kommentator.

Sprache der Briten, ihre nervige Art, sich ständig selbst herabzusetzen. Die desolaten Badezimmer, gegen die selbst die polnischen Klempner nicht ankommen.

Nach zahlreichen Fernseh- und Radioauftritten und mehreren Auszeichnungen, darf Henning, der sich selbst eher als sozialen Kommentator sieht, auch sagen, was er denkt, z. B. wenn es um den Brexit oder Immigranten geht. Gibt es gute oder schlechte Immigranten oder gar eine Rangordnung? Wie sieht ein neutralisierter Brite aus? Immerhin seien ja sowohl die Königsfamilie als auch er selbst Immigranten. Unter die Gürtellinie geht es nie, Henning Wehn lässt die Welt in Ordnung. Und wie finden die Briten ihn? Für die meisten ist er »just the German bloke« (www.henningwehn.de). ∎

Bloomsbury, Holborn und Clerkenwell

Schlauer als zuvor — verlässt man diese Viertel, in denen es von tollen Museen wimmelt, aber auch von einladenden Pubs.

Seite 93, 103

British Museum

Was möchten Sie sich anschauen? Ägyptische oder asiatische Kunst? Oder vielleicht die Angelsachsen? Ein Besuch muss gut geplant sein, denn hier lagern 8 Mio. Objekte der Kunst- und Kulturgeschichte.

Seite 96

Von Square zu Square

Entdecken Sie auf den Spuren der Bloomsbury Group einige der schönsten Londoner Squares – kleine Parks, um die sich Stadtvillen, sogenannte Terraces, gruppieren –, z. B. den Tavistock Square.

Der Blätterwald von Bloomsbury sind die Buchhandlungen.

Eintauchen

Seite 99

Leather Lane Market

Auf dem schon seit 400 Jahren existierenden Markt gab es ursprünglich u. a. Lederwaren. Heute versorgen Street-Food-Stände die hungrigen Angestellten aus den umliegenden Büros mit Veggie-Burritos und Burgern.

Seite 100

Tour durch die Inns of Court

Abseits des urbanen Getümmels liegen die Inns of Court, die Rechtsschulen. Sie können einen Blick in einladende Innenhöfe und prachtvolle Gärten werfen.

Seite 102, 104

Clerkenwell-Bummel

Das ehemalige Arbeiterviertel, einst eine Brutstätte radikaler Ideen, ist heute ein Hotspot der Kreativität. Ihren Bummel könnten Sie z. B. mit einem Drink in der traditionsreichen Jerusalem Tavern beginnen.

Seite 106

Sir John Soane's Museum

Sir John Soane war einer der besten Architekten seiner Zeit. Sein Wohnhaus ist bis unter die Decke mit Kunstwerken vollgestopft.

Seite 109

Restaurant Moro

Ägyptisch, libanesisch und portugiesisch – Moro führt Sie auf eine kulinarische Reise rund ums Mittelmeer. Sehr gut sind die Tapas und die iberischen Weine.

&

Seite 110

Altmodische Pubs

In Bloomsbury, Holborn und Clerkenwell laden gleich mehrere Pubs mit herrlich altmodischem Flair zum Verweilen ein. Nett ist's z. B. in The Lamb –bei schönem Wetter auch draußen.

»When you consider things like the stars, our affairs don't seem to matter very much, do they?« (Virginia Woolf)

Der London Review Book Shop am Burg Place (s. S. 110) hat eine tolle Auswahl an Büchern und beim Late Shopping am 1. Mi des Monats gibt's 10 % Ermäßigung und ein Glas Wein umsonst.

erleben

Gelehrte, Künstler und Juristen

P

Perücketragende Rechtsgelehrte, Yuppies, Nachteulen, die im Morgengrauen ihren Heimweg antreten und Schlachter, die zur selben Zeit ihren Arbeitstag im Smithfield Market beginnen; interessante Architektur – von mittelalterlich bis hypermodern; Museen von Weltrang. All dies finden Sie in dem spannenden Gebiet zwischen dem West End und der City of London. Ergänzt wird das Ganze durch ein verführerisches gastronomisches Angebot und Pubs mit viel Atmosphäre. Typische Londoner Vielfalt eben!

Bloomsbury, ein Bezirk des London Borough of Camden, ist eng mit den Wissenschaften und den schönen Künsten verbunden: Hier liegen die University of London mit ihren universitätseigenen Museen, das grandiose British Museum – eines der ältesten und wichtigsten Museen der Welt – und es gibt schöne georgianische Straßenzüge und idyllische Plätze. Einen Besuch wert sind auch die gut sortierten Buchhandlungen.

Im Stadtteil Holborn (ausgesprochen: Hoe-b'n) befindet sich seit jeher Londons Gerichtsviertel. Die Lage ist gut gewählt: zwischen der City of Lon-

ORIENTIERUNG **O**

Reisekarte: 📍 N–R4–8
Cityplan: S. 95
Das Viertel entdecken: Wohin soll es gehen? Für das British Museum steigen Sie am besten an der Station Tottenham Court Road, am Russell Square oder in Holborn aus der U-Bahn. Einen Rundgang durch Holborn und Clerkenwell können Sie ab Holborn und Temple oder für Exmouth Market natürlich auch ab Farringdon beginnen. Halten Sie die Faltkarte oder eine App bereit!

don und dem königlichen Westminster. Clerkenwell, wo sich im 19. Jh. zahlreiche Druckereien angesiedelt hatten, wird u. a. mit Karl Marx in Verbindung gebracht. Welche Ironie der Geschichte, dass aus dem einstigen Armenhaus Clerkenwell mittlerweile eine der begehrtesten Adressen für junge Kreative geworden ist. In den 1980er- und 1990er-Jahren wurde der Stadtteil vor allem von Werbe- und Medienfirmen ›entdeckt‹. Zwischen dem Clerkenwell Green bis hoch zum verkehrsberuhigten Exmouth Market gibt es zahlreiche Designer- und Kunsthandwerkerläden, ethnische Restaurants und Szenecafés.

Bloomsbury ♀ N/O 6/7

Spazieren geht über studieren ☆

Ein Hauch von Gelehrsamkeit schwebt über diesem Viertel, das vor allem von Studierenden und von Besuchern des **British Museum** ❾ (s. S. 103) geprägt wird. Wenn Ihnen die Menschenmassen im Museum zu viel sind, können Sie die **Montague Street** hochschlendern und sich auf dem schönen Russell Square ausruhen. Oder Sie unternehmen einen richtigen **Spaziergang von Square zu Square** (s. Tour S. 96). Dabei werden Ihnen auch zahlreiche blaue Plaketten auffallen. Einige weisen auf Wohnstätten von Mitgliedern der sogenannten Bloomsbury Group hin. Zu dieser Gruppe junger Intellektueller, die Anfang des 20. Jh. in Bloomsbury wohnten

und durch philosophische Auseinandersetzungen, Kreativität, aber auch durch Liebe, Leidenschaft und Skandale eng verbunden waren, gehörten u. a. Virginia Stephen (verh. Woolf), Vanessa Bell, Duncan Grant und Leonard Woolf. Virginia Woolf schrieb die meisten ihrer Romane (z. B. »Mrs Dalloway«, »Orlando« und »Zum Leuchtturm«) in einem Haus am Tavistock Square, wo sie mit ihrem Mann Leonard auch den kleinen Verlag Hogarth Press betrieb.

Rund 39 000 Studierende sind am renommierten **University College London,** kurz UCL genannt, eingeschrieben, dessen Campus einen beträchtlichen Teil des Viertels einnimmt. Wenn seine architektonische Gestaltung auch nicht jedermanns Geschmack ist, eines der Universitätsgebäude müssen Sie gesehen haben: das **Senate House** ❶, Sitz der Verwaltung. Übersehen kann

Von wegen geheiligte Museumshallen – im British Museum geht es, zumindest im Eingangsbereich, wie im Bienenkorb zu. Mit 6,8 Mio. Besuchern pro Jahr ist es die beliebteste Touristenattraktion des Landes.

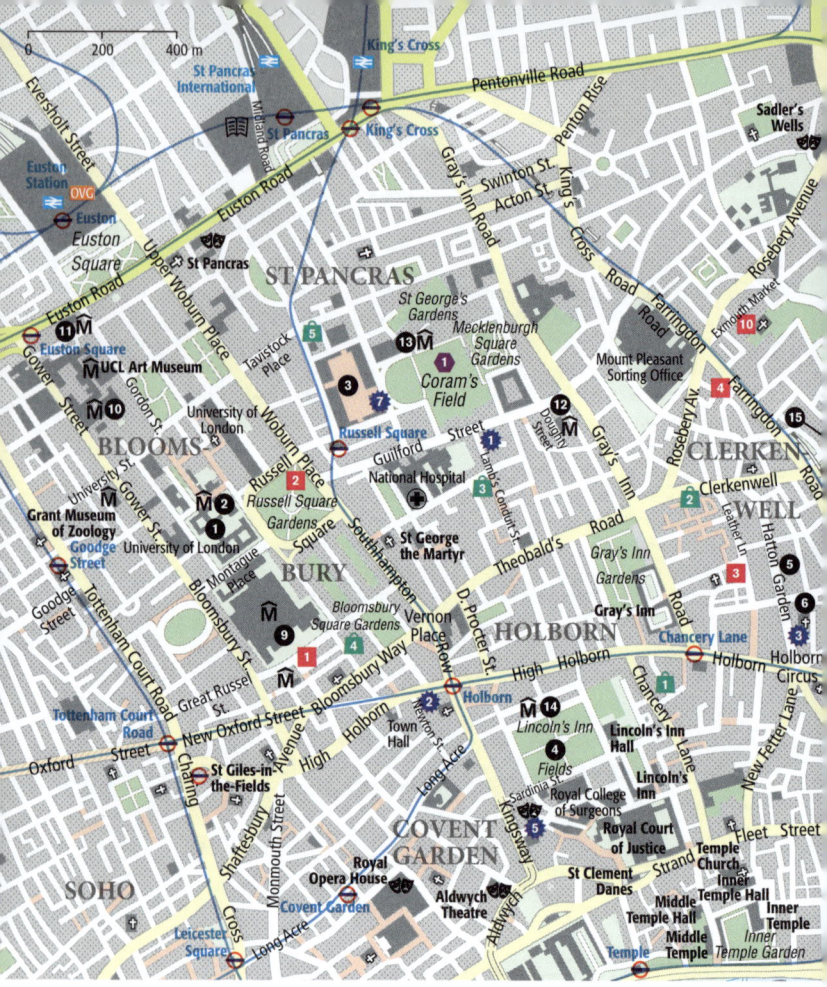

man es ohnehin nicht: 19 Stockwerke bzw. 64 m ragt es auf. Gebaut wurde es zwischen 1932 und 1937 nach Plänen von Charles Holden. »Ministerium der Angst« (1944), ein Film von Fritz Lang nach Graham Greenes Roman »Ministry of Fear« wurde hier gedreht. Bis heute ist der Bau mit seinen Art-déco-Elementen eine gefragte Filmlocation.

Besuchen Sie auch die **Brunei Gallery** der **SOAS** ➋ (School of Oriental and African Studies, Di–Sa 10.30–17, Do bis 20 Uhr, Eintritt frei) in der Thornhaugh Street. Meist gibt es eine interessante Kunst- oder Fotoausstellung, die man kostenlos anschauen kann. Aber das Beste ist natürlich, vor allem im Sommer, der **Japanese Roof Garden,** der Zen-Garten oben auf dem Dach des Gebäudes. Mit einem Fahrstuhl geht es hinauf. Manchmal ist hier keine Menschenseele. Ideal zum Chillen! Auch die anderen Museen des UCL sind ganz in der Nähe: das wirklich lohnenswerte

Bloomsbury, Holborn und Clerkenwell

Ansehen

❶ Senate House
❷ SOAS Brunei Gallery und Japanese Roof Garden
❸ Brunswick Centre
❹ Lincoln's Inn Fields
❺ Diamonds District
❻ St Etheldreda's Church
❼ Smithfield Market
❽ St Bartholomew-the-Great
❾ British Museum
❿ Petrie Museum of Egyptian Archaeology
⓫ Wellcome Collection
⓬ Charles Dickens Museum
⓭ Foundling Hospital Museum
⓮ Sir John Soane's Museum
⓯ Marx Memorial Library & Workers' School

Essen

1 Museum Tavern
2 Caffè Tropea
3 Leather Lane Market
4 The Eagle
5 St John
6 Fox & Anchor
7 Comptoir Gascon
8 Smiths of Smithfield
9 Club Gascon
10 Moro

Einkaufen

1 The London Silver Vaults
2 Magma
3 Persephone Books
4 London Review Bookshop
5 Gay's The Word

Ausgehen

1 The Lamb
2 Princess Louise
3 Ye Olde Mitre
4 Jerusalem Tavern
5 Peacock
6 Vinoteca
7 Curzon Bloomsbury

Petrie Museum of Egyptian Archaeology ❿ (s. S. 103) das **Grant Museum of Zoology** (Gran, Mo–Sa 13–17 Uhr, Eintritt frei) und das **UCL Art Museum** (South Cloisters, Mo–Sa 13–17 Uhr, Eintritt frei), dessen stattliche Sammlungen in Wechselausstellungen gezeigt werden.

Aufpolierter Wohnkomplex

Zu den ›Georgian Houses‹ in Bloomsbury gibt es, abgesehen von den Uni-Bauten, noch ein anderes architektonisches Ge-gengewicht: Schlendern Sie, Gordon Square und Tavistock Square passierend, über die große Straßenachse des Woburn Place hinweg zum Brunswick Centre. Zweizimmerwohnung in Bloomsbury gefällig? Für knapp eine Million Pfund ist das im **Brunswick Centre** ❸ kein Problem – ein bisschen Wartezeit vorausgesetzt. Der denkmalgeschützte Baukomplex, eine seinerzeit futuristische Mischung aus Wohnungen, Konsumflächen und Kultureinrichtungen, entstand in den

TOUR
Zusammengeflickter Zauberteppich

Von Square zu Square in Bloomsbury

Infos

📍 M–P 5–8

Start: Tavistock
Square

U: Russell Square

Dauer: 1,5–2 Std.

Einkehr: Caffè
Tropea, s. S. 103;
Noble Rot Restau-
rant & Wine Bar,
51 Lamb's Conduit
Street, Mo–Sa
12–23 Uhr

»London ist bezaubernd. Ich trete auf einen goldbrau-
nen Zauberteppich hinaus.« Als Virginia Woolf 1924 so
von ihrer Heimatstadt schwärmte, breitete sich gleich
vor ihrer Haustür mit dem **Tavistock Square** ein grüner
Flicken dieses Zauberteppichs aus. In der Nähe ihres
damaligen Wohnortes an der Südwestecke der Anlage
findet sich daher auch eine Büste des wohl bekann-
testen Mitglieds der Bloomsbury Group. Solch kleine
Parks, um die sich aneinander gemauerte Stadtvillen,
sogenannte Terraces, gruppieren, prägen das Bild der
Wohngebiete rund um die City, in die sich die Stadt im
Zuge der industriellen Revolution ausweitete. Einige der
schönsten Squares sind auf den Spuren der ›Blooms-
berries‹ zu erreichen, wie sich der Intellektuellenzirkel
nannte. Der Tavistock Square wird auch gern als ›Peace
Garden‹ bezeichnet. Denn in seinem Zentrum steht
eine Plastik des gewaltlosen indischen Unabhängig-
keitskämpfers Mahatma Gandhi. Überdies zieren ihn
ein Kirschbaum zum Gedenken an die Atombomben-
opfer von Hiroshima und ein Denkmal zu Ehren von
Kriegsdienstverweigerern.

Der **Gordon Square** gleich nebenan entstand wie der
Tavistock Square von 1820 an nach Plänen des Architekten Thomas Cubitt und auf Grund und Boden
der Familie Russell. Ein kleiner Kiosk verströmt dort
Landidylle und inmitten
der Rasenflächen und Blu-
menbeete setzt eine Büste
des bengalischen Literatur-
nobelpreisträgers Rabindra-
nath Tagore ein intellektuelles
i-Tüpfelchen. Als sie noch ihren Mädchennamen Stephen
trug, lebte Virginia Woolf in
Nummer 46. Später wohn-
te dort der Ökonom John
Maynard Keynes, der eben-

falls zur Bloomsbury Group zählte. Beeinflusst waren sie alle von dem Philosophen Bertrand Russell, der in Nummer 57 lebte. Dessen Urgroßvater – er trug den Titel 6th Duke of Bedford – ließ Cubitt hier die ersten Häuser errichten. Die höchsten Renditen versprach eine großzügige, zugleich standardisierte Bebauung für die gehobene Mittelklasse und die Oberschicht – ein Glücksfall, der London zu einer der grünsten Metropolen gemacht hat.

Allerdings waren die Siedlungen nicht miteinander verbunden. Sie sprossen vielmehr unkoordiniert aus dem Boden. Ihr Straßenraster franste am Rand, wo die ärmere Bevölkerung lebte, gewissermaßen aus. Es zeigt sich ein auch für den englischen Garten, ja für die englische Geisteshaltung sehr typisches Nebeneinander von strenger Gliederung und individuellem Wildwuchs. Das gefiel. Eine umfassende Stadtplanung, wie sie auf dem Kontinent einsetzte, wurde als abscheuliches Zeichen des Absolutismus betrachtet.

Die Fransen des Straßennetzes rund um den Gordon Square verknoten sich westlich mit denen des **Fitzroy Square.** Er gilt als einer der schönsten Garden Squares Londons. »Der perfekte Platz, entworfen von Robert Adam, einen perfekten kreisrunden Garten umschließend – ein Traum des 18. Jahrhunderts«, so beschreibt Ian McEwan in seinem Roman »Saturday« den 1794 angelegten Square, an dem er viele Jahre wohnte. Der Garten ist allerdings nur für die Anrainer zugänglich – ein Relikt aus der Entstehungszeit, als die neuen Siedlungen noch umzäunt und bewacht waren wie Estates. Virginia Woolf war 1907 übrigens mit ihrem Bruder Adrian vom Gordon Square in das Haus Nummer 29 gezogen, das bis 1898 der Dramatiker George Bernard Shaw bewohnt hatte.

Etwas klarer ist heute noch das Straßenraster rund um den **Bedford Square,** dessen Garten ebenfalls privat ist. Benannt nach den Adelstiteln der Russells ist er die einzige nahezu vollständig aus georgianischer Zeit erhaltene Piazza Londons. Bis 1783 nach Plänen von Thomas Leverton gestaltet, war er der erste Garden Square der Stadt. Die Familie Russell vermied damit den großen Fehler, den ihr Vorfahr Francis Russell,

Am Tavistock Square wohnten zeitgleich auch Charles Dickens und Theodor Fontane. Der Deutsche bemerkte bereits damals, dass Bloomsburys Straßen weniger um ihrer selbst als vielmehr »um der Verbindung willen« bestünden, »die sie zwischen den zahllosen Squares unterhalten«.

In Nähe der Squares ereigneten sich zwei der insgesamt vier Terroranschläge vom 7. Juli 2005. 26 Menschen kamen durch eine Bombe in der U-Bahn nahe der Station Russell Square um, 13 durch einen Sprengsatz in einem Bus am Tavistock Square. An sie erinnern Gedenktafeln an beiden Orten.

4th Earl of Bedford, nach dem Bau des von 1624 an angelegten und nur 500 m entfernten **Covent Garden,** Londons erster Piazza, begangen hatte. Selbst auch Bauherr, verleitete ihn seine Profitgier dazu, die Mitte des Platzes als Marktareal zu vermieten. Das vertrieb die vornehme Mieterschaft und das Gebiet verkam zeitweilig zum Rotlichtviertel. Heute ist es ein Touristenmagnet (s. S. 74).

Südlich am British Museum vorbei strebt man dem Karree um den **Bloomsbury Square** zu. Wo sich heute, nur von verhältnismäßig wenigen Bäumen bestandene, aber öffentlich zugängliche Rasenflächen erstrecken, entstand Anfang der 1660er-Jahre die Keimzelle des Stadtteils. Von den ersten Gebäuden ist allerdings nichts mehr übrig. Wer sich heute auf die Bänke im gepflasterten Zentrum der Piazza setzt, den schüchtert das klotzige neoklassizistische **Victoria House** ein, das 1928 als Bürogebäude errichtet wurde. Tröstend vielleicht der Blick hinüber auf die romantische Sicilian Avenue mit ihren italienischen Restaurants.

Nicht überraschend trägt der größte Garden Square Bloomsburys und der zweitgrößte Londons den Namen der Grundeigentümer. Heute erscheint der **Russell Square** wieder in etwa so, wie ihn Humphrey Burton um 1800 angelegt hatte. Neu ist allerdings der Brunnen in der Mitte, dessen Düsen regelrechte Wasserspiele inszenieren. Zudem kann man in einem Café verschnaufen. Nach kurzer Wegstrecke sind östlich **Brunswick Square** und **Mecklenburgh Square** erreicht, die beide bis 1802 angelegt wurden. Benannt sind sie nach Caroline von Braunschweig, Gemahlin des Prinzregenten und späteren George IV., und der Prinzessin von Mecklenburg-Strelitz, der späteren Queen Charlotte. Den Brunswick Square beschattet u. a. eine gewaltige Platane aus viktorianischer Zeit, die zu den ›Great Trees of Britain‹ zählt. An den nicht öffentlichen Mecklenburgh Square war Virginia Woolf 1940 mit ihrem Mann Leonard vom Tavistock Square kommend gezogen. Beide Domizile wurden bald bei Bombenangriffen zerstört. Aus Furcht vor diesen war das Ehepaar da schon ins Dörfchen Rodmell in East Sussex gezogen.

von: Matthias Schatz

1960er-Jahren und war zumindest in den ersten 40 Jahren seiner Existenz ein äußerst ungeliebtes Kind des Viertels. Nach aufwendiger Renovierung zu Beginn des neuen Jahrtausends sind die 400 Wohnungen, die lange vor sich hin gammelten, wieder in gutem Zustand und heute immens begehrte Wohnobjekte – auch weil der Brutalismus-Stil wieder ›in‹ ist (s. S. 172). Im Brunswick Centre befindet sich übrigens das Programmkino **Curzon Bloomsbury** 🔷.

Holborn ⚲ P/Q 6

Holborn, ein relativ uncharmantes Gebiet zwischen Westminster und der City of London, ist von großen Straßenzügen eingefasst. Haben Sie vielleicht gerade eine Fahrt mit der Central Line überstanden? Dann schnell zum Durchatmen in den Park **Lincoln's Inn Fields** ❹, wo Sie zumindest kurzzeitig der Welt entfliehen können: auf einer der schönen Bänke im Park selbst oder im einzigartigen **Sir John Soane's Museum** ⓮ (s. S. 106). **Hatton Garden** hat mit einem Garten bzw. Park dagegen nichts (mehr) zu tun. Hier liegt Londons **Diamonds District** ❺: Die Straße ist eines der weltweit wichtigsten Zentren für den Handel mit Diamanten: Ein Juwelier reiht sich an den nächsten. Traditionell befinden sich die Verarbeitung und der Handel mit Diamanten in den Händen der jüdischen Bevölkerung.

Falls Sie nach dem Anblick der hochkarätigen Diamanten eine kleine Stärkung benötigen, werden Sie auf dem **Leather Lane Market** ❸ (https://leatherlanestars. files.wordpress.com, Mo–Sa 10–14 Uhr)

In den Inns of Court (s. S. 100), dem Juristenviertel in Holborn, geht es gediegen zu. Die Mitglieder der Honorable Society of Inner Temple und der anderen drei Rechtsschulen pflegen jahrhundertealte Traditionen.

TOUR
Geballte Rechthaberei im City-Idyll

Ein Spaziergang durch die Inns of Court

Entdecken Sie eine der unbekannteren Ecken Londons mit einladenden Innenhöfen, prachtvollen Gärten und Kapellen. Seit dem 14./15. Jh. dienen die vier **Inns of Court** – Middle Temple, Inner Temple, Lincoln's Inn und Gray's Inn – als Wohn- und Studierstätten der Juristenzunft. Zu verdanken sind sie König Edward I. Im Jahre 1292 hatte er das kirchliche Privileg der Rechtsprechung abgeschafft. Nun mussten nichtkirchliche Rechtsgelehrte her. Und die sollten in Rechtsschulen erst mal Know-how erwerben. Bis zum 19. Jh. waren die vier Londoner Inns of Court die einzigen juristischen Ausbildungsstätten im Königreich. Noch heute müssen alle englischen Anwälte *(barristers)* Mitglied einer dieser Rechtsschulen sein.

›Inns of Court‹ bezieht sich sowohl auf den Gebäudekomplex wie auch auf die Rechtsschulen, d. h. die Ausbildungsstätten. Traditionell bieten die Inns of Court ihren Mitgliedern auch Unterkunft, daher die Bezeichnung ›Inn‹ (Gasthaus).

Willkommen im Temple District

Durch die **Tudor Street** gelangen Sie in den **Temple District,** ein überschaubares Gewirr aus kopfsteingepflasterten Gassen, die sich zu Plätzen und Gärten öffnen. In den mehrstöckigen Backsteingebäuden wohnen Jurastudierende, bereiten sich Anwälte und Anwältinnen in Kanzleien auf ihren nächsten Fall vor. Keine schlechte Umgebung – fernab und doch nah zum *buzz* der City.

Für ein Quartier von Juristen mutet der Name Temple District seltsam an. Doch ein Blick in die Historie bringt Licht ins Dunkel: Einst befand sich hier das Hauptquartier des Ordens der Tempelritter mit Unterkünften, Versammlungs- und Speiseräumen sowie der schönen **Temple Church** (www.temple church.com) aus dem späten 12. Jh., wie alle Kirchen des Ordens in Anlehnung an die Grabeskirche in Jerusalem

Infos

P/Q 7/8

Start: U-Bahn-Station Blackfriars

Inns of Court:
T 020 74 05 13 93,
www.lincolnsinn.
org.uk

Temple Church:
i. d. R. Mo–Fr 10–16,
Orgelkonzerte Mi
13.15–13.45 Uhr,
www.templemusic.
org, gratis, Besichti-
gung 5 £

**Royal Court of
Justice:** Mo–Fr
9.30–16.30 Uhr,
Aug./Sept. keine
Verhandlungen;
Führungen nach
Anmeldung auf www.
theroyalcourtsof
justice.com/tours,
13 £

**Lincoln's Inn
Chapel:** Mo–Fr
9–17 Uhr

ein Rundbau. Ermattet liegt er, mit Schwert ausstaffiert, auf dem Boden – oder besser gesagt sein steinernes Abbild: William Marshal, 1st Earl of Pembroke. Seine Bedeutung ist ihm nicht anzusehen: Dereinst war er maßgeblich an der Entstehung der »Magna Carta« beteiligt, die dem Adel umfassende Rechte einräumte. Unterzeichnet wurde sie von King John Lackland höchstpersönlich, der 1215 einige Monate im Temple District residierte. Die Verbindung des Distrikts zur Jurisprudenz reicht also weit in die Geschichte zurück. 1312 wurde der Templerorden verboten, sein Grundbesitz inklusive Kirche enteignet. Die Tempelritter zogen aus, die Anwälte ein. Prachtvoll sind die Gärten. Kennen Sie Maulbeerbäume? Im **Fountain Court** gibt es ein ganz besonders schönes Exemplar des *Morus nigra*, der schwarzen Maulbeere.

Zu Besuch im Zivilgericht

Weiter auf den Spuren der Gerichtsbarkeit geht es zu den **Royal Courts of Justice.** Hier werden bedeutende zivilrechtliche Fälle behandelt, bei denen in den meisten Fällen auch die Öffentlichkeit zugelassen ist. Das imposante Gebäude im neogotischen Stil mit Türmchen und Giebeln wurde zwischen 1874 und 1882 gebaut und umfasst rund 1000 Büros sowie Korridore mit einer Gesamtlänge von 5,5 km. Im hinteren Gebäudeteil zeigt eine kleine Ausstellung die Geschichte der traditionellen Gerichtsroben der Juristen. Im Rahmen einer unterhaltsamen Führung sieht man die prachtvolle Halle sowie historische Dokumente und erfährt Interessantes über die spektakulärsten Fälle, die hier verhandelt wurden.

Eine Kaderschmiede

Lincoln's Inn (1422) ist die besterhaltene der vier Rechtsschulen. Hier haben viele berühmte Briten studiert, u. a. Benjamin Disraeli, William Penn, Gründer von Pennsylvania und Tony Blair. Die Kapelle (1623) kann besichtigt werden. **Lincoln's Inn Fields** mit seinen alten Platanenbäumen diente vom 15. bis 18. Jh. als Richtstätte. Heute ist der Park ein beliebter Ort für die Mittagspause. Apropos Essen: Die Inns haben traditionsreiche Vorschriften. So müssen angehende Juristen mehrmals im Jahr an einem offiziellen Dinner im opulent dekorierten Speisesaal teilnehmen, um später zur Anwaltskammer zugelassen zu werden.

zwischen Greville Street und Clerkenwell Road sicher fündig. Ursprünglich wurden auf dem schon seit 400 Jahren existierenden Markt Schuhe und Textilien verkauft. Heute versorgt der Streetfood-Markt die hungrigen Angestellten aus den umliegenden Büros mit Veggie-Burritos und Falafeltaschen, aber konventionelle Obst- und Gemüsestände gibt es auch.

Verstecktes Kleinod

Ihr Name ist unaussprechlich – versuchen Sie es mal: St Etheldreda's. Doch die Kirche ist wirklich schön und einen Besuch wert: Unweit von Hatton Garden liegt die kleine Privatstraße Ely Place, einst die Londoner Residenz des Bischofs von Ely. Beiderseits der Sackgasse sieht man schöne georgianische Architektur und die **St Etheldreda's Church** ❻ (www.stetheldreda.com, Mo–Sa 8–17, So 8–12.30 Uhr), Großbritanniens älteste katholische Kirche. Sie wurde 1290 erbaut und ist, abgesehen von Westminster Abbey, das einzige erhaltene Bauwerk im Stil der Gotik aus der Zeit von Edward I. Das Besondere im Inneren sind die großen an den Seitenwänden angebrachten Skulpturen von zehn Märtyrern. Traurig blicken sie auf die Besucher herab.

Clerkenwell ♀ Q/R 5/6

Im einstigen Arbeiterviertel Clerkenwell tut sich viel – und das schon seit ein paar Jahren. Von der Vitalität des Stadtteils kann man sich bei der alljährlich im Mai stattfindenden **Clerkenwell Design Week** rund um den Clerkenwell Green überzeugen. Der Stadtteil kann angeblich mit mehr kreativen Firmen und Architekturbüros pro Quadratkilometer aufwarten als jeder andere Ort auf der Welt. Wie soll man das nachprüfen? Wie dem auch sei – flanieren, genüsslich

etwas essen und inspirierende Locations entdecken – in Clerkenwell lässt sich all dies hervorragend kombinieren (s. Tour S. 104).

Bier im Morgengrauen

Der **Smithfield Market** ❼ ist der modernste Fleischmarkt Europas. Um sich davon zu überzeugen, müssten Sie allerdings schon um 3 Uhr auf der Matte stehen, denn dann beginnt der Verkauf. Um 4 Uhr herrscht Hochbetrieb und gegen 10 Uhr ist alles schon wieder vorbei. Früher kehrten die Marktleute im **Fox & Anchor** ❻ in der Charterhouse Street ein. Die Pubs rund um den Markt haben nämlich eine Schanklizenz ab frühmorgens. Rund um den ›Smithfield‹, in der Charterhouse Road und der St John Street, gibt es etliche schicke Restaurants, Bistros und Bars, die eine zahlungskräftige Klientel anziehen. Naheliegenderweise kommt viel Fleisch auf den Tisch.

Four weddings and a funeral

Können Sie sich an den Kassenschlager mit Hugh Grant erinnern? Und an die Kirche, in der die vierte Hochzeit stattfand? Südlich vom Smithfield Market liegt sie, die schöne Kirche **St Bartholomew-the-Great** ❽. Wie durch ein Wunder blieb das Gotteshaus mit Ursprüngen im 13. Jh. im Zweiten Weltkrieg verschont. Weil sie so schön ist, musste die Kirche auch für andere Filme als Schauplatz herhalten: »Shakespeare in Love«, »Robin Hood« und »Das Ende einer Affaire«. Der enge Kirchhof war einst das südliche Seitenschiff. Früher stand hier nämlich ein enormes Gotteshaus auf kreuzförmigem Grundriss, von dem nur der normannische Chor, die Vierung und ein Joch erhalten sind. Hugh Grant hat übrigens gerade geheiratet – leider nicht in Great Barts.
Cloth Fair, www.greatstbarts.com, Mo–Fr 8.30–17, (im Winter bis 16), Sa 10.30–16, So 8.30–20 Uhr, 5 £

Museen

Gigantische Schatzkammer ✪

❾ British Museum: Das größte Museum Großbritanniens und eines der ältesten und großartigsten der Welt empfängt jährlich rund 6,8 Mio. Besucher. Sie schieben sich durch 94 Galerien mit einer Gesamtlänge von 4 km, um die rund 8 Mio. Ausstellungsstücke der Kunst- und Kulturgeschichte zu sehen, die aus allen Teilen der Welt im Zuge imperialer Beutezüge zusammengetragen oder -geklaut wurden und hier mit großem Nationalstolz präsentiert werden. Wenn Sie das British Museum besuchen, planen Sie vorher gut. Was wollen Sie sehen? Zu den Höhepunkten zählen die ägyptischen Sammlungen mit Grabkunst, wunderbar verzierten Sarkophagen, Mumien, Schmuck, Schriftrollen und Tempelfragmenten. Weltberühmt ist der Stein von Rosetta (196 v. Chr.). Die Aufschrift auf einer Basaltplatte ist in drei Sprachen angegeben: zwei Formen der altägyptischen Schrift und darunter die griechische Übersetzung. Damit konnte das Rätsel der Hieroglyphen gelöst werden. An eine Rückgabe des Steins, wie Ägypten es wünscht, ist nicht zu denken. »No way«, sagen die Briten. Auch die Parthenon Marbles (Elgin Marbles) sind Diebesgut. Die Reliefs und Fragmente aus dem 5. Jh. v. Chr. gehörten zum Fries des Parthenon, des wichtigsten Tempels auf der Akropolis. Lord Elgin, als Diplomat im Auftrag der Krone unterwegs, ordnete ihre Entfernung von der Akropolis an, ließ sie nach England schaffen und an den Staat verkaufen, Griechenland fordert die Marbles zurück, doch auch hier: Pusteblume!

Das westliche Asien ist mit 18 Galerien vertreten. Zu den reichen Kunstschöpfungen der Assyrer (heute Nordirak) zählen die geflügelten Stiere mit Menschenköpfen, die als Palastwächter dienten. Es gibt aber auch britische Fundstücke, z. B. in Sutton Hoo gemachte Funde. Sie stammen aus

PAUSE VOM MUSEUM

Gegenüber vom British Museum ist die **Museum Tavern** (49 Great Russell Street) und in der Museum Street erwarten Cafés geschwächte Museumsbesucher. Eine Alternative ist ein Picknick im **Gordon Square Garden** oder auf dem **Russell Square** (s. S. 96). Dort gibt es in der Nordostecke das kleine **Caffè Tropea 2** (Mo–Sa 7–18 Uhr, T 020 76 37 50 93), wo man im Sommer draußen sitzt.

dem 7. Jh. und gehörten zur Schiffsbestattung eines angelsächsischen Königs: u. a. Schmuck, Waffen, Holz- und Metallgefäße, Goldmünzen und eine Harfe.

Der überdachte Great Court, der die historischen Gebäudeflügel miteinander verbindet, ist mit seinem Glasdach – Sir Norman Foster lässt grüßen – der größte überdachte Platz Europas. In seiner Mitte befindet sich der berühmte kreisrunde Reading Room, in dem bis 1998 die British Library untergebracht war und der heute für Wechselausstellungen dient.

Great Russell Street, www.britishmuseum.org, U: Russell Square, Tottenham Court Road, tgl. 10–17.30, Fr einzelne Galerien bis 20.30 Uhr, tgl. 30-min. Eye Opener Tours 11–15.45 Uhr alle 15 Min. in ausgewählten Abteilungen, 30-min. Lunchtime Tours Di–Fr 13.15 Uhr, Fr Spotlight Tours ab 17 Uhr, Eintritt frei. Hinweis: Di und Do sehr voll wegen Schulklassen

Ägypten lässt grüßen

❿ Petrie Museum of Egyptian Archaeology: Glaskabinette und vergilbte Beschriftungen – das soll toll sein? Ist es, denn die kuriose Sammlung ägyptischer Kunst umfasst rund 80 000 archäologische Objekte aus dem Niltal aus frühgeschichtlicher, pharaonischer, römischer und islamischer Zeit: Tonscherben, Vasen, das älteste Kleidungsstück der Welt

TOUR
Radikal und kreativ – Clerkenwell

Ein inspirierender Bummel in dörflicher Atmosphäre

Infos

📍 Q/R 5/6

Start: Overground-
oder U-Bahn-Station
Farringdon

Ziel: Exmouth Market

Dauer: 1 Std., mit
Einkehr länger

**Marx Memorial
Library & Wor-
kers' School:** 37a
Clerkenwell Green,
www.marx-memorial-
library.org, Mo–Do
12–16, Führungen
Di u. Do 13 Uhr,
Eintritt frei

Clerkenwell ist ein gutes Beispiel dafür, wie sich ein Stadtteil neu erfindet: Heute ist er ein Hotspot der Kreativität, im 19. Jh. jedoch war er ein armes Arbeiterviertel. Vielleicht beginnen Sie Ihren Bummel durch dieses interessante Quartier mit einem Drink in der tollen **Jerusalem Tavern** ✿ (s. S. 110). Der Name des Pubs deutet auf die mittelalterliche Vergangenheit der Gegend hin. In dieser lag der Hauptsitz des Johanniterordens, der Knights Hospitaller, die sich um das Wohlergehen der Pilger auf ihrer Reise nach Jerusalem kümmerten. Wohlfahrt stand im Vordergrund. Im Laufe der Jahrhunderte wurden, dieser Tradition folgend, zahlreiche Wohlfahrtsorganisationen gegründet, um der wachsenden Armut in Clerkenwell zu begegnen. Im 19. Jh. war dieser Teil Londons eine der schlimmsten Slumgegenden der Stadt. So schlimm, dass reiche Leute zum ›slumming‹ kamen, dem vergnüglichen Bestaunen der Slumbewohner. Die City of London engagierte sich sozial, indem sie 1894 das »Institute for young men and women belonging to the poorer classes« gründete, aus der die heutige **City, University of London** hervorgegangen ist.

Am Clerkenwell Green versteckt sich in einem ehemaligen Schulhaus die **Marx Memorial Library & Workers' School** ⓯. Gehen Sie ruhig einmal hinein! In scheinbarem Chaos wird hier mit Postern, Pamphleten und stapelweise Zeitungen der Arbeiterkampf dokumentiert. Gegründet wurde die Memorial Library am 50. Todestag von Karl Marx im Jahr 1933 als Protest gegen die Bücherverbrennung in Deutschland. Sie beherbergt rund 150 000 Bücher, Poster und Fahnen etc. zur Arbeiterbewegung. Mit geradezu rührender Beflissenheit erläutern die Kuratoren bei einer Führung die Archivierung der Dokumente und erzählen von den berühmten Menschen, die in diesem Haus vorstellig wurden. Karl

Kreative bei der Konversation: während der Clerkenwell Design Week auf maigrünem Gras

Marx, der in London die ›proletarische Revolution‹ vorbereitete, lebte übrigens mit seiner sechsköpfigen Familie in bescheidener Unterkunft in Soho.

Clerkenwell Green – ein sehr merkwürdiger Name, da es hier seit Jahrhunderten keine Grünfläche gibt – galt ohnehin als Brutstätte radikaler Ideen: Hier kämpften die Chartisten in der Mitte des 19. Jh. und die Kommunisten Anfang des 20. Jh. für die Rechte der Arbeiter. Lenin wohnte einige Zeit gleich um die Ecke. Und im Jahr 1900 gründete Keir Hardie in der Farringdon Street das ›Labour Representation Committee‹, die britische Arbeiterpartei. Der Einzug der Labour-Partei ins britische Parliament kam natürlich fast einer Revolution gleich.

Gut möglich, dass Sie hier auch heute eine Kundgebung erleben – am Maifeiertag sowieso. Radikales – allerdings in anderer Hinsicht – bekommen Sie vor allem während der alljährlichen **Clerkenwell Design Week** im Mai zu sehen. Seit den 1980er-Jahren, als Werbeleute und Kunstschaffende den Stadtteil für sich entdeckten, hat er sich zu einem innovativen, tonangebenden Kreativviertel gemausert mit international bekannten Designstudios und Architekturbüros, Galerien für zeitgenössische Kunst und individuellen Boutiqen. Den Clerkenwell Close hoch und an der einladenden **St James Church** vorbei, durchqueren Sie bald den **Spa Fields Park** mit einem Kinderspielplatz und Bänken. Dass man sich hier auf einem großen Armenfriedhof befindet, würde man nicht vermuten. Nur wenige Schritte weiter, ist **Exmouth Market** erreicht, eine attraktive, weitgehend verkehrsberuhigte Straße mit vielen hübschen Bars und Restaurants, wie dem bekannten **Moro** **10** oder **Gail's Bakery** gegenüber. Schon seit den 1890er-Jahren findet ein Markt statt (Mo–Fr 11–14 Uhr). Neben Kulinarischem wird auch Kreatives feilgeboten. Nicht weit entfernt haben **ActionAid UK** und **Amnesty International** und ihre Hauptsitze – Nichtregierungs- bzw. Wohltätigkeitsorganisationen ganz in der Clerkenwellschen Tradition.

(ca. 2800 v. Chr.), zahlreiche Porträts von Mumien aus römischer Zeit, vor allem aber unzählige Alltagsgegenstände, die einen Einblick in die Lebensweise der frühen Menschen im Niltal geben. W. M. Flinders Petrie (1853–1942), Namensgeber des Museums und oft als Vater der wissenschaftlichen Archäologie bezeichnet, stiftete seine Sammlung 1933 der Universität. Zwischen den hohen, braunen Glasschränken zu wandeln macht einfach Spaß. Für Kinder gibt es Aktivitätenbüchlein zum Ausmalen – eine tolle Sache.
Malet Place, www.ucl.ac.uk/museums/petrie, U: Goodge Street, Di–Sa 13–17 Uhr, Eintritt frei

Kunst und Kuriositäten
⓫ Wellcome Collection: Zur Begrüßung wartet Marc Quinns »Silvia Petretti – Sustiva, Tenofivir, 3TC (HIV)« am Eingang, eine klassische Skulptur, allerdings aus einem ungewöhnlichen Material: Für den Abguss des weiblichen Körpers vermischte der Künstler das helle Wachs mit den Medikamenten, die sein an AIDS erkranktes Modell täglich einnehmen muss. Worum geht es in diesem lohnenswerten Museum? Der Gründer der Sammlung, Sir Henry Wellcome, hatte im 19. Jh. eine faszinierende, teils schockierende Sammlung von Kunstgegenständen und Kuriositäten aus der ganzen Welt zusammengetragen – alle mit Bezug auf das Thema Medizin. Das Besondere ist die Kombination der Exponate mit moderner Kunst.
183 Euston Road, www.wellcomecollection. org, U: Euston, Di, Mi, Fr, Sa 10–18, Do 10–22, So 11–18 Uhr, Eintritt frei

Please, Sir, I want some more
⓬ Charles Dickens Museum: Wer hat das gesagt? Ja natürlich, Oliver Twist! Das Haus in der Doughty Street war die 15. Londoner Adresse des Schriftstellers Charles Dickens (1812–70) und ist schon seit 1925 (!) ein Museum. Hier lebte er zwischen 1837 und 1839 und schrieb

die »Pickwick Papers«, »Nicholas Nickelby« und »Oliver Twist«. Das Museum beherbergt außerdem die umfangreichste Dickens-Bibliothek der Welt.
48 Doughty Street, www.dickensmuseum.com, U: Russell Square, Di–So 10–17 Uhr, 9,50 £

Babyklappe
⓭ Foundling Hospital Museum: Erschütternde Fakten: Bis zu 1000 Babys im Jahr wurden früher von ihren Müttern ausgesetzt, wie dieses Museum anhand zahlreicher sozialgeschichtlicher Dokumente belegt. 1739 vom Philanthropen Thomas Coram gegründet, fanden im Foundling Hospital die Ärmsten der Armen Unterschlupf. Hogarth spendete Gemälde und bewegte andere Künstler wie Gainsborough, Ramsay und Reynolds, dasselbe zu tun. Die Werke waren dann im Hospital gegen Eintritt zu sehen. Londons erste gemeinnützige Bilderausstellung! Händel ließ hier ab 1750 oft seinen »Messiah« aufführen, um Spenden zu sammeln.
40 Brunswick Square, www.foundlingmuseum. org.uk, U: Russell Square, Di–Sa 10–17, So 11–17 Uhr, 11 £

Soanes proppenvolles Wohnhaus
⓮ Sir John Soane's Museum: Schon zu Lebzeiten öffnete Sir John Soane sein Wohnhaus für Besucher, allerdings nicht bei Schmuddelwetter! Ganz schön arrogant in einer Stadt, wo es so viel regnet. John Soane (1753–1837), einer der besten Architekten seiner Zeit, entwarf u. a. die Bank of England und die Dulwich Picture Gallery. Durch Heirat zu Wohlstand gekommen, konnte er das Wohnhaus am Park Lincoln's Inn Fields erwerben und das Nachbarhaus gleich dazu. Fortan widmete er sich seiner Sammelleidenschaft, die bereits während der obligatorischen Grand Tour durch Italien gewachsen war. Soane vererbte Gebäude und Sammlungen der Nation, unter der Bedingung, dass man alles belassen würde wie zu seinen Lebzeiten: vollgestopft mit kuriosen Ob-

jekten und Kunst. Das Haus selbst ist aber fast interessanter als die Kunstwerke, insbesondere die raffinierte Beleuchtung durch Glaskuppeln und Laternen. Unbedingt einen Besuch wert!

Bizarrstes Sammlerstück ist der Sarkophag von Pharao Sethos I. (1303–1290 v. Chr.) in der Sepulchral Chamber. Die Inschriften erzählen von der Wanderung der Seele durch die Unterwelt. Eine andere Besonderheit sind im Picture Room die faltbaren Wände, die es erlaubten, noch mehr Bilder anzubringen. Wichtig sind die beiden Serien von William Hogarth, »Rake's Progress« (1735) und »Elections« (1754–57). Heute dürfen Besucher auch bei Regen kommen. Lincoln's Inn Fields, www.soane.org, Mi–So, BH 10–17, 1. Di im Monat 18–21 Uhr bei Kerzenschein, Eintritt frei, Führungen Do, Fr 12, Sa, So 11 u. 12 Uhr, 15 £

Interessante Führungen

⓯ Marx Memorial Library & Workers' School: s. Tour S. 104.

Essen

Pause vom Museum

Museum Tavern **1** und **Caffè Tropea 2**: s. S. 103.

Streetfood

3 Leather Lane Market: s. S. 99.

The eagle has landed

4 The Eagle: Vor rund 25 Jahren eröffnet, war dies der erste sogenannte Gastropub überhaupt. Die Idee – gemütlicher Pub plus super Essen (ich nehme immer das Steak-Sandwich) – hat seitdem weltweit Karriere gemacht. Keine Tisch-

Gegen leichtes Schwächeln im British Museum hilft nur eins: der Besuch eines schönen Pubs wie z. B. der Museum Tavern mit ihrem originalen viktorianischen Interieur.

Lieblingsort

Straße, die hat, was man braucht, und noch mehr

Die **Lamb's Conduit Street** ist ein Wohlfühlort für einen Schaufensterbummel, für eine Einkaufstherapie oder für einen ruhigen Drink. Aber welch merkwürdiger Name! Mit Lämmern hat er nichts zu tun, sondern er geht auf einen gewissen William Lambe zurück. Der spendierte der Gegend Mitte des 16. Jh. einen *conduit,* eine Wasserleitung. Spendabel veranlagt muss auch heute noch sein, wer in der Straße ein Geschenk für jemanden erwirbt – die kleinen, unabhängigen Lädchen, wie der People's Supermarket oder Albion Wine Shippers sind schon ein wenig ›upmarket‹. Pentreath & Hall hat wunderschöne Drucke, bei Maggie Owen gibt es außergewöhnlichen Schmuck, bei Oliver Spencer klassische Herrenmode. Aber unverzichtbar ist ein Besuch bei **Persephone Books** 🟢, einer kleinen, aber feinen Buchhandlung. Einen der wunderschön gestalteten Bände wählen und den Tag in einem der beiden Pubs, The Lamb oder The Perseverence, ausklingen lassen. Herrlich!

reservierung möglich. Es ist ja schließlich ein Pub!

159 Farringdon Road, T 020 78 37 13 53, www.theeaglefarringdon.co.uk, U: Farringdon, Mo–Sa 12–23, So 12–17 Uhr, um 15 £

Crispy Pig Skin und Dandelion?

5 St John: Innereien vom Kaninchen oder Herz vom Lamm? Bitte lassen Sie sich nicht abschrecken, Fergus Henderson weiß, was er tut – und das mit großem Erfolg. In seinem weißgekalkten Restaurant St John, einer ehemaligen Räucherei, kredenzt der Starkoch traditionelle englische Küche mit viel Fleisch (ja, auch Innereien!), aber auch Fisch und klassischen Nachspeisen.

26 St John Street, T 020 72 51 08 48, www.stjohnrestaurant.co.uk, U: Farringdon, Bar Mo–Fr 11–23, Sa 18–23, So 12–17, Restaurant Mo–Fr 12–3, So 12.30–16, Mo–Sa 18–23 Uhr, Hauptgerichte 15–32 £

Frühstück im Pub?

6 Fox & Anchor: Dank einer speziellen Lizenz für Marktbesucher, können Sie hier schon um 7 Uhr morgens einkehren. Die »Wildboar and apple bangers, mustard mash and apple sauce« gibt es aber erst mittags. Bei schönem Wetter stehen auch einige Tische draußen.

115 Charterhouse Square, T 020 72 50 13 00, www.foxandanchor.com, U: Farringdon, Barbican, Pub Mo–Fr 7–23, Sa 8.30–23, So 11–23, Küche Mo–Fr 7–21.30, Sa 8.30–21, So 11–21 Uhr, Hauptgerichte 14–18 £

Können Burger sexy sein?

7 Comptoir Gascon: Für seine Spezialitäten aus Südwestfrankreich aber auch für die ungewöhnliche Auswahl an Burgern – beispielsweise mit Fisch, Wasabi und Zucchini – erhält das Bistro viel Lob. Take-away möglich.

61–63 Charterhouse Street, T 020 76 08 08 51, www.comptoirgascon.com, U: Farringdon, Barbican, Di–Sa 11.45–14.30, 18–21.30 Uhr, ab 8 £

Unkompliziert von früh bis spät

8 Smiths of Smithfield: In dem einstigen Lagerhaus finden Sie immer einen Platz. Sie haben die Wahl: entweder rustikal in der Bar an Holztischen, in der etwas aufgehübschten Lounge oder sehr schön oben im Restaurant. Von dort und von der Dachterrasse haben Sie einen tollen Blick auf St Paul's Cathedral.

67–77 Charterhouse Street, T 020 72 51 79 50, www.smithsofsmithfield.co.uk, U: Farringdon, Mo–Mi 7–23, Do, Fr 7–24, Sa 9–24, So 10–22.30, Küche Mo–Fr 7–22, Sa, So 10–22 Uhr

Michelin-besternt

9 Club Gascon: Im Club Gascon geht es um gute, sehr gute Küche aus Südwestfrankreich, kreativ abgewandelt und verfeinert. Wahrlich ein Restauranterlebnis für Gourmets. Teuer natürlich.

57 West Smithfield, T 020 76 00 61 44, www.clubgascon.com, U: Barbican, Di–Fr 12–14, 14–16.30, Mo–Sa 18–22 Uhr

Rund ums Mittelmeer

10 Moro: Ägyptisch, libanesisch und portugiesisch – das beliebte Moro führt Sie auf eine kulinarische Reise rund ums Mittelmeer. Auch leckere Tapas und iberische Weine. Holztische, Holzfußboden, alles völlig entspannt. Manchmal wird es allerdings etwas laut.

34–36 Exmouth Market, T 020 78 33 83 36, www.moro.co.uk, U: Farringdon, Mo–Sa 12–14.30, 17.15-22.45, So 12.30–15.30, 17–21.45 Uhr, ab 17 £

Einkaufen

Kurios, oder?

1 The London Silver Vaults: Ein Kellergewölbe, in dem rund 30 Geschäfte Silberwaren jeglicher Art feilbieten, z. B. Besteck, Ketten, Bilderrahmen oder Kerzenständer. Die meisten Stücke stammen aus der Regierungszeit der hannoverschen Könige, als sich die Kunst der Londoner Silberschmiede auf ihrem Höhepunkt befand. Aber es gibt auch moderne Stücke. Und einige Stücke sind relativ erschwinglich. Allerdings ist der längste Silberlöffel der Geschichte vielleicht doch etwas unpraktisch – immerhin misst er 131 m.

Chancery Lane, T 020 72 42 38 44, www.thesilvervaults.com, U: Chancery Lane, Mo–Fr 9–17.30, Sa 9–13 Uhr

Rund um Grafik und Design

2 **Magma:** Die hippesten Trendartikel für Grafiker und Designer – Interessantes zu Typografie und Streetart, aber auch Kinderbücher, Kalender, Mode, Magazine.

117–119 Clerkenwell Road, www.magmashop.com, U: Farringdon, Mo–Sa 11–19 Uhr

Bookshops in Bloomsbury

Sehr schön ist die Buchhandlung **Persephone Books** **3** (59 Lamb's Conduit Street, www.persephonebooks.co.uk), die vergessene Werke des 20. Jh. verlegt und verkauft. Ein Besuch des **London Review Bookshop** **4** (14–16 Bury Place, www.londonreviewbookshop.co.uk, auch Veranstaltungen) macht wegen der sorgfältigen Bücherauswahl ebenfalls Spaß, angeschlossen ist ein Cake Shop – sehr verführerisch. **Gay's The Word** **5**, 1979 gegründet, ist wohl der einzige Bookshop in Großbritannien, der ausschließlich LGBTI-Literatur verkauft (66 Marchmont Street, www.gaystheworld.co.uk).

Ausgehen

Herrlich altmodische Pubs

Zwischen dem West End und der City gibt es einige tolle Pubs, z. B. **The Lamb** **1** in Bloomsbury. Besonders schön sitzt man im Sommer im kleinen Garten (94 Lamb's Conduit Street, www.thelamblondon.com). **Princess Louise** **2** (208 High Holborn, www.princesslouise

pub.co.uk) hat eine spätviktorianische Inneneinrichtung mit vielen Spiegeln, Kacheln und einer zentralen Theke in Hufeisenform. In Clerkenwell liegt versteckt der seit 1546 bestehende **Pub Ye Olde Mitre** **3** (1 Ely Court, http://yeoldemitre holburn.co.uk). Wird's drinnen zu eng, kann man sich draußen an alte Bierfässer lehnen. Die **Jerusalem Tavern** (55 Britton Street, www.stpetersbrewery.co.uk) ist ein Bilderbuchpub mit viel Holz, gemütlichen Ecken und Alkoven – sowie mit Bieren der St Peter's Brewery.

Tanz, Ballett und Popkonzerte

5 **Peacock:** Bei den spektakulären Shows im Peacock – ob Tango, Bollywood oder Kabaret – geht es richtig zur Sache. Daneben gibt es aber auch viele Stücke für Kinder, wie z. B. den Dauerbrenner »The Snowman«.

Portugal Street, T 020 78 63 82 22, www.peacocktheatre.com, U: Holborn

Riesige Auswahl an Weinen

6 **Vinoteca:** Immer gut besuchte Weinbar mit Hunderten Weinen zur Auswahl. Unkompliziert essen kann man hier auch.

7 St John Street, T 020 72 53 87 86, U: Farringdon, www.vinoteca.co.uk, Mo–Fr 12–23 Uhr, Zweigstellen u. a. in Marylebone und Soho

Runderneuertes Kino

7 **Curzon Bloomsbury:** In dem historischen Arthousekino, das heute minimalistisch gestylt ist, kann man auf sechs Leinwänden ausgewählte internationale Filme vom Feinsten genießen.

Brunswick Square, www.curzoncinemas.com, U: Russell Square

Feiern

● **Design Festival Clerkenwell:** Mai, www.clerkenwelldesignweek.com, s. S. 105.

Zugabe
Unter der Perücke juckt's

Das Haupt-Haar der Richter und Richterinnen

1 000 £ für eine Perücke – total verrückt. Und jucken tut's unter den Dingern auch. Warum also quälen sich britische Richter nach wie vor mit dem handgeknüpften Kopfputz aus weißem Pferdehaar? Angeblich war es Charles II., der, 1660 aus dem französischem Exil zurückgekehrt, die Perücke als den ›letzten Schrei‹ in England einführte. Eine Perücke ist ja auch superpraktisch, wenn es kein fließendes Wasser gibt und man sich statt die Haare zu waschen einfach eine Perücke auf den Kopf stülpen kann. Zunächst nur in adligen Kreisen getragen, tauchte die ›peruke‹ ab 1685 im Gerichtssaal auf. Sie diente den Richtern als eine Art ›Schutzbekleidung‹, d. h. sie erhofften sich, auf diese Weise ›getarnt‹ außerhalb des Gerichtsgebäudes nicht erkannt zu werden. Perücken wurden zum Pflichtkleidungsstück und Erkennungsmerkmal des gesamten Berufsstandes.

Tradition hin oder her, Anwälte und Richter haben mittlerweile die Nase voll von dem staubigen Ungetüm. Seit 2007 brauchen u. a. Familien- und Zivilrichter und -anwälte keine Perücke mehr zu tragen. Bei den Richtern und Anwälten des Strafgerichtshofs hingegen besteht die strenge Kleidungsordnung fort. ■

City of London

Hin und her eilende Nadelstreifenträger — Wolkenkratzer, Verkehrslärm. Auch wenn die Bankenwelt in der City das Tempo bestimmt: Nehmen Sie sich Zeit. Außer der St Paul's Cathedral und dem Tower ist noch mehr zu entdecken.

Seite 115

St Paul's Cathedral ⭐

Nach dem Petersdom in Rom ist sie die größte Kathedrale in Europa. Ganz toll ist die Whispering Gallery, die Geflüstertes über 30 m hinweg ›transportiert‹.

Seite 117

Springen Sie auf den Bus auf!

So ganz trennen konnten sich die Londoner nicht von ihrem legendären roten Bus mit der offenen Plattform hinten. Linie 15 kutschiert Sie am Wochenende vom Trafalgar Square u. a. an St Paul's Cathedral vorbei zur Tower Bridge.

Queen sein: Hinfallen, aufstehen, Krone richten, weitergehen.

Eintauchen

Seite 119

Barbican Centre

Waren Sie schon mal im Barbican Centre? Zugegeben: Der Bau im Stil des Brutalismus ist ein bisschen verwirrend, genau wie das Programmheft. Aber die Kulturangebote – Musik-, Theater- und Tanzdarbietungen – sind allererste Spitzenklasse.

Seite 120

St Stephen Walbrook

An der kleinen Stadtkirche übte sich der berühmte Architekt im Kuppelbau, bevor er sein Meisterwerk St Paul's begann. Doch was macht ein Käse im Kircheninnern?

Seite 124

Sky Garden im Walkie Talkie

Genießen Sie den fantastischen Rundumblick auf die City vom Sky Garden im Walkie Talkie, einem Wolkenkratzer in der Fenchurch Street. Der Besuch ist kostenlos – allerdings müssen Sie vorab buchen oder Schlange stehen.

Seite 124

Tower of London

Die Kronjuwelen sind der Hauptanziehungspunkt des Tower of London. Weniger schön: Henry VIII. ließ hier zwei seiner Gattinnen hinrichten.

Seite 125

Tower Bridge

Wie funktioniert die Brücke? Die Tower Bridge Experience erlaubt einen Gang durch das Innere von Londons schönstem Wahrzeichen. Der Glasfußboden in 42 m Höhe ist genial.

Seite 128

Entspannung im Grünen

Das bieten die kleinen, liebevoll gepflegten Parks in der City of London, z. B. der hübsche Postman's Park oder der reizende Kirchgarten von St Dunstan in the East.

Raben sind wasserscheu und sie verstecken sich gern. Manchmal stellen sie sich sogar tot.

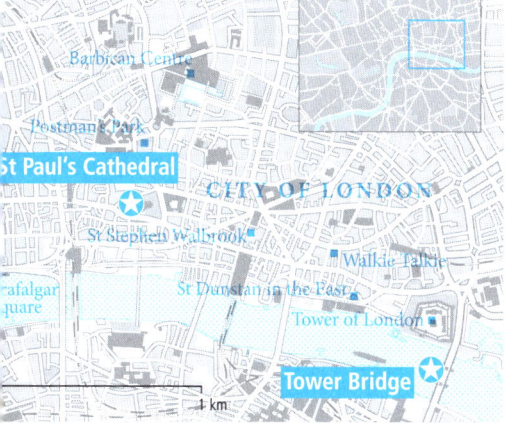

Ich liebe die Square Mile, das Durcheinander, Geschiebe, das ewige »sorry«, die kleinen Gassen und Durchgänge. Alles strömt in die City und ich ströme mit.

erleben

Von der Square Mile aus regiert Geld die Welt

F

ORIENTIERUNG **O**

Reisekarte: 📍 Q–U 6–9
Cityplan: S. 123
Das Viertel entdecken: Viele Wege führen in die City. Geeignete U-Bahn-Stationen sind Monument, Chancery Lane, Mansion House, Bank oder St Paul's. Sie können natürlich auch von London Bridge in 10 Min. über die Themse laufen und sind dann beim Monument. Die unregelmäßig geformte Square Mile zwischen Smithfield und Moorfields im Norden, Tower Hill im Osten, der Themse im Süden und Temple Bar im Westen erschließt sich nicht auf den ersten Blick. Um Interessantes zwischen den oft nichtssagenden oder schlichtweg hässlichen Gebäuden zu finden, braucht man ein bisschen Geduld.

Fast jede Bank der Welt hat in der City of London eine Zweigstelle – noch, denn wie sich der Brexit auswirken wird, ist ungewiss. Die City of London umfasst den ursprünglichen Siedlungskern der Metropole – hier gründeten die Römer im 1. Jh. n. Chr. ihr Londinium. Bis zum 17. Jh. kam es zu keiner bedeutenden Bautätigkeit außerhalb der Stadtmauern. Die City of London ist die reichste und einflussreichste Gemeinde der Stadt. Auch reich an Kirchen ist sie: 50 Gotteshäuser gibt es auf einer Fläche von rund einer Quadratmeile, der Square Mile. Touristische Höhepunkte sind natürlich die St Paul's Cathedral, der Tower of London und das großartige Museum of London. Letzteres ist fast ein Muss, um die Stadt zu verstehen. Daneben lohnen aber auch die hier entstehenden Neubauten einen genaueren Blick wie z. B. ›The Scalpel‹ in der Lime Street oder der mit 290 m gigantische ›Trellis‹. Fast hat man den Eindruck, als wolle man am Finanzplatz City mit immer weiteren Wolkenkratzern gegen den möglichen Verlust an Bedeutung als Folge des Brexit ›anbauen‹.

Rund 400 000 Menschen arbeiten in der City, aber höchstens 9000 leben hier auch. Tagsüber herrscht enormer Verkehr und ein Kommen und Gehen eiliger und eilender Menschen im Büro-Outfit. Abends und am Wochenende kehrt Ruhe ein. Vielleicht ist das die beste Zeit, dieses historische Viertel zu erkunden. Andererseits ist es spannend, den normalen Alltag der Londoner City-Menschen kennenzulernen. Lassen Sie sich einfach darauf ein. Genügend Ruhefleckchen finden sich allemal.

Westliche City of London ⚲ R/S6/7

Symbol der Unbesiegbarkeit ⭐

Haben Sie schon mal von der Flüster-galerie in der Kuppel von **St Paul's Cathe-dral ❶** gehört? Der Name beruht auf ei-nem akustischen Phänomen: Wenn man flüstert, hört man es auf der anderen Seite in 32 m Entfernung. Der Aufstieg in die Kuppel ist der Höhepunkt einer Besich-tigung von St Paul's. Genau genommen handelt es sich um drei ineinander ge-stapelte Kuppeln. Nach 295 Stufen haben Sie die **Whispering Gallery** erreicht, die einmal rundum läuft. 119 Stufen ›später‹ befinden Sie sich in der **Stone Gallery,** wo Sie von der offenen Aussichtsplattform eine wirklich geniale Aussicht genießen.

Das fulminante Finale bildet nach weite-ren 152 Stufen die **Golden Gallery.**

1666, nach dem ›Großen Brand‹, wurde Sir Christopher Wren mit dem Bau von 51 Kirchen und dem Neubau der St Paul's Cathedral beauftragt, die sein Meisterwerk werden sollte. Der In-nenraum beeindruckt zunächst durch die grandiosen Ausmaße. Das Zentrum bildet die kuppelüberwölbte Vierung. Nicht nur nach oben geht der Blick, sondern auch nach unten zum schönen Fußboden mit schwarz-weißem Kompassmuster. Im Chor ist das wunderbar verzierte Chor-gestühl aus Lindenholz, ein Werk des Meisterschnitzers Grinling Gibbons (um 1720), beachtenswert und an der rechten Seite des Hauptschiffs Holman Hunts Ge-mälde »The Light of the World« (1904). Christus klopft an eine überwachsene Tür, die symbolträchtig nur von innen geöffnet werden kann.

St Paul's zum Greifen nah und die City liegt einem zu Füßen. Der Architekt des Einkaufszentrums One New Change hat sich mit dem Rooftop etwas Tolles einfallen lassen. Mit dem Fahrstuhl geht es hinauf.

Viele berühmte Menschen haben in St Paul's ihre letzte Ruhestätte gefunden. Dementsprechend viele Grabmale und Gedenktafeln, insbesondere für militärische Ehrenträger, gibt es hier. Schauen Sie sich um: In der **Krypta** befinden sich die Sarkophage des Duke of Wellington und von Admiral Nelson sowie die Grabstätten von Henry Moore, J. M. W. Turner, Joshua Reynolds und Sir Christopher Wren. 1999 wurde an der Nordseite des Gotteshauses das **Monument to the People of London** enthüllt. Es erinnert an jene 32 000 Menschen, die während der Luftangriffe im Zweiten Weltkrieg starben. Dass das Gotteshaus im Zweiten Weltkrieg nicht zerstört wurde, ist ein Wunder. Weltweit berühmt wurde Herbert Masons Foto von St Paul's inmitten der Zerstörungen nach dem ›Blitz‹ – ein Symbol der Unbesiegbarkeit. Natürlich wurde auch Winston Churchill in St Paul's zur Ruhe gebettet.

St Paul's Cathedral ist eine der Topattraktionen Londons und Besucher kommen in Scharen. Statt sich bei denen einzureihen, besuchen Sie vielleicht besser eines der freien **Orgelkonzert**e (30 Min., So 16.45 Uhr) oder den Gottesdienst (z. B. So um 11.30 oder 15.15 Uhr). Dabei haben Sie weitaus mehr Muße, das beeindruckende Gotteshaus zu betrachten. www.stpauls.co.uk, Mo–Sa 8.30–16.30 Uhr (letzter Einlass 16 Uhr), 90-min. Führungen 10, 11, 13, 14 Uhr, Audioguides sowie Triforium-Touren (1 Std., 8 £ extra), 18 £

Die Kirche ›am Kleiderschrank‹

Ein seltsamer Name: **St Andrew's by the Wardrobe** ❸ (Ecke St Andrew's Hill/ Queen Victoria Street, www.standrew bythewardrobe.net, Mo–Fr 9–16 Uhr). Was hat diese Kirche mit einem Kleiderschrank zu tun? Nichts, der Name St Andrew's – wohlgemerkt ›by‹ und nicht ›in‹ the wardrobe – bezieht sich auf das Gebäude neben der Kirche, in das im 14. Jh. die zeremoniellen Gewänder der Königsfamilie ausgelagert wurden. St Andrew's by the Wardrobe ist die letzte von Christopher Wren in der City errichtete Kirche. Sie entstand zwischen 1685 und 1695.

Die dunkle Seite des Landes

Wer London – und Großbritannien überhaupt – von seiner dunklen Seite kennenlernen und noch dazu erfahren möchte, wie das britische Gerichtswesen funktioniert, sollte mal einer Verhandlung im **Old Bailey** ❹ beiwohnen. Dort werden die großen Kriminalfälle des Landes verhandelt. Auf dem kupfergedeckten Dom des 1907 errichteten Central Criminal Court (CCC, allgemein als Old Bailey bekannt – nach *baillie*, normannisch für befestigte Kirche) steht eine Bronzestatue der Göttin der Gerechtigkeit mit einem Schwert in der einen und einer Waage in der anderen Hand. Es überrascht, dass die Augen nicht verbunden sind, wie es sonst meist der Fall ist. An der Stelle des Old Bailey stand einst das berüchtigte Newgate Prison, wo 1820 die letzte öffentliche Enthauptung stattfand und 1868 die letzte Hinrichtung durch den Galgen. T 020 72 48 32 77, Mo–Fr 10–12.45, 14–16 Uhr, Eintritt frei, Zugang für Kinder ab 14 J., die

---

ZUM GREIFEN NAH… **G**

Im gigantischen Einkaufstempel **One New Change** ❷, einem futuristischen Gebäude des französischen Architekten Jean Nouvel, können Sie mit dem Panoramalift zur Terrasse im sechsten Stock fahren. Von dort haben Sie eine Spitzenaussicht auf St Paul's. Ein Café gibt es auch und im Sommer für die Wimbledon-Übertragung eine große Leinwand – cool (1 New Change, www.onenew change.com, tgl. 6–24 Uhr).

TOUR
Springen Sie auf den Doppeldecker auf!

Es geht doch nichts über den Charme einer Busfahrt in London

Infos

📍 O–U 8

Start: Trafalgar Square

Ziel: Tower Hill

Dauer: 30 Min.

Bus: Heritage Routemaster Nr. 15 (nicht barrierefrei!) fährt tgl. ab ca. 9 bis ca. 18 Uhr ab Trafalgar Square alle 20 Min. nach Tower Hill. Der reguläre Bus Nr. 15 und N15 fährt (barrierefrei) bis Blackwall Tunnel.

Zum ersten Mal in London oder sind Sie bereits mit der Stadt vertraut? Wie auch immer, eine Fahrt im historischen roten Doppeldecker mit offener Plattform hinten gehört zum London-Feeling einfach dazu. Und auf dieser Strecke begegnen Sie gleich einigen der wichtigsten Sehenswürdigkeiten.

Londons rollendes Wahrzeichen, der weltweit berühmte Routemaster, wurde 2005 abgeschafft. Zwar gibt es seit 2012 ein Nachfolgemodell, emissionsarm und mit allem Drum und Dran. Doch so ganz trennen konnten sich die Londoner von ihrem alten, knorrigen Doppeldecker nicht und so ist er uns zumindest noch als **Routemaster Heritage Route 15** erhalten geblieben. Vom **Trafalgar Square** (s. S. 37), dem inoffiziellen Zentrum der Stadt, an der immer belebten **Charing Cross Station** vorbei und den **Strand** entlang, geht es hoch zur weltberühmten **St Paul's Cathedral ❶** (s. S. 115).

Der Heritage Bus kostet übrigens genauso viel wie ein normaler Stadtbus. Bis in die 1990er-Jahre fuhr ein mit Kleingeld klimpernder Schaffner mit, heute geht's auch hier nur bargeldlos. Oben und ganz vorn sitzen ist natürlich Pflicht – und Auf- oder Abspringen unterwegs auch. Der Bus quält sich durch das Gewühle der **City,** bis rechter Hand das **Monument ⓭** auftaucht, eine 62 m hohe Säule, die an das große Feuer von 1666 erinnert. Halten Sie Ihre Kamera bereit, denn bald ist das bedeutendste Wahrzeichen der Stadt erreicht, die **Tower Bridge ㉖** (s. S. 125).

Lieblingsort

Wahrhaft nahrhaft – die Welt auf dem Teller

Wenn man doch nur von allem etwas probieren könnte! Die Auswahl an den dicht an dicht stehenden Ständen auf dem **Whitecross Street Market** 2 ist großartig: Liebevoll präsentiert, werden Köstlichkeiten aus aller Welt angeboten – von der indischen und der thailändischen über die türkische bis hin zur jamaikanischen Küche. Ganz besonders viel los ist auf dem zwischen Barbican Centre und Old Street eingequetschten Markt zur Mittagszeit, wenn die zumeist jungen Angestellten aus den umliegenden Büros an die frische Luft strömen und sich für die Pause etwas zu essen holen. Der Whitecross Street Market macht totalen Spaß: Die vielen Aromen und Düfte sind betörend, die Gerichte bezahlbar – und ordentlich Lokalkolorit gibt es obendrein.

Mitnahme großer Taschen, Handys und Kameras ist nicht erlaubt, Schließfächer im Museum of London (1 £)

Betonkomplex voller Innenleben

Das **Barbican Centre ➎** ist eine merkwürdige Anlage. Man weiß nie so richtig, wo man am besten reingehen soll. Vielleicht steuert man das Kulturzentrum nordöstlich von St Paul's am besten von der gleichnamigen U-Bahn-Station aus durch den dunklen, verkehrsreichen Tunnel an und schwenkt dann rechts ein. Im Zentrum selbst gibt es Gott sei Dank ›Türsteher‹, die die richtige Richtung zum Kino, zur Ausstellung, zum Konzertsaal oder Theater weisen. Geduld ist gefragt.

Worum ging's beim Bau des Barbican Centre? In der Absicht, die Entvölkerung der City zu stoppen, entstand ab 1963 der **Barbican Estate,** ein bombastischer Komplex mit 2000 Wohnungen. Anfang der 1980er-Jahre wurde er um Kunst- und Kultureinrichtungen – das Barbican Centre – erweitert. Obwohl der Komplex vom »Daily Telegraph« einst als Mischung aus »Utopie und öffentlicher Bedürfnisanstalt« abgestempelt wurde, sind die Apartments in den schmalen sechs- oder siebenstöckigen, geschachtelten Betonblöcken begehrt und teuer. Das Barbican Centre selbst ist das größte Multi-Arts-Centre in Europa mit Film, Kunst, Musik, Theater, Tanz und Vorträgen sowie moderner Kunst in der **Barbican Art Gallery.** Hochkarätig sind vor allem die Darbietungen im Bereich Ballett und moderner Tanz sowie die internationalen Theatergastspiele. Das Programmheft ist so kompliziert zu lesen wie das im Stil des Brutalismus designte Gebäude.

Vom Barbican Centre ist es nicht weit zu den **Finsbury Circus Gardens ➏** (1606), Londons erstem öffentlichen Park (voraussichtl. Wiedereröffnung 2020).

Barbican Centre: www.barbican.org.uk, Eintritt je nach Programm; ab und zu Führungen durch den Dachgarten, Termine s. Website

Im Herzen der City ⚲ S/T7

Money makes the world go round

Rund um die U-Bahn-Station Bank schlägt das finanzielle Herz der Stadt. Hunderte ausländischer Banken und Versicherungen haben in der City (noch) ihre Büros. Von der U-Bahn-Station gehen sieben große Straßenzüge mit imposanter Bebauung ab. Einer von ihnen ist die **Lombard Street.** Sie ist nach den italienischen Bankern benannt, die Londons Finanzwelt zwischen dem 13. und 16. Jh. beherrschten. Die jüdische Gemeinde, deren Mitglieder zuvor die Geldgeschäfte betrieben hatten, war 1290 unter Edward I. vertrieben worden.

Die **Bank of England ➐** in der Threadneedle Street wurde 1694 mit Parlamentsbeschluss und königlichem Erlass zunächst als private Gesellschaft gegründet. 1734 zog die Bank an die heutige Stelle um. Für alle, die sich näher

IN AMT UND WÜRDEN

Die **City of London Corporation** (CLC, vormals Corporation of London) ist seit über 800 Jahren das Verwaltungsorgan der alten Handwerker- und Handelsstadt. Einige der prachtvollen Gildehallen, z. B. die der Goldschmiede, können Sie auf Anfrage besichtigen (Auskunft im City Information Centre, s. S. 128). Die City of London hat ihren eigenen Bürgermeister, den Lord Mayor, der während der alljährlichen **Lord Mayor's Show** mit großem Pomp seinen Treueeid gegenüber der Krone schwört und dann seinen Amtssitz im Mansion House einnimmt.

*Teenager mit Rucksack, Rad- und Rollerfahrer, nur die ehemalige Börse
im Hintergrund verrät, dass wir hier mitten in der City sind.*

mit der Geschichte der Geldinstitution beschäftigen möchten, gibt es das **Bank of England Museum.**

Die breite Treppe der **Royal Exchange** ⑧ ist ideal, um ›Leute zu gucken‹. Anstatt in die noble Grand Café & Bar zu gehen, holen Sie sich lieber in einem der vielen Cafés in der Umgebung mit einem Pfandbecher ein Getränk und beobachten das muntere Treiben von den Treppenstufen aus. Preiswerter und spannender ist es allemal. Eine Reiterstatue auf dem Platz vor der Königlichen Börse zeigt übrigens den Duke of Wellington. Bis Mitte des 16. Jh. befand sich das Weltwirtschaftszentrum in Antwerpen. Auf Initiative des reichen Londoner Kaufmanns Thomas Gresham wurde 1565, dem Antwerpener Vorbild folgend, auch in London eine Börse ins Leben gerufen. Schon bald galt die britische Hauptstadt als die bedeutendste Wirtschaftsmetropole der Welt. Das jetzige Gebäude ist das dritte

an dieser Stelle, doch die Börse befindet sich inzwischen in einem Gebäude am Paternoster Square. Die ehemalige Royal Exchange beherbergt heute noble Büros, teure Geschäfte und überteuerte Cafés.

Kirche mit ›Camembert‹

Das Erste, was beim Betreten des hellen Innenraums der kleinen Kirche **St Stephen Walbrook** ⑨ auffällt, ist der riesige, weiße Steinblock in der Mitte, um den sich kreisförmig die Kirchenbänke aus hellem Holz gruppieren. Der ›Camembert‹, wie der Altar respektlos genannt wird, ist ein Werk von Henry Moore (1898–1986) und passt gut in diesen Kuppelbau. St Stephen Walbrook, 1672–79 erbaut, gilt als eine der schönsten Kirchen Christopher Wrens, war aber eigentlich nur ein Versuchsobjekt, bevor der Architekt St Paul's in Angriff nahm.
39 Walbrook, www.ststephenwalbrook.net, Mo, Di, Do 10–16, Mi 11–15, Fr 10–15.30 Uhr

Harry Potter lässt grüßen

Einen Abstecher lohnt der **Leadenhall Market** . Bereits im Mittelalter gab es an dieser Stelle einen Markt, doch stammt die überdachte Markthalle aus Glas und Eisen aus viktorianischer Zeit. Mit grünen, braunen und beigefarbenen Arkaden und viel Liebe zum Detail bietet sie Harry-Potter-Fans – aber nicht nur ihnen – hübsche Fotomotive. Leadenhall Market ist die Diagon Alley in »Harry Potter und der Stein der Weisen«. Es gibt außerdem nette Einkehrmöglichkeiten, wobei die Sandwich-Bars, der Pizza Express und die Geschäfte natürlich auf viktorianisch getrimmt sind.

Whittington Avenue, von Grace Church abgehend, www.leadenhallmarket.co.uk, U: Bank, Mo–Fr 10–18 Uhr

Muskelarbeit für den Überblick

Ganz genau 311 Stufen müssen Sie erklimmen, um von der Plattform des **Monument** 🔞 auf 50 m Höhe unterhalb der Flammenurne einen schönen Rundblick auf die Stadt zu genießen. Die Gesamthöhe von 62 m entspricht dem Abstand von hier zu der Bäckerei in der Pudding Lane, in der am 2. September 1666 das Große Feuer ausbrach. Innerhalb von drei Tagen zerstörte der verheerende Brand vier Fünftel der City of London. Bereits fünf Jahre später wurde zum Gedenken die dorische Säule (die höchste frei stehende der Welt) errichtet. Die Reliefs am Sockel zeigen u. a. Charles II., der den Wiederaufbau der Stadt überwacht. Der Künstler übt hier Rache – er hatte wegen Schulden im Gefängnis sitzen müssen – und zeigt Charles II. mit dem Finger auf der Brust einer Frau.

www.themonument.info, tgl. 9.30–17.30, im Sommer bis 18 Uhr, 4,50 £ (mit Tower Bridge Experience 11 £)

MUSIK ODER RUHE **M**

Eine wunderbare Möglichkeit, einige Kirchen der City of London kennenzulernen sind die Gratis-Konzerte zur Mittagszeit. Es gibt sie z. B. in **St Stephen Walbrook** ❾ (Fr 12.30 Uhr), in **St Lawrence Jewry** ❿ (Di um 13 Uhr auf der Klais-Orgel) und in **St Mary-le-Bow** ⓫ (meist Do 13.05 Uhr). Die **St Bride's Church** ⓬ (www.stbrides.com) dagegen, zwischen 1670 und 1684 nach Plänen von Sir Christopher Wren errichtet – von wem auch sonst –, wird werktags zwischen 17 und 18 Uhr zum ›Space for Silence‹, einer Oase der Ruhe. Hier können Sie gut runterkommen, wenn Ihnen der Lärm der Metropole zu viel geworden ist. **Infos zu Kirchenkonzerten:** www.londonorgan.co.uk.

Östliche City of London 📍 T/U 6–8

Futuristische Himmelstürmer

Aufzugschächte, Abflussleitungen und Heizungsrohre an den Außenwänden – das Innere nach außen zu kehren ist ein Markenzeichen der Architektur von Richard Rogers. Nach seinen Plänen entstanden das Centre Pompidou in Paris und 1986 das **Lloyd's Building** ⓮ (1 Lime Street), ein Gebäude der gleichnamigen Versicherungsgruppe. Rund 300 Jahre zuvor, 1688, hatte ein gewisser Edward Lloyd in der Tower Street ein Kaffeehaus eröffnet und war rasch zu Reichtum gekommen. Damals wurden die Kaffeehäuser für Geschäfte jeglicher Art genutzt, und bei Lloyds gab es Versicherungen. Der Kaffeehausbesitzer Edward Lloyd wurde zum Namensgeber eines der wichtigsten

Schiffahrts-Versicherungsunternehmen. Heute versichert Lloyds außer Schiffen, Schiffsfracht und Flugzeugen auch Gesichter von Schauspielern, Beine von Tänzern und Stimmbänder von Sängern.

Über den von Foster and Partners entworfenen **Swiss Re Tower** 15 (30 St Mary Axe), der den Spitznamen **The Gherkin** (Gurke) trägt, gehen die Meinungen auseinander. Ist er ein Highlight der Londoner Skyline oder nicht? Was meinen Sie? Den besten Blick auf das Gebäude mit seiner transparenten grünen Fassade und den spiralförmig verlaufenden schwarzen Streifen hat man von der Whitechapel Road (östlich Aldgate) aus. Der Turm ist 180 m hoch und hat 40 Stockwerke, kann aber nicht besichtigt werden. Vor dem Hintergrund des 2004 eröffneten Skyscraper mutet die aus dem 13. Jh. stammende Kirche **St Helen's Bishopsgate** 16 geradezu niedlich an. Sie besitzt zwei Hauptschiffe, die einst völlig voneinander abgegrenzt waren.

Zwischen Lloyd's Building und Swiss Re Tower füllen weitere Wolkenkratzer

City of London

Ansehen

1 St Paul's Cathedral
2 One New Change
3 St Andrew's by the Wardrobe
4 Old Bailey
5 Barbican Centre
6 Finsbury Circus Gardens
7 Bank of England
8 Royal Exchange
9 St Stephen Walbrook
10 St Lawrence Jewry
11 St Mary-le-Bow
12 St Bride's Church
13 Monument
14 Lloyd's Builing
15 Swiss Re Tower
16 St Helen's Bishopsgate
17 The Trellis
18 Leadenhall Building
19 The Diamond
20 The Scalpel
21 Walkie Talkie
22 22 Bishopsgate
23 100 Bisphopsgate
24 Heron Tower (Salesforce Tower)
25 Tower of London
26 Tower Bridge
27 Dr Johnson's House
28 Museum of London
29 Guildhall Art Gallery und London's Roman Amphitheatre
30 Barber-Surgeons' Hall
31 St Alphege's Garden
32 London Mithraeum
33 St Dunstan in the East Church Garden
34 Christchurch Greyfriars Church Garden
35 Postman's Park

Essen

1 Sushisamba
2 Whitecross Street Market
3 The Café Below

Einkaufen

1 Leadenhall Market

---

den Platz am Himmel: Der 290 m hohe Bau **The Trellis** 17 (1 Undershaft) entsteht nach Plänen von Eric Parry, dessen Büro auch bei der Neugestaltung von St Martin-in-the-Fields am Trafalgar Square federführend war. Bis man sich von der Besuchergalerie einen Überblick über die Stadt verschaffen oder in Londons höchstem Restaurant essen kann, dauert es aber noch (ca. bis 2020). ›Die Käsereibe‹, **The Cheesegrater,** wird das **Leadenhall Builing** 18 (122 Leadenhall Street) seiner Optik wegen genannt. Lloyds-Architekt Richard Rogers und seine Partner haben den 225 m hohen Bau entworfen und hier auch gleich ihr Büro angesiedelt.

Der benachbarte Wolkenkratzer **The Diamond** 19 (100 Leadenhall Street; 263 m) trägt ebenfalls die Handschrift renommierter Architekten: Skidmore, Owings & Merrill entwarfen auch das neue World Trade Center in New York. **The Scalpel** 20 war zuerst nur der Spitzname für den 190-m-Bürobau unter der Anschrift 52 Lime Street, nun ist es sogar sein offizieller Name.

Mittagspause im Schatten von Forsters Skyscraper Gherkin (Gurke) – vielleicht mit ›gherkin‹ auf dem Sandwich.

Schlagzeilen machte 2013 der **Walkie Talkie** ㉑ genannte Wolkenkratzer **20 Fenchurch Street,** weil der Brennglas-Effekt seiner Fassade die Außenspiegel eines Jaguars zum Schmelzen brachte. Heute ist das Besondere des Wolkenkratzers der **Sky Garden** (https://skygarden. london, Mo–Fr 10–18, Sa, So 11–21 Uhr), von dem Sie einen grandiosen Rundumblick auf die City haben. Der Besuch ist kostenlos, doch Sie müssen vorher buchen oder, dafür sind die Briten ja berühmt, am Eingang Schlange stehen (Walk-in: Mo–Fr 10–11.30, 14–16.30 Uhr). Noch besser: Sie buchen gleich einen Tisch im Panoramarestaurant **Fenchurch** oder in der **Sky Pod Bar.**

Schauen Sie auch in der Straße Bishopsgate nach oben. Hier erstürmen gleich mehrere Skyscraper den Himmel: **22 Bishopsgate** ㉒ mit einer Höhe von 278 m steht kurz vor der Vollendung. Der ursprünglich für diese Stelle vorgesehene Bau The Pinnacle, war wegen der Wirtschaftskrise 2008 über das Stadium eines ›Stumpfes‹ nicht hinausgekommen. Auch der Bau **100 Bisphopsgate** ㉓, in den u. a. die Royal Bank of Canada einzieht, wird 2019 fertig. Im 39. Stock des **Heron Tower** ㉔ (offiziell Salesforce Tower, 110 Bishopsgate, 231 m Höhe) lädt die Bar des **Sushisamba** 1 zu einem Drink und schöner Aussicht ein.

Tower of London

Der Klassiker

Kommen Sie entweder ganz früh oder ganz spät und auf keinen Fall in den Ferien! Der **Tower of London** ㉕ stellt mit 2,8 Mio. Besuchern pro Jahr eine der Top-Besucherattraktionen der Stadt dar und die Schlangen in der Hauptsaison sind entsprechend lang. Interessant ist ein Besuch natürlich schon, denn seit dem 11. Jh. dominiert der von William the Conqueror in Auftrag gegebene Bau die südöstliche Ecke der City. Bis zur Regierungszeit von James I. diente er als königliche Residenz, danach wurde er als Gefängnis genutzt. Der letzte prominente Gefangene, der hier einsaß, und zwar vom 17. bis 21. Mai 1941, war Rudolf Heß.

Der älteste Teil der Anlage ist der **White Tower,** der mit seiner soliden normannischen Architektur und den vier Türmen auch am eindrucksvollsten ist. Im Inneren wird eine reichhaltige Sammlung von Waffen und Rüstungen aus verschiedenen Epochen gezeigt. Die Line of Kings zeigt die einzelnen Herrscher in voller Montur auf ihren Pferden. Schrecklich, dass auch die Pferde schwere Rüstungen tragen mussten. Die historische Handwaffenkammer konnte bereits im 17. Jh. besichtigt werden.

Der Tower als Gefängnis

Unter Henry III. entstand zwischen White Tower und Fluss ein Palast – zuvor hatte die Königsfamilie im Tower gelebt. **Traitors' Gate** (Verrätertor) war der Zugang zum Tower vom Fluss her. Viele Gefangene kamen auf dem Weg zu ihrer Hinrichtung durch dieses Tor. Der Tower of London war als Gefängnis recht exklusiv und vorwiegend Personen von Rang und Namen vorbehalten. Einer der ›Gäste‹ war der Humanist Thomas Morus, der sich geweigert hatte, Henry VIII. als neues Oberhaupt der Kirche anstelle des Papstes anzuerkennen (1534). Der König und Thomas More, wie der Gelehrte und Staatsmann auf English heißt, waren zuvor beste Freunde gewesen.

Im **Bloody Tower** verbrachte der Entdecker und Forscher Sir Walter Raleigh, des Hochverrats angeklagt, viele Jahre seines Lebens (1603–16). Die berühmtesten Inhaftierten waren jedoch die Söhne von Edward IV., Edward und Richard. Nach dem Tod ihres Vaters wurden die beiden Brüder im Tower unter den Schutz ihres Onkels Richard, Herzog von Gloucester, gestellt. Die Jungen verschwanden unter ungeklärten Umständen und ihr Onkel kam als Richard III. auf den Thron.

Im **Tower Green** befand sich die Hinrichtungsstätte, allerdings wurden hier nur sieben Menschen exekutiert, darunter zwei der sechs Ehefrauen von Henry VIII., Anne Boleyn und Catherine Howard. Einzig Personen von hohem Stand wurde die Ehre zuteil, geköpft zu werden, solche niederen Standes hängte man am Tyburn-Galgen.

First Star of Africa

Die **Kronjuwelen**, Hauptanziehungspunkt (lange Warteschlangen!) werden in den **Waterloo Barracks** verwahrt. Sie symbolisieren die britische Geschichte. Das wichtigste Stück ist die Imperial State Crown. Die Königin trägt sie bei der Eröffnung des Parlaments. Die Krone besteht aus 2868 Diamanten, 17 Saphiren, elf Smaragden, fünf Rubinen und 273 Perlen. Der größte geschliffene Diamant der Welt (530 Karat) ist der »First Star of Africa« oder Cullinan I. Er wurde 1905 in Südafrika gefunden und ziert heute das Zepter.

In der **Kapelle** findet sonntags (9.15, 11 Uhr, außer im Aug., Eingang West Gate) ein Gottesdienst statt, ansonsten ist sie nur im Rahmen einer Führung zu besichtigen oder 90 Minuten vor Schließung des Towers.

www.hrp.org.uk, Di–Sa 9–17.30 (letzter Einlass 17 Uhr), So, Mo ab 10 Uhr, 22,70 £

ERNÄHREN DIE SICH VON BEEF? **B**

Tatsächlich hat die inoffizielle Bezeichnung Beefeater für die Wächter im Tower – offiziell heißen sie Yeomen Warders – etwas mit *beef* (Rindfleisch) zu tun. Bis ins 18. Jh. nämlich wurde die königliche Leibgarde in Naturalien, also auch mit Fleisch bezahlt. Alle 38 im Tower lebenden Wächter haben 20 Jahre in der Armee gedient. Sie führen durch den Tower und sind für die Sicherheit verantwortlich. Allabendlich muss der Tower um 22 Uhr abgeschlossen sein. Zu diesem Zweck findet eine besondere siebenminütige Zeremonie statt, die bereits im Jahre 1555 Erwähnung fand.

Tower Bridge

Brücke aller Brücken

Ob als Puzzle, Schneekugel oder Bleistiftanspitzer – die **Tower Bridge** ㉖ gibt es in allen Größen und Farben. Sie ist aber auch wirklich toll. Die markante

SPURENSUCHE **S**

London ist eine Siedlung der Römer: Londinium – klar. Aber wo kann ich Römisches sehen? Unter der **Guildhall Art Gallery** 29 (s. S. 127) z.B.: Computergesteuert geht es in das **römische Amphitheater** (s. S. 127). Reste der **römischen Stadtmauer** sind bei der **Barber-Surgeons' Hall** 30, im **St Alphege's Garden** 31 sowie zwischen der Tower Hill Station und dem Tower of London zu finden. Die verkehrsreiche Straße **London Wall** verläuft entlang der einstigen Stadtmauer. Eine bedeutende Ausgrabung des 20. Jh. ist das Mithraeum. Der Mithras-Tempel stammt aus der Zeit um 240 n. Chr. und ist 7 m unter Straßenniveau im **London Mithraeum** 32 zu sehen (12 Walbrook, www.londonmithrae um.com, Di–Sa 10–18, So 12–17, 1. Do im Monat 10–20 Uhr, Eintritt frei, Anmeldung erforderlich).

Brücke wurde 1894 eröffnet, als London noch einen lebhaften Hafen hatte. Bis dahin war London Bridge der östlichste Überquerungspunkt der Themse gewesen. Ihre große Überlastung machte den Bau einer neuen Brücke notwendig, die hoch genug sein musste, um Schiffe mit hohen Masten durchzulassen, andererseits stark genug, um Pferdefuhrwerke und Automobile tragen zu können. Die Idee des Architekten Horace Jones und des Ingenieurs John Wolfe Barry war ein Mechanismus, mit dem innerhalb von drei Minuten Platz für Schiffe geschaffen werden kann. Die Ausstellung **Tower Bridge Experience** erlaubt einen spannenden Gang durch das Innere der Brücke. Mit einem Fahrstuhl geht es 42 m nach oben in die Türme, wo eine Videopräsentation Funktionsweise und Geschichte des Bauwerks erläutert. Danach kann man auf den Brückenpfaden spazieren und die fantastische Aussicht genießen oder – nichts für Leute mit Höhenangst – durch den Glasfußboden die Autos an der Brücke fahren sehen. Auch der Maschinenraum (Südufer) kann besichtigt werden. Beeindruckend sind die originalen Dampfmaschinen, mit deren Hilfe die Brücke früher geöffnet und geschlossen wurde. Heute wird die Tower Bridge ca. 1000-mal im Jahr geöffnet, das ist selten im Vergleich zu 1894, als sie sich 17-mal pro Tag hob.

www.towerbridge.org.uk, April–Sept. 10–18.30, Okt.–März 9.30–18 Uhr (letzter Einlass 1 Std. vorher), 8,70 £ (online), Kombi-Ticket mit Monument 12 £

Museen

Ein Mann, ein Wörterbuch

27 **Dr Johnson's House:** »When a man is tired of London, he is tired of life«, stellte schon vor 250 Jahren Samuel Johnson fest. Ausgeschildert, aber trotzdem leicht im Gassengewirr zu verfehlen, ist der Gough Square und dort das aus dem 17. Jh. stammende, hervorragend restaurierte Dr Johnson's House mit der Hausnummer 17. Sein berühmter Bewohner, Dr. Samuel Johnson (1709–84), war der Verfasser des ersten Wörterbuchs in englischer Sprache. Es wurde 1755 in einer Auflage von 2000 Exemplaren veröffentlicht. Schon zu Lebzeiten genoss Johnson hohes Ansehen. Das Wohnhaus dokumentiert sein Lebenswerk.

17 Gough Square, T 020 73 53 37 45, www. drjohnsonshouse.org, U: Blackfriars, Mai–Sept. Mo–Sa 11–17.30, Okt.–April Mo–Sa 11–17 Uhr, 7 £ (keine Kartenzahlung)

Spannende Rückblenden

28 **Museum of London:** Wie wurde London zu dem, was es ist? Und wie kann so

eine Stadt überhaupt funktionieren? Ein Besuch des Museums am London Wall lohnt sich, zumal es ausgesprochen besucherfreundlich aufgebaut ist. Die Abteilung »London before London« beschäftigt sich mit der Frage, wie das Themse-Tal vor 450 Mio. Jahren aussah. Die Abteilung »Roman London« widmet sich den römischen Ruinen, die in der Nähe entdeckt wurden. Die Rekonstruktion einer römischen Straßenszene hilft, sich das Leben vor fast 2000 Jahren vorzustellen. Weiter geht es durch die Zeit der Angelsachsen, durch das Mittelalter, die Tudor- und die Stuart-Zeit. Das Große Feuer wird anhand einer Licht-und-Ton-Schau veranschaulicht. Viel Interaktives mit Schwerpunkt auf Sozialgeschichte finden Sie in den Abteilungen »1666 bis heute«.

150 London Wall, T 020 70 01 98 44, www. museumoflondon.org.uk, U: Barbican, tgl. 10–18 Uhr, Eintritt frei

Mischmasch der Epochen

㉙ Guildhall Art Gallery und London's Roman Amphitheatre: Die Galerie wurde 1885 für die Kunstsammlung der City of London Corporation (s. S. 119) eingerichtet. Für Liebhaber viktorianischer Malerei ist sie ein Geheimtipp. Auch mehrere Werke der Präraffaeliten sind hier ausgestellt. Rossettis »La Ghirlandata« gibt nach wie vor Rätsel auf. Ein anderes Highlight ist »The Siege of Gibraltar« (1791) von John Singleton Copley, das mit seinen 3 x 7,5 m eine ganze Wand einnimmt. Es zeigt den vergeblichen Versuch von Spanien und Frankreich, während des amerikanischen Unabhängigkeitkrieges den Engländern Gibraltar zu entreißen. Unter dem Museum lassen raffinierte Lichtinstallationen das Roman Amphitheatre über dessen Überresten wiedererstehen.

Guildhall Yard, T 020 73 32 37 00, www. cityoflondon.gov.uk, U: Bank, Mo–Sa 10–17,

Römisches Amphitheater: Dass hier einst Gladiatorenspiele, Tierhatzen und Hinrichtungen stattfanden, ist heute nur schwer vorstellbar. Die Überreste stammen übrigens aus dem 2. Jh. n. Chr.

P

PAUSE IM PARK

Am Wochenende sind die meisten Lokale in der City geschlossen. Bringen Sie am besten ein Sandwich mit und lassen Sie sich auf einer Bank in einer der hübschen kleinen Grünanlagen nieder, wie dem bezaubernden **St Dunstan in the East Church Garden ㉝**, dem **Christchurch Greyfriars Church Garden ㉞** mit seinen Kletterrosen oder dem **Postman's Park ㉟**, wo Sie auch das **Watts Memorial** studieren können, eine Wand mit Keramikplatten aus viktorianischer Zeit. Diese erinnern an Menschen, die bei heroischen Taten zu Tode kamen. Traurige Geschichten sind hier versammelt, z. B. die von einem Mann, der ertrank, nachdem er seinen Bruder vor dem Ertrinken gerettet hatte. Die kuriose Wand verrät die Faszination der Menschen der viktorianischen Ära für den Tod.

So 12–16 Uhr (Okt.–April nicht So), Eintritt frei, außer für Sonderausstellungen

Essen

Wilder Mix mit Aussicht
1 **Sushisamba:** Alles sehr schick hier und der Blick aus 175 m Höhe auf die Stadt ist natürlich grandios. Kulinarisch erwartet Sie ein ungewöhnlicher Mix aus Japanisch, Brasilianisch und Peruanisch. Die schöne Aussicht bezahlt man mit.
110 Bishopsgate, T 020 36 40 73 30, www. sushisamba.com, So–Di 11.30–1.30, Mi–Sa 11.30–2 Uhr

Die Welt auf dem Teller
2 **Whitecross Street Market:** s. S. 118.

Unkompliziert vegetarisch
3 **The Café Below:** Im Café unter der Kirche St Mary-le-Bow können Sie gut einen Happen essen. Wenn Sie donnerstags kommen, gibt's nach dem Essen gleich ein Orgelkonzert. Das Kruzifix im Inneren der schönen, modernen Kirche ist übrigens ein Geschenk der Bundesrepublik Deutschland – ein Symbol der Versöhnung.
Cheapside, T 020 73 29 07 89, www.cafe below.co.uk, U: St Paul's, Bank, Mo–Fr 7.30–22 Uhr, Mittagstisch Mo–Fr 11.30–14.30 Uhr, bei schönem Wetter auch draußen; Konzerte meist Do 13.05 Uhr, www.stmarylebow.co.uk

Hoch oben
㉑ **Fenchurch Restaurant:** im Walkie Talkie, s. S. 124.

Einkaufen

Harry Potter lässt grüßen
1 **Leadenhall Market:** s. S. 121.

Ausgehen

Was für ein Tanz!
5 **Barbican Centre:** Das Barbican mit Konzerthalle, Kino und zwei Theaterbühnen ist vor allem für modernen Tanz wichtig. Beliebt sind auch die internationalen Gastspiele.
Silk Street, T 020 76 38 88 91, www.barbican. org.uk, U: Barbican

Cocktails mit Himmelsblick
㉑ **Sky Pod Bar:** im Walkie Talkie, s. S. 124.

Infos

• **City Information Centre:** gegenüber von St Paul's Cathedral, T 020 73 32 14 56, www.visitlondon.com, U: St Paul's, Mo–Sa 9.30–17.30, So 10–16 Uhr.

Zugabe
Merlina darf fliegen

Droht der Untergang des Königreichs?

Wussten Sie, dass Raben sehr intelligent sind? Und wer ist der intelligenteste Rabe? Merlina natürlich!

D er Tower diente, wie wir ja wissen, auch als Hinrichtungsstätte. Die Leichen wurden zur Abschreckung einfach liegen gelassen – ein gefundenes Fressen für Kolkraben. Bald gab es so viele Vögel, dass König Charles II. (1630–85) sie vertreiben lassen wollte. Vor allem der königliche Astronom John Flamsteed fühlte sich von ihnen gestört. Der Legende nach erhielt Charles jedoch die Drohung, sein Königreich werde untergehen, sollte er die Vögel verjagen. Laut königlichem Dekret, das heute noch gilt, werden daher vorsichtshalber stets sechs Raben (und ein Ersatzrabe, man weiß ja nie) auf dem Gelände gehalten. Damit sie nicht wegfliegen können, werden ihnen die Flügel gestutzt. Tagsüber dürfen sie sich frei auf dem Gelände bewegen. Die derzeitigen Tiere heißen Jubilee, Harris, Gripp, Rocky, Erin, Poppy and Merlina. Raben können recht alt werden, der älteste Vogel, der je im Tower gelebt hat – Jim Crow – wurde 44 Jahre alt.

Manchmal gibt's auch Probleme: Rabe George musste entlassen werden, weil er Fernsehkabel knabberte, und Rabe Grog wurde, trotz gestutzter Flügel, zuletzt in einem Pub im East End gesichtet. Keine einfache Aufgabe für den Rabenmeister, die Schar zusammen-

Ab und zu ein Kaninchen, alles vom Feinsten.

zuhalten. Der ›Ravenmaster‹ ist für das Wohl der Raben zuständig. Er muss die Käfige, in denen die Tiere die Nacht verbringen, sauber halten und sie füttern: 170 g Frischfleisch pro Tag sowie in Blut getauchte Vogelkekse, einmal wöchentlich ein Ei und ab und zu ein Kaninchen, alles vom Feinsten. Daneben ist der Vogelwart aber auch Yeoman Warder bzw. Beefeater. Kein schlechter Job – Rabenhüter –, sagen Sie? Leider gibt es diese Position weltweit nur ein einziges Mal und Chris Skaife sitzt seit Jahren fest im Sattel. Mit seiner revolutionären Methode, die Flügel so zu stutzen, dass die Tiere mehr Freiheit haben, bewegt sich Chris aber auf Glatteis. Nicht wenige befürchten bereits den Untergang des Königreichs. Rabendame Merlina darf sogar schon bis zur nächsten Wharf fliegen. Dank Master Chris' Fürsorge kommt sie aber immer wieder zurück. ∎

Westlondon

Belgravia, Chelsea und Kensington — sind schon seit jeher eine Klasse besser als andere Viertel und begehrte Wohnadressen. Was kann man hier machen? Großartige Museen besuchen und in Chelsea oder Knightsbridge einkaufen.

Seite 135
Saatchi Gallery

›Sensations‹, wie bei seiner legendären Ausstellung 1997, gibt es bei Saatchi nicht mehr. Aber anregend ist ein Besuch im Duke-of-York-Gebäude allemal. Zu sehen ist zeitgenössische Kunst von weitgehend unbekannten Künstlern.

Seite 140
Durch Chelsea radeln

Das noble Chelsea hat dörfliche Seiten. Mit einem Leihrad können Sie diese unkompliziert entdecken. Schauen Sie auch beim Chelsea Physic Garden vorbei, einem der ältesten botanischen Gärten Europas.

Finden Sie den ›Boy with a dolphin‹ am Themseufer?

Eintauchen

Seite 142
Natural History Museum

70 Mio. Objekte erklären uns in diesem wunderbaren Museum die Welt und ihre Bewohner. Die stattlichen Museen in ›South Ken‹ haben wir Prinz Albert zu verdanken, der davon beseelt war, Wissen und Kunst unters Volk zu bringen.

Seite 142
V&A Museum

Absoluter Spitzenreiter in der Beliebtheitsskala aller Londoner Museen. Das V&A birgt eine der international größten Sammlungen von Kunstgewerbe aus aller Welt und allen Jahrhunderten. Einfach umwerfend.

Seite 145

Design Museum

Das tolle Museum am Holland Park beschäftigt sich anhand von Alltagsobjekten mit der Frage, wie wir unsere Umgebung gestalten. Inspirierend sind auch die Sonderausstellungen, beispielsweise zu den neuesten Designentwicklungen.

Seite 146

Tour zu Künstlerhäusern

In Holland Park lebten im 19. Jh. der extravagante Maler Lord Leighton und der Karikaturist und Fotograf Linley Sambourne. Ihre Wohnhäuser bieten Einblick in ihr Leben und ihre Zeit.

Seite 149

Hyde Park

Der einstige königliche Jagdgrund bildet zusammen mit dem Kensington Park eine große grüne Oase.

Seite 155

Portobello Road Market

Viel Spaß beim Besuch des riesigen Antiquitätenmarktes in Notting Hill. Dort finden Sie garantiert, was auch immer Sie suchen.

Wer hat die Parkbank erfunden? Die Viktorianer. In puncto Design ließ man sich nicht lumpen. Nehmen Sie Platz!

Portobello Road Market

0   1 km

Hyde Park

KENSINGTON   Rotten Row

Holland Park

Design Museum   BELGRAVIA

V&A-Museum

Natural History Museum

Saatchi Gallery

CHELSEA

Chelsea Physic Garden

Den Sandweg Rotten Row im Hyde Park, den die berittene königliche Garde morgens nutzt, ließ William III. mit 300 Lampen säumen. Er war der erste beleuchtete Weg im Land.

erleben

Wenn ich einmal reich wär ...

Achtung – hier wird's nobel: Weite Teile Westlondons, darunter Belgravia und Chelsea, sind exklusive Wohngegenden. Aber auch zahlreiche Institutionen und Botschaften residieren hier. In Knightsbridge locken die weltbekannten Kaufhäuser Harrods und Harvey Nichols. Beide haben jährliche Umsätze in Milliarden- bzw. Millionenhöhe. Nicht weniger exklusiv sind die kleinen Läden und Boutiquen in den südlich abgehenden kleinen Seitenstraßen. Wenn Sie Einkaufen lieben und genügend Kleingeld in der Tasche haben, sind Sie hier richtig.

Der Hyde Park ist der größte Park Londons. Wie groß er tatsächlich ist, merkt man besonders, wenn man ihn ›mal kurz‹ durchqueren will. In South Kensington stillen die großen (Natur-)Wissenschaftsmuseen und das Victoria & Albert Museum den Wissensdurst. Das V&A ist mein Lieblingsmuseum. Schauen Sie sich in dem Kunstgewerbemuseum am besten jeweils nur eine Abteilung an, die Fülle an Objekten erschlägt einen sonst leicht.

Wenn man von Kensington spricht, darf man nicht vergessen, dass es auch North Kensington gibt, das mit dem Reichtum und Überfluss in South Kensington nichts zu tun hat. Der entsetz-

ORIENTIERUNG

Reisekarte: H–L 10–14; Karte 3
Cityplan: S. 137
Das Viertel entdecken: Der Westen Londons ist verkehrstechnisch sehr gut zu erreichen: Für Chelsea und Belgravia fährt man per Tube bis zum Sloane Square, für eine Shoppingtour in Knightsbridge zur U-Bahn-Station Knightsbridge, für die Museen nach South Kensington und für Notting Hill zur gleichnamigen U-Bahn-Station.

liche Brand, der am 14. Juni 2017 im Grenfell Tower aufgrund mangelhafter Brandschutzmaßnahmen 72 Tote forderte, erschütterte die Nation zutiefst und machte erneut die gewaltigen sozialen Unterschiede deutlich, die in der Stadt herrschen.

In Notting Hill gibt es im Sommer ein großes Karnevalfest und ganzjährig den riesigen Antiquitätenmarkt in der Portobello Road. Hier finden Sie garantiert alles – vom historischen Magazin bis zum georgianischen Türbeschlag. Die angesagte Gegend rund um Westbourne Grove, nur wenige Gehminuten von der Portobello Road entfernt, bietet noble Street-Fashion, Plattenläden, schicke Lokale und Gastropubs.

Belgravia 📍L 10/11

»Das Haus am Eaton Square«

Erinnern Sie sich noch an diese erfolgreiche Vorabendserie in den 70er-Jahren, die das Leben zwischen ›Upstairs‹ und ›Downstairs‹ – zwischen dem Oben und Unten in der englischen Gesellschaft – in Szene setzte? Die Familie Bellamy oder einen ihrer zahlreichen Dienstboten werden Sie in Belgravia nicht antreffen, die eine oder andere Celebrity eventuell schon. Die großen, im 19. Jh. errichteten Prachthäuser in strahlendem Weiß oder in Cremetönen bilden zusammen mit sorgfältig gepflegten Plätzen und Privatgärten ein höchst attraktives Quartier. Ein gewisser Thomas Cubitt, der es vom Zimmermann zu einer Art Generalbauunternehmer und Architekt brachte, hat dem Stadtteil seine Handschrift verliehen. Mit Hauspreisen bis zu 30 Mio. Pfund sind es heute die Abramowitschs, die sich hier einkaufen. Rund 1 km² Grund und Boden sind bereits seit Ewigkeiten im Besitz der Grosvenor-Family, die freundschaftlich mit der Königsfamilie verbunden ist.

Wer mit dem Bus an Victoria Coach Station landet, fällt förmlich in die kitschig dekorierten, blumenumrankten Läden und Cafés der Elizabeth Street – *very pretty indeed.* **Dominique Ansel** ❶ verkauft köstliche Cronuts und die Cupcakes bei **Peggy Porschen** ❷ sind eine Augenweide. Offenbar sind sie auch super für Instagram, was den regelmäßigen Ansturm von Selfie-Enthusiasten vor dem pink angestrichenen Laden erklärt. Die gebürtige Deutsche

Der Chester Square ist einer von vier Plätzen, die in den 20er-Jahren des 19. Jh. angelegt wurden. Um den marschigen Boden bebauen zu können, wurde Erde vom Tower of London herbeigeschafft.

Peggy Porschen, deren Traum es von Kindesbeinen an war, Tortenbäckerin zu werden, hat sich mit ihren süßen Kreationen in London mittlerweile einen beachtlichen Ruf erworben. Wahrscheinlich werden gelegentlich auch die Botschaften bei ihr ordern, die sich ein Stück weiter in Richtung Knightsbridge rund um den maßgeblich von Cubitt gestalteten **Belgrave Square** ❶ ballen. In Haus Nummer 23 residiert seit 1955 die **Deutsche Botschaft** ❷. Hier müssen Sie also hin, falls Ihnen – *God forbid* – der Ausweis gestohlen wurde.

Chelsea 📍 J/K 12/13

Ein Fischerdorf wurde hip
›Top-End-Shopping‹, Kultur von Weltrang und dörfliche Atmosphäre in Mini-sträßchen – all dies können Sie in London oft nur wenige Schritte voneinander entfernt erleben. Bestes Beispiel dafür ist Chelsea. Lebensader des Stadtteils, der mal ein Fischerdorf war, ist die King's Road.

King's Road

Sag's mit Schuhen oder Blumen
Entlang der beliebten und trotzdem nur selten überlaufenen Einkaufsstraße und in ihren Seitenstraßen finden Sie Filialen der ›üblichen Verdächtigen‹ wie Boots und Marks & Spencer, aber auch viele hübsche Einzelhandelsgeschäfte, darunter die wunderbare Buchhandlung **John Sandoe** ❸ und schrecklich elegante Designerläden. An **Manolo Blahnik** ❹ (Old Church Street) kommt man als Schuhfan natürlich spätestens seit Madonnas legendärer

Ein Bummel auf der King's Road: Die aufregenden Zeiten des Swinging London sind aber vorbei. Heute wirkt alles solide.

Liebeserklärung nicht mehr vorbei. Vom **Top Floor Restaurant** des gediegenen Warenhauses **Peter Jones** am **Sloane Square,** der den östlichen Abschluss der 3 km langen King's Road bildet, haben Sie einen weiten Blick über die Dächer des benachbarten Kensington. Durch spektakuläre Uraufführungen zeitgenössischer Stücke macht das **Royal Court Theatre** ❶ immer wieder von sich reden, zweifellos eines der besten Theater der Welt. Seit 2008 lockt die gigantische **Saatchi Gallery** ⑳ (s. S. 151) am Duke of York Square, die sich zeitgenössischer Kunst verschrieben hat, ein großes Publikum an.

Ein fester Termin im Reigen der gesellschaftlichen Ereignisse der Stadtteils ist die **Chelsea Flower Show.** Sie zählt zu den berühmtesten Gartenbauausstellungen der Welt. Den passenden Rahmen bilden die **Ranelagh Gardens** ❸, wo sich schon im 18. Jh. die feinen Leute zu Maskeraden trafen oder Konzerten lauschten – 1764 z. B. dem des achtjährigen Amadeus Mozart. Das Zelt der Flower Show bietet Platz für 160 Aussteller, daneben werden im Freien drei Mustergärten angelegt. Die Eintrittskarten für das blumige Event müssen lange im Voraus reserviert werden.

Wo der Punk abging

Heute wirkt die King's Road fast bieder. Ihre illustre Geschichte lässt sie kaum noch erahnen. Benannt ist sie nach einem Herrscher, der kein Kind von Traurigkeit war: Charles II. (1630–85) nahm diesen Weg u. a., wenn er von Hampton Court aus seine Geliebte Nell Gwyn oder andere Damen der feinen oder weniger feinen Gesellschaft in London treffen wollte. Erst 1830 wurde die ›Königsstraße‹ der Öffentlichkeit zugänglich gemacht. Schon zuvor hatten reiche und einflussreiche Mitglieder der Londoner Gesellschaft im Dorf Chelsea große Landhäuser bauen lassen, u. a. Thomas Morus, erster bester Freund, dann bester

GEBURT DES MINIROCKS

Hat Designerin Mary Quant das knappe Kleidungsstück erfunden? Das ist nicht geklärt. Doch steht fest, dass der Fummel Stoff unter ihrer Schere immer weiter nach oben kletterte. Von den vielen Errungenschaften der 1960er-Jahre ist der Minirock ein bleibendes Phänomen. Immerhin zählt ›Banana Split‹, Quants weltberühmtes Minikleid, zusammen mit der roten Telefonzelle und dem Londoner U-Bahn-Plan zu den bedeutendsten britischen Designklassikern. Hatten junge Mädchen vor 1960 noch wie ihre Mütter auszusehen, wurde Mode in den 1960er-Jahren zum Spielplatz einer vorwärtsblickenden Jugend und der Minirock Teil und Ausdruck ihrer Kultur.

Feind von Frauenheld Henry VIII. (s. S. 268). Chelsea wurde zu einem begehrten Wohngebiet, was es auch heute noch ist.

In den 1960er-Jahren entwickelte sich die King's Road zum Zentrum des ›Swinging London‹. Freizügig und hedonistisch ging es hier zu – Charles II. hätte sicher seine helle Freude gehabt. Künstler, Literaten und Marihuana rauchende Kids bevölkerten nun die Straße. Doch nicht sie, sondern Fashiongurus wie Mary Quant, Ossie Clark und einige Jahre später Vivienne Westwood sorgten für Skandale. Begonnen hatte alles 1955 in Mary Quants Fantasy Coffee Bar, dem ersten Coffee-Shop außerhalb von Soho. Zwischen Kaffeebohnen und Espressotassen entstand die Idee zu einer Boutique, die die Welt der Mode für immer verändern sollte: Mary Quants Geschäft ›Bazaar‹ in der King's Road Nr. 138a wurde eine Sensation und zog Kreative der unterschiedlichsten Sparten an.

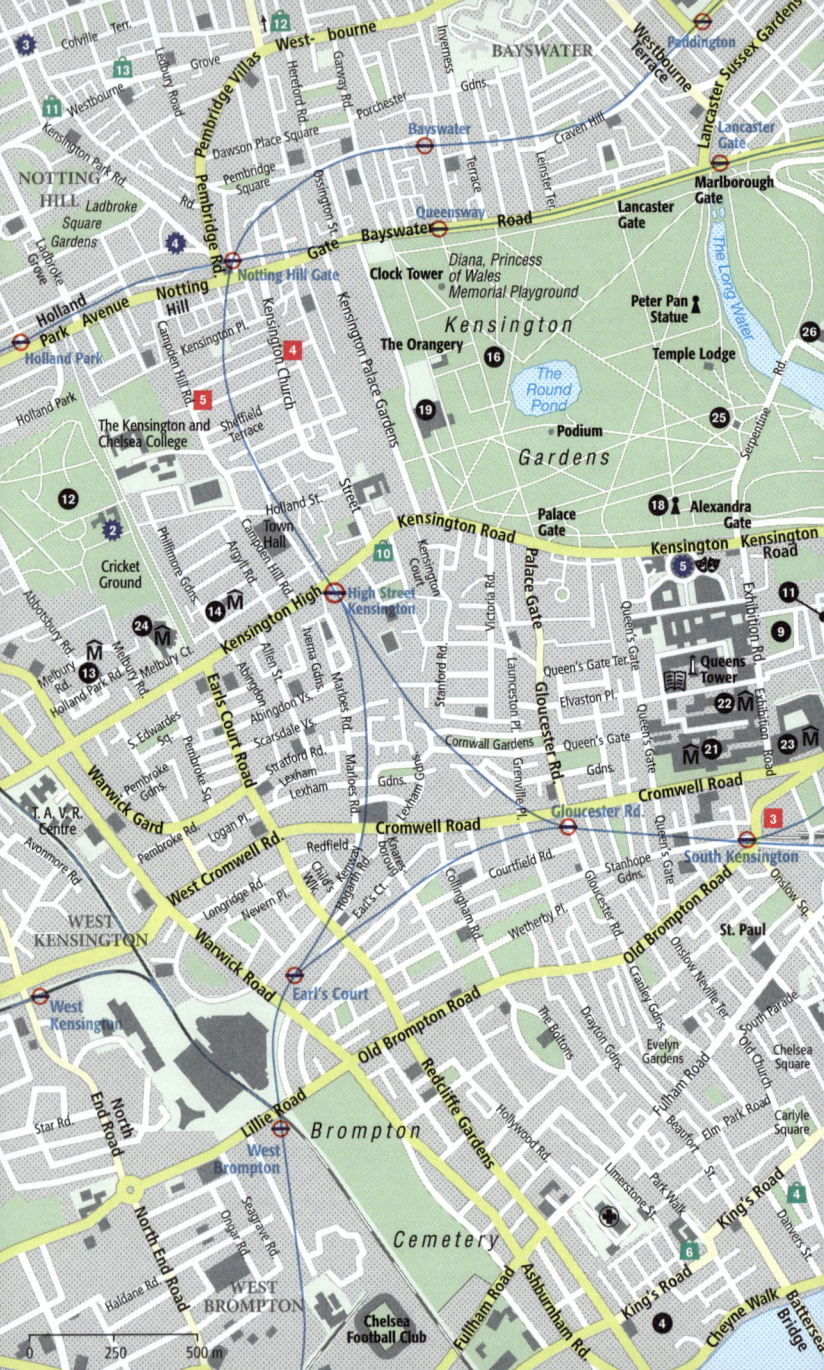

Westlondon

Ansehen

1 Belgrave Square
2 Deutsche Botschaft
3 Ranelagh Gardens
4 World's End Estate
5 Michelin House
6 Chelsea Physic Garden
7 Chelsea Old Church
8 Carlyle Mansions
9 Princes Gardens
10 Ennismore Gardens Mews
11 Ennismore Gardens
12 Holland Park
13 Leighton House
14 18 Stafford Terrace
15 Hyde Park
16 Kensington Gardens
17 Speakers' Corner
18 Albert Memorial
19 Kensington Palace
20 Saatchi Gallery
21 Natural History Museum
22 Science Museum
23 Victoria & Albert Museum
24 Design Museum
25 Serpentine Gallery
26 Serpentine Sackler Gallery

Essen

1 Bibendum
2 Haandi
3 Comptoir Libanese
4 Clarke's Restaurant
5 Windsor Castle

Westlondon Fortsetzung von Seite 137

Einkaufen

1 Dominique Ansel
2 Peggy Porschen
3 John Sandoe
4 Manolo Blahnik
5 Peter Jones
6 Worlds End
7 The Conran Shop
8 Harrods
9 Harvey Nichols
10 Whole Foods Market
11 Paul Smith
12 Portobello Road Market
13 Wild at Heart

Bewegen

1 Blue Bird Boats
2 Serpentine Lido

Ausgehen

1 The Royal Court Theatre
2 Opera Holland Park
3 Electric Cinema
4 Gate Cinema
5 Royal Albert Hall
6 Nag's Head
7 Grenadier

Ab 1974 versorgte Vivienne Westwood in ihrer Boutique SEX (430 King's Road) die Punkbewegung mit Klamotten. Seit 1980 heißt der Laden **Worlds End** 6, gehört aber immer noch Westwood. Er liegt – gut erkennbar an der rückwärts gehenden Uhr an der Fassade – am westlichen Ende der King's Road. Hier ist mit dem **World's End Estate** 4, sieben Hochhäusern im Stil des Brutalismus, die schöne ›Königsstraßen-Welt‹ definitiv zu Ende. Fast Dreiviertel der 750 Wohnungen werden vom Council als Sozialwohnungen vermietet.

Sloane Street

Chelsea vom Feinsten

Extreme Mieterhöhungen in den 1980er-Jahren führten dazu, dass die Boheme- und Punkszene in andere Stadtteile abwanderte, z. B. nach Notting Hill und Camden. Chelsea wurde erneut zu einer Wohngegend der Reichen und Schönen. Heute findet man entlang der Sloane Street, die den Sloane Square und Knightsbridge verbindet, Niederlassungen aller namhaften Designer, wie Dolce & Gabbana, Chanel und Gucci. Vielleicht lassen Sie sich ja zu einem kleinen Einkaufs- oder zumindest Schaufensterbummel verführen.

Alternativ könnten Sie sich mit einem Besuch des **Michelin House** 5 Ecke Fulham Road/Sloane Avenue belohnen. In schönstem Jugendstil wurde es zwischen 1905 und 1911 für den bekannten französischen Reifenhersteller erbaut. Nach aufwendiger Sanierung durch den Designer Sir Terence Conran, beherbergt es im Erdgeschoss gehobene Fisch- und Blumenstände. Im Obergeschoss können Sie die **Bibendum Oyster Bar** und das teure klassisch-moderne Restaurant **Bibendum** 1 besuchen, wo Starkoch Claude Bosi kulinarisch das Sagen hat. Auch der große Designladen **The Conran Shop** 7 fand im selben Gebäude Platz.

Zwischen King's Road und Themseufer

Sloane hier, Sloane da

Sloane Avenue, Sloane Street, Sloane Square – Sie haben es sicher bemerkt: Beim Spaziergang durch Chelsea kommt man um den Namen Sloane nicht herum. Der gebürtige Ire Hans Sloane, Leibarzt von Queen Anne, Botaniker und Präsident der Royal Society, verlegte 1742 nicht nur seinen Wohnsitz von Bloomsbury nach Chelsea, der Stadtteil, wie London überhaupt, hat ihm auch viel zu verdanken. Sir Hans Sloane sorgte z. B. dafür, dass der **Chelsea Physic Garden** ❻ (s. S. 141), in dem er als angehender Arzt selbst Heilpflanzen studiert hatte, erhalten blieb. Er konnte es sich locker leisten, den Garten für eine lächerlich geringe Gebühr an die Society of Apothecaries of London zu verpachten, denn von seinen Forschungsreisen hatte er außer rund 71 000 Objekten, die den Grundstock des British Museum bilden sollten, auch das Rezept für Kakao mitgebracht, das ihm einigen Reichtum bescherte. Zuerst wurde das Getränk von Apotheken als Medizin verkauft. Sloane, der in

Im Chelsea Physic Garden gibt's auch Vorträge, vielerlei Workshops und sogar Superfood-Supper.

der **Chelsea Old Church** ❼ am Cheyne Walk (s. u.) beerdigt ist, war also auch ein cleverer Geschäftsmann. Als solcher hatte er sich viel Land in Chelsea gesichert. Schnee von gestern könnte man meinen. Doch weit gefehlt: Noch immer ist das Land in den Händen von Sloanes Nachfahren, der Cadogan Family (www.cadogan.co.uk/the-estate/our-heritage), einer der reichsten Familien Großbritanniens. Ihr ›Schicksal‹, ob Scheidung oder eine Anzeige wegen Raserei, wird heutzutage von der Yellow Press genauestens beobachtet und kommentiert.

Die Straße der blauen Plaketten

Viel Eleganz, aber auch pittoreske Beschaulichkeit strahlt **Cheyne Walk** mit seiner wunderschönen georgianischen und viktorianischen Architektur aus. Kein Wunder, dass sich Tausendsassa Sir Hans Sloane hier im heute nicht mehr existierenden Manor House von Henry VIII. niederließ. Erstaunlicherweise sind die meisten der mehrstöckigen, mit schmiedeeisernen Toren gesicherten Bauten in 1-a-Lage – in der Nähe der King's Road und der Themse – nach wie vor Einfamilienhäuser. Hier, sowie im nahe gelegenen Swan Walk und in der Tite Street, können Sie unzählige blaue Gedenktafeln für einstige Bewohner studieren: Denker und Dichter, Musiker und Maler, Politiker und bunte Vögel. Apropos Vögel: Der Präraffaelit Dante Gabriel Rossetti umgab sich in seinem **Haus Nr. 16** mit allerlei exotischen Vögeln und im Garten unterhielt er – sehr zur Freude seiner Malerfreunde – einen kleinen Zoo, zu dem neben einem Känguru auch ein Lama und zwei Wombats aus Australien zählten.

In den **Carlyle Mansions** ❽ lebte der Dichter T. S. Eliot in kargen Räumen mit nur einem Kreuz an der Wand. Das glatte Gegenteil war der extravagante James-Bond-Autor Ian Fleming: Nachdem er die erste Fassung von »Casino Royale« fertiggestellt hatte, ließ er sich, wohl zur

TOUR
Per Rad durchs dörfliche Chelsea

Eine sportive Tour fernab der Großstadthektik

Infos

📍 J/K 12/13
Start/Ziel: U-Bahn-Station Sloane Square
Dauer: 1 Std. (ohne Besichtigungen)
Chelsea Physic Garden: Royal Hospital Road, www.chelsea physicgarden.co.uk, April–Okt. Mo–Fr, So 11–17, im Sommer länger, im Juli/Aug. Di, Mi Café/Garten bis 22 Uhr (letzter Einlass 20.30 Uhr), Details s. Website, 10,50 £
Carlyle's House: 24 Cheyne Row, www.nationaltrust.org.uk, Mi–So 11–17, 8 £

Schwingen Sie sich aufs Rad und schauen Sie mal, was Chelsea außer der King's Road noch so zu bieten hat. Das geht auch spontan, denn an der **Ecke King's Road/Royal Avenue**, nur fünf Minuten zu Fuß von der U-Bahn-Haltestelle **Sloane Square** entfernt, befindet sich eine Station von Santander Bikes, Leihrädern, die man für ein paar Pfund unkompliziert mieten kann, eine Kreditkarte vorausgesetzt.

Sie können gleich losradeln. Die **Royal Avenue,** übrigens schon 1682 von Stararchitekt Christopher Wren angelegt, bildete eine direkte Verbindung vom Kensington Palace zum Royal Hospital Chelsea. Entlang St Leonhard's Terrace und Franklin's Row geht es zunächst zur Royal Hospital Road. Ein kurzer Rundgang durch die riesige Drei-Flügel-Anlage des **Royal Hospital Chelsea** lohnt sich, schon allein wegen der – man hat sich nicht lumpen lassen – vergoldeten **Statue von Charles II.** Sie steht im Figure Court und zeigt den Gründer des Chelsea Hospital als römischen General. Geschaffen hat sie Grinling Gibbons, der auch ein begnadeter Holzschnitzer war, wie z. B. das Chorgestühl in St Paul's Cathedral beweist.

Einige Hundert Armeeveteranen leben im Chelsea Hospital. Um einen Platz in dem sehr speziellen Seniorenheim darf sich bewerben, wer 12 Jahre gedient hat, ein Alter von 65 Jahren bzw. das Pensionsalter erreicht hat und noch nicht pflegebedürftig ist. Es wird dann geprüft, ob er bzw. (seit 2009) auch sie – zur Gemeinschaft der Chelsea Pensioneers passt. Zu erkennen sind die Pensionäre im Sommer an der roten, im

Sie können die Radtour natürlich nach Belieben verlängern. Ein Stück westlich des Carlyle House liegt z. B. die beschauliche Straße Park Walk.

Winter an der blauen Uniform. Bei besonderen Anlässen ziert ein Dreispitz den Kopf. Wundern Sie sich nicht, wenn einige der meist gut gelaunten Herrschaften Sie in ein Gespräch verwickeln. Gleich nebenan bietet das besucherfreundliche **National Army Museum** Einblick in die Geschichte der britischen Armee.

Weiter geht's zum **Chelsea Physic Garden 6** in der Royal Hospital Road, einer ganz bezaubernden Gartenanlage. Sie wurde 1673 von der Königlichen Apothekergesellschaft gegründet und ist nach dem Oxford Botanic Garden der älteste botanische Garten in England. Er sollte angehenden Apothekern das Studium der Heilpflanzen ermöglichen. Viele bekannte Gärtner haben in der Anlage gearbeitet, u. a. William Forsyth, der Namensgeber der Forsythie. Noch heute dient der Garten, in dem rund 5000 verschiedene Arten von Heil-, Gewürz-, Obst- und Gemüsepflanzen wachsen, wissenschaftlichen Zwecken.

Szenenwechsel: Nicht nach Pflanzen, sondern nach Geld riecht es in **Swan Walk** und **Cheyne Walk** – hier wohnen viele der Londoner Millionäre. Zur zeitentrückten Atmosphäre passt ein Besuch des **Carlyle House,** das eine Reise in die viktorianische Vergangenheit der Stadt ermöglicht: Das vollständig erhaltene Interieur gibt einen Einblick in das Leben von Thomas Carlyle, Philosoph, Verfasser von satirischen Darstellungen und Historiker. Den kleinen Sträßchen folgend, gelangen Sie wieder zur **King's Road** und zum Ausgangspunkt zurück.

Auf der Chelsea gegenüberliegenden Flussseite blitzt die Peace Pagoda im **Battersea Park** auf. Dort kann man übrigens auch sehr gut Rad fahren kann.

Belohnung, eine goldene Schreibmaschine anfertigen und aus New York nach London bringen. Auch Oscar Wilde und die unter dem Pseudonym George Eliot bekannte Schriftstellerin Mary Ann Evans waren Anwohner der Straße. In **Nr. 4**, wo Letzere lebte, hat sich 2015 Michael Bloomberg, der ehemalige Bürgermeister von New York, nach Zahlung eines Kaufpreises von 16 Mio. Pfund häuslich eingerichtet. Bereits in den 60er-Jahren hatten die Rolling Stones die Straße für sich entdeckt und Mick Jagger soll inzwischen wieder hier wohnen. Illustre Nachbarschaft hat ihren Preis, den u. a. russische Oligarchen bereit sind zu zahlen: Roman Abramowitsch, Besitzer des Fußballclubs FC Chelsea, hat natürlich auch ein Haus am Cheyne Walk.

South Kensington

📍 **Karte 3, H 10/11**

Ich meine es ja nur gut mit Ihnen
Kommen Sie nicht in den Ferien. Und nicht am Wochenende. Oder überlegen Sie sich zumindest, was Sie sehen möchten. Verzichten Sie um Himmels willen auf die Dinosaurier! So viel vorab. South Kensington, Londons Museumsviertel, erstreckt sich beiderseits der Exhibition Road bis hin zur Cromwell Road.

Im Museumsviertel

Prinz Albert sei Dank
Von der U-Bahn-Station South Kensington kommend, sehen Sie linker Hand das **Natural History Museum** ㉑ (das mit den Dinosauriern) und das **Science Museum** ㉒, rechter Hand das **Victoria & Albert Museum** ㉓, das sich dem Kunstgewerbe verschrieben hat. Alle drei Museen sind riesig, gratis und immer voll, sehr voll. Daneben gibt es in South Kensington zahlreiche der Forschung und Wissenschaft dienende Institutionen.

Wie kommt es zu einer solchen Ballung an kulturellen Einrichtungen in diesem Viertel? Zu verdanken ist sie Königin Victorias Gemahl: Prinz Albert von Sachsen-Coburg-Gotha (1819–61) war von einer starken Neigung zu Wissenschaft, Bildung und Kunst geprägt und organisierte auf Anregung des Beamten Henry Cole eine Ausstellung, die den technischen und wissenschaftlichen Errungenschaften der Zeit gewidmet war. »The Great Exhibition of the Works and Industry of All Nations« fand zwischen Mai und Oktober 1851 statt. Über 6 Mio. Besucher kamen in den Hyde Park, um den aus Gusseisen und Glas errichteten Crystal Palace und die dort gezeigten hochmodernen Produkte zu bestaunen. Die Ausstellung brachte jede Menge Geld ein, was Albert dafür nutzte, ein groß angelegtes Museums- und Bildungszentrum einzurichten. Nach und nach entstanden das Imperial College of Science and Technology, die Royal Geographical Society, das Royal College of Art, das Royal College of Organists, das Royal College of Music sowie das Science Museum, das Natural History und das Victoria & Albert Museum. Bereits 1859 konnten die ersten Abteilungen des Victoria & Albert Museum eingeweiht werden. Henry Cole hatte sich bis dahin solche Meriten um das englische Kunsthandwerk und Design erworben, dass er zum ersten Direktor des Museums ernannt wurde.

Von den Museen zu den Mews
Nur einen Katzensprung von den großen Museen und den vielen Menschen entfernt führen östlich der Exhibition Road kleine Gassen mit hübschen

Lieblingsort

Außen ist jetzt innen – einfach mal reingehen

Der **Sackler Courtyard** zwischen **Victoria & Albert Museum** ㉓ und Exhibition Road – ein Innenhof, der eigentlich gar keiner sein soll – ist mein neuer Lieblingsort! Rund 1 100 m² zusätzliche Ausstellungsfläche, 18 m unter der Erde, bilden das **Exhibition Road Quarter,** das längst überfällige Erweiterungsprojekt des V&A. Durch eine Kolonade geht es direkt von der Exhibition Road auf den Courtyard. Äußerer und innerer Raum sind verschmolzen. Ich finde, der Sackler Courtyard – nach den Geldgebern so benannt – ist wirklich schön geworden, denn Architektin Amanda Levete hat sich etwas Besonderes einfallen lassen: 11 000 Keramikfliesen bedecken den Boden. Sie wurden in der alten holländischen Firma Tichelaar von Hand angefertigt. Wenn Sie genau hinschauen, können Sie 15 verschiedene Muster entdecken.

Mews Houses nach **Knightsbridge.** Was sind Mews? Als Mews werden die vielen kleinen Durchgänge, Passagen und kopfsteinbepflasterten Sträßchen bezeichnet, auf die man überall im Zentrum von London stößt, wenn man mal hinter die großen stattlichen Prachtbauten blickt. Sie entstanden überwiegend im 19. Jh. als Pferdeställe mit einer darüberliegenden kleinen Wohnung für den Pferdepfleger. Aufs Feinste herausgeputzt, sind sie inzwischen hochbegehrte Immobilien. Statt des Pferdes steht heute oft ein Porsche im ›Stall‹.

Biegen Sie, das Goethe-Institut rechts liegen lassend, in die ruhigen **Princes Gardens** ❾ ein. Diese und die **Ennismore Gardens Mews** ❿ entlangschlendernd, können Sie die Museumseindrücke noch einmal Revue passieren lassen. Sie würden gern eine kleine Pause auf einer Bank in den **Ennismore Gar-**dens ⓫ einlegen? Das geht leider nicht, nur die Anwohner dürfen hier sitzen. Wer in dieser Gegend wohl wohnen mag? Die Autos vor den gepflegten Häusern verraten so einiges. Falls Sie hungrig sind: In dem ausgezeichneten Restaurant **Haandi** ❷ am Cheval Place können Sie nordindische Küche in schönem Ambiente genießen. Wenn Sie dann wieder frische Kräfte haben: auf zu **Harrods** ❽ schräg gegenüber in der Brompton Road. Mal reinschauen kann man ja. 1849 als kleines Lebensmittelgeschäft von Henry Charles Harrods eröffnet, zählt das Imperium heute sieben Etagen mit 300 Abteilungen. Es gehört inzwischen dem Scheichtum Katar. In Livree gehüllte Pförtner bewachen das Gebäude. Besonders prachtvoll sind im Erdgeschoss die Ägyptische Halle und die Lebensmittelabteilung mit den gewölbten Decken und bunten Kacheln.

»Murder in the Mews« – Agatha Christie liebte ihr kleines Mews House in Kensington so sehr, dass es 1937 sogar als Inspiration für eine ihrer Kriminalgeschichten herhalten musste.

Harrods kann sich der ersten Rolltreppe Londons rühmen: Im oberen Stockwerk nahmen früher Angestellte die Ladys in Empfang, um ihnen nach der aufregenden Fahrt auf der rollenden Treppe einen stärkenden Schluck Brandy zu reichen.

Kensington High Street und Holland Park

Das Gängige inklusive Bio

Entlang der übersichtlichen Einkaufsstraße **Kensington High Street** reihen sich Filialen der einschlägigen Ladenketten aneinander, wie Gap, Marks & Spencer und Uniqlo. Im **ehemaligen Barkers Department Store,** einem Gebäude im Art-déco-Stil, befindet sich heute ein großer **Whole Foods Market** 🔟. Er war der erste Bio-Supermarkt in Großbritannien. Mittlerweile ist die amerikanische Kette in London mit sieben Filialen vertreten. In der von der Kensington High Street abgehenden und nach Notting Hill führenden **Kensington Church Street** gibt es eine Reihe von traditionsreichen Antiquitätenläden (www.antiques-london.com).

Nannys, Kinderwagen und Opern

Waren Sie schon in dem 2016 im ehemaligen Commonwealth Institute eröffneten **Design Museum** ㉔ am Holland Park? Schon jetzt ist es irgendwie zu klein. Aber die neue Location ist toll. Es war ein ganz schöner Akt, bis der denkmalgeschützte Bau mit seinem markanten, spitz zulaufenden Kupferdach bezogen werden konnte. Treibende Kraft – auch finanziell – war Sir Terence Conran, der das Design Museum 1989 gegründet hatte. Der damalige Standort lag nahe der Tower Bridge. Es wird Conran sicher freuen, sein Museum nun in dem Londoner Borough angesiedelt zu wissen, mit dem er ohnehin aufs Engste verbunden ist – auch weil er hier 1964 an der Ecke Sloane

WO LIEGT HOLLAND?

Was hat der Holland Park mit den Niederlanden zu tun? Nichts. Er gehörte zum Cope Castle (1604), einem der ersten großen Häuser in Kensington und Isabel, die einzige Tochter des Erbauers Walter Cope, heiratete den 1st Earl of Holland. Sein Titel bezog sich auf die Region Holland in Lincolnshire im Nordosten Englands. Und was wurde aus dem dann Holland House genannten Bau? Die Deutschen zerbombten ihn im Zweiten Weltkrieg. Der verbliebene Ostflügel ist heute ein Hostel.

Avenue/Fulham Road seinen allerersten Habitat-Shop eröffnete.

Ein Einfamilienhaus kann vieles sein, ein schmalbrüstiges Reihenhaus ebenso wie ein stattlicher viktorianischer Bau. Häuser der letztgenannten Machart findet man reichlich rund um den **Holland Park** ⑫. Hier leben angeblich mehr Millionäre als in jedem anderen Teil Europas. Ein Indiz dafür sind die chinesischen Nannys, die Sie auf den gepflegten Pfaden des schönen Holland Park mit luxuriösen Kinderwagen ihre Runden drehen sehen. Der kürzlich topmodernisierte Abenteuerspielplatz im Park ist klasse und steht allen offen. Erwachsene bevorzugen den meditativen, von einem japanischen Landschaftsarchitekten angelegten **Kyoto Garden,** ein Geschenk der Handelskammer von Kyoto.

Wenn Sie sich bisher noch nicht für klassische Musik begeistern konnten, kann sich das durch einen Besuch der **Opera Holland Park** ❷ schlagartig ändern. Allein schon die Atmosphäre bei den Opern- und Konzertabenden, die in den Sommermonaten in einem riesigen Zelt im Park stattfinden, ist ein Erlebnis.

TOUR
Künstler-Hotspot Holland Park

Zu Besuch bei Lord Leighton und Mr und Mrs Sambourne

Infos

📍 Karte 3, E/F 10/11

Start:
U-Bahn-Station High
Street Kensington

Leighton House
⑬: 12 Holland Park
Road, T 020 76
02 33 16, Mi–Mo
10–17.30 Uhr, 9 £;
Mi, So 15 Uhr inkl.
Führung.

18 Stafford Terrace
⑭: T 020 76 02
33 16, Führungen
(90 Min.) i. d. R.
März–Dez. Mi, Sa,
So 11–12.15, in
hist. Kostümen Sa
11–12.15 Uhr, 10 £,
ohne Führung Mi, Sa,
So 14–17.30 Uhr,
7 £, www.rbkc.gov.uk

Offenbar verströmte der **Holland Park** im 19. Jh. Inspiration: Jedenfalls entwickelte sich das noble Viertel, das ab 1850 rund um den Park entstand, zu einer bevorzugten Wohngegend von Künstlern. Zahlreiche blaue Plaketten erinnern an einstige Anwohner, u. a. die Maler George Frederic Watts, William Holman Hunt, Frederic Leighton und Valentine Prinsep. Gemeinsam mit anderen Künstlern bildeten sie den sogenannten Holland Park Circle.

Künstler genossen zu dieser Zeit vor allem in London ein hohes Ansehen. Die »Show Sundays«, zu denen sie ihre Ateliers für die Öffentlichkeit öffneten und vor ihren Leinwänden posierten, waren bedeutende gesellschaftliche Ereignisse. Die noblen Anwesen entlang der ›Paradise Row‹ wurden von den besten Architekten der Zeit gestaltet und dienten dazu, den Ruhm ihrer Bewohner zu mehren. Fast alle von ihnen waren Mitglieder der Royal Academy of Arts, hatten öffentliche Ämter inne und bekamen Auszeichnungen. Zwei Künstlerhäuser aus dieser Zeit sind erhalten und erlauben uns heute einen großartigen Einblick in die Welt erfolgreicher Künstler in spätviktorianischen Zeiten.

Leighton House ⑬ war das Wohnhaus und Atelier des Orientalisten, Künstlers und Präsidenten der Royal Academy Lord Frederic Leighton (1830–96). Sein ›House Beautiful‹ hatte er zwischen 1864 und 1879 errichten lassen. Je mehr Leightons Ruhm und soziales Ansehen wuchsen, desto stärker wurde es ausgebaut und verschönert. Leighton, gebildet, elegant, kosmopolitisch, bewegte sich in den höchsten Kreisen der Gesellschaft und konnte sich daher eine gewisse Extravaganz leisten. Faszinierend ist die **Arabische Halle**, die mit ihrem Springbrunnen aus schwarzem Marmor und der goldenen Kuppel an Erzählungen aus Tausendundeiner Nacht

erinnert. Rund tausend Kacheln aus Nicäa, Damaskus und Persien zieren die Wände. Leighton House spiegelt den Hang seines Besitzers zu einem außergewöhnlichen Einrichtungsstil wider.

Ein zweites Künstlerhaus am Holland Park steht eher für den Durchschnittsgeschmack der damaligen Zeit: **18 Stafford Terrace** ⑭. Hier lebte Linley Sambourne, (1844–1910) Kartoonist der politischen Satire-Zeitschrift »Punch«

Der Traum vom bürgerlichen Leben: im Haus der Sambournes

und Fotograf, mit seiner begüterten Frau, zwei Kindern und den Dienstboten. Linley und Marion Sambourne hatten das Haus 1874 für 2000 £ erworben und im modischen Stil ihrer Zeit eingerichtet. Vom Eingangsflur und Treppenhaus über die Ess-, Wohn- und Schlafzimmer bis hin zu den Arbeitsräumen und Bädern ist die Inneneinrichtung nahezu unverändert.

Obwohl als ›Künstlerhaus‹ ein wenig kreativer gestaltet als z. B. das Haus eines Regierungsbeamten, ist Stafford Terrace Nr. 18 ein wertvolles Zeugnis der Wohnkultur des gut situierten Bürgertums in der viktorianischen Epoche.

Bunte Glasfenster, Tapeten von William Morris, Nippes, ein Sammelsurium an Kunstgegenständen – im Wohnzimmer allein rund 600 – sowie unzählige Fotografien von Sambourne zieren die Wände. Der vorherrschende Stil im letzten Drittel des 19. Jh. war der Ästhetizismus, der nach dem schweren, düsteren Stil der Jahrhundertmitte eine gewisse Leichtigkeit brachte. Prägend war dabei inbesondere die Kunst Japans – alles Japanische war der absolut letzte Schrei. Für ein reiches Angebot an Objekten aus der zuvor verschlossenen Kultur sorgte das Kaufhaus Liberty. Die Sambournes waren äußerst bemüht, in puncto Einrichtung nie danebenzuliegen. Einen guten Eindruck machen ist alles, lautete die Devise.

Ein Haus wie 18 Stafford Terrace ist natürlich prädestiniert, mal als Filmkulisse zu dienen. Tatsächlich wurden hier u. a. Szenen des Kinofilms »Zimmer mit Aussicht« gedreht (im Original: A Room with a View, 1985, Regie: James Ivory).

Notting Hill

📍 Karte 3, D/E 7/8

Die zwei Seiten von Notting Hill
Vielleicht kennen Sie Notting Hill ja schon: den alljährlich stattfindenden Karneval oder den **Portobello Road Market** 🛍, einen gigantischen Freiluftmarkt mit unzähligen Antiquitätenständen, Spezialgeschäften und Kuriositätenläden. Oder Sie haben vom Kinohit »Notting Hill« mit Hugh Grant und Julia Roberts noch Bilder im Kopf. Notting Hill hat viele Gesichter und wie andere Londoner Stadtteile hat es mehrere Wandlungen durchlaufen. Bis zum 19. Jh. war es ein Dorf mit Schweinefarmen und einigen Ziegeleien, von denen eine noch in der Walmer Road zu sehen ist. Im Zuge eines Baubooms in viktorianischer Zeit entstand neuer Wohnraum, der dringend benötigt wurde, um das überbevölkerte West End zu entlasten. Die Landbesitzerfamilie Ladbroke ließ stattliche Straßenzüge mit eleganten, hohen und weiß verputzten Häusern anlegen.

Schlendern Sie mal durch **Ladbroke Grove** und die Seitenstraßen rechts und links, z. B. **Ladbroke Gardens, Stanley Crescent** oder **Lansdowne Crescent**. Zu den Häuserzeilen gehören großzügig gestaltete Gärten, die aber nur den jeweiligen Bewohnern offen standen. Auch heute noch haben ausschließlich die Anwohner Schlüssel zu den Grünanlagen, beispielsweise zu den Ladbroke

Hausfassaden in allen erdenklichen Farben der Bonbondose: gelb, rosa, wolkenblau, marineblau, grau, grün – die Portobello Road macht gute Laune. Nur schade, dass hier Autos parken.

Square Gardens (http://www.ladbroke association.info).

Die Gegend rund um **Westbourne Grove,** nur wenige Minuten von der Portobello Road entfernt, lohnt sich ebenfalls wegen der Geschäfte für Street Fashion, der Plattenläden, der Gastropubs und – unbedingt ›Instagram-würdig‹ – wegen **Wild at Heart** 🔢, wo Nikki Tibbles seit über 20 Jahren Blumenträume kreiert. Und jetzt ein bisschen Geschichte: Ein Stückchen die Portobello Road hoch, liegt linker Hand das tolle **Electric Cinema** ✳️. 1911 als Imperial Playhouse eröffnet, war es das allererste Kino in England. Nach wie vor wird es heiß geliebt.

Alles ist so schön und begehrenswert in Notting Hill. Man kann sich gar nicht vorstellen, welche schlimmen Krawalle es hier vor nur einem halbem Jahrhundert gegeben hat. Der östliche Teil von Notting Hill hatte sich zu einem Wohngebiet für die Ärmsten der Armen entwickelt. Gewalt und Kriminalität waren an der Tagesordnung. In den 1950er-Jahren siedelten sich hier, ebenso wie im südlichen Brixton, vor allem die Immigranten aus der Karibik an. Anfang der 60er-Jahren betrug der Anteil der Menschen aus der Karibik in London rund 100 000. Die meisten von ihnen lebten in Notting Hill. Willkommen waren sie nicht, denn das Motto eines Großteils der Bevölkerung lautete: »No blacks, no dogs, no Irish!«. Rassenunruhen ließen nicht lange auf sich warten. Im August 1958 kam es zu xenophoben Ausschreitungen gegen Einwanderer aus dem Commonwealth. Neun weiße ›Teddy Boys‹ aus dem Dunstkreis von Oswald Mosleys ›White Defence League‹ wurden zu je vier Jahren Gefängnis verurteilt. Und was machten die Einwanderer? Sie trommelten und tanzten ihren Ärger hinaus. Seit 1966 ist der Notting Hill Carnival (s. S. 87) eine fest verankerte Tradition im Stadtteil.

Kensington Gardens und Hyde Park

📍 H–L 8/9; Karte 3, G–J 8/9

Viel Sauerstoff und Bewegung

Brauchen Sie ein paar Stunden Erholung im Grünen? Dann tun Sie es den Londonern gleich: Packen Sie ein Picknick ein und machen Sie sich auf den Weg in den riesigen **Hyde Park** ⓭ oder die sich westlich anschließenden **Kensington Gardens** ⓰. Hier ist Platz für alle. Mit einer Länge von 3,5 km und einer Fläche von 145 ha ist der Hyde Park der größte Park in London. Mit den Kensington Gardens kommen noch mal 110 ha hinzu. Unter Henry VIII. Jagdrevier, später Austragungsort für Duelle und Richtstätte, wurde das Areal Anfang des 17. Jh. als erster königlicher Park der Öffentlichkeit zugänglich gemacht. Heute kann man hier nicht nur picknicken, sondern auch moderne Kunst genießen und manchmal Freiluftkonzerte. Und wenn Sie sich endlich mal Luft machen wollen: An der **Speakers' Corner** ⓱ (www.speakerscorner.net) darf sich seit 1872 (!) jede(r) hinstellen, wann immer er/sie mag, und alles sagen, was er bzw. sie möchte – egal, ob vernünftig oder ein bisschen verrückt. Aber man kann natürlich auch einfach nur zuhören. Am besten am Sonntag zwischen 13 und 17 Uhr hingehen. Ein kleines Café gibt es auch.

An dem um 1730 angelegten See Serpentine können Sie **Ruder- und Tretboote** ❶ ausleihen (s. S. 156). Sogar ein Schwimmbad, den **Serpentine Lido** ❷, gibt es – Badeanzug nicht vergessen! Im Sommer ist er für alle geöffnet. Doch einzig die Mitglieder des ältesten Schwimmclubs Großbritanniens

Der Diana, Princess of Wales Memorial Fountain nahe der Serpentine Gallery ist ein Werk von Kathryn Gustafson. Hände und Füße ins Wasser halten ist hier erlaubt, ins Wasser gehen dagegen nicht.

genießen das – im Winter zweifelhafte – Privileg ganzjährig im Lido ihre Bahnen ziehen zu dürfen. Das Wasser des rund 16 ha großen Serpentine kommt von dem kleinen Fluss Westbourne, einem Nebenarm der Themse, der 1856 unter die Oberfläche verlegt wurde. Hier tritt er noch einmal zutage. Der Serpentine bildet eine Art Trennlinie zwischen Hyde Park und Kensington Gardens. Letztere gehören offiziell zum Kensington Palace und wurden von George II. erstmals der Öffentlichkeit zugänglich gemacht. Anfangs war der Park nur sonntags und nur für die ›Bessergekleideten‹ geöffnet.

Nicht immer bequem

In einem ehemaligen Teehaus aus den 1930er-Jahren ist seit 1970 die **Serpentine Gallery** 25 (s. S. 153) untergebracht, die wie die nahe gelegene, 2013 eröffnete **Serpentine Sackler Gallery** 26 (s. S. 153)

zeitgenössische Kunst zeigt. Die Serpentine Sackler Gallery ist ein Meisterwerk der 2016 verstorbenen Stararchitektin Zaha Hadid. Sie besteht aus dem sogenannten Magazine, einem umgestalteten Ziegelbau aus dem 19. Jh., und einem modernen, wellenförmigen Anbau. Besonders spannend: Schon seit der Jahrtausendwende lässt die Serpentine Gallery von einem führenden Architekten oder einer Architektin – oder einem Team – vor der Galerie einen temporären ›Summer Pavilion‹ gestalten. Voraussetzung: Er oder sie hat in Großbritannien noch kein Gebäude errichtet. Man kann also architektonisches Neuland besichtigen und begehen. Der künstlerische Direktor der Serpentine Galleries, der Schweizer Hans Ulrich Obrist, macht es den Besuchern auch sonst nicht gerade leicht. Nichts für Zartbesaitete war in der Vergangenheit z. B. die Performance-Kunst von Marina

Abramović. Und die lebenden Schmeiß-fliegen, 50 000 ekelhafte fette *bluebottles,* die den Besuchern als Teil von Pierre Huyghes Ausstellung in Kragen und Ausschnitt flogen – eine Zumutung! Für die ausgesprochen interessanten Mara-thon-Events zu verschiedenen Themen, bei denen Künstler und Wissenschaftler, z. B. Anthropologen oder Soziologen, mit-einander diskutieren, braucht man im Na-men der Kunst viel Durchhaltevermögen.

Kleine und große Denkmäler

Auch jenseits der Serpentine Galleries gibt es eine Reihe von Kunstwerken bzw. Denkmälern in beiden Parks, z. B. in den Kensington Gardens die **Peter Pan Statue** (1912) von George Frampton. In Auftrag gegeben hatte die von allerlei Getier um-rankte Skulptur der Autor des gleichna-migen Kinderbuchklassikers, J. M. Barrie. Hier im Park hatte er die Kinder kennen-gelernt, die später zu Vorbildern für die Romanfigur Peter Pan wurden. Das größ-te aller Denkmäler ragt gegenüber dem Ziegelsteinbau der **Royal Albert Hall** **5** auf: das **Albert Memorial 18** (1872). Was meinen Sie: Hätte dem bescheidenen Prinzen Albert, der 41-jährig an Typhus starb, das pompöse, 55 m hohe Denkmal gefallen? Es wird von den Allegorien des Glaubens, der Hoffnung und der Liebe sowie einer goldenen Spitze gekrönt. Die Statuen an den vier Ecken verkörpern die Kontinente Europa, Afrika, Amerika und Asien. Können Sie sie entdecken?

Diana forever

Das Interesse an der 1997 verstorbenen Prinzessin Diana, die auch nach ihrer Trennung von Prinz Charles im **Ken-sington Palace 19** (www.hrp.org.uk, tgl. 10–18 Uhr, 19,50 £) lebte, ist ungebrochen. Noch immer pilgern viele Menschen am 31. August, Dianas Todestag, zum Palast, um zu Ehren der Prinzessin an den Gittern Blumen niederzulegen. Der Kensington Palace war zwischen 1689 und 1760 kö-

nigliche Residenz und danach Wohnstätte verschiedener Mitglieder der königlichen Familie. Auch Queen Victoria wurde hier geboren. Heute leben Prince William und seine Familie und andere Royaltys im Pa-last – eine Art königliche Wohngemein-schaft, in der alle ihren abgeschlossenen Trakt haben. Einige Bereiche des präch-tigen Palastes können Sie besichtigen und in Ausstellungen die Abendkleider von Prinzessin Diana bewundern.

Vom Kensington Palace zieht sich der 10 km lange **Diana Princess of Wales Memorial Walk** durch die Ken-sington Gardens, den Hyde Park und den Green Park bis zum St James's Park. An die Prinzessin wird zudem in den Kensington Gardens mit dem **Diana Memorial Playground** erinnert, einem tollen Abenteuerspielplatz (Mai–Aug. 10–19.45, April, Sept. 10–18.45 Uhr, im Winter kürzer, mit Café).

Diana Princess of Wales Memorial Walk: Karte s. www.royalparks.org.uk > Kensington Park > Things to see and do

Museen

Je verrückter, desto besser

20 Saatchi Gallery: Wer ist Charles Saatchi? Ein Ex-Werbemogul und Kunst-sammler, der sich selbst als Artoholic be-zeichnet (s. S. 293). In erster Linie ihm war der Boom der BritArt in den 1980ern zu verdanken. Sein Konzept: unbekann-ten Künstlern eine Chance geben. Je ungewöhnlicher und schockierender die Arbeiten, desto besser. Für viele Künstler aus dem In- und Ausland wurde eine Aus-stellung bei Saatchi zum Karrieresprung. Das riesige Galeriegebäude an der Ecke Sloane Square/King's Road beherbergt eine der größten Sammlungen für zeitge-nössische Kunst weltweit. Mal reingehen kostet nichts und ist immer anregend.

Duke of York Square, www.saatchigallery.com, U: Sloane Square, tgl. 10–18 Uhr, Eintritt frei

Diplodocus und Co.

㉑ Natural History Museum: In der aus sandfarbenen Ziegelsteinen errichteten ›Kathedrale der Naturwissenschaften‹ wird anhand von 70 Mio. (!) Exponaten über die Erde und ihre Bewohner von den Anfängen bis heute informiert. Highlight ist das 25,2 m Skelett eines Blauwals. Es trägt den schönen Namen Hope. Die »Grüne Zone« widmet sich Fossilien, Vögeln, Ökologie und *creepy crawlies* (Insekten, Spinnen etc.). Besonders beeindruckt hat mich ein Stück eines riesigen Sequoia-Baumstamms, in dessen Jahresringe die wichtigsten Ereignisse der Weltgeschichte eingetragen sind. 1300 Jahre war der Baum alt, als er gefällt wurde. In der »Blauen Zone« stehen Säugetiere, Dinosaurier, Fische, Reptilien und die Humanbiologie im Mittelpunkt, in der »Roten Zone« die Evolution, Mineralien und Vulkane. Das »Darwin Centre« konzentriert sich auf Taxonomie. Auf einer Tour durch den »Cocoon« sind in der Feuchtsammlung ca. 450 000 Objekte und in der Trockensammlung über 22 Mio. Tier- und Pflanzenarten zu sehen. Cromwell Road, www.nhm.ac.uk, U: South Kensington, tgl. 10–17.50 Uhr, Eintritt frei

Die Welt erklärt

㉒ Science Museum: Das Science Museum ist riesengroß und mit 3,3 Mio. Besuchern im Jahr immer voll, manchmal brechend voll. Alle Aspekte der Wissenschaften werden erläutert und in einen historischen Zusammenhang gestellt. Hier die Highlights: »Making the Modern World« präsentiert die Errungenschaften der Neuzeit und stellt eine Verbindung zwischen den Anfängen der industriellen Revolution und dem Computerzeitalter her. Das beliebteste Exponat ist die Raumkapsel der Apollo 10, die 1969 den Mond umkreiste. Mit dieser Raumfahrtmission wurde die erste Mondlandung des Menschen vorbereitet. Das IMAX-Kino (Eintritt) zeigt 3-D-Filme, z. B. über die Tiefsee, das Weltall oder Dinosaurier. In »Secret Life of the Home« wird die Geschichte von Alltagsobjekten dokumentiert. Die Abteilung »Flight« zeigt die Entwicklung der Luftfahrt vom Heißluftballon bis zu Überschallflugzeugen. Unglaublich, dass die 27-jährige Amy Johnson 1930 in der ausgestellten »Gypsy Moth« allein von England nach Australien flog. Wirklich spannend ist die Abteilung »Who am I?«, in der verschiedene Aspekte des Daseins erläutert werden, wie z. B. Phänomene des Körpers. »Atmosphere« beschäftigt sich mit Klimawandel und Erderwärmung. Das »Clockmaker's Company Museum«, 1814 gegründet, ist die älteste Uhrensammlung der Welt. Exhibition Road, www.sciencemuseum.org. uk, U: South Kensington, tgl. 10–18 Uhr, Eintritt frei

An Superlativen reich

㉓ Victoria & Albert Museum: Mein ›alltime favourite museum‹! Das wunderbare V & A beherbergt die weltweit größte Sammlung von Kunstgewerbe aus aller Welt und allen Jahrhunderten: Keramik, Porzellan, Glas, Fotografien, Musikinstrumente, Skulpturen (u. a. die beste Sammlung italienischer Renaissance-Skulpturen außerhalb Italiens), Möbel, Schmuck, Textilien, Teppiche und Kleidung. 1852 gegründet, sollte das Museum den Bildungsauftrag Prinz Alberts erfüllen und die Kunst allen Bevölkerungsschichten zugänglich machen. Nachfolgend die Highlights.

Medieval Treasury: Das Becket-Kästchen aus Limoges (1180) enthielt angeblich ein Stück des blutgetränkten Gewands des hl. Thomas Becket. Raphael Cartoons: Raphael fertigte die großen farbigen Werke 1515 im Auftrag von Papst Leo X. an. Sie dienten als Vorlagen für Wandteppiche. Dress Collection: 400 Jahre europäische Damen-, Herren- und Kinderkleidung chronologisch geordnet. Photographs Gallery: Die Geschichte der Fotografie. Das V&A war 1858 das erste Museum, das Fotografien ausstellte. Morris, Gamble and Poynter Rooms: In den

Das Victoria and Albert Museum hat antike Skulpturen en masse.
Auch heute noch kann man hier das detailgetreue Zeichnen üben.

Original-Erfrischungsräumen, den ersten in einem Museum, kann man sich heute noch stärken. Von William Morris stammen die Möbel und Textilien, von James Gamble die Glasfenster. Cast Rooms: Hier sind Reproduktionen europäischer Skulpturen ausgestellt, anhand derer Studenten das Zeichnen erlernen sollten, z. B. Teile der Trajanssäule in Rom. Glass Gallery: Die Geschichte des Glases von 2500 v. Chr. bis heute. Spektakulär ist die Glasskulptur von Dale Chihuly im Eingangsbereich. Silver Gallery: Silberwaren ab dem 14. Jh. bis heute. John Constable Collection: Eine große Sammlung von Werken des englischen Landschaftsmalers. British Galleries: Britisches Design von 1500 bis 1900. Mit dem **Exhibition Road Quarter** von Amanda Levete kamen 1100 m² Ausstellungsfläche hinzu (s. S. 143).
Cromwell Road, www.vam.ac.uk, U: South Kensington, tgl. 10–17.45, Fr bis 22 Uhr, tgl. Gratis-Führungen zu div. Themen, Eintritt frei

Das Neueste in puncto Design

㉔ Design Museum: s. auch S. 145. Eine Begegnung mit zeitgenössischem Design in jeglicher Form: Grafik, Architektur, Mode und Produktdesign. Zusätzlich gibt es mehrere Sonderausstellungen im Jahr, wie z. B. »Beazley Designs of the Year« mit prämierten Designobjekten.
224–238 Kensington High Street, http://designmuseum.org, U: High Street Kensington, tgl. 10–18 Uhr, Eintritt frei, außer für Sonderausstellungen

Kunst darf schockierend sein

Die **Serpentine Gallery** ㉕ und die **Serpentine Sackler Gallery** ㉖ liegen nur fünf Minuten voneinander entfernt mitten im Hyde Park. Mit großem Erfolg wird hier internationale, zeitgenössische Kunst gezeigt, nicht selten mit Schockfaktor.
Kensington Gardens, www.serpentinegalleries.org, U: Lancaster Gate, Di–So, BH 10–18 Uhr, Eintritt frei

Essen

Klassisch kreativ

1 Bibendum: Im perfekt gestylten Speiseraum des Michelin House (s. S. 138) bietet das Bibendum, so benannt nach dem Michelin-Männchen, kreativ abgewandelte klassische europäische Küche und dazu eine üppige Weinkarte.
81 Fulham Road, T 020 75 81 58 17, www.bibendum.co.uk, U: South Kensington, Mi–So 12–14.15, Mi–Fr 18.30–21.45, Sa 18.30–22, So 18.30–21 Uhr, Sunday Roast 33 £

Authentische indische Küche

2 Haandi: Erstklassiges indisches Restaurant mit Wurzeln in Ostafrika – in Nairobi gab es das erste Haandi. Aufmerksamer Service und authentische Speisen. Auch eine gute Adresse für Vegetarier.
7 Cheval Place, T 020 78 23 73 73, www.haandirestaurants.com, U: Knightsbridge, So–Do 12–23, Fr, Sa 12–23.30 Uhr

Libanesische Küche

3 Comptoir Libanese: In diesem Lokal nahe den großen Museen ist's so gemütlich und bunt, dass man schnell in Urlaubsstimmung kommt. Libanesische Küche schmeckt immer, Superauswahl auch für Vegetarier. Ich esse die Spinat-Fatayer und Halloumi-Burger am liebsten.
1–5 Exhibition Road, T 020 72 25 50 06, www.comptoirlibanese.com, U: South Kensington, Mo–Sa 8.30–Mitternacht, So 8.30–22.30 Uhr

Eine Institution in Kensington

4 Clarke's Restaurant: Köchin Sally Clarke verwendet in ihrem Restaurant nur die besten und frischesten Zutaten. Sie bietet ein festes 2- bis 3-Gänge-Menü an. Hier zu essen ist nicht gerade billig, aber so schön, dass man es sich ruhig mal gönnen sollte.
122–124 Kensington Church Street, T 020 72 21 92 25, www.sallyclarke.com, U: Notting Hill Gate, High Street Kensington, Frühstück Mo–Sa ab 8, Lunch Mo–Sa ab 12.30, So 12, Dinner Mo–Sa ab 18.30 Uhr

Rustikales zum Wohlfühlen

5 Windsor Castle: Pubklassiker wie *sausage and mash* bekommen Sie hier in modern abgewandelten Varianten. Zum Aufwärmen im Winter lodert ein Kaminfeuer und die Bar ist ebenfalls gut bestückt.
114 Campden Hill, T 020 72 43 87 97, www.thewindsorcastlekensington.co.uk, U: Notting Hill Gate, Mo–Sa 12–23, So bis 22.30 Uhr.

Einkaufen

Köstliche Cronuts

1 Dominique Ansel: s. S. 133.
17–21 Elizabeth Street, https://dominiquean sellondon.com, U: Victoria, Mo–Sa 8–20, So 9–20 Uhr

Cupcakes von der VIP-Bäckerin

2 Peggy Porschen: s. S. 133.
116 Ebury Street (Ecke Elizabeth Street), www.peggyporschen.com, U: Victoria, tgl. 8–20 Uhr

Buchhandlung mit Tradition

3 John Sandoe: Seit mehr als 60 Jahren begeistert die kleine Buchhandlung in einer Seitenstraße der King's Road mit ihrer großen Auswahl und ihren zuvorkommenden, sachkundigen Angestellten.
10 Blacklands Terrace, T 020 75 89 94 73, www.johnsandoe. com, U: Sloane Square, Mo–Sa 9.30–18.30, So 11–17 Uhr

Schuhe wie Madonna

4 Manolo Blahnik: s. S. 134.
49-51 Old Church Street, T 020 73 52 86 22, www.manoloblahnik.com, Bus: Carlyle Square Chelsea, Mo–Fr 10–17.30, Sa 10.30–17 Uhr

Bei Harrods ist alles vom Feinsten, selbst die Rolltreppe, die als Egyptian Escalator bekannt ist.

Denkmalgeschützter Bau
5 **Peter Jones:** Traditionsreiches Warenhaus, seit 1877 an dieser Stelle.
Sloane Square, www.johnlewis.com/our-shops/peter-jones, U: Sloane Square, Mo–Sa 9.30–19, So 12–18 Uhr

Shop der Punk-Ikone Westwood
6 **Worlds End:** s. S. 138.
430 Kings Road, http://worldsendshop.co.uk, U: Fulham Broadway, Mo–Sa 10–18 Uhr

Alltagsobjekte vom Designpapst
7 **The Conran Shop:** s. S. 138. Zeitlose Haushaltswaren und Interieur vom geadelten Designer Terence Conran.
Michelin House, 81 Fulham Road, www.conranshop.co.uk, U: South Kensington, Mo, Di, Fr 10–18, Mi, Do 10–19, Sa 10–18.30, So 12–18 Uhr

Das weltbekannte Warenhaus
8 **Harrods:** s. S. 144.
87–135 Brompton Road, www.harrods.com, U: Knightsbridge, Mo–Sa 10–21, So 12–18, Stöbern ist bereits ab 11.30 Uhr gestattet

Exklusiv
9 **Harvey Nichols:** Noch so ein riesiges, elegantes Warenhaus, wo Sie sich mit Designerklamotten eindecken können. Im Erdgeschoss verlocken Accessoires und eine exklusive Kosmetik- und Schmuckabteilung. Die fünfte Etage ist ein einziges Schlemmerparadies.
125 Knightsbridge, www.harveynichols.com, U: Knightsbridge, Mo–Sa 10–20, So 12–18 Uhr, zum Schauen ab 11.30 Uhr geöffnet

Bio!
10 **Whole Foods Market:** s. auch S. 145. Biosupermarkt mit einem breiten Sortiment an Biowaren auf drei Stockwerken.
63 High Street Kensington, http://wholefoodsmarket.com, U: High Street Kensington, Mo–Sa 8–22, So 12–18 Uhr

Klassisch-modern
11 **Paul Smith:** Der Top-End-Designer Paul Smith kreiert klassische, junge Mode. Zweigstellen in Covent Garden (Floral Street), Chelsea, Marylebone und Mayfair.
Westbourne House, 120–122 Kensington Park Road, www.paulsmith.co.uk, U: Notting Hill Gate, Mo–Mi 10.30–18.30, Do, Fr bis 19, Sa 10–19, So 12–18 Uhr

Riesiger Freiluftmarkt
12 **Portobello Road Market:** s. auch S. 148. Genügend Kleingeld mitnehmen! Mo–Mi 9–18 Uhr Obst und Gemüse, Do 9–13 Uhr bunter Markt, Fr, Sa 9–19 Mode (alt und neu), bunter Markt, Sa ist der Haupttag! Antiquitäten (Verkauf beginnt vereinzelt schon vor 9 Uhr) und *bric-a-brac* (Krimskrams). Weiter nördlich günstigere Waren, Kleidung, Schuhe, CDs. In der Portobello Green Arcade

Dass die Portobello Road mal eine Landstraße war, kann man sich beim besten Willen nicht mehr vorstellen – zumal nicht an einem Samstag.

wird Designerkleidung und Schmuck verkauft. Sonntags hier nur Kleidung und Krimskrams.

U: Notting Hill Gate, Ladbroke Grove, www. portobelloroad.co.uk

Blumige ›Insel‹
🛍 **Wild at Heart:** s. S. 149.

222 Westbourne Grove, T 020 77 27 30 95, https://wildatheart.com, U: Notting Hill Gate, Mo–Fr 8–18, Sa 8–17 Uhr

Bewegen

Bötchen fahren
① **BlueBird Boats:** Tret- und Ruderbootverleih am Serpentine; außerdem Touren mit dem Solar-Shuttleboot.

Boat House/Hyde Park T 020 72 62 19 88, www.solarshuttle.co.uk, Ostern–Ende Okt., im Sommer 10–20, im Winter bis 16 Uhr, 30 Min. 10 £

Abkühlung im Sommer
② **Serpentine Lido:** am Westufer des Sees Serpentine, s. S. 149.

T 020 77 06 34 22, https://www.royalparks. org.uk > Hyde Park > Things to see and do, U: Hyde Park Corner, Knightsbridge, Mai Sa, So, Juni–Anf. Sept. tgl. 10–18 Uhr

Ausgehen

Zeitgenössisch, oft provokativ
✴ **Royal Court Theatre:** s. S. 135. In den 1950er-Jahren begann hier mit der Uraufführung von John Osbornes »Look back in Anger« (›Blick zurück im Zorn‹) das moderne britische Theater. ›Zornig‹ sind viele der Stücke, die auf den beiden Bühnen aufgeführt werden, noch immer. Eine Bar gibt's auch.

Royal Court Theatre, Sloane Square, T 020 75 65 50 00, www.royalcourttheatre.com, U: Sloane Square, Mo alle Tickets nur 12 £

Die Oper im Park

❷ **Opera Holland Park:** Alljährlich im Sommer pilgern Opernfans zu dem Veranstaltungszelt im Holland Park. Neben Opern (z. B. Verdis ›Maskenball‹) werden Ballettstücke zur Aufführung gebracht und auf einer Leinwand Kinoklassiker wie »Mord im Orient Express« gezeigt.

T 030 09 99 10 00, www.operahollandpark.com, U: Holland Park

Kino im Bett

❸ **Electric Cinema:** In Großbritanniens ältestem Kino können Sie es sich auf einem von 65 Ledersesseln, auf drei Zweier-Sofas oder in einem der sechs Doppelbetten (!) bei einem stets gemütlichen Programm bequem machen.

191 Portobello Road, T 020 79 08 96 96, www.electriccinema.co.uk, U: Notting Hill Gate, Ladbroke Grove

World Cinema und Art House

❷ **Gate Cinema:** Die wunderschöne Art-déco-Einrichtung und das stets interessante Programm haben dem Gate eine größere Fangemeinde beschert.

87 Notting Hill Gate, T 087 19 02 57 31, www.picturehouses.co.uk, U: Notting Hill Gate, Mo ist Kino-Tag, Tickets dann nur 7,50 £

Die Akustik ist zweitrangig

❷ **Royal Albert Hall:** Das wichtigste Event ist natürlich die »Last Night of the Proms«. Die ›Proms‹ (Henry Wood Promenade Concerts) sind eine bunte Mischung klassisch-populärer Konzerte, die im Sommer (s. rechts) allabendlich von der BBC live übertragen werden. In der Royal Albert Hall live dabei zu sein ist nur möglich, wenn man bei der Teilnahme am Losverfahren Glück hatte. Die Royal Albert Hall ist ein riesiger roter Ziegelbau, der 1867–71 nach Plänen von Henry Scott entstand. Auf dem umlaufenden Terrakottafries werden die Künste und Wissenschaften gewürdigt. Da die Royal Albert Hall, in der sich die größte Orgel des Königreichs befindet, zunächst

---

TAGESAUSKLANG IM PUB

Jenseits der Sloane Street können Sie den Tag gut in einem Pub ausklingen lassen. Schöne Anlaufstellen sind der charmant altmodische **Nag's Head** ❖ (53 Kinnerton Street, T 020 72 35 11 35, tgl. 11–23 Uhr) und der winzige Pub **The Grenadier** ❼ (Wilton Row, Old Barrack Yard). Er existiert seit 1827 und darf sich rühmen, einst Wellingtons ›Stammkneipe‹ gewesen zu sein. Spezialität des Hauses ist eine nach Geheimrezept hergestellte Bloody Mary. Dazu gibt es solides Bar Food oder das Filetsteak ›Wellington‹ (T 020 72 35 30 74, www.grenadierbelgravia.com, tgl. 12–23 Uhr).

---

als Ausstellungs- und nicht als Musikhalle geplant war, ist die Akustik nicht sehr gut, insbesondere, weil die ovale Struktur eine Echowirkung hat. Das scheint der Liebe zu dieser Konzerthalle keinen Abbruch zu tun – die Konzerte, ob Klassik, Rock oder Pop, sind in der Regel ausgebucht.

Kensington Gore, T 020 75 89 82 12, www.royalalberthall.com, U: South Kensington

Infos

- **www.rbkc.gov.uk:** Unter dem Menüpunkt ›Virtual Museum‹ gibt es viele interessante Infos zur Geschichte des Royal Borough of Kensington und Chelsea und seiner illustren Bewohner.
- **Chelsea Flower Show:** Ende Mai, s. S. 135, www.rhs.org.uk.
- **The Last Night of the Proms:** s. links. Mitte Juli–Anf./Mitte Sept., www.bbc.co.uk/proms.
- **Notting Hill Carnival:** letztes Aug.-Wochenende, So: Kindertag, Mo (Bank Holiday) der eigentliche Karneval, s. S. 158,

»Die Kunst eines Volkes ist der Beginn seiner Freiheit«

Der Karneval in Notting Hill und was er mit dem Windrush-Skandal zu tun hat

Unter dem Motto »A people's art is the genesis of their freedom« stand eine Veranstaltung, die im Dezember 1958 in der Stadthalle von St Pancras stattfand: Es war der allererste ›Carnival‹ in London. Organisiert hatte ihn die Journalistin und Aktivistin Claudia Jones. Sie wollte ein Zeichen setzen gegen die rassistischen Ausschreitungen gegenüber Einwanderern aus der Karibik, die im selben Jahr in Notting Hill ausgebrochen waren. Die meisten Immigranten in dem Stadtteil stammten aus den karibischen Besitzungen des Königreichs, andere kamen auch aus afrikanischen Kolonien wie Ghana und Uganda. Sie waren in der Nachkriegszeit als Arbeitskräfte angeworben worden und lebten in Großbritannien mit den gleichen Rechten und Pflichten wie andere britische Staatsbürger. In den 1950er-Jahren kam es jedoch zu heftigen Unruhen – weiße Rassisten organisierten sich, um die Einwanderer ›in ihre Schranken zu weisen‹.

Nach der anfänglich noch bescheidenen Kulturveranstaltung in der St Pancras Townhall sollte es acht Jahre dauern, bis der Karneval 1966 auf Initiative einer anderen Aktivistin, Rhaune Lasletts, erstmalig auf den Straßen in Notting Hill abgehalten wurde. Hier konnten die Immigranten ihre eigene Herkunft feiern und wie in ihren Heimatländern mit bunten Kostümen, Tanz und Musik durch die Straßen des Viertels ziehen. Heute ist der Karneval in Notting Hill nach dem in Rio de Janeiro die zweitgrößte Karnevalsveranstaltung der Welt. Sie findet jeden August am Bank-Holiday-Wochenende statt. Über 2 Mio. Mitwirkende und Zuschauer nehmen alljährlich daran teil. Thematisch geschmückte Umzugswagen, dröhnende Musikboxen, Samba-Bands und Tanzgruppen konkurrieren miteinander. Der Umzug verläuft von Ladbroke Grove entlang Westbourne Grove, Chepstow Road, Great Western Road und Kensal Road.

So politisch aufgeheizt wie in den letzten beiden Jahren war die Stimmung beim Notting Hill Carnival schon lange nicht mehr. Für einen Skandal sorgte 2017 der verheerende Brand im Grenfell Tower in Notting Hill, der die Nation bis ins Mark erschütterte. 2018 folgte

Claudia Jones wollte ein Zeichen setzen gegen die rassistischen Ausschreitungen gegenüber Einwanderern aus der Karibik.

der Windrush-Skandal. Es ging um das Fehlverhalten der Regierung gegenüber der Einwanderergeneration. Bürger, die als Kinder aus den ehemaligen Kolonien nach Großbritannien gekommen waren, hier 50 Jahre oder mehr gelebt hatten, wurden plötzlich in Abschiebehaft genommen. Ein Skandal ohnegleichen. ›Windrush scandal‹ wurde er genannt – nach dem Dampfer »Empire Windrush«, mit dem die ersten rund 500 Einwanderer am 22. Juni 1948 aus der Karibik in Großbritannien angekommen waren.

Was war geschehen? Einige Zehntausend Menschen waren aus irgendwelchen Gründen von der Bürokratie übersehen worden und hatten nie die entsprechenden Papiere erhalten, mit denen sie einen legitimen Aufenthaltsstatus hätten belegen können. Sie wurden also nie offiziell eingebürgert. Problematisch wurde es, als sich die Politik gegenüber Migranten verschärfte. Seit 2013 wird in Großbritannien eine Politik des »hostile environment« verfolgt. Mit der Strategie der ›unfreundlichen Umgebung‹ will man es Einwanderern richtig ungemütlich machen. Aufenthaltspapiere müssen vorgelegt werden, um eine Wohnung zu mieten, den Gesundsheitsdienst zu nutzen oder einen Job zu bekommen. Dass auf einmal die Nachkriegsmigranten von dieser Politik betroffen waren, führte zu einhelliger Empörung in der Bevölkerung und in den Medien. Die Regierung musste sich entschuldigen und die Innenministerin ging gleich ganz über Bord. Ihr Nachfolger ist übrigens Sajid Javid, Muslim und Sohn eines pakistanischen Busfahrers. Für Theresa May kam der Windrush-Skandal zur Unzeit – 3 Mio. in Großbritannien lebende EU-Bürger pochten gerade auf eine Garantie von Niederlassungsrechten nach dem EU-Austritt. Bleibt abzuwarten, wie laut die Musik beim Karneval in Notting Hill im Jahr des Brexit dröhnt. ∎

Viele Menschen kamen 2018 aus Solidarität mit der Windrush-Generation zum Notting Hill Carnival.

Nordlondon

Weg von der hektischen Innenstadt — Die nördlichen Stadtteile, sei es King's Cross, Islington oder Hampstead, sind sehr unterschiedlich. Der Vorteil: Sie können zwischen urbanen und ländlichen Aktivitäten immer mal wechseln.

Seite 163

King's Cross

Aus dem Brachland rund um den Bahnhof King's Cross, der 2012 ein grandioses Fächerdach bekam, ist ein abwechslungsreiches Quartier mit kreativer Note geworden. Studierende der Kunsthochschule sorgen für Action.

Seite 168

British Library

Im Mekka für Bibliophile gibt es hochspannende öffentliche Ausstellungsbereiche, wo Sie historische Dokumente, Briefe, Partituren und literarische Manuskripte anschauen, aber auch Stimmaufzeichnungen lauschen können.

Punks sind im Aussterben begriffen – schade eigentlich.

Eintauchen

Seite 169

Islington Squares

In Islington können Sie rund 20 kleine Squares besuchen: von noblen Wohnhäusern gerahmte Miniparks aus georgianischer und frühviktorianischer Zeit.

Seite 170

William Morris Gallery

William Morris gab sogar Tapetenentwürfen schöne Namen. In der William Morris Gallery in Walthamstow lernen Sie den berühmten viktorianischen Designer näher kennen. Das Museum befindet sich im ehemaligen Wohnhaus des Allroundkünstlers.

Seite 172

Brutalismus-Tour

In Camden entstanden in den 1970ern im Zuge des sozialen Wohnungsbaus Siedlungen im Stil des Brutalismus, die entdeckenswert sind.

Seite 174

Highgate Cemetery

Vögel zwitschern, zwischen hohen Bäumen schlängeln sich Pfade. Scheuen Sie sich nicht, den schönen Friedhof zu besichtigen.

Seite 176

Hampstead Heath

In dem über 3 km² großen Park können Sie den Müßiggang pflegen, picknicken, Drachen steigen lassen und in romantischen Badeseen schwimmen gehen. Oder Sie besuchen das Kenwood House mit großartiger Kunst.

Seite 184

Am Regent's Canal entlang

Ausgehend von Little Venice im Westen geht es auf Treidelpfaden zu Fuß bis zur Themsemündung. Ein wunderschöner Spaziergang, für den Sie bis Camden nur eine Stunde benötigen.

Noch immer werden am Grab von Karl Marx auf dem Highgate Cemetery Blumen niedergelegt.

Pochierter Fisch mit zerlassener Butter – köstlich! Im charaktervollen Nachbarschaftscafé Alpino's in Pentonville (s. S. 180) zu frühstücken ist ein Vergnügen und sättigt gut.

erleben

Städtisch oder ländlich, ganz wie man will

Aus dem unschönen Brachland nördlich des Bahnhofs King's Cross ist ein auf Hochglanz getrimmtes Quartier geworden. ›Work & Play‹ ist die Parole: Shopping im historischen Coal Drop Yard, Kulinarisches vom Feinsten mit oder ohne Michelin-Stern, Kunst- und Kulturgenuss im Kings Place oder Chillen am Regent's Canal.

Das Touristenmekka Camden, das seit jeher wohlhabende Hampstead – auch in den nördlichen Stadtteilen sind die strukturellen und sozialen Unterschiede groß. Der Reiz von Hampstead beruht nach wie vor auf seinem Dorfcharakter, und ein Besuch auf dem ›Heath‹ wo man endlos spazieren gehen oder sogar schwimmen gehen kann, ist wie ein Ausflug aufs Land. Obwohl nur eine U-Bahn-Fahrt entfernt, scheint die Großstadt weit weg zu sein. Kein Wunder, dass sich hier vor allem Literaten und Künstler angesiedelt haben. Nicht weit entfernt öffnet der romantische Highgate Cemetery seine Tore für Besucher. Die Grabstellen aus viktorianischer Zeit sind sehr beeindruckend.

Rund um Little Venice im Viertel Maida Vale liegen gepflegte Hausboote im Wasser. Von hier geht es wunderbar

ORIENTIERUNG

Reisekarte: 📍 L–R 2–4
Cityplan: S. 164; S. 175
Das Viertel entdecken: Die Stadtteile im Norden Londons sind gut mit U-Bahn oder Bus zu erreichen. Nach Hampstead und Highgate sowie Islington, Camden und Kentish Town führt z. B. die Northern Line; nach Walthamstow gelangt man mit der Victoria Line.

entspannt am Kanal entlang bis nach Camden oder weiter hinaus. Islington ist eine äußerst begehrte Wohngegend. Die topsanierten georgianischen Plätze und Straßenzüge sind fest in den Händen der oberen Mittelschicht. Entlang der belebten Upper Street reihen sich Boutiquen, Cafés und Restaurants aneinander. Hier kann man auch abends gut hingehen. Walthamstow, am Ende der U-Bahn-Linie Victoria Line gelegen, ist die Heimat der William Morris Gallery. Sie ist ein Magnet für Arts-and-Crafts-Fans und alle, die mehr über den berühmten Kunsthandwerker, Schriftsteller und politischen Aktivisten Morris erfahren möchten. Abgesehen davon ist Walthamstow der nächste ›place to be‹. In den letzten fünf Jahren haben sich die Hauspreise bereits verdoppelt.

King's Cross ◉ 03–4

Was für eine Verwandlung

Wie Phönix aus der Asche erhebt sich das neue **King's Cross Quarter** hinter dem gleichnamigen Bahnhof. **King's Cross Station** ❶ (1852) bekam samt Vorplatz bereits vor der Olympiade 2012 ein optisches Update, einschließlich eines spektakulären netzartigen Dachs für die Abfahrtshalle. Auf dem Gelände hinter dem Bahnhof gibt es jetzt einladende Grünanlagen, Springbrunnen, Restaurants, Bars und nette Geschäfte. Wohnen kann man hier auch: Eine kleine Studio-Wohnung in einem ehemaligen Gastank ist momentan für eine knappe Million Pfund zu haben, beim Penthouse-Apartment wird der Preis allerdings zweistellig.

Noch bis Mitte des 20. Jh. war die Gegend rund um King's Cross ein Umschlagplatz für Waren aller Art, ob Kartoffeln, Holz oder Kohle. Dann verfielen die einst stolzen Lagerhäuser zunehmend – bis die Raverszene sie in Besitz nahm. In legendären Nachtclubs ging hier zwei Jahrzehnte lang die Post ab: z. B. im Fabric unter den Bögen des ehemaligen Verwaltungsbüros für den Kohlehandel (Coal Office, s. S. 166) und im berühmt-berüchtigten Bagley's, das sich über drei Stockwerke des einstigen Kohlelagers ausdehnte. Es bot bis zu 2500 Clubbern Platz. 2008 war damit Schluss. Und heute? Die Erneuerung von King's Cross, eines der größten städtischen Sanierungsprojekte in ganz Europa, ist jetzt abgeschlossen. Entstanden ist ein sehr sauberes, sehr schickes und sehr cooles Viertel. Die Raver von gestern besuchen vielleicht das **Central Saint Martins College of Art and Design** im **Granary Building** ❷, das einst als Kornspeicher diente. Oder sie sitzen demnächst mit ca. 7000 Kollegen

John McAslans netzartige Stahlkonstruktion breitet sich wie das Blätterdach eines Baumes über der Abfahrtshalle aus.

Nordlondon

Ansehen

1 King's Cross Station

2 Granary Building –
   Central Saint Martins
   College of Art and Design

3 Google Headquarters (in
   Bau)

4 Coal Office

5 Camley Street Nature
   Park

6 Skip Garden

7 St Pancras
   International

8 St. Pancras Renaissance
   Hotel London

9 British Library

10 Milner Square

11 Gibson Square

12 Lonsdale Square

13 Amy-Winehouse-Statue

14 – 16 s. S. 175

17 House of Illustration

18 London Canal Museum

19 Estorick Collection of
   Modern Italian Art

20 William Morris Gallery

21 Jewish Museum

22 – 25 s. S. 175

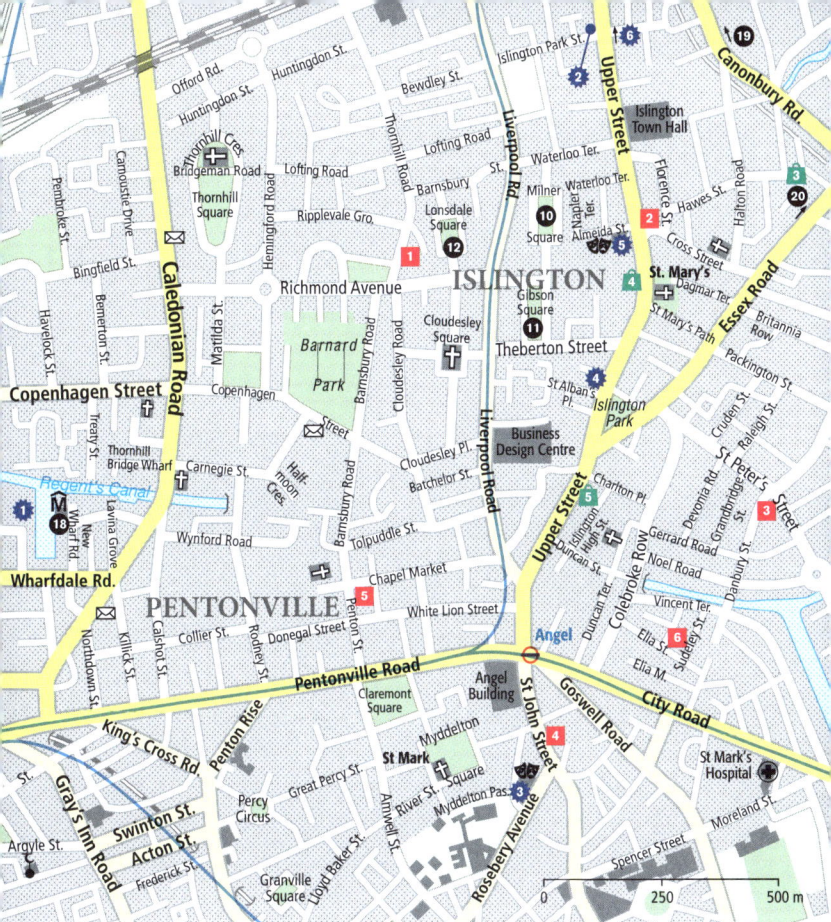

Essen

Einkaufen

Ausgehen

Viele Grünflächen und öffentliche Plätze zu schaffen gehörte bei der Umgestaltung des neuen King's Cross Quarter zu den Top-Prioritäten.

in den **Google Headquarters** ❸ (1–13 St Giles High Street). Der geplante 300 m lange Bau mit Dachgarten ist der einzige eigens für Google entworfene außerhalb Kaliforniens.

Hier drehte sich alles um Kohle

Im ersten Moment weckt der Name des Shoppingzentrums **Coal Drops Yard** ❶ (www.coaldropsyard.com) vielleicht die Assoziation ›Lutschbonbon‹. Doch *to drop* heißt auch ›fallen lassen‹. Um zu verstehen, was das mit dem Einkaufszentrum zu tun hat, hilft eine Rückblende: Die beiden langgestreckten, heute durch ›kissing roofs‹ (›küssende Dächer‹) verbundenen Gebäude, in denen es sich befindet, stammen aus viktorianischer Zeit und dienten früher als Lager für Kohle. Die per Eisenbahn angelieferten Gesteinsbrocken ließ man aus Öffnungen am Boden der Waggons in die Lagerräu-

me fallen – daher der Name. In kleinere Stücke zerstoßen, wurde die Kohle per Pferdefuhrwerk oder Kanalboot abtransportiert, um in London als Brennmaterial Verwendung zu finden. Das Architekturbüro von Thomas Heatherwick hat die historische Bausubstanz so weit es ging erhalten und ihr zugleich industriellen Schick verliehen. Heute versprechen im Coal Drops Yard feine Gastronomie und sorgfältig ausgewählte Einzelhandelsläden ein neues Shoppingerlebnis: Hautpflege von Aesop, Rucksäcke von Ally Capellino, wunderschöne Stoffe und Accessoires von Caravane, Schuhe von Superga, Klamotten von Wolf & Badger oder ein ausgefallen designter Stuhl von Tom Dixon. Überhaupt Tom Dixon: Im Restaurant des mit viel Fingerspitzengefühl sanierten **Coal Office** ❹, Dixons Firmensitz und Flagship-Showroom, zeigen der bekannte Designer und der

Chefkoch Assaf Granit im Zusammenspiel, was sie in ihrem jeweiligen Metier in puncto Geschmack draufhaben.

Ein anderer Ort mit anderen Erlebnismöglichkeiten: Im **Kings Place** ❶ können Sie wunderbare Konzerte genießen – ob Jazz, Klassik, Pop oder Weltmusik. Neben zwei Konzertsälen sind in dem Gebäude auch die Redaktionen der Zeitungen »The Guardian« und »The Observer« zu Hause. Direkt vor der Tür verläuft der **Regent's Canal.** Das Ufer hat man geschickt mit Bänken und Treppenstufen gestaltet, auf denen Studierende der UAL gern mal ihre Seminare verpassen. Setzen Sie sich ruhig dazu. Unbedingt sehenswert sind die **Degree Shows** der UAL. Dann wird das Neueste in Sachen Kunst, Design, Mode, Kommunikation und Performance präsentiert (www.arts.ac.uk > Menu > What's on).

DER ZUFALLSDESIGNER **Z**

Eigentlich hatte er Rockstar werden wollen. Doch weil es dafür nicht ganz gereicht hat, veranstaltete der 1959 in Tunesien geborene **Tom Dixon** angesagte Partys in Londons heruntergekommenen Lagerhäusern. Tagsüber schweißte er Schrottteile zu Objekten und Möbeln zusammen und verkaufte sie. Wie kein anderer verstand es der Autodidakt, seine Entwürfe den Bedürfnissen der Zeit anzupassen und sie publikumswirksam zu vermarkten. Drei Tage lang standen Hunderte seiner Plastikstühle auf dem Trafalgar Square, bis er sie als Werbegag verschenkte. Seine Designobjekte sind in über 60 Ländern in gehobenen Einrichtungshäusern und bei Ikea zu finden, ebenso wie in den Sammlungen des V&A, des Londoner Design Museum und des MoMA in New York.

Urbane Naturoasen

Mitten in der Stadt erwartet man so etwas nicht: Der **Camley Street Nature Park** ❺ zwischen den Bahnhöfen King's Cross und St Pancras, ist ein urbanes Naturreservat mit Grasflächen und Feuchtbiotop. In den 1980er-Jahren sollte auf dem Gelände ein Lastwagenparkplatz entstehen. Doch die Bevölkerung setzte sich erfolgreich gegen die Pläne zur Wehr und 1985 konnte das Naturreservat eröffnet werden. Ganzjährig gibt es u. a. Akivitäten für Schulkinder und es ist ein neues Besucherzentrum geplant.

Eine tolle Idee ist auch der **Skip Garden** ❻ am Tapper Way, eine kleine, nachhaltig angelegte Gartenanlage, die, wie der Name sagt, in Containern (engl. *skip*) gedeiht und somit mobil ist. Es gibt Blumen, Gemüse, Bienenstöcke, Hühnerhäuser – und ein Café.

Camley Street Nature Park: www.kingscross.co.uk/camley-street-natural-park, So–Fr 10–16 Uhr; **Skip Garden & Kitchen:** Tapper Way, www.globalgeneration.org.uk/skip-garden-and-kitchen-1, Di–Sa 10–16 Uhr

St Pancras ♥ 04

Mit Wow-Effekt

Ein geradezu überwältigender Anblick ist der Bahnhof **St Pancras International** ❼ mit seiner spektakulären Halle aus Glas und Eisen. 1867 errichtet, beherbergt er heute u. a. das Eurostar-Terminal. Zahlreiche Kunstwerke, Europas längste Champagner-Bar sowie noble Boutiquen und Restaurants verkürzen Bahnreisenden die Wartezeit. Die Gestaltung des vorgelagerten **St. Pancras Renaissance Hotel London** ❽ beruht auf abgelehnten Bauplänen für Regierungsgebäude in Whitehall. Neben den Houses of Parliament gilt das **ehemalige Midland Grand Hotel**

Bahnhof St Pancras: Schön kitschig –
»The Meeting Place« von Paul Day

als Höhepunkt der Gothic-Revival-Ar-
chitektur und steht unter Denkmalschutz. Es wurde 1873 eröffnet und war
damals eines der luxuriösesten Häuser
überhaupt. Nach jahrelanger Vernach-
lässigung nahm sich die Marriott-Kette
des palastähnlichen Monsters an und
investierte rund 200 Mio. Pfund in
dessen Renovierung. Spektakulär ist
die **Booking Office Bar,** wo man von
6.30 bis 3 Uhr morgens auf seinen Zug
warten kann – ausgesprochen praktisch
bei einem Hotel am Bahnhof.

Lesestoff – analog und digital

Möchten Sie wissen, was es mit der Bronzeskulptur auf dem Vorplatz vor der **British Library** ❾ auf sich hat? Die Skulptur
heißt »Newton, After William Blake« und
ist ein Werk des schottischen Pop-Art-
Künstlers Eduard Paolozzi. Als Vorlage
diente ihm der Kupferstich »Newton«
(1795) von William Blake. Die Skulptur
thematisiert das Verhältnis von Kunst und
Wissenschaft – sehr passend für eine Bibliothek, die mit rund 150 Mio. Bänden
eine der größten der Welt ist. Diese fand
1998 in einem über 111 500 m² großen
roten Ziegelbau ihre neue Heimat. Vorher
war die British Library in der berühmten Rotunda im British Museum untergebracht. In der British Library werden ein Exemplar von jeder britischen
Publikation, ob Buch, Zeitschrift oder
Comic, sowie historische Manuskripte
und Landkarten aufbewahrt. Pro Jahr
kommen 3 Mio. Neuzugänge hinzu.

Aber was kann man hier überhaupt
machen, wenn man keinen Leserausweis
besitzt? Da wäre z. B. die atemberauben-
de **John Ritblat Gallery** mit Exponaten
aus drei Jahrtausenden und von jedem
Kontinent der Welt, die nach Themen
angeordnet sind. Zu sehen sind Karten,
historische Dokumente, Briefe, Bibeln,
literarische Manuskripte und Musikparti-
turen (z. B. von Mozart und Händel). Zu
den Highlights gehören das mit kostbaren Illustrationen versehene Evangeliar
von Lindisfarne – eine der schönsten
englischen Handschriften überhaupt –,
die Magna Carta, eine Gutenberg-Bibel,
Manuskripte berühmter Autoren, Briefe
von Mahatma Gandhi sowie die ersten
handgeschriebenen Songs der Beatles. Die
fast andächtige Atmosphäre wird durch
das gedämpfte Licht noch verstärkt.

Auf andere Weise genauso interessant ist das **National Sound Archive.** Hier
kann man über Kopfhörer archivierte
Stimmen hören, z. B. einen Buschmann
in der Kalahari, Bob Geldorf beim Live-
Aid-Konzert, James Joyce, der aus seinem
Roman »Ulysses« liest, Florence Nightingale oder einen Offizier der Titanic beim
Untergang des Schiffes. Auch andere ›Ge-
räusche‹ sind archiviert, so der Gesang
eines inzwischen ausgestorbenen Vogels
von Hawaii.

Faszinierend sind außerdem die Touchscreen-Stationen »**Turning the Pages**«, wo man einige der wertvollsten Bücher der Welt anschauen kann. Per Fingerdruck blättert man die digitalisierten Seiten um. Zur Sammlung der virtuellen Bücher gehört der buddhistische Diamond Sutra aus dem Jahre 868 v. Chr. Die 5 m lange Buchrolle gilt als ältestes gedrucktes Buch überhaupt.

Im Gebäude befinden sich ein Bookshop, Cafés mit vielen Sitzgelegenheiten für die allgemeine Öffentlichkeit und draußen vor der Bibliothek hat das Café The Last Word das letzte Wort.

96 Euston Road, www.bl.uk, öffentliche Ausstellungen i. d. R. Mo–Do 9.30–20, Fr 9.30–18, Sa 9.30–17, So 11–17 Uhr

Islington 📍 Q/R 2–4

Hier lässt es sich leben

Noch nichts weiter vor heute? Nehmen Sie sich mal ein bis zwei Stündchen Zeit und machen einen Spaziergang zu den gepflegten **Islington Squares**. Es gibt rund 20 dieser Grünanlagen, von denen die meisten – im Gegensatz zu vielen Squares in Kensington und Chelsea – für die Öffentlichkeit zugänglich sind. Die noblen Wohngegenden rechts und links der Liverpool Road, die parallel zur Upper Street verläuft, wurden nach Vollendung des Regent's Canal im ersten Drittel des 19. Jh. gebaut und sind wegen der hübschen georgianischen und frühviktorianischen Miniparks sehr begehrt. Hier kann man gemütlich schlendern und lernt dabei eine neue Ecke Londons kennen. **Milner Square** 🔟 beispielsweise ist von dreigeschossigen gelben Backsteinhäusern mit weiß verputztem Erdgeschoss umgeben. **Gibson Square** ⓫ hat herrliche Rosenbeete und viele Bänke, die zum Ausruhen und

Träumen einladen. **Lonsdale Square** ⓬ mit schönen Rosensträuchern ist von einem makellosen Architekturensemble aus dreigeschossigen Gebäuden mit Spitzgiebeln umrahmt. Gönnen Sie sich zum Abschluss eine Stärkung und Erfrischung im netten Pub **The Albion** 1️⃣ in der Thornhill Road (zu Islington s. auch »Super-Gentrification«, S. 279).

Weitere Details s. www.londongardentrust. org/guides > A Walk through Islington

Was darf's sein?

Die Verführung ist groß. Entlang der lebhaften **Upper Street** reiht sich ein ›aufgehübschtes‹ Lokal ans nächste. Hier kann man gut den Abend verbringen. Im Programmkino **The Screen on the Green** 4️⃣ ist immer was los, das **Almeida Theatre** 5️⃣ hat vielleicht noch Karten und am oberen Ende der Straße liegt die viktorianische **Union Chapel** 6️⃣, die nicht nur als Kirche und Obdach-

Hinter den schlichten Fassaden verbirgt sich äußerst begehrter Wohnraum.

losenunterkunft dient, sondern auch als Konzerthalle für Blues-, Jazz- oder Folkkonzerte.

Walthamstow

📍 Karte 5, D 2

Superlanger Markt und Museum

Walthamstow hat sich zum neuen Ziel der Karawane entwickelt, viele kreative Aktivitäten beweisen das. Anzeichen der Gentrifizierung: Die Wohnpreise schnellen in die Höhe. Der Name des Stadtteils kommt vom altenglischen Wilcumestowe und bedeutet ›ein Platz, wo Gäste willkommen sind‹ – na bitte, das ist doch eine freundliche Einladung, den langen Weg bis zur Endstation der Victoria Line auf sich zu nehmen. Die Gegend war schon in der Bronzezeit besiedelt und einst von dichtem Wald umgeben. Seit jeher ist Walthamstow eine Arbeitergegend. Den ca. 1 km langen **Walthamstow Market** 3 in der High Street (Di–Sa 8–17 Uhr) gibt's schon seit 1885. Die meisten Besucher steuern aber die sehr lohnende **William Morris Gallery** 20 (s. S. 177) an. »Give me work and love – these two only«. Der Künstler und Sozialreformer hatte tolle Sprüche auf Lager.

Camden Town

📍 M–O 2 und weiter nördlich

Von no-go to no-affordable

Nein, Camden ist nicht nur der bei Teenagern beliebte Camden Market, der den Stadtteil am Wochenende in ein einziges

Camden Lock Market zählte, als er 1974 gegründet wurde, nur ein paar Kunsthandwerksstände. Heute zieht er 28 Mio. Besucher pro Jahr an.

Touristenmekka verwandelt. Um sich selbst davon zu überzeugen, kommen Sie am besten mal unter der Woche am Vormittag hierher. Steigen Sie in Mornington Crescent aus und gehen Sie die High Street hoch. Vor dem **KOKO** ✺ bilden sich dann bereits die ersten Schlangen für den abendlichen Gig. Vollverschleierte Mütter schieben Kinderwagen die Straße rauf, Arbeiter sitzen im Billiglokal vor *scrambled eggs* und ein paar vom Vorabend übrig gebliebene Gestalten bevölkern den Bürgersteig. Ganz normale Alltagsatmosphäre mit 1-Pound-Shops, Post Office und Pawn Brokers. Mit dem **Camden Market** 🟩6 (s. S. 182) weiter nördlich hat das nicht viel zu tun.

Bis in die 1960er-Jahre hatte Camden mit seinen billigen, desolaten Unterkünften und viel Armut einen zweifelhaften Ruf. Noch heute gibt es hier riesige Siedlungen mit sozialem Wohnungsbau. Die Preise des privaten Wohnungsmarktes hingegen sind wie überall im Stadtzentrum exorbitant. 1965 wurde der **London Borough of Camden** gegründet, zu dem auch Camden Town gehört. Der große Stadtteil erstreckt sich von Holborn bis hoch nach Hampstead.

Kunstinteressierte werden mit Camden vielleicht die Camden Town Group (1911–13) verbinden, einen Zusammenschluss von 16 postimpressionistischen Malern. Zu ihnen zählten Walter Sickert, Wyndham Lewis, Lucien Pissarro und Augustus John. In ihren Bildern, heute in der Tate Britain zu sehen, zeigen sie London in der Zeit vor und während des Ersten Weltkrieges. Zurück in die Gegenwart: Ein Künstler, der seit 1954 in einem winzigen Studio in Camden lebt, ist der 1931 in Berlin geborene Frank Auerbach. Er hat Mornington Crescent in Hunderten expressionistischen Bildern festgehalten.

Camden ist natürlich auch für seine **Musikszene und Musikclubs** bekannt (s. »Applaus, der nachhallt«, S. 298).

DIE QUEEN VON CAMDEN Q

Wer ist die Queen von Camden? Die wunderbare **Amy Winehouse** (1983–2011) natürlich, deren unvergleichliche rauchige Stimme ebenso wie ihre phänomenale Hochsteckfrisur uns für immer in Erinnerung bleiben werden. Sie war in den Clubs von Camden zu Hause (s. S. 298) und verstarb viel zu früh, nur 27-jährig, in ihrem Haus am Camden Square. Ihr Album »Back to Black« hatte 2007 fünf Grammys bekommen. Am Stables Market in den Camden Locks wird die Sängerin mit der **Amy Winehouse Statue** 🟫13 von Scott Eaton geehrt. Einblicke in das Leben von Amy Winehouse gibt der Film »Amy« (2015).

Hampstead

📍 **Karte 5, C 2**

Das Dorf, das die Künstler lieben

Hier möchte ich auch wohnen, denkt vermutlich jeder, der zum ersten Mal in Hamstead aus der U-Bahn steigt. Nach dem ganzen Trubel in der Innenstadt betritt man eine andere Welt. Wie ist sie? Jung und lebendig – und ausgestattet mit sehr viel Geld. Schlendern Sie mal den kopfsteingepflasterten **Flask Walk** hinunter: einladende Lädchen, hübsche Cafés, ein nobler Secondhand-Shop und natürlich ein alter Pub. Hier scheint die Welt noch in Ordnung zu sein.

Seit jeher ist Hampstead ein Sehnsuchtsort. Im 18. Jh. kamen sogar Leute zum Kuren in das Dorf, das sich damals wegen seiner heilenden Quellen Hampstead Wells nannte. Immerhin 18 Häuser

TOUR
Brutal gut wohnen im Borough of Camden

Zu Siedlungen aus der Glanzzeit des sozialen Wohnungsbaus

Die wiederentdeckte Liebe zum Brutalismus-Stil der 1960er-Jahre in Europa hat viele Gründe. Londoner betrachten neuerdings u. a. die Siedlungen, die im Zuge des sozialen Wohnungsbaus in Camden entstanden, mit ganz anderen Augen. Tatsächlich gibt es Spannendes zu entdecken. Aber warum gerade in Camden?

Als der **London Borough of Camden** 1965 gebildet wurde, war er einer der wohlhabendsten Stadtbezirke Londons. Zu dieser Zeit verfügten die einzelnen Boroughs über eigene Behörden für Wohnungsbau. Den dort beschäftigten Architekten ließ man viel Freiheit. In den von Optimismus geprägten Zeiten strebte man eine klassenübergreifende Bauweise für eine sozial gemischte und mobile Gesellschaft an. Dem für den Borough of Camden zuständigen Architekten **Sydney Cook** (1910–79) gelang es, dafür die besten und begabtesten Architekten direkt von den Hochschulen zu holen. Den jungen Architekten und Designern bot sich in Camden Gelegenheit zu zeigen, was sie konnten. Unter Cooks Regie wurde der Stadtteil in den 1960er- und 1970er-Jahren für seinen progressiven sozialen Wohnungsbau bekannt.

Statt der üblichen gesichtslosen Hochhäuser, entstanden, der britischen Tradition entsprechend, Reihenhäuser, jedoch innovativ designt und unter Verwendung moderner Techniken errichtet. Das Geniale: Die Häuser waren relativ niedrig, nur drei- oder viergeschossig, boten aber ausreichend Platz für viele Menschen.

Einer der jungen Architekten war **Neave Brown** (1929–2018). Das erste Projekt des

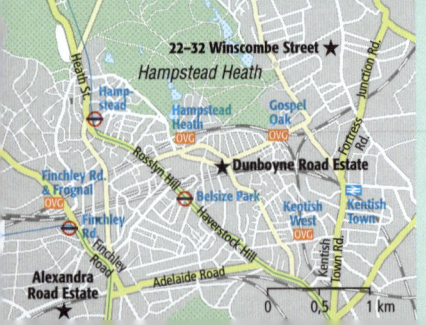

Auch wenn das Alexandra Road Estate unter Denkmalschutz steht, ist es voller Leben.

gebürtigen Amerikaners waren fünf Einfamilienhäuser mit der Adresse **22–32 Winscombe Street** (1965), die für alle weiteren Projekte als Bauten im sogenannten Camden Style richtungsweisend werden sollten. Sehen Sie sich diese Reihenhäuser zuerst an. Kennzeichnend für die aus hellem Beton mit kontrastierendem Holz errichteten Häuser ist das Nebeneinander von privatem und gemeinschaftlichem Raum, z. B. gibt es eine individuelle Eingangstür zur Straße, eine halbprivate Terrasse nach hinten sowie Zugang zum Gemeinschaftsgarten.

In den 1970ern folgten das **Dunboyne Road Estate** mit 71 Wohnungen und das gigantische **Alexandra Road Estate** mit 520 Wohnungen. Die beiden ebenfalls von Neave Brown entworfenen Komplexe stehen unter Denkmalschutz. Achten Sie hier auf die typisch nach hinten gestaffelte Anordnung, die man auch bei anderen Wohnsiedlungen dieser Zeit, wie z. B. der Highgate New Town nach Entwürfen von Peter Tabori sehen kann.

Als es in den 1980er-Jahren unter Margaret Thatcher möglich wurde, Sozialwohnungen zu kaufen, bot sich für viele Erstkäufer, vielfach aus den Bereichen Architektur, Kunst und Design, die Möglichkeit, diese großartigen Wohnungen zu erwerben. Die Verbindung von Privatem und Gemeinschaftlichem ist einer der Gründe, warum dieser Haustyp heute so beliebt ist und eine neue urbane Klientel anzieht. Brutal ist nur noch der Preis. Neave Brown wurde übrigens 2018, kurz vor seinem Tod, mit der begehrten Royal Gold Medal des Royal Institute of British Architects ausgezeichnet.

Zum Weiterlesen: Mark Swenarton, Cook's Camden – The Making of Modern Housing, 2017

stehen unter Denkmalschutz, das ist für Londoner Verhältnisse allerhand. In den 1930ern zog es viele Intellektuelle und Künstler nach Hampstead, das damals noch erschwinglicher war als Chelsea. Fast jedes zweite Haus kann mit ehemaligen berühmten Bewohnern aufwarten: John Keats, Katherine Mansfield, D. H. Lawrence, John Constable, Sigmund Freud, um nur einige zu nennen. Hauptsächlich Künstler und Intellektuelle zog (und zieht) es hierher. Bei Spaziergängen auf dem ›Heath‹, dem weitläufigen Park von Hampstead, träumten sie vom Landleben. Constable malte Wolken und John Keats ließ sich durch den Anblick der Natur mit der Welt versöhnen. Seine viel zitierte »Ode to a Nightingale« entstand wahrscheinlich im Spaniards Inn.

Häuser mit (Film-)Geschichten

Es gibt viele interessante Häuser in Hampstead, darunter einige besonders sehenswerte wie das reich ausgestattete Kaufmannshaus **Fenton House** ㉓ (s. S. 178), wo im Sommer Konzerte stattfinden, und **Keats House** ㉔ (s. S. 178), die Wohnstätte des so tragisch früh verstorbenen Dichters. Zu besichtigen ist auch das vom National Trust verwaltete **Haus Nr. 2 Willow Road** ⑮ (Anf. März–Anf. Nov. Mi–So 11–17 Uhr, Führungen 11, 12, 13, 14 Uhr, 8 £) mit seiner original erhaltenen Inneneinrichtung. Entworfen hat sie in den 1930er-Jahren der aus Ungarn stammende Architekt Ernö Goldfinger. Auf seine Pläne ging auch der Bau selbst zurück, der die Architektur der Moderne in Großbritannien stark beeinflusste. Wohl eher unfreiwillig nahm Goldfinger auch Einfluss auf die Literatur- bzw. Kinogeschichte. Ian Fleming soll die Figur Goldfinger in seinem siebten James-Bond-Roman nach dem Architekten benannt haben, weil er dessen Bauten nicht ausstehen konnte.

Wie ein stattliches Schiff sieht das **Admiral's House** ⑯ (um 1700) im Ad-

miral's Walk aus. Schauen Sie mal oben aufs Dach. Quirky! Der damalige Besitzer hatte den Rang eines Marineleutnants, wollte aber lieber ein Admiral sein. Um wenigstens daheim in dieser Funktion auftreten zu können, ließ er sich auf dem Dach seines Hauses ein ganzes Achterdeck bauen. Typisch britisch, oder? Immer exzentrisch. Eine Australierin, die in Hampstead wohnte, veröffentlichte 1934 unter dem Namen P. L. Travers ein Kinderbuch, das mit Julie Andrews verfilmt

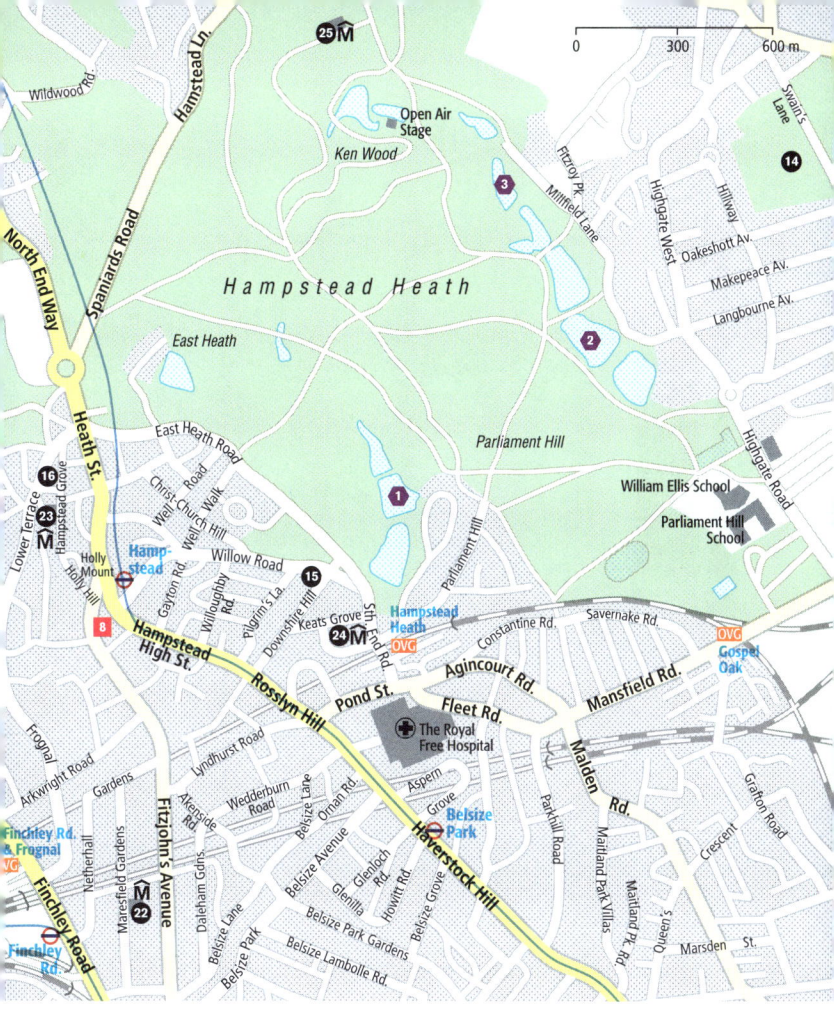

Hampstead

Kopfsteinpflaster, begrünte Häuserfronten, eine Gaslaterne – very pretty indeed. Kein Wunder, dass Dichter und Denker Hampstead so lieben. Wo sind eigentlich die Autos? Oder fährt man hier mit der Kutsche?

ein Oscar-prämierter Kinoerfolg wurde: »Mary Poppins«. Im Mittelpunkt des Films steht die Familie Banks. Erinnern Sie sich an Admiral Boom, den Nachbarn der Banks, der regelmäßig seine Kanone auf dem Dach abfeuerte und seine Umgebung damit nervte? Angeblich hatte Travers die Idee dafür vom Admiral's House, denn der erste Besitzer des Hauses, der Möchtegern-Admiral, soll immer einen Kanonenschuss abgefeuert haben, wenn es britische Marineerfolge zu feiern galt.

Wie ein Ausflug aufs Land
Spazieren gehen, Enten füttern, den Vögeln lauschen, in einem der **Ponds** (s. Lieblingsort S. 181) schwimmen, auf dem **Parliament Hill** Drachen steigen lassen, die herrliche Aussicht von dort oder vom **North Wood Hill** genießen oder das historische **Kenwood House** 25 inmitten eines zauberhaften Gartens besichtigen – ein Besuch des **Hampstead Heath** ist wie ein Ausflug aufs Land. Dabei liegt dieser bezaubernde Park mit 320 ha Wald, Hügeln und Wiesen nur 6 km von der City of London entfernt und ist mit Bus und Bahn erreichbar. Hier kann man problemlos einen ganzen Tag verbringen. Picknick und Badesachen nicht vergessen!

Museen

Alle lieben Quentin Blake …
17 House of Illustration: Aber in dem schönen, hellen House of Illustration werden nicht nur Werke des berühmten Illustrators, sondern auch historische und zeitgenössische Illustrationen von bekannten und noch unbekannten Künstlern ge-

zeigt. Mit neun Ausstellungen pro Jahr ist hier immer etwas Interessantes zu sehen.

King's Cross, 2 Granary Square, www.house ofillustration.org.uk, U: King's Cross, Di–So 10–18 Uhr, 7,50 £

Spannende Kanalgeschichte

⑱ London Canal Museum: Wussten Sie, dass um 1870 rund 40 000 Londoner auf Booten lebten? Das altmodische Museum am Battlebridge Basin befindet sich in einem ehemaligen Eishaus. Erläutert wird die Geschichte des Eishandels, der vor allem in spätviktorianischer Zeit wichtig wurde. 1899 wurden 35 000 t Eis aus Norwegen herbeigeschafft, die in tiefen Eisbrunnen gelagert und an einzelne Haushalte verkauft wurden. Nach 1900 ließen die Importe aus Norwegen nach, weil Eis zu diesem Zeitpunkt bereits künstlich hergestellt werden konnte.

King's Cross, 12–13 New Wharf Road, www. canalmuseum.org.uk, U: King's Cross, tgl. 10–16.30 Uhr, BH, 1. Do im Monat 10–19.30 Uhr, 5 £

Werke des Futurismus

⑲ Estorick Collection of Modern Italian Art: »Wir wollen die Museen, die Bibliotheken und die Akademien jeder Art zerstören.« Wow, das sind Aussagen. Die Futuristen nahmen kein Blatt vor den Mund. Und Maschinen, auch Kriegsmaschinen, fanden sie toll – und Frauen eher dumm. Für Kunstliebhaber lohnt trotzdem der Abstecher zu dem Museum in einem schönen georgianischen Stadthaus am Canonbury Square, das in gut ein bis zwei Stunden zu bewältigen ist. Der Amerikaner Eric Estorick war Politologe, Schriftsteller und, gemeinsam mit seiner Frau Salome, leidenschaftlicher Sammler der Werke italienischer Futuristen. *Futurismo* war eine Bewegung des frühen 20. Jh. in Italien. Bekannte Vertreter sind Giacomo Balla, Umberto Boccioni und Gino Severini.

Islington, 39A Canonbury Square, www.esto rickcollection.com, Overground, U: Highbury

& Islington, Mi–Sa 11–18, So 12–17 Uhr, 6,50 £

Das Haus des vielseitig Begabten

⑳ William Morris Gallery: William Morris (1834–96) war in Sachen Design und Kunsthandwerk ein Allroundgenie. Seine Entwürfe für Tapeten, Möbel und Kacheln sind in der ganzen Welt bekannt. Aber wussten Sie, dass er sich darüber hinaus auch für Sozialreformen starkmachte, Vorträge hielt, Bücher und Pamphlete schrieb und dafür eingesperrt wurde? Als wenn das nicht genug wäre: Eine eigene Buchdruckpresse hatte er auch, die Kelmscott Press, auf der er eine großartige Bibel druckte. Nebenbei reiste er durch Island und brachte sich selbst die isländische Sprache bei. Die William Morris Gallery ist in jenem georgianischen Haus untergebracht, in dem die Morris-Familie von 1848 bis 1856 lebte. Dokumentiert wird Morris' Leben und Schaffen und auch die Zusammenarbeit mit den Präraffeliten. Zu sehen sind u. a. Teppiche, Kacheln, Möbel, Buntglas sowie der ursprüngliche Entwurf für »Trellis«, Morris' früheste und wohl beliebteste Tapete (1862).

Walthamstow, Forest Road, www.wmgallery. org.uk, U: Walthamstow Central, Mi–So 10–17 Uhr, Eintritt frei

Jüdisches Leben in London

㉑ Jewish Museum: Hier bekommen Sie einen umfassenden Einblick in eine der ältesten Immigrantengemeinden Londons. Anhand kostbarer Kunstgegenstände werden die religiösen Praktiken illustriert und mithilfe von Fotos und Objekten die Geschichte der jüdischen Gemeinde in Großbritannien erzählt.

Camden Town, 129–31 Albert Street, www. jewishmuseum.org.uk, U: Camden Town, Sa–Do 10–17, Fr 10–14 Uhr, 8,50 £

Die berühmte Couch

㉒ Freud Museum: Auf die berühmte Couch von Sigmund Freud dürfen Sie sich leider nicht legen. Die Einrichtung in Freuds Londoner Wohnhaus ist der seiner Wohn- und Arbeitsstätte in Wien sehr ähnlich. Der berühmte Analytiker hatte dort 47 Jahre lang gelebt und gearbeitet, bevor er 1938 vor den Nationalsozialisten fliehen musste. Hier in Maresfield Gardens verbrachte Sigmund Freud 1938/39 sein 83. und damit letztes Lebensjahr. 1986 wurde das Haus der Öffentlichkeit als Museum zugänglich gemacht.

Hampstead, 20 Maresfield Gardens, www. freud.org.uk, U: Finchley Road, Mi–Mo 12–17 Uhr (außer BH), 9 £

Alles sehr, sehr schön

㉓ Fenton House: »Lovely«, wird sicher manche Engländerin oder mancher Engländer beim Anblick des stattlichen Kaufmannshauses aus dem späten 17. Jh. ausrufen. Fenton House ist mit original-

getreuen Möbeln aus georgianischer Zeit eingerichtet und beherbergt außerdem eine kostbare Sammlung alter Tasteninstrumente, wertvolles Porzellan, u. a. Figuren aus Meißen (1731–75), altes chinesisches Porzellan sowie Stücke aus der Rockingham-Manufaktur. Ungewöhnlich sind die gestickten Bilder aus dem 17. Jh. sowie die Vögel- und Blumenaquarelle (18. Jh.). Im Sommer finden alle 14 Tage Konzerte statt und im idyllischen Garten alljährlich im Herbst das »Apple Weekend«.

Hampstead, 3 Hampstead Grove, www. nationaltrust.org.uk, U: Hampstead, März–Okt. u. Weihnachten Mi–So 11–17 Uhr, 8,80 £

Sein Leben war kein Gedicht

㉔ Keats House: Interessieren Sie sich für Poesie? Der Romantiker John Keats lebte von 1818 bis 1820 in diesem eleganten Haus, bevor er sich nach Rom aufmachte, wo er, 25-jährig, 1821 an Tuber-

Die berühmte Couch, mit der Sigmund Freud die Psychoanalyse und das Konzept der freien Assoziation begründete. Ganzjährig finden im Freud Museum interessante Veranstaltungen statt.

kulose starb. Inspiriert von der friedvollen Umgebung und von Fanny Brawne, einem hübschen Mädchen aus dem Nachbarhaus (heute Teil des Museums), schrieb er hier viele seiner schönsten Gedichte.
Hampstead, Keats Grove, T 020 73 32 38 68, www.cityoflondon.gov.uk, U: Hampstead, Mi–So 11–17 Uhr, 6,50 £

Kunstvoll – bis hin zum Garten

㉕ **Kenwood House:** In einen zauberhaften Landschaftsgarten im Norden des Hampstead Heath ist das neoklassizistische Kenwood House eingebettet. Hauptanziehungspunkt ist die Gemäldegalerie mit kostbaren Werken berühmter Meister, u. a. von Rembrandt, Vermeer, Van Dyck, Turner, Gainsborough, Reynolds, Constable und der schweizerisch-österreichischen Malerin Angelika Kauffmann. Der berühmte Architekt Robert Adam und sein Bruder verpassten dem Bau im 18. Jh. ein neues Aussehen. Bei der Restaurierung vor einigen Jahren hat man sich u. a. besonders bemüht, die von den Adam-Brüdern gewählte Farbgebung wiederherzustellen.
Hampstead, Hampstead Lane, www.english-heritage.org.uk, U: Archway, Golders Green, dann Bus 210, tgl. 10–17 Uhr, Eintritt frei

---

Essen

Gepflegt und familiär

1 **The Albion:** In den Albion Pub können Sie auch mit der ganzen Familie gehen. Besonders schön ist es im Sommer im Garten. Mehrfach ausgezeichnete Küche. Besonders lecker: Pie of the Day und Mash and buttered Cabbage!
Islington, 10 Thornhill Road, T 020 76 07 74 50, www.the-albion.co.uk, U: Angel, Mo–Sa 11–23, So 11.30–22.30, Küche Mo–Fr 12–15, 18–22, Sa 12–16, 18–22, So 12–21 Uhr

Mediterran-Arabisch

2 **Ottolenghi:** In dem weltberühmten Restaurant, benannt nach seinem Be-

Im Duke of Cambridge, inzwischen mit dem Bio-Unternehmen Riverford verbandelt, ist alles umweltfreundlich.

sitzer, dem israelischen Starkoch Yotam Ottolenghi, sitzt man sehr schick in minimalistischem Ambiente. An langen weißen Tischen oder an den wenigen Zweiertischen genießt man raffiniert zubereitete Köstlichkeiten. Reservierung empfohlen.
Islington, 287 Upper Street, T 020 72 88 14 54, www.ottolenghi.co.uk, U: Highbury & Islington, Angel, Mo–Sa 8–22.30, So 9–19 Uhr

Alles bio mit Brief und Siegel

3 **Riverford at The Duke of Cambridge:** Ein gemütlicher Pub, wo man ein gutes Bier trinken oder toll essen kann. The Duke of Cambridge war der erste zertifizierte Öko-Pub in ganz Großbritannien.
Islington, 30 St Peter's Street, T 020 73 59 30 66, https://dukeorganic.co.uk, U: Angel, Mo–Sa 12–23, So 12–22.30 Uhr

Gemüse ist mein Fleisch

4 The Gate: Nach wie vor eines der besten vegetarischen und veganen Restaurants in London: freundlich, hell und hervorragende Küche. Urteilen Sie selbst!

Islington, 370 St John Street, U: Angel, T 020 72 78 54 83, www.thegaterestaurants.com, tgl. Mo–Sa 12–22.15, So 12–21.30 Uhr, 2-Gänge-Lunch um 15 £; Zweigstellen in Hammersmith, Marylebone, St John's Wood

Altmodisch und mit Charakter

5 Alpino: Kein Wunder, dass dieses Lokal viele Stammkunden hat. Das aus den 1950er-Jahren stammende Café Alpino ist voller Charakter und bildet einen erfreulichen Gegensatz zu den üblichen Café-Ketten in dieser Gegend.

Islington, 97 Chapel Market, T 020 38 07 36 11, U: Angel, Mo–Fr 6.30–15, Sa 7–13.30, So 8–13 Uhr, Gerichte um 5 £, nur Barzahlung

Klassische Pubküche

6 The Charles Lamb Pub: Der gemütliche Pub hat gutes Bier und versorgt seine vielen Stammkunden mit Klassikern wie Sausage & Mash, Fish & Chips, Pies etc. Bei schönem Wetter geht's vor die Tür.

Islington, 16 Elia Street, T 020 78 37 50 40, www.thecharleslamb.co.uk, U: Angel, Mo, Di 16–23, Mi–Fr 12–23, Sa 11–23, So 12–22.30 Uhr

Kurztrip nach Griechenland

7 Karavas Restaurant: Eines von mehreren griechischen Lokalen in der Ecke. Authentisch und gemütlich. Moussaka, Yemista, Domades in großen Portionen – und richtig gut. Auch vegetarische Gerichte.

Camden, 87–88 Plender Street, T 020 73 88 41 21, www.karavasrestaurant.co.uk, U: Mornington Crescent, tgl. 12–24 Uhr

Super Sunday Roast

8 The Holly Bush: Wenn man vorher einen ausgedehnten Spaziergang auf dem Heath gemacht hat, schmeckt das Essen in diesem alten, urgemütlichen Pub in Nordlondon am besten. Das Lamm mit Mintsoße ist einfach nur köstlich.

Hampstead, 22 Holly Mount, T 020 74 35 28 92, www.hollybushhampstead.co.uk, U: Hampstead, Mo–Sa 12–23, So 12–22.30 Uhr (Küche mittags ab 12, abends ab 18 Uhr), 3-Gänge-Lunch um 22 £

Einkaufen

Im einstigen Kohlelager

1 Coal Drops Yard: s. S. 166.

Hotspot der Kreativen

2 Canopy Market: Kunsthandwerker und Designer verkaufen auf dem überdachten Markt Selbstgefertigtes; Street-Food-Stände und lockere Atmosphäre.

King's Cross, West Handyside Canopy, westl. von King's Cross Station, U: King's Cross, www.kingscross.co.uk/canopy-market, Fr 12–20, Sa, So 11–18 Uhr

Europas längster Markt

3 Walthamstow Market: s. S. 170.

Ein Laden voller schöner Dinge

4 After Noah: Was es hier nicht alles gibt: antike Möbel, die in der angeschlossenen Werkstatt auf Vordermann gebracht werden, neue Möbel, Spielzeug von anno dazumal, neues Spielzeug, hübsche Dinge für den Haushalt, Geschenke, Karten.

Islington, 121–122 Upper Street, T 020 73 59 42 81, www.afternoah.com, U: Angel, Mo–Sa 10–19, So 11–18 Uhr

Fundstücke

5 Camden Passage Market: Hier brauchen Sie ein gutes Auge und etwas Glück: feine Antiquitäten, Vintage-Kleidung, ausgesuchte Sammlerstücke und alle möglichen Kuriositäten.

Islington, Camden Passage (zwischen Duncan und St Peter's Street), www.camdenpassage islington.co.uk, U: Angel, Mi 9–18, Sa 8–18, So 11–18 Uhr

Lieblingsort

Ländliches Idyll – der Ladies' Pond in Hampstead

Ich kenne eine Frau, die jeden Tag hierherkommt und das schon seit Jahren, sommers und winters, immer um 7 Uhr, ob es regnet oder stürmt, geschwommen wird immer. Bewundernswert. Aber der **Ladies' Bathing Pond** ❸ in Hampstead ist tatsächlich auch etwas ganz Besonderes: ein öffentlicher, bewachter Badesee mitten in einer Großstadt – einzigartig. Inmitten hoher alter Bäume am östlichen Teil von Hampstead Heath, nicht weit von der Millfield Lane gelegen, ist er der nördlichste von mehreren Badeseen auf dem Heath. Seit 1926 ist er für Damen geöffnet. Über hundert Frauen kommen täglich hierher, um ihre Runden im (eis)kalten Nass zu ziehen. Das selige Lächeln auf den Gesichtern der tapferen Damen spricht für sich. Und nun bin ich auch eine von ihnen. Der Ladies Pond ist ganzjährig täglich von 7 bis 20.30 Uhr geöffnet. In der Nebensaison und im Winter gelten kürzere Öffnungszeiten (2 £, Kinder 8–15 Jahre nur in Begleitung Erwachsener).

*Der Camden Passage Market ist verwirrenderweise nicht in Camden,
sondern in Islington. Hier gibt's Sammlerstücke, Schmuck und Kurioses.*

Traum aller Teenager

6 Camden Market: Rund 10 Mio. Besucher schieben sich pro Jahr an den über 1000 Shops in sechs teils überdachten Märkten vorbei, die sich von der Schleuse Camden Lock bis zur Chalk Farm Road und zur Camden High Street ausdehnen. Das Angebot ist nicht unbedingt neu oder ausgefallen und das Gedränge ist nicht ›everyone's cup of tea‹. Kunsthandwerk, Schmuck, Secondhand-Kleidung, Möbel, Antiquitäten, Krimskrams – alles, was das (vor allem junge) Shoppingherz begehrt.

Camden Lock Place, U: Camden Town (kein Zugang So 13–17.30 Uhr), Chalk Farm, tgl. ca. 10 Uhr bis spät

Bewegen

Idyllische Kühle

An der Ostseite des ›Heath‹ gibt es drei Badeseen. Der **Mixed Bathing Pond** ❶ ist der kleinste, der **Men's Bathing** Pond ❷, wie der Name sagt, für Männer, der **Ladies' Bathing Pond** ❸ für Frauen (s. Lieblingsort S. 181).

T 020 74 85 57 57, www.cityoflondon.gov.uk/openspaces, tgl. ab 7 Uhr, 2 £

Ausgehen

Sensationelle Akustik

✹ **Kings Place:** Musikfans rühmen die exzellente Akustik im Auditorium. Schauen Sie mal ins Programm: Es gibt alles Mögliche, Jazz, Folk, Klassik. Mir gefällt, dass man vor dem Konzert seinen Kaffee beschaulich am Wasser sitzend genießen kann, denn nach hinten grenzt das Gebäude an den Regent's Canal.

King's Cross, 90 York Way, T 020 75 20 14 90, www.kingsplace.co.uk, U: King's Cross

Pub mit Theater und Livemusik

✹ **Hope & Anchor:** Am besten an diesem völlig normalen Pub finde ich die

Flipperautomaten. Im Obergeschoss residiert das experimentelle Hope Theatre. Im Unterschoss gibt es Livemusik.

Islington, 207 Upper Street, T 020 73 54 13 12, www.ents24.com, U: Highbury & Islington, So–Do 12–23, Fr, Sa 12–1 Uhr

Spitzentanz im doppelten Sinn

✿ Sadler's Wells Theatre: Das alte Balletthaus in Islington ist eines der führenden Häuser für Tanz auf der ganzen Welt. Sadler's Wells bietet Auftritte internationaler Gasttruppen ebenso wie neue Produktionen.

Islington, Rosebery Avenue, T 020 78 63 80 00, www.sadlerswells.com, U: Angel

Lehnen Sie sich zurück

✿ The Screen on the Green: Das Kino ist einfach klasse und aus der Upper Street nicht wegzudenken. Es ist eines der ältesten im Land und hat herrlich bequeme Sitze, auch Sofas und eine Bar.

Islington, 83 Upper Street, www.everyman cinema.com, U: Angel

Theater des Jahres 2018

✿ Almeida Theatre: Herausragende Theaterproduktionen, die unter die Haut gehen. Es gibt ein klassisches Repertoire, aber auch viele Uraufführungen. Leider sind die Karten meist schnell weg, aber es gibt ja den Tuesday Rush: Am Dienstag um 13 Uhr werden Tickets für die folgende Woche online verkauft.

Islington, Almeida Street, T 020 73 59 44 04, www.almeida.co.uk, U: Angel

Konzert-Kirche

✿ Union Chapel: Die Union Chapel ist eine neogotische Kirche, die aber nicht nur als Kirche dient, sondern auch als Anlaufstelle für Obdachlose und besonders als fantastisches Venue für Konzerte aller Art. Irgendetwas wird hier immer geboten.

Islington, Compton Terrace, T 020 72 26 16 86, www.unionchapel.org.uk, U: Angel

Top Acts, ganz relaxed

✿ KOKO: s. S. 298.

Camden, 1A Camden High Street, U: Mornington Crescent, T 020 73 88 32 22, www.koko.uk.com

Experimenteller Tanz

✿ The Place: ›Die‹ Anlaufstelle für modernen britischen Tanz. Wenn Sie sich für zeitgenössische und experimentelle Choreografien interessieren, müssen Sie hierhin. Angeschlossen ist eine Tanzschule.

Camden, 17 Duke's Road, T 020 71 21 11 00, www.theplace.org.uk, U: Euston

Brillante Liveshows

✿ The Roundhouse: In viktorianischer Zeit Eisenbahnwerkstatt, später legendäres Rockvenue. Heute bietet das Roundhouse Avantgarde-Theater, aber auch zeitgenössische klassische Musik, Zirkus und Tanz. Vielleicht ist ja gerade etwas Interessantes für Sie dabei.

Camden, Chalk Farm Road, T 0300 678 92 22, www.roundhouse.org.uk, U: Chalk Farm

Gastropub

✿ The Vine: Das Beste am Vine sind die Holztische im Vorgarten, wo Sie im Sommer locker ein paar Stunden vertrödeln können. Es gibt leckeres Pub-Essen und Fußball- und Rugby-Fans können die wichtigsten Spiele auf Bildschirmen verfolgen.

Kentish Town, 86 Highgate Road, T 020 72 09 00 38, www.thevinenw5.co.uk, U: Kentish Town, Mo–Mi 12–23, Do 12–24, Fr, Sa 11–24, So 11–22.30 Uhr

Etablierter Musikclub

✿ O2 Forum Kentish Town: Dieser mittelgroße Club, wo Newcomer und alte Hasen auftreten, ist Londonkennern nicht unbekannt. Den gab es irgendwie schon immer. Alle Musikrichtungen sind vertreten, egal ob Rock, Folk oder World Music.

Kentish Town, 9–17 Highgate Road, T 020 33 62 41 10, www.academymusicgroup.com, U: Kentish Town

TOUR
Zu Fuß auf Treidelpfaden

**Von Little Venice bis zu den Limehouse-Docks
den Regent's Canal entlang**

Klein Venedig – **Little Venice** – so lautet verheißungs-
voll die Gegend rund um das kleine Hafenbecken
nördlich von Paddington Station. Weiße, mit Stuck
verzierte Stadthäuser verleihen dem Viertel eine noble Note. Zu beiden Seiten des Regent's Canal liegen
gepflegte Hausboote im Wasser – *home sweet home*.
Niedliche Gärten an den jeweiligen Ankerplätzen sind
das Tüpfelchen auf dem i.

Die 14 km lange
Wasserstraße
Regent's Canal
wurde als Verbin-
dung zwischen
Ost- und West-
london ab 1812
gebaut und 1820
vollendet.

Der Treidelpfad am Kanal entlang beginnt unweit der
U-Bahn-Station Warwick Avenue. Schon bald nach
dem Start müssen Sie das Kanalufer kurzzeitig verlassen und den **Maida Hill Tunnel** überqueren. Sie passieren das Café Laville am Tunneleingang, dann geht's
über die Edgware Road und den **Aberdeen Place**
hinweg. Von dort führt eine Treppe (kein Lift) wieder
zum Kanalweg hinunter. Entlang der sehr individuell
hergerichteten Hausboote, die hier eng an eng liegen
und das Flair alternativer Wohnkultur verströmen,

Start: Little Venice,
📍 westlich von H7,
U: Warwick Avenue
oder Paddington; von
Victoria Bus 16 nach
Maida Vale

Ziel: Limehouse
Basin, 📍 Z 8

Dauer: Little Venice–
Camden 1 Std.,
Little Venice–Lime-
house 3,5 Std.

Hinweis: Die Tour
lässt sich auch gut
per Fahrrad unter-
nehmen.

Einkehr: Warwick
Castle, 6 Warwick
Place, T 020 72 66
09 21, www.war
wickcastlemaidavale.
com, Mo–Sa 12–23,
So 12–22.30 Uhr.
Leckere Ales und
gutes Essen. Auch
Tische vor der Tür.

geht's in Richtung **Regent's Park** (s. S. 77) und **London Zoo** (s. S. 78). Die bombastischen Villen rechter Hand sind Bauten im Regency-Stil nach Entwürfen des Architekten John Nash (1752–1835).

Am Fuß des **Primrose Hill** (s. S. 78) verläuft der Kanal durch das Zoogelände; vom Weg aus sieht man das **Snowdon Aviary**, ein riesiges Vogelgehege. Nach einer scharfen Linksbiegung gleitet der Regent's Canal aus der Parkanlage heraus. Am Kanalufer liegt bzw. schwimmt das chinesische **Feng Shang Princess Restaurant** (www.fengshang.co.uk). Elegante viktorianische Häuser mit romantischen Gärten bis ans Ufer geben hübsche Fotomotive ab. Kurz darauf erreichen Sie **Camden** (s. S. 170) mit seinen verschiedenen Märkten. Wenn Sie nicht mehr weiterlaufen möchten, können Sie von **Camden Lock** aus mit einem der Ausflugsschiffe in etwa 50 Minuten zum Ausgangspunkt zurückfahren. Doch die Fortsetzung des Weges lohnt.

Der weitere Weg führt durch Camden und dann mitten durch das neue **King's Cross Quarter** (s. S. 163), wo man den Kunststudierenden der University of the Arts Hallo sagen kann. Hier können Sie einen Abstecher zum liebevoll eingerichteten **London Canal Museum** ⑱ (s. S. 177) machen, das die Geschichte des Regent's Canal dokumentiert.

In **Islington** müssen Sie sich, während der Kanal 870 m durch den Islington Tunnel fließt, kurzzeitig auf Straßenniveau begeben, versteckte Plaketten und Schilder weisen den Weg. Erst am Ende der Duncan Street geht es wieder zurück an den Kanal. Hinter dem **City Road Basin**, dem größten Seitenarm des Kanals, führt der Weg weiter in Richtung **Hackney** und **Dalston**.

Victoria Park (s. S. 199) in den 1840er-Jahren als Geschenk für die Bewohner des East End angelegt, ist heute für viele der schönste Park Londons. Nun ist es nicht mehr weit bis zum **Limehouse Basin**. Es war eines der ersten Docks, das den Schiffsverkehr der Themse mit dem Wasserwegesystem des Inlands verband. Heute befinden sich hier ein kleiner Jachthafen und eine luxussanierte Wohngegend. Von dort geht es mit der Docklands Light Railway bequem wieder in die Innenstadt zurück.

Die London Waterbus Company (T 020 74 82 26 60, www.londonwaterbus.com) und Jason's Trip (www.jasons.co.uk) bieten Bootstouren auf dem Regent's Canal zwischen Little Venice und London Zoo oder Camden Lock an.

Meisterwerk der Technik

Das Crossrail Project

Das Crossrail-Projekt ist eine neue Zugverbindung zwischen Ost- und Westlondon und das derzeit größte Infrastrukturprojekt in ganz Europa. Ziel ist eine Verkürzung der Fahrzeiten durch London. Zugleich wird eine Erhöhung der Bahnkapazität der Hauptstadt um 10 Prozent angestrebt. Das Projekt ist auch ein Konjunkturhilfeprogramm: Die Regierung erhofft sich, dass Zehntausende neue Arbeitsstellen und neue Wohnungs- und Bürobauten entlang der Strecke entstehen. Langsam nähert sich die Bauzeit dem Ende: Im Dezember 2019 soll die Jungfernfahrt der neuen Elizabeth Line stattfinden. Die Farbe des neuen Logos: natürlich Lila – eine der Lieblingsfarben der Königin.

10 000 Menschen arbeiten auf rund 40 Baustellen an dem Projekt, dessen Kosten sich voraussichtlich auf umgerechnet rund 21 Mrd. Euro belaufen werden. Noch liegt man im Zeit- und Kostenplan. Die 118 km lange Strecke verläuft vom westlich von London gelegenen Ort Reading in Berkshire über Heathrow Airport durch die Stadt und führt nach Shenfield in Essex. Der wichtigste Streckenabschnitt ist der zwischen dem Flughafen und Canary Wharf, dem Finanzzentrum der Stadt, für den man mit dem Taxi je nach Verkehrsaufkommen mindestens 80 Minuten, meist länger, braucht. Crossrail will die Distanz in 40 Minuten schaffen und pro Stunde 24 Züge fahren lassen, die doppelt so lang sind wie normale Züge.

Es ist ein Wahnsinnsprojekt, denn, wie man sich denken kann, wird schon seit 200 Jahren unter der Stadt gebaut. 42 km Eisenbahntunnel mussten geplant werden, die präzise durch das verworrene Netz an Abwasserleitungen, Röhren, alten Gebäuden und Tunneln verlaufen. Acht gigantische Tunnelbohrmaschinen der Firma Herrenknecht aus Baden-Württemberg sind im Einsatz. Sand und Zement für den Spritzbeton kommen ebenfalls aus Deutschland, denn Großbritannien ist inzwischen die Sand ausgegangen. Siemens liefert die Signaltechnik.

Mit dem Bau von Tunneln kennt sich London bestens aus. 1825 engagierte man die Ingenieure Marc Isambard Brunel und seinen Sohn Isambard Kingdom Brunel für den Bau eines Tunnels unter der Themse hindurch. Die beiden schufen ein Stahlgerüst, das den Arbeitern als Schutz diente, während sie den Tunnel gruben und sofort dahinter die Wände mit Ziegeln verstärkten. Nach diesem Prinzip arbeiten im Grunde genom-

An sieben Londoner Bahnhöfen schaffen neun Künstler Kunstwerke, die einen Bezug zum jeweiligen Ort haben.

men auch die modernen Tunnelbohr-maschinen.

Bei der Umsetzung des jahrzehn-telang geplanten Projekts wurde nicht lange gefackelt. So riss man beispielsweise kurzerhand das alte Astoria Theatre in der Tottenham Court Road ab, um Platz für einen neuen U-Bahn-Zugang zu schaffen.

Ironie des Schicksals: Während die EU als einer der Darlehensgeber für das Crossrail-Projekt vom damaligen Bürgermeister Boris Johnson dankbar bejubelt wurde, stand Johnson an vorderster Front, wenn es darum ging, sich für den Austritt aus der EU starkzumachen. Das Geld für das bereits abgesegnete Crossrail-II-Projekt, eine Verbindung in Nord-Süd-Richtung, muss die Insel dann allein berappen. Vielleicht um der baustellengeplagten Bevölkerung das Crossrail-I-Projekt zu versüßen, haben sich die Auftraggeber etwas Besonderes einfallen lassen. An immerhin sieben Londoner Bahnhöfen schaffen neun Künstler Kunstwerke, die einen Bezug zum jeweiligen Ort haben. In Farring-don widmet sich Künstler Simon Periton der Tradition der Diamantschleiferei in Hatton Gardens. In Whitechapel nimmt Chantal Joffe, wie Periton Mitglied der Royal Academy, auf die multikulturelle Identität des East End Bezug. Skulpturen von Yayoi Kusama, der berühmten japanischen Grand Dame, und von Conrad Shawcross, dem derzeit jüngsten Mitglied der Royal Academy, werden in Liverpool Street zu sehen sein. ∎

Bauarbeiter arbeiten an einem Gleisabschnitt in einem Crossrail-Tunnel unter Stepney in Ost-London.

Im Osten

Das East End will entdeckt werden— lassen Sie sich mit viel Neugierde darauf ein, tauchen Sie ab in die ›Szene‹, die sich meist erst beim zweiten Hingucken offenbart. Das Alltagsleben ist die Hauptsehenswürdigkeit in Londons Osten.

Seite 193
Spitalfields Market

Der Markt, von Liverpool Street in wenigen Minuten erreicht, findet täglich statt, ist aber am Wochenende am größten. Wetten, dass Sie die restaurierte Markthalle nicht verlassen, ohne etwas gekauft zu haben?

Seite 194
Streetart-Tour

Was machen diese komischen Pilze auf dem Dach? Womit verdienen Straßenkünstler ihr Geld? Wer malt diese Riesenvögel? Wo ist ein ›Banksy‹? Antworten auf solche und andere Fragen gibt Ihnen diese Streetart-Tour.

Beim Bagel-Essen hat man immer den vollen Durchblick.

Eintauchen

Seite 196
Brick Lane Market

Sonntags sind Shopaholics im East End in ihrem Element. Auf dem riesigen Brick Lane Market werden Kleidung, Secondhandwaren und Antikes, aber auch Obst und Gemüse verkauft.

Seite 198
Dennis Severs' House

Betritt man ein Zimmer dieses Hauses, scheint es, als hätten die Bewohner – eine hugenottische Familie des 18. Jh. – just den Raum verlassen. Die Kerze flackert noch. Ein Museumsbesuch als poetisches Erlebnis.

Seite 199

Victoria Park

Bötchen fahren, im Gras liegen, einem Konzert lauschen – im People's Park kann man einen ganzen Tag vertrödeln.

Seite 199

Whitechapel Gallery

Die Ausstellungen sind immer aktuell, immer spannend. Bereits seit 1901 existiert die Galerie für moderne und zeitgenössische Kunst. Sie sollte den Menschen im East End den Zugang zur Kunst ermöglichen.

Seite 200

Mit Bus 149 durchs East End

Per Doppeldecker geht's unkompliziert von London Bridge in Richtung Norden. Neu und alt, schrill und verwahrlost – wie im Film folgt Stadtbild auf Stadtbild. Alltag zum Greifen nah.

Seite 204

Columbia Road Flower Market

Auf dem herrlichen Blumenmarkt, der sonntags in Shoreditch stattfindet, zeigt sich, dass die Liebe der Briten zum ›Gardening‹ keineswegs vor den Toren der Hauptstadt haltmacht.

Den Petticoat Lane Market finden Sie nicht in der Petticoat Lane. Im prüden viktorianischen Zeitalter benannte man die ›Unterrock-Straße‹ in Middlesex Street um.

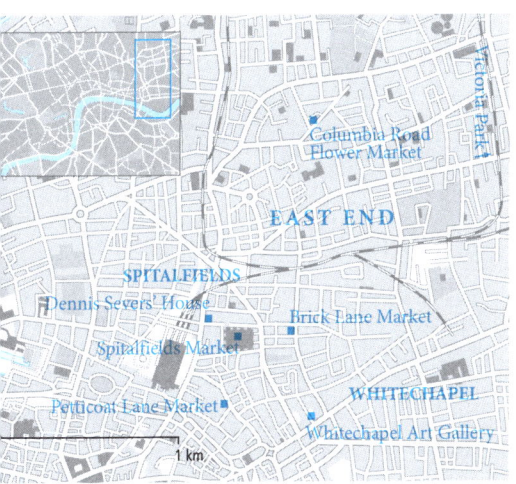

Als der Roman »Brick Lane« verfilmt wurde, gab es Proteste im East End. Manche Anwohner sahen sich in ein schlechtes Licht gerückt, andere spielten sogar im Film mit.

erleben

Vom Aschenbrödel zum Goldkind

I

In Old Street aus einem von mehreren U-Bahn-Schächten zu steigen ist der Hammer. Wo bin ich hier bloß gelandet, fragen Sie sich vielleicht, denn das heillose Durcheinander ergibt keinen Sinn. Und wo ist denn die ›Szene‹? Ja, genau, die müssen Sie entdecken, ebenso wie die Streetart, von der alle Welt spricht. An Ecken, auf Dächern und Mauern werden Sie fündig. Auf dem Präsentierteller gibt es hier nichts. Ostlondon ist eine merkwürdige Mischung aus Alt und Modern, Verfallen und Hip. Shoreditch, Spitalfields und Whitechapel sind traditionelle Arbeitergegenden und vor allem durch multikulturelles Leben geprägt. Heute ist es total ›in‹ – und teuer – hier zu wohnen. Die ›Szene‹ hat sich mittlerweile nach Norden ausgeweitet: nach Dalston und Stoke Newington.

Einst war ›East End‹ gleichbedeutend mit Armut, Elend, Krankheit und Kriminalität. So schlimm war der Ruf dieses Teils der Stadt, dass er zu Beginn des 20. Jh. auf einigen Stadtkarten gar nicht verzeichnet wurde. Hier siedelten vorwiegend Immigranten: ab dem 17. Jh. Hugenotten, im 19. Jh. Iren und Deutsche, 1880–1914 Juden aus Osteuropa. Die nächste Einwandererwelle kam

aus Indien und Bangladesch. Tausende von Immigranten arbeiteten in den Textilbetrieben an der Commercial Street und der Commercial Road für einen Hungerlohn.

Waren Sie 2012 zur Olympiade in London? Was ist aus den Anlagen geworden und aus dem Versprechen der nachhaltigen Nutzung? 12 Mrd. Pfund, die das Ereignis aus der Staatskasse verschlang, waren ja schließlich kein Pappenstil. Schauen Sie sich vielleicht selbst einmal in Stratford und im Queen Elizabeth Olympic Park um.

ORIENTIERUNG **O**

Reisekarte: ⚲ S–Z 2–7; Karte 5, D 2
Cityplan: S. 193
Das Viertel entdecken: Der beste Ausgangspunkt für einen Spaziergang durch die Szeneviertel des East End sind die Liverpool Street Station und die Bahnstationen Hoxton und Shoreditch High Street. Oder U-Bahn Station Old Street, Exit 4. Von hier aus lassen sich Spitalfields, Shoreditch und Whitechapel bequem zu Fuß erkunden. Olympia Park: Rail, DLR, Overground und U Stratford oder Overground Hackney Wick.

East End   📍 T–W 4–7

Kleine Stadtteilkunde

Wenn wir vom East End sprechen, sind vor allem die großen Londoner Stadtteile Hackney und Tower Hamlets gemeint, die wiederum in Bezirke unterteilt sind: Zu Hackney gehören z. B. Shoreditch, Dalston, Stoke Newington und Hackney Wick, zu Tower Hamlets u. a. Whitechapel, Spitalfields und Bethnal Green. Allesamt sind sie total angesagte Quartiere.

Shoreditch und Hoxton

Cool oder ›overhyped‹?

Obwohl die Künstler, die sich in den 1980er-Jahren in Shoreditch angesiedelt haben, in östliche und nördliche Richtung weitergezogen sind, hält das Dreieck zwischen **Old Street, Shoreditch High Street** und **Great Eastern Street** sowie rund um den **Hoxton Square** seinen Ruf als angesagtes Galerien- und Clubbing-Viertel. Hier ist immer was los. Und mit den vielen trendigen Shops, u. a. zahlreichen (Vintage-)Mode- und Designläden und vor allem den Pop-up-Stores im **Boxpark** ❶ (2–10 Bethnal Green Road, www.boxpark.co.uk, s. auch S. 202) ist Shoreditch (immer noch) cool, wenngleich offenbar nicht so cool, wie man denken könnte. Eine Umfrage des Stadtmagazins »Time Out« 2018 ergab, dass Londonerinnen und Londoner das Viertel für das am meisten überschätzte der Stadt halten. »Fake«, »commercialized«, »mainstream« und »overhyped« lauteten einige der Urteile. Am besten machen Sie sich selbst ein Bild.

Am Boxpark in Shoreditch: Leute gucken, drinnen etwas Leckeres essen, in hübschen Boutiquen wie Astrid & Miyu (Schmuck) oder Nordic Poetry (Fashion) stöbern oder einfach nur chillen.

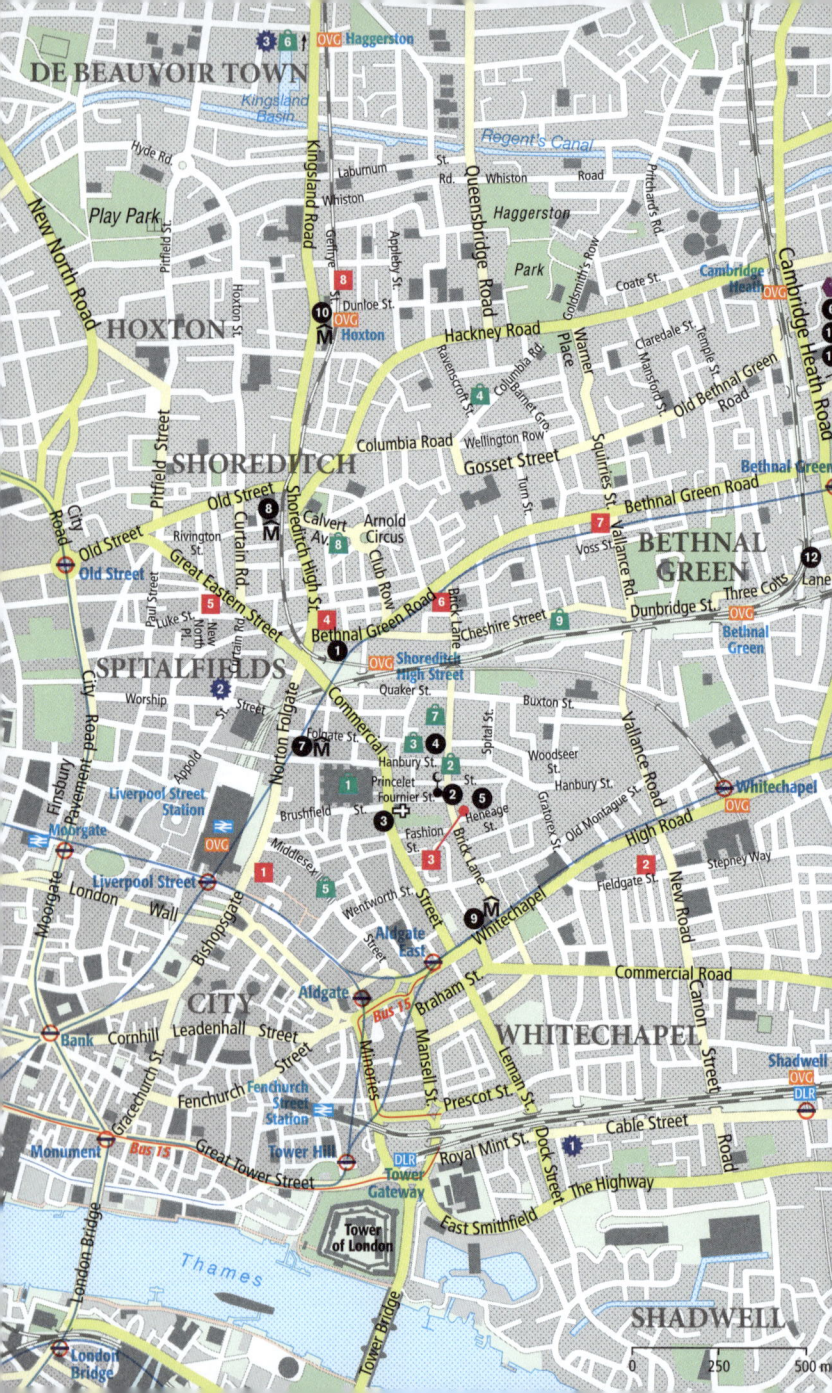

Ostlondon

Ansehen
❶ Boxpark
❷ Brick Lane Jamme Masjid
❸ Christ Church
❹ The Old Truman's Brewery
❺ Gilbert & George Gallery (voraussichtl. ab 2020)
❻ Queen Elizabeth Olympic Park
❼ Dennis Severs' House
❽ Rivington Place
❾ Whitechapel Gallery
❿ The Geffrye – Museum of the Home
⓫ Chisenhale Gallery

⓬ Maureen Paley
⓭ Victoria Park

Essen
❶ Polo Bar
❷ Tayyabs
❸ Pride of Spitalfields
❹ Pizza East
❺ Oklava
❻ Beigel Bake
❼ E Pellicci
❽ Fabrique

Einkaufen
❶ Spitalfields Market
❷ Brick Lane Market

❸ Sunday UpMarket
❹ Columbia Road Flower Market
❺ Petticoat Lane Market
❻ Ridley Road Market
❼ Rough Trade East
❽ Luna & Curious
❾ Beyond Retro

Bewegen
❶ London Aquatics Centre

Ausgehen
❶ Wilton's Music Hall
❷ Queen of Hoxton
❸ Cafe Oto

Spitalfields und Whitechapel

Markt der Märkte
Über einen Mangel an Märkten kann man sich in London nicht beklagen: 280 sind es derzeit – im Jahr 2010 zählte man nur um die 160. Der **Spitalfields Market** ❶ wurde in den letzten Jahren als Londons bester Markt ausgezeichnet. Das Angebot an Mode, Kunstgewerbe, Kuriosem, Antikem und verführerischen Köstlichkeiten ist riesig. Rund um die Marktstände haben sich Shops, Cafés und Restaurants etabliert. Besonders lebhaft geht es am Sonntag zu. Und wem haben wir das alles zu verdanken? Womöglich Charles II., der einem gewissen John Balach im 17. Jh. das Recht verlieh, hier einen Markt abzuhalten. Charme verleiht dem Ganzen eine viktorianische Markthalle. In den 1990er-Jahren wurde

diese wie die gesamte Gegend zum Sanierungsfall erklärt. Sir Norman Foster nahm sich der Sache an, begleitet von dem Protest der Anwohner, die eine Umwandlung des Marktes in einen Mainstream-Spot befürchteten. Der Markt hat zwar immer noch Charakter, aber die Gentrifizierung des Stadtteils nahm damals Fahrt auf.

65 Brushfield Street, www.oldspitalfields market.co.uk, U: Liverpool Street, tgl. Mo–Fr 10–20, Sa 10–18, So 10–17 Uhr (Haupttag)

Wandel zählt zu Ostlondons DNA
Schön ist die **Fournier Street,** die die Commercial Street mit der Brick Lane verbindet. Das traditionelle Gewerbe der Hugenotten, die sich im 17./18. Jh. hier und in den Nebenstraßen niederließen, war die Seidenweberei. Eine Vorstellung davon, wie die französischen Einwanderer gelebt haben könnten, bekommen Sie im **Dennis Severs' House** ❼ (s. S. 198) in der

TOUR
Bilderflut statt Tristesse – Streetart im East End

Zu berühmten und weniger bekannten Murals

Infos

📍 T/U 5/6

Start: U-Bahn-Station Old Street

Dauer: min. 2 Std.

Geführte Touren: www.streetartlondon.co.uk

Künstler-Websites: www.christiaan nagel.co.uk, www.space-invaders.com, http://stik.org, http://adrianboswell.com

Sie haben noch nie von **Christiaan Nagel** gehört? Schauen Sie in der **Old Street** oder der **Redchurch Street** mal nach oben. Dort grüßen seine bunten *mushrooms* von Häuserdächern hinunter. ›Pilze‹ aus Polyurethan sind das Markenzeichen des südafrikanischen Künstlers, der am liebsten eine ganze Landschaft aus Traumpilzen erschaffen würde. An jedem zweiten Haus im East End haben Streetart-Künstler ihrer Kreativität freien Lauf gelassen. Die Bandbreite der Genres, Techniken und Themen ist riesig. Was heute da ist, kann morgen allerdings schon wieder verschwunden sein: das Gebäude abgerissen, der Bretterzaun entfernt oder von anderen Künstlern übermalt. Die organisierten Streetart-Touren (s. links) sind super, aber Sie können die Gegend auch gut auf eigene Faust entdecken.

Beginnen Sie am besten an der **U-Bahn-Station Old Street (Ausgang 4)** und arbeiten Sie sich z. B. langsam entlang Rivington Street und Curtain Street zur Shoreditch High Street vor, um danach in die Brick Lane einzuschwenken. Welchen Weg Sie auch wählen, verhungern werden Sie unterwegs nicht, denn Sie sind mitten in der ›Szene‹. In der aufgemotzten Redchurch Street und natürlich in Brick Lane oder im **Boxpark** ❶ gibt es vom Kebabshop über das Curry House bis hin zur französischen Weinbar wirklich alles.

Um die an Computerspiele angelehnten Mosaiken des französischen Straßenkünstlers **Invader** zu sehen, muss man genauer hinschauen. An den Fassaden der legendären **Red Gallery** (Ecke Old Street/

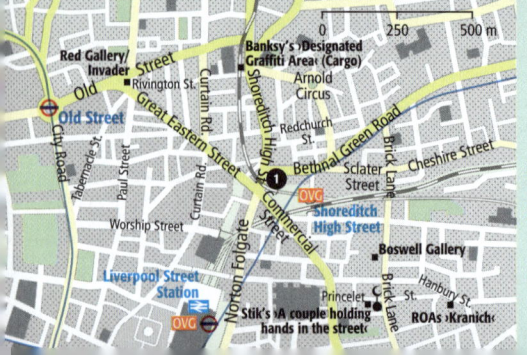

»A couple holding hands in the street«

Great Eastern Street), wo sich schon x Street Artists ausgetobt haben, erblickt man ein schönes Exemplar – noch, denn hier soll ein Hotel entstehen. Invader arbeitet incognito und in der Nacht. Seine ›Invasionen‹ sind sorgfältig dokumentiert – sogar in Buchform. Obwohl bei seinen Kollegen nicht gerade beliebt, darf **Banksy** nicht fehlen: Unglaublich aber wahr, seine berühmte **»Designated Graffiti Area«** existiert immer noch – plexiglasgeschützt – im Garten des Nachtclubs **Cargo** (83 Rivington Street). Einfache, aber unglaublich effektvolle Strichfiguren haben **Stik** berühmt gemacht. Bestandteil fast jeder Streetart-Tour ist Stiks **»A couple holding hands in the street«** hinter der **Jamme-Masjid-Moschee** in der Princelet Street: Völkerverständigung mit Strichmännchen und burkabekleideter Strichfrau vor leuchtend rotem Hintergrund. Genial. Unzählige Male wurde es getaggt (d. h. mit Graffiti markiert) und übermalt. Doch Stik oder Anwohner erneuern das vielgeliebte Motiv unermüdlich. Mittlerweile wird der einst obdachlose Künstler von Galerien eingeladen und das Auktionshaus Christie's verkauft seine Werke. Auch andere Straßenkünstler sind durch öffentliche Werke bekannt geworden, unterhalten hübsche Webseiten und verdienen durch Auftragsarbeiten ganz gut oder sehr gut Geld.

Einen anderen Weg hat **Adrian Boswell** für sich gefunden: Der ›Broccoli Man‹, verkauft seine Kunst in seiner eigenen coolen **Boswell Gallery** (91 Brick Lane). Seine ›**Brokkoli**‹ in leuchtenden Farben sind überall an Hauswänden zu sehen. Unübersehbar ist der riesige **Kranich** des belgischen Künstlers **ROA** in der **Hanbury Street,** wo überhaupt viel Spannendes zu entdecken ist. Wie die meisten seiner Kollegen kam ROA aus der Hip-Hop-Szene und über die Graffitikunst zur Streetart. Seine detailliert gearbeiteten Vögel oder Nagetiere, bei denen es um das Leben, den Tod oder das Leben nach dem Tod geht, sind weltweit an vielen Orten zu finden.

Die Techniken der Streetart-Künstler sind sehr unterschiedlich. Manche arbeiten z. B. mit Schablonen, andere mit Aufklebern. Viele Informationen dazu finden Sie auf https://lon donhuawiki.wpi. edu/index.php/Lon don_Street_Art

Folgate Street. Hier wird die damalige Wohnkultur auf wahrhaft lebendige Weise präsentiert. Zwischen Fournier Street und Princelet Street verdeutlicht die **Brick Lane Jamme Masjid** ❷ die Wandelbarkeit des East End. Erst eine Kapelle der Hugenotten, dann eine Synagoge, wurde das Gebäude 1976 zur Moschee *(masjid)* umgebaut.

Ein Stück weiter bekommen Kunsthistoriker große Augen. Tatsächlich ist sie ein Prachtexemplar von Kirche: die **Christ Church** ❸ (Commercial Street, Ecke Fournier Street, www.ccspits.org, Mo–Sa 10–16, So 13–16 Uhr, sofern keine Veranstaltung stattfindet). Sie entstand 1714–29 nach Entwürfen von Nicholas Hawksmoor und gilt als sein Meisterwerk. Seine ersten Sporen verdiente sich Hawksmoor übrigens als ›Azubi‹ von Christopher Wren. Das Gotteshaus dient auch als Veranstaltungsforum und Konzertsaal.

Sprechen Sie Bengalisch?

Falls nicht, könnten Sie es in der **Brick Lane** lernen. Die Straße, die sich von der Whitechapel Road im Süden bis nach Bethnal Green zieht, ist fest in bengalischer Hand. Die Straßennamen sind sogar zusätzlich in Bengalisch angegeben. Gesäumt wird Brick Lane auf beiden Seiten von, teils allerdings enttäuschenden, Curry-Restaurants und unzähligen Textilläden. Sonntags findet entlang der Straße der beliebte **Brick Lane Market** ❷ (8–13 Uhr; auch Essensstände) statt, wo man günstig Lederwaren, Kleidung und Secondhandmöbel sowie Obst und Gemüse bekommt – angeblich auch das Fahrrad, das tags zuvor gestohlen wurde.

An der Brick Lane liegt **The Old Truman's Brewery** ❹ (www.trumanbrewery. com). Bereits in der zweiten Hälfte des 17. Jh. gegründet, war Truman's im 18. Jh. die größte Brauerei in London. 1989 wurde sie geschlossen und zu einem *hap-*

Auf den Sonntagsmärkten rund um Brick Lane bekommt man alles bis hin zur Kommode. Aber wie kriegt man das schöne Stück nach Hause?

pening place umgebaut. Kleine Betriebe, Künstlerateliers, Lokale etc. haben sich in dem alten Gebäudekomplex angesiedelt. Und sonntags findet hier der **Sunday Up-Market** statt, auf dem die typischen drei K der Szenemärkte im Mittelpunkt stehen: Kleidung, Kulinarisches und Kleinkunst. Falls es Sie nach einem ruhigen Bier gelüstet, ist der altmodische Pub **Pride of Spitalfields** **3** in der Heneage Street besonders geeignet.

Wandelndes Doppelkunstwerk

Gleich nebenan soll 2020 in einem umgebauten Brauhaus die **Gilbert & George Gallery** **5** eröffnen. Gilbert & George – die kennt man in London einfach. Entweder durch ihre Werke an den Wänden der Galerien oder weil man ihnen im East End beim Bäcker begegnet ist. Obwohl ich kein besonderer Fan ihrer Werke bin, fasziniert mich ihr Leben. Gilbert Prousch und George Passmore sind seit 1968 zusammen, als Paar, als Kunstschaffende und als wandelnde Kunstwerke, immer gleich und äußerst formell gekleidet. 2017 wurden sie als Royal Academicians ausgezeichnet. Dass sie ihre Galerie im East End eröffnen, verwundert nicht. Hier leben sie schon seit rund 50 Jahren.

Olympic Park

♥ Karte 5, D2

2012 und was davon blieb

Legacy war nach den Olympischen und Paralympischen Spielen 2012 das Schlagwort: ›Hinterlassenschaft‹. Wie konnte eine nachhaltige Nutzung des 227 ha großen Olympia-Areals im Lower Lea Valley aussehen? Schließlich hatte das Spektakel ja satte 12 Mrd. Pfund aus der Staatskasse verschlungen.

SKULPTUREN-RUTSCHE

Übersehen kann man ihn nicht, den **ArcelorMittal Orbit,** die begehbare, 114,5 m hohe rote Skulptur von Anish Kapoor und Cecil Belmond im Olympiapark. Ich kann mich mit ihm nicht so recht anfreunden, vor allem, dass er 10 000 £ Unterhaltskosten pro Woche verschlingt ist bedauerlich. Ein Erlebnis ist natürlich eine Rutschpartie auf der mit 178 m längsten Tunnelrutsche der Welt, die Ausblicke auf Londons Skyline bietet (www.arcelormittal orbit.com, Mo–Fr 11–16, Sa, So 10–18 Uhr, Skyline Views und Rutsche 16,50 £).

Die einstigen Sportstätten im **Queen Elizabeth Olympic Park** **6**, so der offizielle Name, werden heute gut genutzt: Im **London Stadium** kickt der Erstligaverein West Ham Football Club. Das wie ein riesiger Kartoffelchip anmutende **Lee Valley Velodrome** erfreut sich als Halle für Radsportevents großer Beliebtheit. In Zaha Hadids **London Aquatics Centre** **1**, dessen Dachkonstruktion aus parabolischen Bögen typisch für die Architektin ist, dürfen jetzt alle schwimmen. Und als **Here East** (https://hereeast.com) beherbergt das ehemalige olympische Pressezentrum u. a. Techno-Start-ups, Zweigstellen der Universität und, superspannend, das Studio des international bekannten Choreografen Wayne McGregor. Hier hat der Wandel geklappt, alles wirkt lebendig und authentisch. Der Park selbst ist auch in Topzustand. Man kann nett am Lea spazieren gehen und es gibt viele Spielplätze – und sogar Sicherheitspersonal.

So weit, so gut. Das Problem sind mal wieder die Investoren, die mit schicken Apartmentblöcken und entsprechend aufgeblasenen Quadratmeterpreisen absahnen. Kaum zu übersehen ist der 42-geschossige Luxustempel **Manhattan Loft Gardens** mit Hotel und Apartments – laut Bauherr Harry Handelsman der aufregendste Turm, der jemals gebaut wurde. Aber wer soll hier bloß wohnen? Sicher nicht die 450 Anwohner der ehemaligen Clays Lane, der einst größten Wohnkooperative in Europa, die für Olympia zwangsweise weichen mussten, und auch nicht die Bewohner des Carpenters Estate, dessen Regenerierung oder, wie manche sagen, ›soziale Reinigung‹ auch noch ansteht.

Die durch die Olympischen Spiele entstandenen Schulden müssen beglichen und Grundstücke und Bauten daher veräußert werden. So geschehen beim Athlete's Village, das sich heute **East Village** (www.eastvillagelondon.co.uk) nennt. Hier hat es mit der sozialen Durchmischung einigermaßen geklappt. 50 Prozent der 2800 Wohnungen sind von der Regierung geförderte »affordable homes«: die Mieter zahlen nur ca. 80 Prozent des üblichen Marktpreises. In Anbetracht der exorbitanten Mieten (1800 £ für 2 Zimmer) immer noch eine stolze Summe.

Das Regierungsorgan, das sich um die Verwaltung des olympischen Erbes kümmert, ist die 2012 gegründete London Legacy Development Corporation (LLDC). Sie hat bei Anzahl und Bauweise der Neubauten das Sagen. Statt einer Ansammlung von Hochhäusern entstanden vorwiegend niedrige Bauten wie die 850 Wohneinheiten von Chobham Manor nahe dem Velodrom, die als Reihenhäuser und Mews daherkommen. Die Bautätigkeit im ehemaligen Olympiadorf ist noch längst nicht abgeschlossen. Jetzt geht es um die Entwicklung der **East Bank** mit kulturellen Einrichtungen von Weltrang: Sadler's Wells mit Hip Hop Academy und Tanztheater, BBC Music, V&A-Dependance und London College of Fashion, dessen 6500 Studierende Farbe ans Ufer des Lea bringen werden. Bis 2022 soll alles fertig sein.

www.queenelizabetholympicpark.co.uk, U und Overground: Stratford

---

Museen

Ein poetisches Erlebnis

❼ **Dennis Severs' House:** Warum müssen die Dielen nur so knarren? Bloß keinen Krach machen und um Himmels willen nichts umstoßen. Wenn man in der Eingangshalle des Dennis Severs' House steht und die Haustür ins Schloss fällt, taucht man in eine andere Welt ein. Die Bewohner, eine hugenottische Familie

---

VON GALERIE ZU GALERIE – FIRST THURSDAYS ART TOURS **G**

Sie sind am ersten Donnerstag eines Monats in London? Glück gehabt. Dann warten abends ca. 150 Galerien mit Ausstellungen auf Sie. Organisiert wird der Spaß von der **Whitechapel Gallery** ❾. Zu den Kunst-Hotspots geht's per Art Bus, auf einem geführten Spaziergang oder auf eigene Faust. Die **Chisenhale Gallery** ⓫ (64 Chisenhale Rd., www.chisenhale.org.uk, Mi–So 12–18, 1. Do, Mo bis 21 Uhr) z.B., die ihre Räumlichkeiten in einer ehemaligen Fabrik hat, gibt neue Arbeiten in Auftrag und unterstützt die Künstler während des Schaffensprozesses. Bei **Maureen Paley** ⓬ (21 Herald Street, www.maureen paley.com, Mo–Fr 10–18 Uhr) stellten schon Wolfgang Tillmans und Gillian Wearing aus. Die Galerien können Sie natürlich auch sonst besuchen.

des 18. Jh., scheinen gerade den Raum verlassen zu haben. Ganz leise geht man die polierte Holztreppe hinauf. Im Wohnzimmer steht ein halb leeres Glas auf dem Tisch, ein anderes ist zerbrochen, das Kartenhäuschen liegt zusammengefallen auf dem Boden, eine Kerze flackert. Noch hängt der Geruch von Essen im Zimmer. Ließ Mr Jervis sein Essen stehen, als er uns kommen hörte? Im Kamin knistert das Feuer. Eine altersmüde Treppe führt unters Dach, wo die Untermieter lebten. Hier pfeift der Wind durchs Gebälk. Auch uns Besuchern wird es auf einmal recht kühl. Der Wasserkessel zischt, man hört ein Baby schreien. Das Bett ist ungemacht. Was ist geschehen? Eine Katze miaut, und von draußen hört man das Geklapper der Pferde auf dem Kopfsteinpflaster. Was – oder besser gesagt wer – steckt hinter all dem?

In den späten 1970er-Jahren erwarb der Amerikaner Dennis Severs das Haus Nr. 18 in der Folgate Street. Er renovierte es und richtete es vom Keller bis unter das Dach mit originalen Objekten und Möbeln aus dem 17./18. Jh. ein. Aber es ging ihm nicht allein um georgianische Wohnkultur, vielmehr verstand der 1999 verstorbene Künstler sein Haus als ›Still-Life-Drama‹. Seine Absicht war es, einen wahrhaft lebendigen Einblick in das Leben in Spitalsfield zwischen 1724 und 1914 zu vermitteln. Um das Licht und die Stimmung der vergangenen Zeit einzufangen, studierte Severs die Gemälde alter Meister. Wie durch einen Bilderrahmen steigt der Besucher in ein ›Bild‹ und durchläuft zehn Zimmer. Severs, der selbst in dem Haus lebte, erfand auch die dazugehörigen Bewohner: die hugenottische Seidenweberfamilie Jervis, die 1688 aus Frankreich gekommen war und das Haus 1724 erwarb.

18 Folgate Street, T 020 72 47 40 13, www. dennissevershouse.co.uk, U: Liverpool Street, Mo, Mi, Fr 17–21 Uhr, 15 £, So 12–16 Uhr 10 £, Mo 12–14 Uhr 10 £

DER PEOPLE'S PARK

Erklärter Lieblingspark der Londoner ist der **Victoria Park** 🔞 (U: Mile End oder Bethnal Green), auch liebevoll Vicky's Park genannt, eine riesige schon Mitte des 19. Jh. geschaffene Grünanlage mit drei Seen, Bootsverleih, Cafés, Spielplätzen, Blumenrabatten, Tennis-, Kricket- und Fußballplätzen. Übers Jahr finden diverse Veranstaltungen statt, darunter Musikfestivals wie »All Points East« (www.allpoints eastfestival.com), und im Herbst ein riesiges Feuerwerk.

Eine Galerie, die allen gehört

❽ Rivington Place: Das Besondere am 2007 als Galerie für zeitgenössische, internationale Kunst eröffneten Rivington Place ist, dass er keine private, kommerzielle Galerie ist, wie es Hunderte in London gibt, sondern mit öffentlichen Geldern finanziert wurde und somit allen Londonern gehört. Das gab es seit Eröffnung der Hayward Gallery nicht mehr. Das markante Gebäude wurde von David Adjaye entworfen. Es gibt zwei Ausstellungsräume und eine Referenzbibliothek. Außerdem werden Vorträge und Seminare angeboten.

1 Rivington Place, T 020 77 49 12 40, https://autograph.org.uk, Overground: Shoreditch High Street, Di–Fr 11–18, Sa 12–18 Uhr

Frühe East-End-Institution

❾ Whitechapel Gallery: In der internationalen Kunstwelt hat sie einen Namen – als herausragende Galerie für moderne und zeitgenössische Kunst. Gegründet wurde sie schon 1901, und zwar mit dem Ziel, den Bewohnern des East End das Thema Kunst nahezubringen. Wie die das damals wohl fanden? Seitdem haben hier Größen wie

TOUR
Per Doppeldecker die urbanen Kontraste erfahren

Von London Bridge nach Dalston

Infos

S–U 2–8

Dauer: reine Fahrtzeit 1 Std., mit Aussteigen und Pausen länger

Start: London Bridge; alternativ: Liverpool Street oder Shoreditch High Street

Bus: Linie 149

Dalston Roof Park: 18–22 Ashwin Street, www.bootstrapcharity.com/about-dalston-roof-park, im Winter geschl., Eintritt 3 £. In dem gemeinnützigen Venue finden oft Veranstaltungen wie Open-Air-Kino oder Yoga statt.

Ein bisschen Ausdauer braucht man schon, wenn man das quirlige East End entdecken möchte, aber aus der ›Vogelperspektive‹ eines Doppeldeckers geht es ganz gut. Natürlich müssen Sie oben und ganz vorn sitzen! Starten Sie am besten an der Haltestelle **London Bridge.** Sie können natürlich auch erst in Liverpool Street einsteigen oder in der Shoreditch High Street. In ein paar Stunden lernen Sie viele Gesichter Londons kennen, von nobel bis schäbig, von uralt bis brandneu.

Durch die City, entlang der ultramodernen Bauriesen in **Bishopsgate,** geht es an der **Liverpool Street Station** vorbei. Schon bald ist **Shoreditch High Street** erreicht mit einem Gewusel an Bussen, Autos und Menschen. Vor allem junge Menschen sieht man hier in einer Endlosschleife zwischen Bars und Cafés auf der Suche nach Chill und Kunst. Londons einstiges Armenhaus zwischen Hackney und Limehouse gibt es nicht mehr. Die meisten Viertel des East End sind für normale Menschen inzwischen unerschwinglich. Eine komische Mischung aus heruntergekommen und verwahrlost auf der einen Seite und Schickimicki auf der anderen Seite ist entstanden.

Die **Kingsland Road** führt immer weiter nach Norden. Sie ist eine der ältesten Straßen in England überhaupt. Angeblich existierte sie schon zur Zeit der Römer. Immer lebhaft, niemals klassisch schön, spielt sich hier das Alltagsleben zwischen Moschee, Autowaschanlage, vietnamesischem Take-away und Kentucky Fried Chicken ab.

Den Regent's Canal überquerend, erreicht der Bus bald das gentrifizierte **Dalston.** Wie funktioniert Gentrifizierung eigentlich? In heruntergekommene Gegenden ziehen junge Leute, weil's dort billig ist. Sie machen Musik und Kunst. So wird die Gegend interessant,

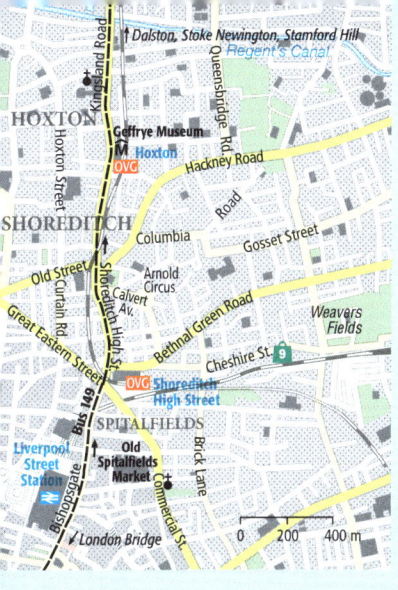

auf die nun Immobilienmakler und Investoren aufmerksam werden. Wenig später schnellen die Mietpreise in die Höhe und es wird gebaut, was das Zeug hält. Schon bald allerdings spielt die ›hippe Musik‹ woanders, entwickelt sich ein anderes Viertel zum Augapfel der ›Szene‹. Im ganzen East End waren es die leer stehenden Lagerhallen, die zunächst vor allem Künstler anlockten, weil sie hier tolle Studioflächen fanden. Bald kamen die Besserverdienenden, gefolgt von hübschen, kleinen Läden und einem größeren Konsum- und Unterhaltungsangebot.

Wo kann man sich endlich die Füße vertreten? Nach **Stoke Newington** ist es Gott sei Dank nicht weit und die gemütliche Church Street bringt die ersehnte Erdung nach den vielen Eindrücken auf der Busfahrt. ›Stokey‹, wie die Anwohner ihren Stadtteil liebevoll nennen, hat das Glück, nicht in der Nähe einer U-Bahn-Station zu liegen. Uninteressant für Bauhaie! Kleinere Geschäfte, keine Ladenketten, ein paar alte Pubs wie das Rose and Crown – alles wirkt irgendwie dörflich. Und auf dem verwunschenen alten Friedhof **Abney Park Cemetery** wähnt man sich nicht in London.

Fahren Sie danach ruhig noch ein Stückchen weiter. Ganz andere Eindrücke erwarten Sie am **Stamford Hill.** Hier wohnen streng orthodoxe Juden – in der größten Dichte ganz Europas. Die rund 2000 chassidischen Juden leben in dieser Gegend in einer für Außenstehende kaum zugänglichen Gemeinschaft. Sie sehen vielleicht auf der einen Straßenseite eine Gruppe jüdischer Männer mit Schläfenlocken und dem typischen hohen, schwarzen Hut, auf der anderen Straßenseite eine Gruppe komplett verschleierter muslimischer Frauen. Parallelwelten.

Shopping-Therapie gefällig? Klasse Klamotten aus den 70ern und 80ern gibt es bei **Beyond Retro** in Dalston (s. S. 205).

Zum Abschluss müssen Sie sich nun entscheiden. Sie könnten mit dem Bus weiter nach **Seven Sisters** und dann mit der U-Bahn (Victoria Line) wieder zurück in die Stadt fahren. Oder Sie lassen den Tag bei einem Sundowner im **Dalston Roof Park** ausklingen. Ich würde mich für Letzteres entscheiden.

Pablo Picasso, Jackson Pollock, Mark Rothko, Gary Hume, Liam Gillick, Frida Kahlo und Nan Goldin ausgestellt, außerdem zahlreiche junge, (noch) unbekannte Künstler. Neben Wechselausstellungen – von Malerei über Fotografie und Videokunst bis zu Skulpturen und Installationen – werden auch Lesungen, Vorträge und Workshops geboten. Da ist immer etwas Interessantes dabei. Das Museumslokal Whitechapel Refectory sorgt mit appetitlichen Kleinigkeiten dafür, dass die kunstsinnigen Besucher nicht vom Fleisch bzw. Gemüse fallen.

77–82 Whitechapel High Street, T 020 75 22 78 88, www.whitechapelgallery.org, Di–So 11–18, Do bis 21 Uhr, Eintritt variiert

Für Einrichtungsfans

❿ The Geffrye – Museum of the Home: Ein Museum zur Geschichte der Wohnkultur? Das ist viel spannender, als es sich anhört. Im Geffrye Museum in der Kingsland Road spazieren Sie durch eine langgestreckte Zimmerflucht und erfahren, wie sich der Wohnstil von der Zeit Elizabeths I. bis ins 20. Jh. hinein verändert hat. Die Zimmer sind so eingerichtet, wie eine Mittelklassefamilie jeweils gewohnt haben könnte. Jüngstes Ausstellungsszenario ist ein Apartment in einem umgebauten Lagerhaus aus den 1990er-Jahren.

136 Kingsland Road, www.geffrye-museum. org.uk, U: Old Street, wg. Restaurierung voraussichtlich bis Frühjahr 2020 geschl., Almshouse an ausgewählten Tagen geöffnet (auch Führungen)

Essen

Cool und uncool

❶ Boxpark: Sie können sich nicht entscheiden, was Sie essen möchten? Dann schauen Sie im Boxpark vorbei. Hier gibt's x verschiedene Pop-ups mit Kulinarischem aus aller Welt. Aber sehen Sie immer genau hin – vieles ist ziemlich überteuert. Die

Soft Serve Society verkauft cooles, graues Kokoseis mit geräucherten Marshmellows. Muss man natürlich haben. Aber 5,35 £ für ein Eis? Sehr uncool.

2–10 Bethnal Green Road, www.boxpark. co.uk, Overground: Shoreditch High Street, Mo–Sa 8–23, So 10–22 Uhr

Die 24-Stunden-Bar

❶ Polo Bar: An der Liverpool Street Station gestrandet? Die Rettung ist die altmodische, stets gut besuchte Polo Bar gegenüber, die Tag und Nacht geöffnet ist und sogar eine 24-stündige Alkohollizenz hat. Man kann sich hier z.B. mit traditionellem English Breakfast stärken (9,90 £).

176 Bishopsgate, T 020 72 83 48 89, www. polo24hourbar.co.uk, U: Liverpool Street

Original Punjabi

❷ Tayyabs: Das Tayyabs kenne ich noch aus den 80er-Jahren. Und noch immer ist das als Familienbetrieb geführte Lokal eine zuverlässige und unkomplizierte Anlaufstelle für gute Punjabi-Küche. Viele Stammkunden, vor allem auch vom London Hospital gleich um die Ecke.

89 Fieldgate Street, T 020 72 47 64 00, www.tayyabs.co.uk, U: Whitechapel, tgl. 12–23.30 Uhr (letzte Bestellung)

Was ist ein Boozer?

❸ Pride of Spitalfields: Eine herrlich unaufgetakelte Kneipe, die ihrem Namen alle Ehre macht. Der traditionelle, lebhafte East-End-Pub zieht ein gemischtes Publikum an. Es gibt Biere aus der Fullers-Brauerei und eine große TV-Leinwand für Fußballübertragungen.

3 Heneage Street (von Brick Lane ab), T 020 80 89 50 14, U: Aldgate

Hier kann der Abend beginnen

❹ Pizza East: Untergebracht ist Pizza East in einem alten Lagerhaus in Shoreditch. Anders als es der Name vermuten lässt, gibt es nicht nur Pizza, sondern eine interessante Auswahl an italienisch-ame rikanischen Gerichten. Immer voll, immer gute Stimmung. Zweigstellen in Kentish Town und Portobello Road.

56 Shoreditch High Street, T 020 77 29 18 88, www.pizzaeast.com, Overground: Shoreditch High Street, Mo–Mi 12–24, Do 12–1, Fr 12–2, Sa 9–2, So 9–24 Uhr

Von der Großmutter gelernt
5 Oklava: Schon beim Anblick der liebevoll präsentierten Speisen läuft einem das Wasser im Mund zusammen. Selin Kiazim hat das Kochen von ihrer türkisch-zypriotischen Großmutter gelernt und verfeinert die traditionelle Küche geschickt mit modernem Twist.

74 Luke Street, T 020 77 29 30 32, www. oklava.co.uk, Overground: Shoreditch High Street, Di–Sa 12–15, 17.30–22 Uhr

Eine Ostlondoner Institution
6 Beigel Bake: Ob es die besten Bagels in Town sind? Wer weiß das schon. Aber bereits seit 1974 bilden sich vor dem kleinen bescheidenen Laden immer Schlangen, vor allem wenn die Clubs schließen. Spezialität: Bagel mit Hot Salt Beef. Aber es gibt auch Bagels mit Hering oder Ei, außerdem Kuchen in großen Portionen.

159 Brick Lane, T 020 77 29 06 16, über Facebook, U: Shoreditch, 24 Std. geöffnet

Traditionsreich und solide
7 E Pellicci: Das beliebte Café E Pellicci gehört derselben Familie seit über 100 Jahren und ist fester Bestandteil des East End. Die wunderschöne Art-déco-Einrichtung steht unter Denkmalschutz. Es gibt traditionelles englisches Frühstück und italienische Pasta.

332 Bethnal Green Road, T 020 77 39 48 73, www.epellicci.com, U: Bethnal Green, Mo–Sa 7–16 Uhr, Gerichte um 7 £

Zimtschnecken gefällig?
8 Fabrique: Die schwedische Bäckerei Fabrique serviert nicht nur dieses köstliche Gebäck, sondern auch einen guten Kaffee. Zweigstellen in Covent Garden, Notting Hill und Fitzrovia.

Arch 385, Geffrye Street, T 020 70 33 02 68, www.fabrique.co.uk, Overground: Hoxton, Mo–Fr 8–18, Sa, So 9–18 Uhr

---

Einkaufen

Aufgehübscht
1 Spitalsfield Market: s. S. 193.

Gigantisch, bunt und wuselig
2 Brick Lane Market: s. S. 196.

Immer wieder sonntags …
3 Sunday UpMarket: Rund 140 Stände, u. a. Mode, Kunsthandwerk, Musik, Kulinarisches.

91 Brick Lane (in der Old Truman Brewery), www.sundayupmarket.co.uk, Overground: Shoreditch High Street, So ca. 10–17 Uhr

Zugegeben, woanders gibt es bestimmt genauso gute oder bessere Bagels, aber Beigel Bake ist einfach Kult.

Lieblingsort

Welch eine Augenweide

Jeden Sonntag zwischen 8 und 14 Uhr verwandelt sich in Shoreditch die sonst eher bescheidene Columbia Road in eine bunte Oase mit Blumen und Pflanzen aus aller Welt. Auch wenn man keine Blumen kaufen möchte, macht ein Bummel über den **Columbia Road Flower Market** 4 Spaß. Rechts und links locken nette kleine Lädchen mit Kunstgewerbe, ungewöhnlichen Möbeln und Kulinarischem (www.columbiaroad.info). Passen Sie aber auf, dass Sie den Markt nicht doch mit einer Kiste Geranien oder einer Stechpalme unterm Arm verlassen.

1000 Stände, aber kein Unterrock

5 Petticoat Lane Market: Eine Institution in Ostlondon. Schuhe, Kleidung, asiatische Textilien, arabische Teppiche, indischer Schmuck. Rund um Middlesex Street und Wentworth Street.

U: Liverpool Street, Aldgate, Aldgate East, Mo–Fr 10–16.30 Uhr, Whitechapel Road auch Sa, Haupttag So 9–14 Uhr

Bunter Nachbarschaftsmarkt

6 Ridley Road Market: Ein normaler Obst- und Gemüsemarkt mit rund 150 Ständen, allerdings mit einem Warenangebot aus der ganzen Welt: afrokaribisch, asiatisch oder mediterran.

Overground: Dalston Kingsland, Mo–Do 9.30–17, Fr, Sa 9–18 Uhr

Musikalische Raritäten

7 Rough Trade East: Der Laden in der Old Truman Brewery ist eine bekannte Anlaufstelle für Raritäten, aber auch für Neuerscheinungen. Regelmäßig gibt es Gigs auf der hauseigenen Bühne; mit Café.

91 Brick Lane, www.roughtrade.com, U: Liverpool Street, Mo–Do 9–21, Fr 9–20, Sa 10–20, So 11–19 Uhr

Ungewöhnliche Geschenkideen

8 Luna & Curious: Bei Luna & Curious finden Sie in ausgefallenen Designs alles Mögliche, von der typisch englischen Teetasse bis hin zum Cocktailkleid.

24 Calvert Avenue, www.lunaandcurious. com, Overground: Shoreditch High Street, tgl. 11–18, So bis 17 Uhr

In den Vintage-Rausch geraten

9 Beyond Retro: Hier kommt man nicht mehr raus – wenn doch, dann mit Schlaghose und Blumen im Haar. Beyond Retro beglückt mit einer riesigen Auswahl an Vintage-Kleidung (vor allem 70er/80er).

92–100 Stoke Newington Road, www. beyondretro.com, U: Dalston Kingsland, Mo–Di 10.30–19, Mi–Fr 10.30–20, Sa 10.30–19, So 11.30–18 Uhr

Bewegen

Olympisch schwimmen

1 London Aquatics Centre Olympic Park: s. S. 197. Diverse Schwimmbecken und Sprungbecken.

www.londonaquaticscentre.org, U: Stratford, tgl. 6–22.30 Uhr, 4,95 £

Ausgehen

Geheimtipp

Wilton's Music Hall: Hinter der schlichten Fassade versteckt sich die angeblich älteste Musikhalle der Welt. Tanz, Konzerte, Theater, Kabarett und Vorträge.

1 Graces Alley (von Ensign Street abgehend), T 020 77 02 27 89, www.wiltons.org.uk, U: Aldgate East, Bar Mo–Fr ab 17 Uhr oder früher, je nach Programm

Happening Place

2 Queen of Hoxton: Bar oder Club? Egal, in der Queen of Hoxton ist es immer gut. Über zwei Stockwerke verteilt gibt es DJ-Musik, Kunstausstellungen, manchmal verrückte Filme, manchmal Theater. Das Beste ist die große Dachterrasse – selbst im Winter! Cool. Gehen Sie am Montag hin – beim Glee Club kann jeder mitsingen.

1 Curtain Road, T 020 38 89 87 21, www. queenofhoxton.com, U: Liverpool Street, Mo–Mi 16 Uhr bis Mitternacht, Do 16–2, Fr, Sa 12–2, So 12–22 Uhr, Eintritt variiert

Kreative Musik aller Art

3 Cafe Oto: Forum für neue kreative Musik mit allabendlicher Livemusik im angesagten Dalston. Tagsüber geht es mit gutem Kaffee und leckeren persischen Kleinigkeiten ruhiger zu (Mo–Fr 8.30–17, Sa 9.30–17, So 10.30–17 Uhr).

The Print House, 18/22 Ashwin Street, T 020 79 23 12 31, www.cafeoto.co.uk, Overground: Dalston Junction

Eine politisch gewürzte Krise

Das britische Nationalessen Curry in der Bredouille

In einer Abstimmung über das Lieblingsgericht der Briten vor ein paar Jahren machten weder das *cooked breakfast* noch *fish and chips* oder der *Christmas Pudding* das Rennen – nein, Spitzenreiter wurde das ›indische‹ Chicken Tikka Masala oder CTM, so die gängige Abkürzung. Das Gericht besteht aus gegrillten marinierten Hähnchenfleischstücken in einer würzigen Soße aus Tomaten, Sahne und Joghurt. Dazu wird Naanbrot gereicht. Tikka Masala wird auch mit Hammelfleisch oder vegetarisch und in unzähligen Würzvarianten serviert.

Kreiert wurde Chicken Tikka Masala in der Nachkriegszeit. Damals halfen Tausende Immigranten aus Südasien beim Wiederaufbau Englands nach den Zerstörungen im Zweiten Weltkrieg. Das Gericht spiegelt das Zusammentreffen der beiden Kulturen wider: Gegrilltes mariniertes Fleisch mit Aromen, wie sie typisch für die indische Küche sind, kamen nun – ganz den englischen Kochtraditionen entsprechend – von einer Soße begleitet auf den Tisch.

In den 1960er- und 1970er-Jahren verbreitete sich das indische Hähnchengericht im britischen Soßen-Gewand rasant. Curry Houses schossen wie Pilze aus dem Boden. 2001 wurde das Curry-Gericht dann vom damaligen britischen Außenminister Robin Cook ›quasi offiziell‹ zum Nationalgericht erklärt: »Chicken Tikka Massala is now a true British national dish, not only because it is the most popular, but because it is a perfect illustration of the way Britain absorbs and adapts external influences.« Der Tenor seiner vor der Social Market Foundation in London gehaltenen Rede: Multikulturalismus schmeckt allen, ob mit Kreuzkümmel, Koriander, Chili oder Knoblauch. Und was kulinarisch möglich ist, funktioniert auch in anderen Bereichen des multiethnischen Zusammenlebens.

Doch dem symbolträchtigen Gericht scheint eine düstere Zukunft beschieden: Rund 12 000 Curry Houses gibt es in Großbritannien. Mit geschätzten 5,2 Mrd. Pfund Umsatz im Jahr leisten sie einen wichtigen Beitrag zur britischen Wirtschaft. Als es 2016 darum ging, sich in Sachen Brexit zu positionieren, machten sich die meisten Restaurantbesitzer für einen EU-Austritt stark, denn für diesen Fall hatte man ihnen mehr Arbeitsgenehmigungen für Köche aus Südostasien versprochen. Davon ist mittlerweile nicht mehr die Rede. Die Regierung weigert sich, die Bestimmungen für Migranten aus Nicht-EU-Ländern zu lockern. Die Restaurantbesitzer fühlen sich verraten.

Multikulturalismus schmeckt allen, ob mit Kreuzkümmel, Koriander, Chili oder Knoblauch.

Derzeit schließen im Schnitt zwei indische Restaurants pro Woche. Wie lässt sich das erklären? Den Lokalen geht das Küchenpersonal aus. Schon seit Langem wird das indische Essen kaum noch von Indern, sondern überwiegend von Bangladeschi oder Osteuropäern gekocht. Mit Vollzug des Brexit wird die Situation noch schwieriger, da es weniger Arbeitskräfte aus Osteuropa geben wird. Die Beobachtungsstelle für Migration in Oxford hat festgestellt, dass rund 89 000 Osteuropäer aus den neuen EU-Ländern in britischen Restaurants arbeiten. Mit dem Brexit und der Politik des »hostile environment« begrenzt Großbritannien die Einwanderung aus der EU. Für Einwanderer aus Nicht-EU-Staaten, wie den südasiatischen Ländern gilt, dass sie einen Arbeitsvertrag mit einem jährlichen Einkommen von mindestens 35 000 Pfund nachweisen müssen, bevor sie eine Aufenthaltsgenehmigung für Großbritannien bekommen. Das ist eine stolze Summe – mehr, als die meisten Lehrer verdienen. Für ein durchschnittliches Curry House sind solche Löhne nicht bezahlbar. In den letzten Jahren wurden daher vor allem Arbeitskräfte aus Polen und Rumänien eingestellt, die jedoch bald in andere Jobs mit besseren Aufstiegschancen wechselten. Wer soll in der Küche stehen, wenn jetzt auch noch der Nachschub an Arbeitskräften ausbleibt? Auf die jüngere Generation können auch Familienbetriebe nicht zurückgreifen. Eltern, die es mit ihren Curry-Lokalen zu Wohlstand brachten, haben ihre Kinder auf die besten Schule geschickt und ermöglichten ihnen ein Jura- oder Medizinstudium. Die Curry Houses sind in Not und mit ihnen ein Teil der britischen Kultur. ■

Brick Lane ist als Curry-Meile bekannt. Auch hier sind bezahlbare Arbeitskräfte mit Langfristperspektive gefragt.

Südlich der Themse

Eine Sandburg am Themseufer bauen? — Vielleicht. An der Themse entlangschlendern und den Blick auf die Stadt genießen? Auf jeden Fall! Außerdem: das Southbank Centre, die Tate Modern, das Globe oder den Borough Market besuchen.

Seite 211
Southbank Centre

Klassik, Pop oder Folk? In den Konzerthallen des Southbank Centre haben Sie die Wahl. Auch die Gratiskonzerte im Foyer sind toll. Im Dachgarten auf der Queen Elizabeth Hall können Sie im Sommer zwischen Wildblumen relaxen.

Seite 213
Graffiti Tunnel in Waterloo

Ein 300 m langer bunter Straßentunnel, wo seit Banksys legendärem »Cans-Festival« Graffiti gern gesehen sind – ein Himmel auf Erden für Streetart-Künstler aus aller Welt!

All aboard!
Die Themse rauf, die
Themse runter.

Eintauchen

Seite 215
Shakespeare's Globe

Eine Führung durch das rekonstruierte Globe Theatre macht Spaß – und wer weiß, vielleicht bekommen Sie ja Lust, sich eine Aufführung anzuschauen.

Seite 216
Millennium Bridge

Brücken sind immer spannend, in London ganz besonders. Die Millennium Bridge ist, trotz des anfänglichen Wackelns, das ihr den Spitznamen ›Wobbly Bridge‹ bescherte, wirklich schön und aus dem Stadtbild nicht mehr wegzudenken.

Seite 218
Peckham

Londoner lieben das Flair des Stadtteils und vor allem das ehemalige Supermarkt-Parkhaus Peckham Levels, heute ein kreativer Hotspot mit tollem Dachcafé.

Seite 217
Borough Market

In den viktoriani-schen Markthallen des Borough Market findet Londons bester kulinarischer Markt statt. Alles ist superfrisch. Es gibt gutes Brot, Wurst- und Käsespezialitäten aus verschiedenen Ländern Europas, Obst und Gemüse …

Seite 219
Tate Modern ⭐

Ein Besuch in der Tate Modern, ein genial umgestaltetes ehemaliges Ölkraftwerk, gehört einfach dazu: Rund 300 Künstler aus 50 Ländern sind vertreten.

Seite 225
Pop Brixton

Mehr als nur Fressbuden. Hier geht's um Initiative, Gemeinschaftsgefühl, kreative Ideen und Start-ups. Schiffscontainer bilden den Ort des Geschehens.

Pies gibt's auch in vegetarischen Varianten, z. B. mit Linsen, Pilzen, Kartoffeln und Karotten gefüllt. Delicious!

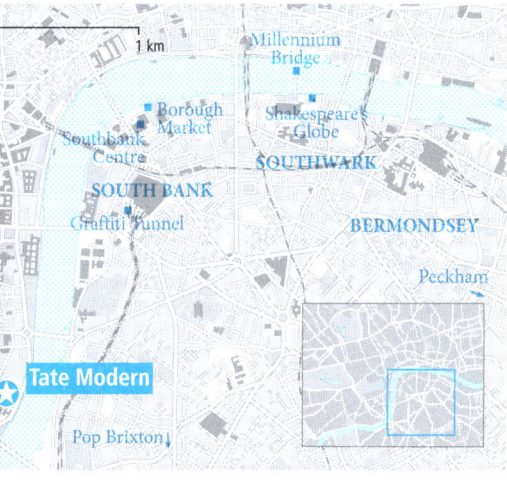

Mit dem Kampfsport Boxen haben sie nichts zu tun – die Box Offices der Theater. Warum dann der Name? Zu Shakespeares Zeit legte man das Eintrittsgeld in eine kleine Kiste (*box*).

erleben

Immer den Fluss entlang

I»Ist ein Reisepass von Nord- nach Südlondon erforderlich?« Der alte Witz geht noch immer. Viele Südlondoner überqueren tagtäglich auf ihrem Weg zur Arbeit die Themse. Für Nordlondoner scheint ein Besuch »south of the river« dagegen deutlich schwieriger zu sein. Eine Ausnahme davon bildet die Gegend zwischen Waterloo Bridge und London Bridge. Sie ist für Einheimische wie Touristen toll, bietet sie doch gleichermaßen Unterhaltung und Entspannung. Entlang der Themse gibt es viele Kulturstätten wie die Tate Modern und das hervorragend rekonstruierte Theater Shakespeare's Globe.

Am Thames Path befindet sich der südliche Eingang zur Blackfriars Station, die mitten auf der Brücke errichtet wurde, um Platz für längere Züge zu schaffen. Die Gegend zwischen Blackfriars Bridge und London Bridge gehört zu Southwark (ausgesprochen: ›sass-ark‹), die dem Fluss zugewandte Seite ist als Bankside bekannt. Hier lag einst Londons Vergnügungsviertel. Im Zweiten Weltkrieg wurde das Gebiet stark zerstört und war danach lange dem Verfall preisgegeben. Heute lohnt es sich, in Southwark und den benachbarten Stadtteilen mindestens einen halben Tag zu verbringen.

ORIENTIERUNG **O**

Reisekarte: P–U 8–10; Karte 5, C/D 3
Cityplan: S. 214
Das Viertel entdecken: Zum Southbank Centre nimmt man die U-Bahn bis Waterloo oder Embankment. Alle beschriebenen Sehenswürdigkeiten lassen sich problemlos zu Fuß erreichen. Ein Spaziergang bis zur Tower Bridge dauert etwa eine Stunde, mit Besichtigungen und Pausen sollte man aber mindestens einen halben Tag einplanen. Nach Peckham geht es ganz unkompliziert mit dem Zug von London Bridge oder per U-Bahn bis Oval Station und dann weiter mit dem Bus. Nach Brixton kommen Sie mit der Victoria Line.

Dass auch Südlondon von der Gentrifizierung nicht unberührt bleibt, beweist Peckham, das man sehr einfach mit dem Zug erreicht. In den 1990er-Jahren mithilfe von EU-Geldern kräftig regeneriert, katapultierte sich das Viertel schnell in die Gunst der Hipster-Szene und ist heute eine witzige Mischung aus total hip, völlig bodenständig und super multikulti. Besuchen Sie aber unbedingt auch Brixton mit seiner afrikanisch-karibischen Atmosphäre.

South Bank ♀ P–U 8–10

Zwei Arten, die Stadt zu sehen

Im ersten Moment scheint das Wort nicht so recht zu London zu passen, aber entlang South Bank ist tatsächlich ›Flanieren‹ angesagt: In einem Wechsel aus Schlendern, Schauen und Pausemachen arbeitet man sich Stück für Stück vor. Dabei folgt man, vielleicht ohne es zu bemerken, dem **Jubilee Walkway,** der ursprünglich anlässlich des ›Silbernen Thronjubiläums‹ der Königin angelegt wurde. Der offizielle Wanderweg verbindet Hauptattraktionen im Zentrum von London – der Abschnitt am Südufer ist für mich der schönste.

Eine andere Art der Stadterfahrung ermöglicht das **London Eye ❶** mit seinen 32 Kabinen, die je 25 Personen aufnehmen. Aus einer Höhe von 135 m kann man an klaren Tagen bis zu 40 km weit sehen. Eigentlich sollte das Riesenrad nur fünf Jahre bleiben, doch ist es – mittlerweile von Coca-Cola gesponsert – so beliebt, dass es sich sicherlich noch viele, viele Jahre drehen wird.

www.londoneye.com, tgl. ab 10, im Sommer bis min. 20.30, im Winter i. d. R. bis 18 Uhr, ab 24 £ online. Um lange Wartezeiten zu vermeiden, sollten Sie die Karten im Voraus für eine bestimmte Zeit buchen (besonders am Wochenende und in den Schulferien!). Für eilige Besucher gibt es einen ›Fast Track‹-Schalter.

Ein super Treffpunkt

Entlang South Bank ist immer was los, ob Live-Performance, Straßenmusik oder Bücherflohmarkt. Und falls Ihr Herz für die Architektur schlägt, wird's ebenfalls abwechslungsreich.

Für manche Londoner ist es ein Schmerz in den Augen, andere feiern es als Ikone des Brutalismus-Stils: das **Southbank Centre ❷** (www.southbank

Sommer, Sonne … Die Londoner wissen sich zu helfen: Ein paar Tonnen Sand zur South Bank schaffen – fertig ist das Strandbad.

Lieblingsort

Co-Living im Foyer der Royal Festival Hall

Morgens um 10 Uhr findet sich immer ein ruhiges Plätzchen. Erst am Nachmittag und Abend wird es voll in der **Royal Festival Hall** (📍P 9), die 1951 als
Teil der »South Bank Exhibition« für das »Festival of Britain« gebaut wurde. Mit
diesem feierte man das 100-jährige Jubiläum der Weltausstellung von 1851.
Ich bin total gerne hier. Das Innere der RFH ist ein freundlicher, fröhlicher Ort,
wo man sich hinsetzen, die Zeitung lesen, essen und trinken oder Freunde
treffen kann. Oder man genießt vom Balkon die schöne Aussicht, schaut sich
um und guckt, was gerade so los ist. Eigentlich unglaublich: mitten in London
so ein öffentlicher Raum, wo jedermann und jedefrau willkommen ist und wo
es überhaupt nicht etepetete zugeht – immerhin sind wir ja in einer Konzerthalle. Das gefällt mir. Völlig demokratisch. Mütter oder Väter mit Kinderwagen,
Straßenmusiker, die sich aufwärmen, Bauarbeiter, die ihre Stullen auspacken,
Privatlehrer, die sich keine Unterrichtsräume leisten können, und natürlich
Musikliebhaber. Die kommen nicht nur wegen des betörenden Angebots an
kostenpflichtigen Konzerten im 2500 Plätze umfassenden Auditorium, sondern auch wegen der unzähligen Gratisveranstaltungen. Für nicht wenige ist
die Royal Festival Hall wie ein zweites Zuhause. Eine wahrlich bunte Mischung
an Menschen findet sich hier ein – typisch London – und man kennt sich
(Gratis-Events: www.southbankcentre.co.uk/whats-on, Filter ›free events‹).

centre.co.uk). Es umfasst die Royal Festival Hall, die **Queen Elizabeth Hall** mit schönem Dachgarten und den **Purcell Room.** Außerdem befinden sich auf dem Gelände das **National Theatre,** das Kino **BFI Southbank** und die **Hayward Gallery.** In der **Royal Festival Hall** (1951), einem Betonklotz von Sir Leslie Martin, Peter Moro und Robert Matthew, finden u. a. kostenlose Konzerte, Ausstellungen, Workshops und die beliebten Tea Dances statt. Vor und neben der Royal Festival Hall locken kleine Ladenzeilen mit Buch- und Lifestylegeschäften und Cafés. Und auch die vielen Holzbänke auf dem Vorplatz laden zum Verweilen ein. Beeindruckend ist an der rechten Seite der Konzerthalle die überlebensgroße **Nelson-Mandela-Büste** (2007, Ian Walters).

Die **Hayward Gallery,** ein festungsähnlicher Kasten von 1968, ist eine der besten Galerien für zeitgenössische Kunst in London. Das **National Theatre** hat drei verschiedene Bühnen. Oft sind die hier gezeigten Stücke so erfolgreich, dass sie in Theater im West End abwandern. Wenn man sich irgendwo in der Stadt treffen will, das Southbank Centre ist ideal.

Abstecher zum Graffiti Tunnel

Graffiti ist doch verboten, oder? In der **Leake Street,** die als Tunnel unter der Waterloo Station hindurchführt, ist das anders. Hier wird Streetart nicht nur toleriert, sondern es wird dazu ermutigt und das schon seit 2008, als Banksy mit seinem »Cans Festival« den Startschuss gab. 30 Künstler aus aller Welt kamen damals zusammen, um aus dem ungenutzten Ort eine unterirdische Kunstgalerie zu schaffen. Seitdem hat sich der **Graffiti Tunnel** ❸ in eine bunte Röhre verwandelt mit immer neuen Meisterwerken. In den Eisenbahnbögen sind kleine Bars entstanden und das Venue **The Vaults** ❶ (www.thevaults.london), das sich gerade zum angesagtesten Hotspot der Londoner Theaterszene entwickelt:

Geboten wird Theater, Comedy, Musical u. v. m. – alles ›cutting edge‹.

Mit findiger Idee gewürzt

Noch immer sind sie in den Supermarktregalen zu finden, u. a. in den Geschmacksrichtungen ›Beef‹ und ›Chicken‹: die ›magic cubes‹ von OXO. In den 1920er-Jahren kaufte der Brühwürfelhersteller das ehemalige Kraftwerk des Postamts und ließ es zur **Oxo Tower Wharf** ❹ umgestalten. Blickfang am Themseufer ist der damals neu errichtete Art-déco-Turm. Seine Fenster sind so angeordnet, dass sie das Wort OXO bilden. Auf diese Weise wurde das Verbot großer Werbeflächen umgangen – ganz schön clever. In dem Bau befinden sich nach langem Leerstand und einem Besitzerwechsel heute Wohnungen, Designerläden, die **gallery@oxo** mit zeitgenössischer Kunst (tgl. 11–18 Uhr) und im achten Stock das **Oxo Tower Restaurant** 2 samt Bar, Brasserie – und natürlich Bombenaussicht. Nebenan im schicken Hotel Mondrian at Sea Containers locken die Bar **Lyaness** 9 sowie die ›Rooftop Bar‹ **12th Knot** mit ihrer begrünten Dachterrasse.

Bankside und Bermondsey

📍 P–U 8/9

Einstiger Sündenpfuhl

Southwark ist ein großer Londoner Stadtteil, der sich von der Themse bis hinunter nach Crystal Palace erstreckt. Jahrhundertelang befand sich an der Flussseite – Bankside – das Vergnügungsviertel der Stadt. Der Bischof von Winchester, unter dessen Obhut das Gebiet stand, machte insbesondere mit Steuereinnahmen aus den *stews* (Badehaus plus Bordell) ein

Südlondon

Ansehen

1. London Eye
2. Southbank Centre
3. Graffiti Tunnel
4. Oxo Tower Wharf
5. Millennium Bridge
6. Southwark Cathedral
7. The Shard
8. London Bridge
9. The George Inn
10. St Saviour's Dock
11. Hay's Galleria
12. City Hall
13. The Scoop
14. White Cube
15. Peckham Levels
16. Peckham Library
17. Bussey Building
18. Tate Modern
19. Fashion & Textile Museum
20. South London Gallery
21. Dulwich Picture Gallery

Essen

1. Giraffe
2. Oxo Tower Restaurant
3. Anchor & Hope
4. TAS
5. Konditor & Cook
6. Market Porter
7. The Royal Oak
8. Manze
9. Maltby Street Market
10. The Clink Restaurant At HMP Brixton
11. The Mayflower

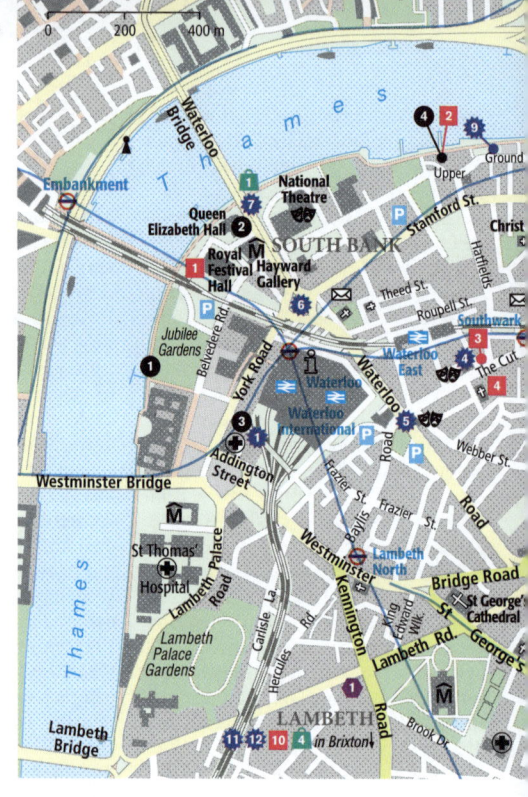

Einkaufen

1. Riverside Walk Market
2. Borough Market
3. Bermondsey Antiques Market
4. Brixton Market

Bewegen

1. London Bicycle Company

Ausgehen

1. The Vaults
2. Shakespeare's Globe
3. Rose Theatre

4. Young Vic
5. Old Vic
6. BFI IMAX
7. BFI Southbank
8. Bridge Theatre
9. Lyaness
10. Rivoli Ballroom
11. Ritzy Kino
12. Brixton Academy

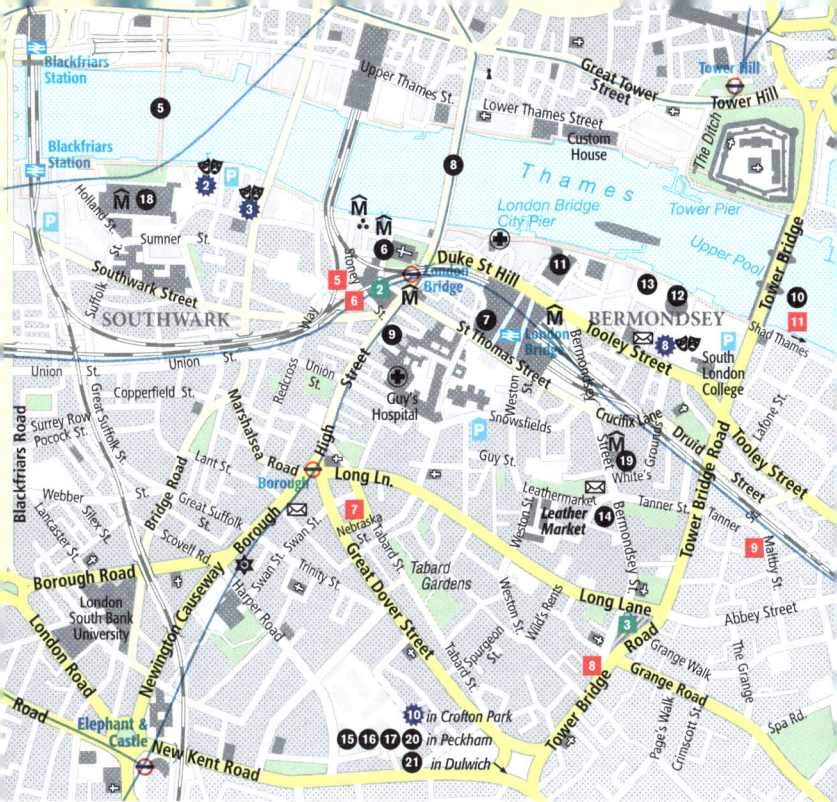

Vermögen. Die Mädchen und Frauen, die hier arbeiteten, waren als ›Winchester Geese‹ bekannt; es gab sogar eine ›Maiden Lane‹. Da in der City of London keine Theater erlaubt waren – sie galten als Teufelsnester –, baute man sie in Bankside.

Wie zu Shakespeares Zeit

Wer hat sich in der Schule nicht durch »Macbeth« oder den »Sommernachtstraum« quälen müssen? Dass Shakespeare auch Spaß machen kann, beweisen die Aufführungen in **Shakespeare's Globe** ❷. Geboten werden natürlich Stücke von Shakespeare, aber auch von seinen Zeitgenossen sowie moderne Werke. Die Aufführungen sind historisch authentisch, die Stücke meist ungekürzt. Eine interaktive Ausstellung informiert über

das elisabethanische Theater, erinnert an berühmte Inszenierungen und dokumentiert den Kampf um die Rekonstruktion des Hauses. Die Führungen machen Lust, sich ein Stück anzuschauen. Das heutige Globe ist eine gelungene Rekonstruktion des alten Globe Theatre von 1599, in dem die meisten Shakespeare-Stücke ihre Premiere feierten. Rund 50 Jahre später fiel das Gebäude während einer Aufführung von »Henry VIII.« einem Feuer zum Opfer. Auf Initiative des amerikanischen Schauspielers Sam Wanamaker (1919–93) entstand 350 Jahre später, nicht weit vom ursprünglichen Standort, das neue Globe. Bei der Rekonstruktion des 20-seitigen Baus hielt man sich so eng wie möglich an das Original. Die Akustik ist so gut, dass die Schauspieler ohne Mikrofone

WIEDERENTDECKT **W**

Das **Rose Theatre** ⚙ war das Theater des Schriftstellers Christopher Marlowe (1564–93) und das erste Theater überhaupt in Bankside. Obwohl das Innere eher einer Ausgrabungsstätte gleicht, finden regelmäßig Aufführungen statt (56 Park Street, T 020 72 61 95 65, www.roseplayhouse.org.uk, Open Day: Sa 12–16 Uhr, Eintritt frei).

auskommen. Ein Strohdach bedeckt nur Teile des Theaters, wie zu Shakespeares Zeiten gibt es vor der Bühne einen nicht überdachten Platz. Heute zählt das Theater 600 Steh- und 900 Sitzplätze. Zu Shakespeares Zeiten drängten sich hier doppelt so viele Zuschauer. Am flussseitigen Groundling Gate sind Motive aus Shakespeares Dramen zu sehen. Raten Sie mit: In welchem Stück kommt eine Maus vor? Das **Sam Wanamaker Playhouse** neben dem Globe ist die Rekonstruktion eines Theaters aus dem 17. Jh. Als Vorlage diente ein Renaissance-Theater in Blackfriars, das 1633 zerstört wurde.

21 New Globe Walk, Box Office T 020 74 01 99 19, Führungen T 020 79 02 15 00, www. shakespearesglobe.com, U: London Bridge. Ausstellung tgl. 9–17, Globe Tour tgl. 9.30–17 Uhr alle 30 Min. (während der Spielzeit im Sommer meist nur vormittags), Eintritt 17 £

Schwankender Star

Kunst gibt Energie. Ganz viel davon ist in dem zum Museum umgebauten einstigen Ölkraftwerk Bankside Power Station zu haben, der heutigen **Tate Modern** ⓲. Schlendern Sie zumindest einmal durch. Ob man moderne Kunst mag oder nicht, die große Turbinenhalle sorgt bei fast jedem Besucher für einen Wow-Effekt.

Gegenüber führt die wunderschöne **Millennium Bridge** ⑤ über die Themse und direkt auf St Paul's Cathe-

dral zu. Der Start des markanten Flussübergangs – ein Werk von Ove Arup, Sir Norman Foster und Bildhauer Sir Anthony Caro – war äußerst holprig – oder besser gesagt ›schwankend‹. Als am Einweihungstag, dem 10. Juni 2000, mehr als 80 000 Menschen die Brücke überquerten, bewegte sie sich stärker als erwartet. Die Schwankung von 70 mm führte zu einer Schließung der Brücke, die fortan Wobbly Bridge, ›Wackelbrücke‹, hieß. Eineinhalb Jahre später hatte es sich ausgewackelt und 2002 erfolgte die feierliche Wiedereröffnung.

Zweimal himmelstrebend

Im kleinen Kirchhof von **Southwark Cathedral** ⑥ (London Bridge, http://cathedral.southwark.anglican.org, Mo–Fr 8–18, Sa, So ab 8.30 Uhr, Eintritt frei, 45-min. Führungen Mi 14, Fr 11 So 13 Uhr, 4,50 £) sitzt man schön und kann die vielen Südufer-Eindrücke Revue passieren lassen. Eine erste Kirche stand hier wohl bereits im 7. Jh. Erstmals belegt ist ein Gotteshaus jedoch für das Jahr 1086. Im Mittelalter Klosterkirche der Augustiner, wurde es ab 1539 Gemeindekirche und 1905 Kathedrale. Die Bausubstanz stammt überwiegend aus viktorianischer Zeit. Wie in den meisten Kirchen in London gibt es ein aktives Gemeindeleben und viele Veranstaltungen, u. a. Konzerte.

Sie können ihn nicht übersehen: den Wolkenkratzer **The Shard** ⑦ (›die Scherbe‹), der neben dem Bahnhof London Bridge in den Himmel ragt. Was halten Sie von ihm? Finden Sie, dass das 309 m hohe Bauwerk von Renzo Piano eine imposante Bereicherung der Londoner Skyline ist oder eher ein Schandfleck? Von oben bietet sich ein – natürlich spektakulärer – Rundumblick über die Stadt, den man allerdings auch gegenüber vom Sky Garden des ›Walkie Talkie‹ (s. S. 124) hat, und zwar kostenlos.

The Shard: www.theviewfromtheshard.com, April–Okt. 10– i.d.R. 22, Nov.–März So–Mi

10–19, Do–Sa 10–22 Uhr, Fahrt zur Aussichtsplattform ab 32 £

Oliver Twist was here

Ein uralter englischer Kinderreim beginnt so: »London Bridge is falling down, / Falling down, falling down.« Wer in England aufgewachsen ist, hat ihn beim Anblick der **London Bridge** ❽ vielleicht im Ohr. Bis 1729 war die Brücke die einzige Verbindung auf die nördliche Flussseite. Im Stadtteil Borough befanden sich Kutschstationen und Etablissements, die für das leibliche Wohl der Reisenden sorgten. An Cafés, Kneipen und Restaurants herrscht entlang der lebhaften Borough High Street auch heute noch kein Mangel. Der beliebte, immer volle **Borough Market** ❷ (s. S. 222) mit üppigem Angebot besteht schon seit dem 13. Jh. Charles-Dickens-Fans werden in dieser Gegend auf viele Schauplätze von Dickens' Romanen stoßen, so auf **The George Inn** ❾ im St George Inn Yard. Er ist der einzige erhaltene Pub mit einer Galerie und steht deshalb unter Denkmalschutz. Im **St Saviour's Dock** ❿ trieb sich Oliver Twist herum – im Roman natürlich.

Die **Hay's Galleria** ⓫, eines der vielen Dockland-Sanierungsprojekte der 1980er-Jahre, verbindet mit ihrem riesigen Tunnelglasdach Tooley Street mit dem Flussufer. Die Hay's-Werft war einst ein wichtiger Umschlagplatz für Teeklipper und andere Frachtschiffe. In den schön restaurierten Werftgebäuden verführen Geschäfte und Cafés zum Bummeln. Im Innenhof steht die skurrile kinetische Skulptur »The Navigator«.

In Richtung Tower Bridge dominiert die ›windschiefe‹ von Norman Foster entworfene **City Hall** ⓬, Amtssitz des Bürgermeisters Sadiq Khan,

Nicht gerade billig, aber der Borough Market glänzt durch sein riesiges Angebot an kulinarischen Köstlichkeiten und durch die Atmosphäre.

das Ufer. **The Scoop** ⑬ ist ein modernes, multifunktionales Amphitheater, in dem Gratisveranstaltungen stattfinden.

Aufgehübscht und angesagt

Gehen Sie mal die südlich gelegene **Bermondsey Street** hinunter, mittlerweile eine begehrte Wohnadresse und ein Szeneviertel mit den üblichen Attributen: Läden, Bars, Gastropubs und Galerien. An der Kreuzung Tanner Street befindet sich unübersehbar in Orange und Pink gestrichen das **Fashion and Textile Museum** ⑲. Hier gibt es manchmal sehr interessante Sonderausstellungen. In der Nähe liegt die Südlondoner Dependance der renommierten kommerziellen Galerie **White Cube** ⑭ (Hauptsitz in Hoxton), wo u. a. Anselm Kiefer und Georg Baselitz wichtige Ausstellungen hatten (144–152 Bermondsey Street, https://whitecube. com, Di–Sa 10–18, So 12–18 Uhr).

Peckham ♀ Karte 5, D 3

In der richtigen Zone

Ich kenne Peckham noch aus den 1990er-Jahren, weil Brixton dann schon zu teuer war. Schicke Cafés gab es damals noch nicht. Dafür dass sich der Stadtteil zu einem der aktuell angesagtesten Viertel in London gemausert hat, gibt es verschiedene Gründe. Zum einen natürlich die tolle Lage in Underground-Zone 3. Man ist schnell in der Stadt und die Fahrkarte ist nicht so teuer. Dann die Bewohner, die sich mit viel Verve ihres Stadtteils angenommen haben.

Zum Chillen eingeparkt

In Peckham muss man zum sechsstöckigen ehemaligen Supermarkt-Parkhaus gehen, das mittlerweile **Peckham Levels** ⑮ (F1-F6 Peckham Town Centre Carpark, www.peckhamlevels.org) heißt. Es hat

neue Fenster erhalten, die großen Flächen wurden unterteilt, Künstlerstudios und Gastronomie folgten: Falafal, Burger, Jerk Chicken, vegane Pizzen. Als Krönung gibt's oben die Campari-Bar **Frank's Cafe,** mit der eigentlich fast alles losging. Sie katapultierte den Stadtteil kometenhaft auf die Hipster-Hit-Liste. Der fantastische Blick rechtfertigt den Hype. Außerdem gibt es sogar ein Orchester, das Multi Storey Orchestra, ein Yogazentrum, einen schicken Hairstylisten und eine 3-D-Druckerei. Das **Peckham Plex** im Ergeschoss, das billigste Kino in ganz London, bietet Filmgucken für nur 4,95 £. Und alljährlich lockt »**Bolt Tendencies**« mit einer Skulpturenshow auf das Parkhausdach, eine Initiative der Galeristin Hannah Barry, die schon seit über zehn Jahren in Peckham mit Kunst und Künstlern arbeitet.

Die Gentrifizierung des Stadtteils begann aber schon vor der Erfindung von Frank's Cafe – und zwar im Jahr 2000, als die **Peckham Library** ⑯ mit dem begehrten Stirling Prize ausgezeichnet wurde, einem Architekturpreis für besonders innovatives Design. Alsop und Störmer war das Architektenteam dahinter. Die Bibliothek ist auch am Sonntag geöffnet und ein beliebter Teffpunkt. Schauen Sie sich auch die **Peckham Peace Wall** (Rye Lane) an, ein Mosaik aus Post-it-Aufklebern, die nach den London Riots 2011 an einen zerstörten Poundshop geheftet wurden. Die Hauptstraße ist **Peckham Rye,** übrigens schon im 19. Jh. eine Einkaufsstraße mit Warenhäusern. Heute gibt es viele Coffeeshops, eine kleine Mikrobrauerei und nette Läden. Alles ist nach wie vor etwas abgewirtschaftet, wie ehedem, aber dafür völlig authentisch. Im **C Pool Club** (188 Rye Lane) kann man 24/7 Pool spielen. Der **Victoria Inn** (77–79 Choumert Road, www.victoriainnpeckham.com), vormals meine Eckkneipe, ist heute ein aufgehübschtes Boutique Hotel mit Pub. Im **Bussey Building** ⑰ betreibt die CLF

Bussey Building: Früher eine Fabrik für Kricketschläger, heute ein kultureller Hotspot mit Dachterrasse mitten in Peckham.

(Chronic Love Foundation) eine Art Café mit Nightclub, Music Venue, Disco etc. (133 Rye Lane, www.clfartcafe.org).

Brixton 📍 Karte 5, C/D 3

Multikulturell und bodenständig

Fahren Sie unbedingt nach Brixton, wenn Sie noch nie dort waren. Mit der Victoria Line sind Sie ratzfatz da. ›Steelbands‹ vor der U-Bahn-Station weisen den Weg zum **Brixton Market** 4 und zur Electric Avenue, wo Ihnen ein Duftgemisch aus tropischen Früchten, Fisch und Jerk Chicken entgegenweht. Die Karibik lässt grüßen. Aber auch tolle afrikanische Stoffe kann man hier kaufen. Die **Electric Avenue,** in den 1880er-Jahren angelegt, war übrigens die erste Markt-straße mit elektrischem Licht. Schauen Sie auch im **Pop Brixton** vorbei, einer Nachbarschaftsinitiative (s. S. 225). Das legendäre **Ritzy Kino** 11 (Brixton Oval) gab's schon immer und in der **Brixton Academy** 12 (211 Stockwell Road, www.academymusicgroup.com/o2academy brixton) läuft vielleicht gerade ein interessanter Gig. Nehmen Sie für die Rückfahrt in die Stadt doch statt der U-Bahn den Bus, dann erleben Sie noch eine kleine Sightseeing-Tour.

Museen

Picasso und Performances ⭐

18 **Tate Modern:** Im Jahr 2000 eröffnet, zählt die Tate Modern heute jährlich über 6 Mio. Besucher. Den Schweizer Architekten Herzog und de Meuron ist bei der Umgestaltung der Bankside Power Sta-

G ERST IN DIE GALERIE, DANN INS BOOT

Wenn Sie die **Dulwich Picture Gallery** ㉑ noch nicht kennen, müssen Sie da unbedingt hin. Die Galerie im Stadtteil North Dulwich zeigt alte Meister, u. a. Veronese, Rembrandt und Poussin, und Sonderausstellungen mit Werken der klassischen Moderne sowie zeitgenössische Kunst. Sir John Soane (s. S. 106) entwarf das neoklassizistische Gebäude, in dem das Museum 1814 eröffnet wurde – als erste öffentliche Galerie Großbritanniens. Nach dem Besuch des Museums könnten Sie den schönen **Dulwich Park** gegenüber besuchen, ein Boot mieten und den Tag relaxed ausklingen lassen (Gallery Road, T 020 86 93 52 54, www.dulwichpicturegallery.org.uk, Bus R4 ab Brixton hält vor der Tür, Zug: North Dulwich, Di–So 10–17 Uhr, 9 £, So 15 Uhr Gratisführung).

tion aber auch ein Wunderwerk gelungen. 160 m lang und 35 m hoch, bietet die Turbinenhalle ein fantastisches Forum für große, wechselnde Installationen. Die permanente Ausstellung zeigt internationale Kunst ab 1900 u. a. mit Werken von Matisse, Rothko, Giacometti und Pollock. 300 Künstler aus 50 Ländern sind vertreten, darunter auch Gegenwartskünstler. Die Arbeiten sind verschiedenen Themenbereichen zugeordnet, z. B. »Materials & Objects« und »Artists & Society«. Auch die zeitgenössische Kunst aus Asien, Afrika und Lateinamerika bekommt so mehr Aufmerksamkeit. Das grandiose **Blavatnik Building** bietet zusätzliche Ausstellungsfläche. Die drei riesigen unterirdischen Öltanks, über denen es errichtet wurde, werden für große Installationen, Videokunst und Live-Performances genutzt.

Bankside, T 020 78 87 88 88, www.tate.org.uk, U: Blackfriars, So–Do 10–18, Fr, Sa 10–22 Uhr, tgl. kostenlose 45-min. Führungen zu speziellen Themen. Eintritt frei, außer für Sonderausstellungen

Orange und Pink, unübersehbar

⓳ **Fashion and Textile Museum:** Schon die Fassadengestaltung in grellem Orange und Pink – den Lieblingsfarben der weltbekannten Designerin und Museumsgründerin Zandra Rhodes – weckt Interesse. Das Museum organisiert nicht nur Ausstellungen zu Themen aus den Bereichen Mode, Schmuck und Textildesign, sondern dient auch als Inspirationsquelle und Lernstätte für angehende Designer und Modeschöpfer.
83 Bermondsey Street, www.ftmlondon.org, U: London Bridge, Di–Sa 11–18 Uhr, Do 11–20, So 11–17 Uhr, 9,90 £

Sozial engagiert

⓴ **South London Gallery:** Bereits 1891 gegründet und mit öffentlichen Geldern finanziert, zeigt die tolle South London Gallery mehrfach im Jahr Ausstellungen zeitgenössischer internationaler, oft kontrovers diskutierter Kunst. Es gibt einen gut sortierten Buchladen und ein nettes Café (8.30–18 Uhr), wo man auch draußen sitzen kann. Das Beste an der SLG ist aber das Engagement für die Leute aus den angrenzenden Hochhaussiedlungen. Dort bietet die SLG schon seit Jahren Kurse für Kinder an. Durch den geschickt gestalteten Garten von Gabriel Orozco sind die Galerie und die Wohnblocks inzwischen noch besser verbunden. ›Brandneu‹ ist die Erweiterung der SLG in der alten Feuerwache auf der anderen Straßenseite, durch die sich die Ausstellungsfläche verdoppelt hat.
65 Peckham Road, T 020 77 03 61 20, www.southlondongallery.org, U: Oval, dann Bus 36 oder 436, Di, Do, Fr 11–18 (letzter Fr im Monat bis 21 Uhr), Mi 11–21, Sa, So 10–18 Uhr, Eintritt frei

Essen

Familienfreundlich
1 **Giraffe:** Die lizenzierte Brasserie
kredenzt »global food and world music«
und zwar so erfolgreich, dass es gleich
mehrere Zweigstellen gibt.
Riverside, Royal Festival Hall, Belvedere
Road, T 020 70 42 69 00, www.giraffe.net,
U: Embankment, Waterloo, Mo–Do 8–23, Fr
8–23.30, Sa 9–23.30, So 9–22.30 Uhr

Stylish und mit toller Aussicht
2 **Oxo Tower Restaurant:** Im hell und
großzügig gestalteten Restaurant haben
Sie eine geniale Aussicht auf St Paul's
und das Parlament. Es gibt internationale
Küche vom Feinsten, im Sommer auch auf
der Terrasse. In der Brasserie mit dezenter,
jazziger Livemusik ist es preiswerter.
Barge House Street, 8. Etage, T 020 78 03
38 88, www.harveynichols.com, U: Blackfriars,
Waterloo, tgl. ab 12, Mo–Sa bis 23, So bis
22 Uhr

Rustikaler Gastropub
3 **Anchor & Hope:** Besonders vor und
nach dem Theaterbesuch bietet sich dieser Pub zur Einkehr an: Es gibt gute Biere
und Weine und moderne britische Küche.
36 The Cut, T 020 79 28 98 98 (keine Re-
servierungen, nur für So-Lunch), www.anchor
andhopepub.co.uk, U: Waterloo, Southwark,
Mo 17–23, Di–Sa 11–23, So 12.30–15.15
Uhr (Küche 12–14.30, 18–22.30, So
12.30–15.15 Uhr) 2-Gänge-Lunch 15 £

Anatolisch
4 **TAS:** Viel Reis, Lammfleisch, eingeleg-
te Weinblätter – das beliebte anatolische
Restaurant bietet aber auch Vegetari-
sches in vernünftigen Portionen. Filialen:
u. a. Borough High Street, Farringdon
Road, New Globe Walk und Bloomsbury.
33 The Cut, T 020 79 28 21 11, www.tasres
taurants.co.uk, U: Waterloo, Mo–Sa 12–23.30,
So 12–22.30 Uhr, 2-Gänge-Menü ab 14 £

*Nicht gerade ›high cuisine‹, aber völlig
authentisch: Petersiliensoße zum Püree.*

Café unter deutscher Leitung
5 **Konditor & Cook:** Heimwehkranken
Deutschen bietet das 1993 vom Frei-
burger Gerhard Jenne gegründete Kon-
ditorei-Café Seelenfrieden. Es gibt nicht
nur köstliche Kuchen, Pies und Gebäck,
sondern u. a. auch Sauerteigbrote.
10 Stoney Street, T 020 76 33 33 33, www.
konditorandcook.com, U: London Bridge,
Mo–Do 8–18.30, Fr 8–19, Sa 8.30–19, So
11–17.30 Uhr

Gutes Ale
6 **Market Porter:** In den traditionellen
Pub kehren die Marktbeschicker vom
Borough Market ebenso ein wie Touris-
ten. Die gute Auswahl an Bitter und Ales
verführt zu längerem Aufenthalt. Unten
sind die Lounge und die Bar, oben das
Restaurant (Mo–Fr 12–15, 17.30–22,
Sa 12–22, So 12–17 Uhr), Spezialität:
Sausage with Mash & Veg (12 £).

9 Stoney Street, T 020 74 07 24 95, www.
themarketporter.co.uk, U: London Bridge,
Mo–Fr 6–8.30, 11–23, Sa 12–23, So
12–22.30 Uhr

Biere der Brauerei Harvey

7 The Royal Oak: Der Pub ist genauso bodenständig wie es der Name verspricht. Solide und mit einer guten Auswahl an Bieren aus der alten Harvey Brewery. Auf den Tisch kommen traditionelle Gerichte, wie ›Game Pie‹ oder ›Rabbit Casserole‹.

44 Tabard Street/Ecke Nebraska Street, T 020
73 57 71 73, www.royaloaklondon.co.uk,
U: Borough, Mo–Fr 11–23, Sa 12–23, So
12–21 Uhr

Was ist ein Pie Shop?

8 Manze: Der wahrscheinlich älteste Pie Shop der Stadt (gegr. 1902) ist mit Kacheln, Marmorflächen auf den Tischen und alten Holzbänken auch der schönste. Absoluter Renner ist ›Pie and Mash‹, ein traditionelles, preiswertes Arbeiteressen, das in London sonst kaum noch angeboten wird: Hackfleisch in Blätterteig mit Kartoffelbrei und Petersiliensoße *(liquor)*. Man bekommt auch eingelegten Aal.

87 Tower Bridge Road, T 020 74 07 29 85,
www.manze.co.uk, Bus: 1, 42 oder 188, Mo
11–14, Di–Do 10.30–14, Fr 10–14.30, Sa
10–14.45 Uhr, Gerichte ab 3 £

Kulinarischer Hochgenuss

9 Maltby Street Market: Ein toller Straßenmarkt unter der Eisenbahnbrücke östlich der London Bridge. Ob spanische Tapas, jüdische Hühnersuppe oder frische Austern – alles wird mit viel Liebe präsentiert. Allein der Anblick ist ein Genuss!

www.maltby.st, U: London Bridge, Sa 10–17,
So 11–16 Uhr

Löbliche Initiative

10 The Clink Restaurant At HMP Brixton: Das Essen wird von Insassen des Gefängnisses Her Majesty's Prison Brixton zubereitet und serviert. Das Restaurant befindet sich innerhalb des Gefängnisbaus. Alles wird frisch zubereitet und schmeckt gut (kein Alkoholausschank).

Jebb Avenue, www.theclinkcharity.org, T 020
86 78 90 07, Mo–Fr 8.15–10, Lunch 12–15,
Tee 14–16, Dinner 18–21, So 12–15 Uhr

Pub mit Kaminfeuer

11 The Mayflower: Folgt man dem Themseweg von der Tower Bridge Richtung Osten kommt man in ca. 30 Min. nach Rotherhithe, wo einst die besten Schiffsbauer des Landes angesiedelt waren. Von hier aus setzten 1620 die Pilgrim Fathers die Segel ihrer »Mayflower« für die Fahrt in die Neue Welt. Der beliebte gemütliche Pub The Mayflower lässt bei leckerem Pub-Lunch und kühlem Ale die Zeit vergessen. Im Sommer kann man draußen sitzen, im Winter prasselt ein Kaminfeuer.

117 Rotherhithe Street, T 020 72 37 40 88,
www.mayflowerpub.co.uk, U: Rotherhithe,
Mo–Sa 11–23, So 12–22.30 Uhr. Küche
Mo–Sa 12–22, So 12–21 Uhr

Einkaufen

Analoger Lesestoff

1 Riverside Walk Market: Seit Jahrzehnten etabliert ist der Riverside Walk Market unter der Waterloo Bridge. Zahlreiche Buchstände mit antiquarischen Büchern, Drucken, Landkarten und Postkarten.

U: Waterloo, Embankment, tgl. bis 19 Uhr

Schlaraffenland

2 Borough Market: Was für ein Geschiebe und Gedränge! Aber der Market bietet solche Köstlichkeiten, dass man die Menschenmassen gern in Kauf nimmt. Schon seit geraumer Zeit gibt es Gerüchte, dass der seit dem 13. Jh. dokumentierte Markt geschlossen werden soll. Nicht auszudenken! Wo sonst gibt es so gutes Brot, so leckere Kuchen, Wurst- und Käsespezialitäten aus verschiedenen Ländern Europas, britisches Fleisch, Obst und Gemüse, Blumen – und alles so frisch? Einladend auch die Lokale drumherum, z. B. der Pub Market Porter (gute Ales) oder das Café Konditor & Cook (s. S. 221).

Borough High Street/Stoney Street, www. boroughmarket.org.uk, U: London Bridge, Mo–Do 10–17, Fr 10–18, Sa 8–17 Uhr, im Dez. auch So

Kuriositäten und Antiquitäten

3 **Bermondsey Antiques Market:** Kuriositäten, Krimskrams, Schmuck, Porzellan, Silber und Möbeln. Am besten kommen Sie so früh wie möglich.

Bermondsey Square, U: Borough, Bermondsey, Fr 6–14 Uhr

Der Brixton Market findet zum Teil unter freiem Himmel, zum Teil aber auch unter Arkaden statt.

Der Wind der Karibik

4 **Brixton Market:** Auf dem bunten afrikanisch-karibischen Markt in Brixton gibt es exotisches Obst und Gemüse, Fleisch, Fisch, Kräuter und Gewürze und allen möglichen Krimskrams.

Reliance Arcade, Pope's Road, Market Row, Electric Lane, Electric Road, www. brixtonmarket.net, U: Brixton, Läden tgl. 8–19, Stände Mo–Sa 8–18, Mi 8–15 Uhr, So 9.30–14 Uhr Farmer's Market

Bewegen

Lust auf Rad fahren?

1 **London Bicycle Company:** Sie bietet verschiedene Radtouren an (u. a. auf Deutsch); außerdem Fahrradverleih (auch stundenweise) und -reparatur.

74 Kennington Road, T 020 79 28 68 38, www.londonbicycle.com, 3-stündige Touren tgl. ab 10.30 Uhr, 27 £

Ausgehen

Breites Spektrum an Musik

1 **Southbank Centre:** Es umfasst die **Royal Festival Hall,** die kleinere **Queen Elizabeth Hall** und den **Purcell Room** für Solo- und Kammerkonzerte. Neben Konzerten mit klassischer Musik auch Rock-, Pop- und Folk-Konzerte.

Belvedere Road, T 020 38 79 95 55, www. southbankcenter.co.uk, U: Waterloo

Immer inspirierend

1 **The Vaults:** s. S. 213.

Historische Theater

2 **Shakespeare's Globe** (s. S. 215) und **3** **Rose Theatre** (s. S. 216).

Zeitgenössische Stücke

4 **Young Vic:** Das Young Vic bietet ›Cutting-edge-Produktionen‹ – interessant für alle, die Avantgarde-Theater reizt.

THEMSEFAHRT MIT KINO

Ab London Eye, Embankment, Blackfriars, Bankside und London Bridge fahren die Pendlerboote von **Thames Clippers** (www.thamesclippers.com) regelmäßig flussauf und flussab. Mit Oyster- oder Tageskarte bezahlt man je nach Fahrtziel nur einen kleinen Aufpreis. Toll sind auch die sommerlichen Filmabende »**Movies on the River**«, bei denen auf Booten Kinofilme gezeigt werden, organisiert von »Time Out« (www.timeout.com/london/film).

66 The Cut, T 020 79 22 29 22, www.youngvic.org, U: Waterloo, verschiedene Ermäßigungen

Bunt gemischt

Old Vic: Im rot beplüschten Old Vic reichen die Stücke von klassisch bis modern und sind eigentlich nie enttäuschend. Waterloo Road, T 084 48 71 76 28, www.oldvictheatre.com, U: Waterloo

Riesenleinwand

BFI IMAX: Mit 20 x 26 m die größte Leinwand in ganz England. Spektakuläre 3-D-Filme.

1 Charlie Chaplin Walk, T 033 03 33 78 78, www.bfi.org.uk/imax, U: Waterloo, um 20 £

Ein Cineasten-Mekka seit 1952

BFI Southbank: Hotspot der Filmenthusiasten. Neue Filme, ›Oldies‹ und Raritäten, auch Filmreihen. Beliebt ist das Café bzw. die Bar mit Außenterrasse. Belvedere Road (neben dem Southbank Centre), T 020 79 28 32 32, www.bfi.org.uk, U: Waterloo

Ganz neu

Bridge Theatre: Das erst 2017 eröffnete Theater – die erste Theater-Neugründung in London seit 80 Jahren – bringt zeitgenössische Stücke auf die Bühne. 3 Potters Field Park, T 03 33 32 00 05, www.bridgetheatre.co.uk, U: London Bridge

Cocktail oder Mocktail?

9 Lyaness: Das ehemalige Dandelyan bekommt gerade ein Update. Vom Interieur, das Tom Dixon entwarf, soll einiges bleiben, Neues wird hinzukommen. Die oft prämierten Cocktails und die alkoholfreien Mocktails wird es weiterhin geben. 20 Upper Ground, T 020 37 47 10 63, U: Southwark, Mo–Mi 16–1, Do–Sa 12–2, So 12–12.30 Uhr

Tanz und Pop-up-Kino

10 Rivoli Ballroom: Einer der wenigen noch erhaltenen Tanzsäle in London. Ob 70er-/80er-Jahre-Disco oder Jive Party, der Rivoli Ballroom hat immer eine besondere Atmosphäre. Mindestens einmal im Monat treffen sich Filmfans zum Pop-up-Kino. 350 Brockley Road, www.rivoliballroom.com, www.croftonparkpictures.com, T 020 86 92 51 30, Zug: Crofton Park oder Overground: Brockley

Legendäres Kino

11 Ritzy Kino: s. S. 219.

Konzerte und Comedy

12 Brixton Academy: s. S. 219.

Infos

- **Vault Festival:** Ende Jan.–Mitte März. Das ›Untergrund-Theater‹ in Waterloo bietet in seinem unterirdischen Labyrinth mehr als 400 Theater- und Comedyshows vom Feinsten: verrückt, politisch, aufregend und anregend, www.thevaults.london, T 020 80 50 92 41.
- **Meltdown Festival:** 9 Tage im Sommer. Auf dem Southbank-Gelände geht die Post ab: Musik, Performance, Kunst, www.southbankcentre.co.uk.

Zugabe
Container-Dorf der Kreativen

Pop Brixton

Sich im Pop Brixton unter die Leute zu mischen ist unkompliziert. Es gibt Gutes zu essen und man kann chillen.

Haben Sie schon vom Pop Brixton gehört? Ein ganzer Stadtteil ist der Namensgeber des höchst spannenden Gemeinschaftsprojektes. Fahren Sie mal hin! Make Shift (www.makeshift.org), eine Gruppe von Designern, Architekten und Unternehmern, die auch für die Peckham Levels (s. S. 218) verantwortlich ist, steckt hinter dem Projekt. Unterstützt wurde sie von der Stadtteilverwaltung Lambeth Council. Ausgangspunkt war bei der Planung ein brachliegendes Stück Land, das mit dem größtmöglichen Nutzen für die Anwohner regeneriert werden sollte. Entstanden ist ›Dorf‹ aus ausrangierten Schiffscontainern, die sich doppelstöckig um einen kleinen, begrünten Platz gruppieren.

Pop Brixton ist ein buntes Gemisch aus kulinarischen sowie Kunst- und Kunsthandwerksangeboten, Serviceleistungen, Sozialprojekten und Technik-Start-ups. 53 Kleinstbetriebe, überwiegend aus Brixton, haben sich in den gemieteten Containern eingerichtet, wie z. B. ein Barber Shop, ein Lederverarbeitungsbetrieb und ein Secondhand-Jeans-Shop, eine kleine Weinhandlung, ein gutes Sushi-Restaurant. Es gibt auch einen ›deutschen‹ Container. Hier können Londoner mal ein deut-

Leistet das Projekt der Gentrifizierung Vorschub?

sches Weizenbier und eine ›zünftige‹ Currywurst genießen.

Daneben werden aber auch Nachhilfeunterricht, Malklassen für Kinder und Kurse in Hortikultur angeboten und es gibt einen Radiosender für Jugendliche. Am Freitag- und am Samstagabend verwandelt sich Pop Brixton in ein Musikvenue mit Livemusik auf der improvisierten Bühne. Toll! Und was sagen die Anwohner zu all dem? Die Meinungen sind geteilt: Für einige ist Pop Brixton ein fantastischer Treffpunkt, für andere nur ein weiterer, höchst unwillkommener Schritt in Richtung Gentrifizierung. Das Wort ›Improvements‹ habe man bereits zu häufig gehört und wer profitiere davon? Allenfalls die Macher eines ›New Shoreditch‹ südlich der Themse. ■

Außerhalb des Stadtzentrums

Raus aus der Innenstadt — in die Wolkenkratzer-Welt der Docklands oder ›auf die Dörfer‹. Das geht ganz unkompliziert.

Seite 231

Moderne Kunst in Canary Wharf

Zwischen den Wolkenkratzern von Canary Wharf verstecken sich Dutzende moderner Kunstwerke, die einen zum Nachdenken anregen, z. B. die Skulptur »Couple on Seat« von Lynn Chadwick.

Seite 231

Spaziergang mit Pub-Einkehr

Von Canary Wharf führt ein beschaulicher Spaziergang an der Themse entlang zurück nach London. Unterwegs gibt es Erfrischendes in alten Pubs mit Terrasse am Fluss wie z. B. Prospect of Whitby.

Zeit-weise kehrt man aus Greenwich nach Hause zurück.

Eintauchen

Seite 233

Maritime Greenwich

Als Welterbe adelte die UNESCO das u. a. von Inigo Jones und Sir Christopher Wren gestaltete Architekturensemble im weitläufigen Park von Greenwich. Es erzählt von der stolzen Seefahrertradition Großbritanniens. Planen Sie einen ganzen Tag ein!

Seite 234

Nullmeridian

Wenn Sie sich über den roten Strich vor dem Flamsteed House stellen, stehen Sie mit einem Fuß in der westlichen, mit dem anderen in der östlichen Hemisphäre.

Seite 235
Queen's House

Henrietta Maria war entzückt vom Geschenk ihres Gatten Charles I. und nannte die Villa »House of Delights«.

Seite 235
Fan Museum

In der Orangerie des überraschend interessanten Fächermuseums wird stilvoll Tee serviert.

Seite 236
Art Walk »The Line«

Der Kunstpfad The Line verbindet Greenwich und die Docklands. In etwa dem Nullmeridian folgend, ermöglicht er Begegnungen mit zeitgenössischen Kunstwerken u. a. von Damien Hirst und Abigail Fallis.

Seite 238
Streifzug durch Kew Gardens

Lassen Sie sich in den Royal Botanic Gardens in Kew von Tausenden von Pflanzen in einen botanischen Rausch versetzen.

Seite 240
Hampton Court Palace

Im prächtigsten Tudor-Palast Großbritanniens ist alles bombastisch: die Fülle an Kunstschätzen, die Größe der Küche, die Parkanlagen. Da kann man nur staunen.

Henry VIII. liebte den Sport. Stundenlang schwang er auf dem Tennisplatz von Hampton Court den Schläger.

Falls Ihnen die englische Geschichte zu Schulzeiten langweilig vorkam, machen Sie einen Neustart: »Wölfe« von Hilary Mantel erzählt spannend aus der Zeit Henrys VIII. und Cromwells.

Auf Wunsch Themsefahrt inklusive

H

Heute noch nichts vor? Dann nehmen Sie doch mal das Pendlerboot vom Bootsableger Embankment nach Canary Wharf. Die Wolkenkratzer im ehemaligen Hafengebiet, das lange Zeit Brachland war, sind inzwischen ein vertrauter Teil der Stadtsilhouette, dennoch sind sie gefühlt mehr als nur eine Themseschleife entfernt.

Auf dem Wasserweg könnten Sie sich auch Greenwich (sprich: ›grännitsch‹) nähern – ja, Sie sollten es sogar. Der Name des einstigen Fischerdorfs, wo Henry VIII. und Englands erste Königin, Elizabeth I., das Licht der Welt erblickten, steht für maritime Geschichte, die Berechnung der Zeit und großartige Architektur. Der Ausflug kann durchaus erholsam werden. Es gibt ein Café, einen Rosengarten und große Rasenflächen zum Picknicken, Drachen-steigen-Lassen oder Frisbee spielen.

Ein weitläufiger Park erwartet Sie auch in Kew. Und auch hier wird's königlich: Die Royal Botanic Gardens sind aus Lustgärten hervorgegangen. Wenn Sie Lust auf eine ganz erstaunliche Pflanzenwelt, teils in viktorianischen Gewächshäusern haben, sollten Sie sich auf den Weg in Londons Südwesten machen.

In Hampton Court, Großbritanniens größtem Palast aus der Tudor-

ORIENTIERUNG ⓞ

Reisekarte: 📍 Karte 5
Cityplan: S. 232
Anreisen und Weiterkommen:
Die Docklands Light Railway (DLR), die U-Bahn-Linie Jubilee sowie Pendlerboote nach Canary Wharf und Greenwich machen diese Ziele gut erreichbar. Die Pendlerboote von Thames Clippers fahren ca. alle 30 Min. u. a. ab Bootsableger Embankment Richtung Docklands (www.thamesclippers.com). Greenwich erreicht man außerdem mit der Bahn von London Bridge (Haltestelle: Greenwich) oder mit der DLR (Stopp: Cutty Sark). Alternativ: per DLR nach Island Gardens (Isle of Dogs) fahren, dann durch den Fußgängertunnel unter der Themse hindurch nach Greenwich laufen. Nach Hampton Court und Kew Gardens fahren Züge ab London Waterloo Station; nach Kew Gardens gelangen Sie zudem per U-Bahn oder London Overground. Zu beiden Zielen fahren auch Ausflugsschiffe.

zeit, müssen Sie stark sein: Machen Sie sich auf eine überwältigende Fülle an Kunstschätzen, Gemälden und unzählige, prachtvoll gestaltete Räume gefasst.

Docklands

📍 Karte 5, D 2/3

Londons einstiger Hafen

Gläserne Fassaden, wohin man schaut rund um die U-Bahn-Station Canary Wharf. Und doch ist das, womit heute in den Docklands vorzugsweise gehandelt wird, nicht zu sehen: Um Geld-, Versicherungs- und Immobiliengeschäfte geht es in Londons zweitem Finanzzentrum neben der City. Als die Docklands noch die Docklands waren – nämlich Hafenanlagen – ließen sich die Objekte der wirtschaftlichen Begierde mit Händen greifen. Handelsschiffe aus aller Herren Länder löschten im damals größten Hafen der Welt ihre Waren: Kaffee, Kakao, Zucker, Rum, Wolle, Gummi, Holz und Elfenbein. Parallel zur Ausdehnung des British Empire wurde der Schiffsverkehr auf der Themse intensiviert und zwischen 1802 und 1921 entstanden zehn neue Docks.

Ganz Canary Wharf ist wochentags in Eile. Am Wochenende: tote Hose.

Nach der Zerstörung im Zweiten Weltkrieg – London wurde 57 Nächte lang bombardiert – und dem Wiederaufbau in den 50er-Jahren erlebten die Werften zunächst einen erneuten wirtschaftlichen Aufschwung. Doch der Zerfall des Empire, Arbeiterunruhen und die Einführung von tief im Wasser liegenden Containerschiffen brachten das Ende der Londoner Docks. 1984 schloss die letzte Werft ihre Tore für immer. Was tun mit dem ca. 12 km langen Streifen zwischen der Tower Bridge und der Isle of Dogs? Erst einmal galt es, Visionen für das Gebiet zu entwickeln und dann deren Realisierung voranzutreiben. Zu diesem Zweck wurde 1981 die London Docklands Development Corporation (LDDC) gegründet. Sie erhielt den Auftrag, die Docklands durch die Entwicklung von Büro- und Wohnraum sowie attraktive Wirtschaftszentren zu neuem Leben zu erwecken.

Auf der Insel der Hunde

Eines der Projekte der LDDC wäre beinahe vor die Hunde gegangen, was aber nichts damit zu tun hat, dass es sich auf der Isle of Dogs, der ›Insel der Hunde‹, befindet: **Canary Wharf.** Der Name lässt erkennen, dass hier einst Waren von den Kanarischen Inseln umgeschlagen wurden. Nach dem Start mit Pleiten, Pech und Pannen arbeiten in den Hightech-Palästen auf dem ca. 39 ha großen Gebiet heute über 100 000 Menschen. Der von César Pelli entworfene, 235 m hohe Skyscraper **One Canada Square ❶**, 1991 eingeweiht, war bis zur Fertigstellung von The Shard das höchste Gebäude in Großbritannien. Weitere ›Riesen‹ sind das Citigroup Centre, der HSBC Tower und, ganz neu, der Newfoundland Quay (220 m).

Unter der Woche prägt eiliges Gewusel der ›Nadelstreifen‹ das Bild von Canary Wharf, vor allem rund um die

Lieblingsort

Will er London und die Welt umarmen?

Die **Skulptur »Man with arms open«** ❷ von Giles Penny fand ich schon immer toll – und so passend für London. Ich weiß nämlich nicht, ob der ›Mann mit den ausgestreckten Armen‹ verzweifelt ist oder vor Freude die ganze Welt umarmen möchte. Was meinen Sie? Auf jeden Fall ist die Stelle, wo er steht, gut gewählt – mit dem Wolkenkratzer One Canada Square im Hintergrund.

von Sir Norman Foster entworfene, 315 m lange **Canary Wharf Station** aus Glas und Stahl. Die meisten der ca. 200 Läden des **Canary Wharf Shopping Centre** ❶ (www.canarywharfshoppingcentre.com) sind auch sonntags geöffnet und bieten entspanntes Einkaufen. Außerdem gibt es viele aufgestylte Lokale. Stimmungsvoll ist im Winter die **Eislaufbahn** im Canada Square (Nov.–Febr.).

Kunstvoll

Es lohnt sich wirklich, ein paar Stunden in Canary Wharf zu verbringen. Das **Museum of London Docklands** ❾ ist natürlich super, aber auch draußen gibt's viel zu sehen: die kunstvoll gestalteten Brücken zwischen den Kais, hübsche Grünflächen und über 60 sehr verschiedene Skulpturen, wie z. B. »**Man with arms open**« ❷ (s. S. 230). Das schöne schmiedeeiserne **Tor am Westferry Circus** ❸ stammt von Giuseppe Lund, der auch das Queen Mother's Gate an der Hyde Park Corner entwarf. »**Windwand**« ❹, eine 50 m hohe rote Skulptur, die sich leicht im Wind hin- und herbewegt, ist ein Werk des Möbeldesigners Ron Arad (geb. 1951). Und am Cabot Square beeindruckt »**Couple on Seat**« ❺, eine Arbeit aus Stahl von Lynn Chadwick (1914–2003), der in der Tradition von Henry Moore arbeitete.
Skulpturenplan zum Downloaden s. https://canarywharf.com/arts-events/art-on-the-estate

Völlig entschleunigt

Ein schöner Spaziergang führt von Canary Wharf zur Tower Bridge. Kein Autolärm stört, einige alte Pubs entlang der Strecke verführen zur Einkehr und Interessantes zu sehen gibt es auch. In **Limehouse** ❻ lebten im 19. Jh., wie in vielen anderen Hafenorten, Hunderte Chinesen, woran Straßennamen wie Mandarin Street oder Canton Street erinnern. Bordelle, Spiel- und auch Opiumhöhlen trugen zum Ruf eines Sündenpfuhls bei. Heute ist die Gegend rund um das alte Hafenbecken hochglanzpoliert mit Jachthafen und Luxus-Apartmentblocks. Hier mündet der **Grand Union Canal**, den Sie in Little Venice und Camden kennengelernt haben, in die Themse. Am Flussufer entlang geht es weiter nach **Wapping** ❼, wo Pubs wie **Prospect of Whitby** `3` zu einer Pause einladen. Im **St Katherine's Dock** ❽ wurde bereits in den frühen 1970er-Jahren das erste städteplanerische Umwandlungsprojekt realisiert. Es gibt einen noblen Jachthafen und Restaurants mit Blick auf den Tower of London.

Museen

Fluss- und Hafengeschichte

❾ **Museum of London Docklands:** Ich gehe hier gern hin, auch mit den Kindern. Untergebracht in einem restaurierten Lagerhaus am West India Quay, dokumentiert das Museum die Geschichte des Flusses, des Hafens und der Bewohner von der Römerzeit bis heute: Themen sind der Handel auf der Themse, London als Welthafen, die Arbeit auf den Werften, die Zeit der Weltkriege sowie die neueste Entwicklung der Docklands. Sehr berührend sind die Berichte von Zeitzeugen des ›Blitz‹. Eine weitere Abteilung beschäftigt sich mit dem Sklavenhandel und dem Zuckerimport.
T 020 70 01 98 44, www.museumoflondon. org.uk, U: Canary Wharf, DLR: West India Quay, tgl. 10–18 Uhr, Eintritt frei

Essen

Auch Dickens kehrte hier ein

`1` **The Grapes:** In dem gemütlichen Gastropub an der Themse, den Dickens mal als »tavern of dropsical appearance« beschrieb, kamen früher die Werftarbeiter. Schön sitzt man auf der kleinen Veranda.
76 Narrow Street, T 020 79 87 43 96, www. thegrapes.co.uk, DLR: Limehouse, Mo–Sa 12–23, So 12–22.30 Uhr

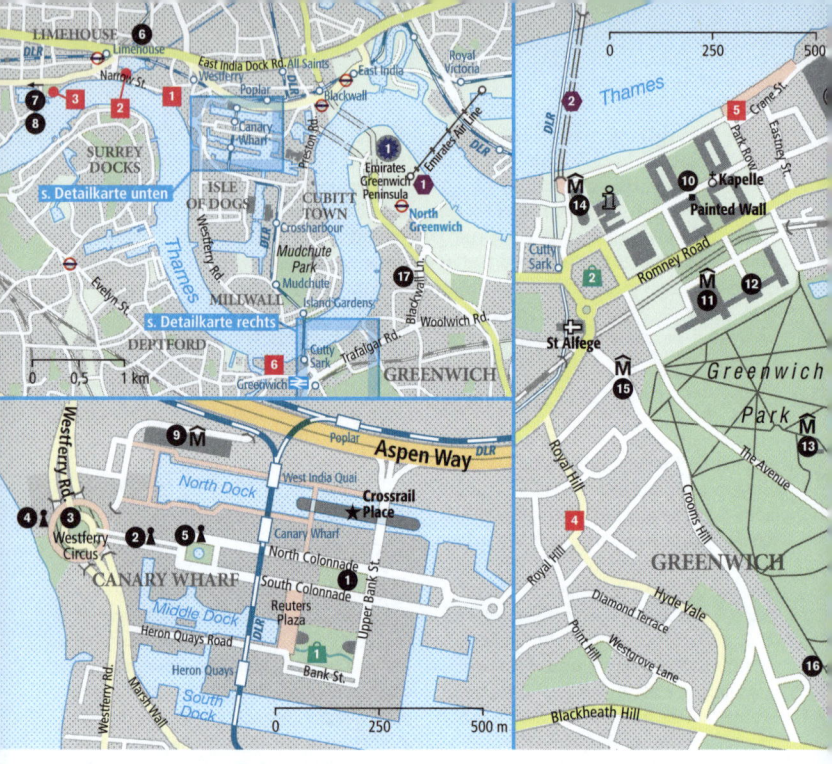

Docklands und Greenwich

Ansehen

1. One Canada Square
2. Skulptur »Man with arms open«
3. Tor am Westferry Circus
4. Skulptur »Windwand«
5. Skulptur »Couple on Seat«
6. Limehouse
7. Wapping
8. St Katharine's Docks
9. Museum of London Docklands
10. Old Royal Naval College
11. National Maritime Museum
12. Queen's House
13. Royal Observatory
14. Cutty Sark
15. The Fan Museum
16. Ranger's House – The Wernher Collection
17. Meantime Brewing Company

Essen

1. The Grapes
2. The Narrow
3. Prospect of Whitby
4. The Greenwich Union
5. Trafalgar Tavern
6. The Sail Loft

Einkaufen

1. Canary Wharf Shopping Centre
2. Greenwich Market

Bewegen

1. Emirates Air Line, Gondelstation
2. Greenwich Foot Tunnel

Ausgehen

1. O2 Arena (Millennium Dome)

Lage ist alles

2 The Narrow: Gastropub des Star-
kochs Gordon Ramsay. Die Terrasse an der
Themse ist ›der‹ Ort für's Feierabendbier.
44 Narrow Street, T 020 75 92 79 50, www.
gordonramsayrestaurants.com, DLR: Limehouse, Küche Mo–Fr 12–14.30, 18.30–
21.30, Sa 12–21.30, So 12–15.30 Uhr

Devil's Tavern

3 Prospect of Whitby: Pub mit hübscher Terrasse am Fluss, angeblich 1520
gegründet. Einst zählten Schmuggler zu
den ›durchlauchten‹ Stammgästen.
57 Wapping Wall, T 0207 4 81 10 95,
Overground: Wapping, Mo–Do 12–23, Fr, Sa
12–12, So 12–22.30 Uhr

Einkaufen

Auch am Sonntag geöffnet

1 Canary Wharf Shopping Centre:
s. S. 151. Mo–Fr 9–20, Sa 10–19, So
12–18 Uhr.

Greenwich

📍 **Karte 5, D 3**

In die Welt der Seefahrt ⭐

Wählen Sie nach Möglichkeit die be-
schauliche Anreise per Schiff. Am
Greenwich Pier angekommen, haben
Sie einen grandiosen Blick auf **Maritime
Greenwich,** das laut UNESCO »schönste
und am aufregendsten gelegene architek-
tonische Ensemble auf den Britischen
Inseln«. Kein anderer Ort in England
symbolisiert so sehr die stolze britische
Seefahrertradition wie Greenwich, wo
Seefahrer wie Francis Drake aufbrachen,
um durch die Weltmeere zu segeln.

Das Prachtstück der historischen Anlage ist das **Old Royal Naval College** ⑩.

Keinem Geringeren als Sir Christopher
Wren haben wir das Ensemble zu verdanken, das ursprünglich ein Krankenhaus
speziell für Seeleute war. Als solches diente es bis 1869, dann zog das Naval College,
die Aubildungsstätte der Marine, in die
Gebäude ein. Sie blieb 120 Jahre. Seit der
Jahrtausendwende sind hier die University of Greenwich und die Musikabteilung
des Trinity Laban Conservatoire of Music
and Contemporary Dance zu Hause.

Einige Teile der Anlage können Sie
besichtigen. Jede Menge Infos hält das
Discover Greenwich Visitor Centre bereit, wo auch kostenlose Touren starten.
Und im **National Maritime Museum** ⑪
erfahren Sie alles Erdenkliche über die
britische Seefahrtgeschichte.

Zum Schauen und zum Hören

Machen Sie sich auf ein fulminantes
Kunstwerk gefasst. In seinem Deckengemälde in der **Painted Hall** erzählt uns
James Thornhill, der auch die Kuppel
der St Paul's Cathedral ausgemalt hat,
von den politischen, wirtschaftlichen,
wissenschaftlichen und kulturellen Erfolgen seiner Nation. Mit einem Auf-
marsch von über 200 allegorischen, my-
thologischen und historischen Figuren
wird der Triumph des Friedens und der
Freiheit über die Tyrannei gefeiert. Auf
der Westwand blickt der erste Hanno-
veraner König, George I., auf die Schar
seiner Nachkommen, die England mehr
als ein Jahrhundert regieren sollten. In der
rechten Ecke steht Thornhill und weist
mit offener Hand auf sein Werk, an dem
er 19 Jahre arbeitete. Für viele ein Indiz
dafür, dass sich der Künstler über mehr
Geld für seine Arbeit gefreut hätte. Angeblich fiel der Lohn äußerst mager aus.

Die schöne **Kapelle** (1708–25) im
Queen Mary Building hat eine ausgezeichnete Akustik. Wenn Sie Glück
haben, üben hier vielleicht gerade die
Musikstudenten des Trinity College.
www.ornc.org, tgl. 10–17 Uhr, Eintritt frei

*Das Old Royal Naval College ist ein architektonisches Meisterwerk.
Auch die Sichtachse auf die Themse steht unter Denkmalschutz.*

Hier wurde die Zeit gemacht

Vom Old Royal Naval College, zwischen dessen beiden Flügeln das **Queen's House** ⓬ zu sehen ist, geht es durch den Park den Hügel hinauf. Immer wieder möchte man sich umdrehen, um den herrlichen Blick auf den Fluss und Canary Wharf zu genießen. Oben steht das **Royal Observatory** ⓭, dessen ältester Teil das **Flamsteed House** ist. Kommen Sie pünktlich! Präzise um 12.58 Uhr nämlich klettert die Zeitkugel einen Mast hinauf, um dann um Punkt 13 Uhr herunterzufallen. Und das schon seit 1833! Schiffe auf der Themse konnten mithilfe der leuchtend roten Kugel ihre Uhren stellen.

Charles II. war es leid, dass immer wieder Schiffe verloren gingen, weil sie ihre Ost-West-Koordinaten nicht bestimmen konnten. 1675 ließ er deshalb das Observatorium bauen. Durch die Sternbeobachtung sollte eine Methode der akkuraten Navigation gefunden werden. Als erster königlicher Astronom stellte John Flamsteed (1646–1719) hier seine Beobachtungen und Berechnungen an. Es war jedoch der Uhrmacher John Harrison aus Yorkshire, der das Problem der Längengrade löste, indem er eine Uhr baute, die Temperaturschwankungen und sonstigen Strapazen standhielt. Seefahrer konnten die Uhr auf ihren Fahrten mitnehmen und fortan akkurat ihre Position berechnen. Wie das genau funktioniert, erfahren Sie in dem Museum, das in der einstigen königlichen Sternwarte (bis 1948) untergebracht ist.

Eine Markierung vor dem Gebäude zeigt den **Nullmeridian** an. Dass er ausgerechnet in Greenwich verläuft, ist völlig willkürlich. Nicht alle Länder dürften begeistert gewesen sein, als 1884 nach langem Hin und Her auf der »International Meridian Conference« Greenwich zur ›Heimstatt‹ des Nullpunkts für Längengrad und Zeitstandard erklärt wurde. Wenn Sie sich breitbeinig über die rote Linie stellen, stehen Sie mit einem Fuß in der westlichen, mit dem anderen in der östlichen Hemisphäre.

Museen

Seefahrtpioniere und Luxusliner
⓫ National Maritime Museum: Die Kuratoren des größten Seefahrtsmuseums der Welt lassen sich einiges einfallen, um den Besuchern sowohl die Zeit der Seefahrtpioniere als auch die Ozeane oder die Welt der Luxusliner nahezubringen. Für die 20 thematisch aufgebauten Abteilungen, u. a. die weltweit größte Sammlung maritimer Malerei, sollten Sie etwas Zeit mitbringen. Ein Herzstück des Museums ist die goldene Barkasse, die 1732 für Frederick, Prinz von Wales, gebaut wurde.
T 020 83 12 66 08, www.rmg.co.uk, tgl. 10–17 Uhr, Eintritt frei

›Haus der Freude‹
⓬ Queen's House: »House of Delight« nannte Königin Henrietta Maria die palladianische Villa, die sie von ihrem Gatten Charles I. als Geburtstagsgeschenk erhalten hatte. Das Queen's House (1616), wurde von Inigo Jones entworfen, der gerade aus Italien zurückgekehrt war. Für Wow-Effekte sorgt die Halle mit ihrer Galerie. Wunderschön: der Fußboden mit einem raffinierten Muster aus schwarzem und weißem Marmor sowie die Tulpenmotive am Treppengeländer. Schauen Sie mal nach oben: Die Deckenbemalung mit vergoldeten Motiven ist nicht alt – sie stammt von Turner-Preisträger Richard Wright. Zeitgenössisches zeigt auch die Gemäldegalerie, z. B. Kehinde Wileys »Ship of Fools«, ein Kontrast zu den üblichen Seestücken.
T 020 83 12 66 08, www.rmg.co.uk, tgl.10–17 Uhr, Eintritt frei, Führungen um 11, 12.30 und 14.30 Uhr

Der Blick in die Sterne
⓭ Royal Observatory: Die Ursprünge der Astronomie und die Geschichte der Zeitberechnung von der Sonnen- bis zur Atomuhr, die Längengradbestimmung und John Harrisons erste Uhr sind Themen des Museums im Observatorium. Im ultramodernen Planetarium begeistern spektakuläre Shows vor allem Schulkinder.
www.rmg.co.uk, tgl. 10–17 Uhr, Royal Observatory 13,50 £, Planetarium 8 £

Ein Schiff im Trockendock
⓮ Cutty Sark: Der letzte erhaltene Tee- und Wollklipper, 1869 erbaut, war seinerzeit auch eines der schnellsten Schiffe der Welt. Je eher der Tee aus China in England eintraf, umso frischer war er und umso teurer konnte er verkauft werden.
T 020 83 12 66 08, www.rmg.co.uk, tgl. 10–17 Uhr, 12 £

Fächer und noch mehr Fächer
⓯ The Fan Museum: Das überraschend interessante Museum ist das einzige der Welt, das sich ausschließlich dem Thema Handfächer widmet. 4000 Fächer aus der ganzen Welt zählen zum Fundus. Sie datieren bis ins 11. Jh. zurück. Von zweifelhafter Schönheit sind die Fächer mit bunten Straußen- oder Fasanenfedern aus den 1920er-Jahren. Stilecht wird nach der Besichtigung der kostbaren Stücke zum Afternoon Tea in die Orangerie geladen (Café Di, Fr–So 12.30–16.30 Uhr).
12 Crooms Hill, T 020 83 05 14 41, www.thefanmuseum.org.uk, Di–Sa 11–17, So 12–17 Uhr, 5 £

Mit Rosenduft
⓰ Ranger's House: Vor dem Gebäude wo die **Wernher Collection** zu Hause ist, sind im **Rosengarten** sage und schreibe 131 Rosenarten vertreten. Drinnen warten kostbare Möbel, Gemälde, Porzellan und die größte private Sammlung von Renaissance-Schmuck in Großbritannien.
www.english-heritage.org.uk, BH und April–Okt. So–Do mit 90-minütiger Führung 11–17 Uhr, 9 £

TOUR
Art Walk »The Line«

Ein Kunstspaziergang mit kurzer Gondelfahrt

Infos

Start: U North Greenwich
Dauer: 2–3 Std.
Im Internet: http://the-line.org, www.londonsroyaldocks.com, www.housemill.org.uk

»The Line« entstand 2015 als ›Open-Air-Ausstellungsraum‹ für zeitgenössische Kunst – auch mit dem Ziel, einen weniger bekannten Teil Londons zu erschließen.

Von der **U-Bahn-Station North Greenwich** geht es um die O2 Arena herum zum **Thames Path.** Das erste Kunstwerk, das Sie erblicken, **»Here 24,859«** (2013) von Jon Thomson und Alison Craighead, sieht aus wie ein Straßenschild. Es gibt in Meilen die genaue Entfernung einmal rund um den Globus bis ›hier‹ an. Richard Wilsons **»A Slice of reality«** (2000) erlaubt Ein- und Durchblicke. Das Kunstwerk besteht aus einer 9 m dicken Scheibe eines ehemaligen Sandbaggerschiffs. Wilson und Antony Gormley, der mit **»Quantum Cloud«** (1999) vertreten ist, zählen zur aktuellen britischen Kunstszene.

Per Gondel der **Emirates Air Line** ① schweben wir über die Themse zu den **Royal Docks.** Hier ist **»The Crystal«** zu bewundern, eine merkwürdige, sargähnliche Struktur von Sterling Ruby. Eduardo Paolozzi – Sie kennen seinen »Denker« vor der British Library – präsentiert uns seinen **»Vulcan«,** den römischen Gott des Feuers. Mit der DLR geht es bis zur Star Lane. Das **Cody Dock** gehörte einst zu einer Gasfabrik. Heute ist es ein Nachbarschaftsprojekt mit Galerie, Garten und einem Café in einem alten Boot. Die anatomische Skulptur **»Sensation«** stammt von Damien Hirst. Nun geht's am unschönen **River Lee** entlang. Unübersehbar: die helixförmige Skulptur **»DNA DL90«** aus Einkaufswagen. Abigail Fallis führt vor Augen, wie die Konsumgier in unsere Gene dringt. Bald ist der **Three-Mills-Komplex** erreicht: Die funktionierenden Wassermühlen aus georgianischer Zeit stehen unter Denkmalschutz. Im Inneren des Mühlenhauses sehen Sie eine Videoinstallation von Bill Viola. **»Network«** von Thomas J Price, die Skulptur eines Mannes mit Handy, ist unsere letzte Station. Von hier ist es ein kurzer Weg zur **Pudding Mill Lane Station.** Oder Sie gehen noch bis zur Stratford High Street.

Essen

Macht Kaffeebier wach?
4 The Greenwich Union: In dem Pub mit wohliger Atmosphäre können Sie die Biere der Meantime Brewing Company (s. rechts) probieren: Ale, Porter, aber auch helles deutsches Bier und aromatisierte Biere – z. B. Kaffeebier. Das Bar Food schmeckt (Sunday Roast um 15 £) und im Sommer geht's in den Biergarten.

56 Royal Hill, T 020 86 92 62 58, www. greenwichunion.com, DLR: Greenwich, Mo–Fr 12–23, Sa 11.30–23, So 11.30–22.30 Uhr

Unübersehbar direkt am Wasser
5 Trafalgar Tavern: Die große Getränkeauswahl plus im Winter das offene Kaminfeuer und im Sommer die Terrasse am Fluss locken u. a. die Studierenden des Old Royal Naval College nebenan in dieses historische Pub-Restaurant.

6 Park Row, T 020 38 87 98 86, www.trafal gartavern.co.uk, DLR: Greenwich, Mo–Do 12–23, Fr 12–1, Sa 10–1, So 10–23 Uhr

Erholung am Fluss
6 The Sail Loft: Eine unkomplizierte Anlaufstelle, wenn Sie hungrig, müde oder k. o. sind. Eine Weile draußen am Wasser sitzen und Sie sind wieder fit.

11 Victoria Parade, T 020 82 22 93 10, www. sailloftgreenwich.co.uk, DLR: Greenwich, Mo–Sa 10–23, So 10–22.30 Uhr

Einkaufen

Nach Herzenslust stöbern
2 Greenwich Market: Antiquitäten und Kunsthandwerk werden auf dem beliebten Markt an Frau und Mann gebracht. So manches Schnäppchen können Sie hier ergattern und sich zwischendurch kulinarisch stärken.

College Approach, www.greenwichmarket.lon don.com, DLR: Cutty Sark, tgl. 10–17.30 Uhr

BRAUEREI-TOUR

Die beliebte **Meantime Brewery Company 17** bietet Bierproben und 90-minütige Führungen durch die Produktionsräume an (Blackwell Lane, T 020 33 84 05 82, www. meantimebrewing.com, Mo–Fr 19 Uhr, National Rail: Maze Hill, Classic Tour 20 £).

Bewegen

Per Gondel über den Fluss
1 Emirates Air Line: In einer Gondel über den Fluss zu schweben hat was. Los geht's vom Emirates Terminal (5 Min. von der O2 Arena; ausgeschildert).

https://tfl.gov.uk/modes/emirates-air-line, Mo–Do 7–22, Fr 7–23, Sa 8–23, So, BH 9–22, Juni–Aug. So–Do bis 22.30 Uhr, Fahrtdauer 10 Min., 4,50 £, mit Oyster Card 3,50 £

Walk underneath the river
2 Greenwich Foot Tunnel: Der Fußgängertunnel führt unter der Themse hindurch zu den **Island Gardens** am Südzipfel der Isle of Dogs. Er wurde 1902 erbaut und ist rund um die Uhr geöffnet. Etwa hundert Stufen müssen an beiden Enden bewältigt werden (es gibt auch einen Fahrstuhl, falls er nicht gerade »out of order« ist). Von Island Gardens sind es nur wenige Stationen mit der DLR bis Canary Wharf oder ins Zentrum.

Ausgehen

Mega-Veranstaltungskomplex
O2 Arena (Millennium Dome): So groß ist die Arena, dass – wie ein schlauer Mensch berechnet hat – die Nelsonsäule darin stehen und der Eiffelturm darin liegen könnte. Nach erheblichen Startschwierig-

TOUR
Es grünt so grün in Kew

Ein sauerstoffreicher Streifzug durch die Royal Botanic Gardens

Infos

📍 Karte 5, C 3

U/Overground: Kew Gardens

Dauer: min. 2 Std.

Info: www.kew.org, Mo−Do 10−18, Fr−So 10−19, im Winter bis 15.45 Uhr, 19 £

Kew Explorer land train: Der Minizug fährt zu den Highlights des Parks, Ein- und Ausstieg nach Bedarf; ab Victoria Gate tgl. 11−16.30 alle 30 Min., 5 £, Fahrtdauer ohne Aussteigen: 40 Min.

Endlich ist es fertig, endlich können alle wieder mit staunenden Augen durch diese einmalige Pflanzenpracht spazieren. Das Temperate House, das größte viktorianische Gewächshaus der Welt wurde 2018 nach jahrelanger Restaurierung wiedereröffnet. Die Royal Botanic Gardens, auch **Kew Gardens** genannt, zu denen es gehört, sind eine der größten botanischen Sammlungen der Welt und ein wichtiges hortikulturelles Forschungszentrum. Auf 121 ha sind ca. 40 000 Pflanzenarten vertreten – etwa ein Zehntel aller in der Natur vorkommenden Pflanzen. Einige Arten sind in freier Natur bereits ausgestorben.

Prinzessin Augusta legte 1759 den ersten botanischen Garten in Kew an. Einige der ersten Pflanzen brachte Captain Cook von seinen Reisen mit. Später kamen Arten aus der ganzen Welt hinzu, denn Kew Gardens diente vor allem britischen Kolonialideen: Alle bekannten Pflanzen der Erde sollten hier wachsen und von hier aus zu den Orten in der Welt geschafft werden, wo sie am meisten abwerfen würden, z. B. Tabaksamen nach Afrika, Korkeichen nach Indien. Nutzpflanzen sollten alle ›nutzlosen‹ Pflanzen ersetzen. Heute geht es nicht mehr um Machtentfaltung, sondern darum, die Pflanzen zu bewahren und zu schützen. Im **Herbarium**

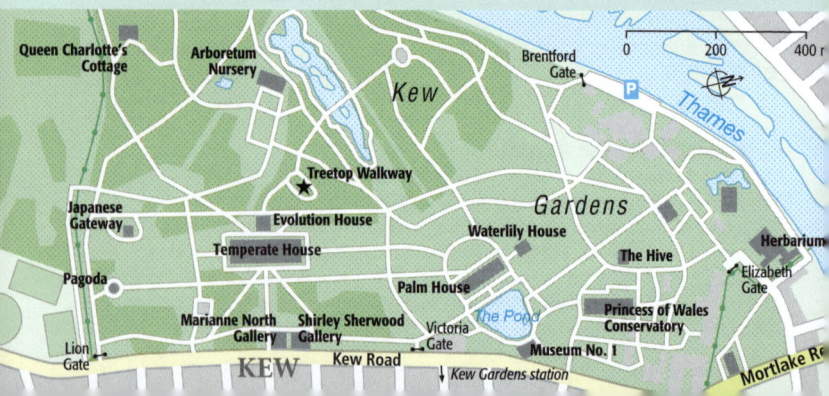

werden rund 7 Mio. getrocknete Pflanzen aufbewahrt und die Orchideensammlung ist die größte der Welt. Die Royal Botanic Gardens waren aber auch ein Erholungs- und Lustgarten. Der berühmte Landschaftsgärtner Capability Brown verwirklichte hier seine Idee eines englischen Landschaftsgartens. 1840 machte Queen Victoria Kew Gardens der Öffentlichkeit zugänglich.

Was für ein Aufwand: Fast alle Pflanzen mussten während der Restaurierung des Temperate House woanders untergestellt werden.

Temperate House, das bis ins kleinste Detail restaurierte Palmenhaus von 1848, ist mit seinen 16 000 Glasscheiben ein Meisterwerk viktorianischer Bautechnik. Es gilt als das bedeutendste Eisen- und Glasgebäude der viktorianischen Zeit. Zu sehen sind tropische Pflanzen, Palmen, Mango- und Feigenbäume und duftende Hibisken.

Im **Evolution House** wird die Entwicklung der ältesten Pflanzen dokumentiert: blubbernder Schlamm, Bakterien, Algen, Moose, Farne. Bis zu Nadelbäumen und blühenden Pflanzen reicht das Spektrum. Das **Princess of Wales Conservatory** zeigt Pflanzen aus zehn Zeitzonen, z. B. die ›lebenden Steine‹ (Lithops) aus Namibia.

Besuchen Sie auch die **Marianne North Gallery.** 1871–85 bereiste Marianne North, eine bemerkenswerte Dame, die Länder dieser Welt und hielt die jeweilige Pflanzenwelt in bunten Farben fest. Diese Bilder schmücken nun dicht an dicht die Wände. Interessant ist auch die **Shirley Sherwood Gallery of Botanical Art,** weltweit die erste Galerie, die sich botanischer Kunst widmet.

Publikumshit ist der **Treetop Walkway:** Auf einem 18 m hohen Pfad kann man die Bäume von oben betrachten. Auf keinen Fall dürfen Sie die 17 m hohe hexagonale, geometrische **Skulptur »The Hive«** von Wolfgang Buttress verpassen. Man hat das Gefühl, eine Bienenwabe zu begehen. Nicht verwunderlich: Die Skulptur ist mit einem Accelerometer verbunden, der die Vibrationen aus einem Bienenstock in das Kunstwerk überträgt. Genial.

Auch der Stadtteil **Kew** selbst ist sehr grün, mit viel altem Baumbestand und dörflichem Charakter. Ein paar Teestuben und alte Pubs laden zum Verweilen und kleine Buch- und Souvenirlädchen zum Stöbern ein.

keiten, die Unsummen an Steuergeldern verschlangen, und einem Besitzerwechsel ist Europas größter Unterhaltungskomplex, wo u. a. Rock- und Popgrößen auftreten, inzwischen auf Erfolgskurs. Die Arena fasst 20 000 Zuschauer. Daneben gibt es kleinere Hallen, viele Bars, Restaurants und elf Kinoleinwände!

Peninsula Square, T 020 84 63 20 00, www. theo2.co.uk, Anfahrt: U-Bahn North Greenwich direkt vor der Tür, DLR oder Bus, auch per Thames Clipper (20 Min. vom London Bridge Pier) oder Seilbahn. Tgl. 9 Uhr bis spät

Infos

- **Touristeninformation Greenwich TIC:** Pepys House, 2 Cutty Sark Gardens, T 087 06 08 20 00, www.visitgreenwich. org.uk, tgl. 10–17 Uhr. Nebenan informiert das **Discover Greenwich Visitor Centre** über die Geschichte des Ortes.
- **Im Internet:** www.royalparks.org.uk/ parks/greenwich-park. Infos zum Park und ein Plan zum Downloaden.
- **Greenwich+Docklands International Festival:** ca. 14 Tage im Juni/Juli. Schon seit über 20 Jahren gibt es allsommerlich spektakuläre Open-Air-Veranstaltungen zum Mitmachen und Schauen: Straßenkunst, Tanz, Theater, Musik, Seiltanz – und super Atmosphäre, http://festival.org.
- **Greenwich Music Time:** Anf. Juli. Festival, bei dem Stars wie Paul Weller auftreten, www.greenwichmusictime.co.uk.

Hampton Court

📍 **Karte 5, C 3**

Tummelplatz von Henry VIII.

1, 2, 3, 4, 5 … Sie könnten die Besichtigung von Hampton Court mit dem Zählen der Kamine auf den Palastdä-

chern beginnen. Das braucht allerdings Durchhaltevermögen, denn es sollen 241 sein. Zeitaufwendig kann es auch werden, wenn Sie im komplizierten Irrgarten *(maze)* nicht den richtigen Weg finden. Im Schnitt benötigt man für das über 300 Jahre alte Heckenlabyrinth, das Teil der weitläufigen Gartenanlagen ist, aber nur rund 20 Minuten.

Über Jahrhunderte haben verschiedene Besitzer Hampton Court dem jeweiligen Geschmack ihrer Zeit entsprechend gestaltet. Kardinal Thomas Wolsey, Berater von Henry VIII., ließ ein relativ bescheidenes Landhaus zu einem riesigen Palast umbauen. Um 1525 zählte dieser rund 280 Räume, 500 Menschen waren hier in Diensten. Als Wolsey in Ungnade fiel, machte sich der König selbst den Palast zu eigen. Er investierte ordentlich in die Umgestaltung und den Ausbau. Vieles, was man heute sieht, stammt aus Henrys Zeit, z. B. das Deckengewölbe in der **Chapel Royal.** Noch heute finden dort täglich Gottesdienste statt. Toll ist die **Küche,** die ein Drittel der Grundfläche des Palastes einnimmt: Von hier aus wurden zweimal täglich 600 Personen verköstigt. Die **Great Hall** mit ihrer spektakulären Sichtbalkendecke ist Englands letzte und größte mittelalterliche Halle.

Unter William III. und Queen Mary wurde der im Tudorstil gestaltete Palast von Sir Christopher Wren teilweise im Stil des Frühbarock umgestylt. Der letzte Herrscher, der in Hampton Court lebte, war George II. Nach dem Tod von dessen Gemahlin Queen Caroline 1737 blieb der Palast weitgehend unbewohnt.

Nach der Besichtigung könnten Sie mit dem Boot nach **Richmond** fahren und in einem der vielen Restaurants am Fluss einkehren. Von dort bringt Sie die U-Bahn zurück in die Stadt.

East Molesey, T 020 31 66 60 00, www.hrp. org.uk, tgl. 10–18, Nov.–März 10–16.30 Uhr (letzter Einlass 17 bzw. 15.30 Uhr), online 19,20 £

Zugabe
Alles aus einem Guss?

Ein Besuch bei Bronze Age

Patinieren ist nicht so einfach, wie es aussieht. Es erfordert viel Geduld, um den richtigen Farbton zu treffen.

Ende der 1980er-Jahre hatte Mark Kennedy eine Idee und setzte sie um: Unter den halb verfallenen Bögen der Bahntrasse in Limehouse richtete er eine Bronzegießerei ein und begann dort mithilfe einiger Freunde zunächst seine eigenen Skulpturen zu gießen. Bald goss er auch die Skulpturen anderer Künstler. Mit viel, sehr viel harter Arbeit und dank eines stetig wachsenden Kundenstamms entstand Bronze Age, heute eine der führenden Bronzegießereien im Lande. Die Entwicklung von Limehouse zum Nobelviertel erlebte der gebürtige Neuseeländer Mark Kennedy zeitgleich hautnah mit.

Unzählige bekannte Skulpturen wurden bei Bronze Age gegossen und patiniert: Besucherliebling »The Alies« in der Bond Street z. B. oder die überlebensgroße ›Margaret Thatcher‹ in den Houses of Parliament. Selbst die Queen ließ eine Skulptur ihres geliebten Rennpferdes Estimate bei Bronze Age gießen und kam persönlich vorbei, um die Arbeit zu begutachten.

Eine Führung durch die Gießerei ist nicht ganz billig (um 30 £ pro Pers.), aber dafür erhält man einen großartigen Einblick in eine für viele unbekannte Arbeitswelt, in der große Kunst Gestalt annimmt.

Die Queen kam vorbei, um die Arbeit zu begutachten.

Mark und sein Team arbeiten mit der ›Technik des verlorenen Wachses‹, die schon seit vorgeschichtlicher Zeit bekannt ist. Dafür wird eine Figur zunächst in Wachs modelliert, danach mit einem robusten, aber elastischen Material umhüllt, z. B. Formlehm. Dieser Mantel wird anschließend bei hoher Temperatur gebrannt, und das Wachs schmilzt. Nun wird Bronze in den Hohlkörper gegossen. Wenn dieser erkaltet ist, kann der Ton oder Lehm abgeklopft werden. Die so gewonnene Bronzeskulptur, die jedes einzelne Detail des ursprünglichen Wachsmodells aufweist, wird gereinigt und patiniert. Fertig ist die Skulptur. In der kleinen Lime House Gallery, die zur Gießerei gehört, sind einige besonders schöne Stücke ausgestellt (www.bronze age.co.uk). ∎

Das Kleingedruckte

*Sir John Betjeman – Dichter, Schriftsteller,
Rundfunksprecher und Bewahrer viktorianischer
Architektur. Dass die prachtvolle St Pancras Station samt
Hotel erhalten geblieben ist, verdanken wir ihm.*

Anreise

... mit dem Flugzeug

Um London gibt es fünf Flughäfen: Heathrow, Gatwick, Stansted, Luton und London City. Direktflüge werden von fast allen europäischen Städten angeboten (Flugzeiten: von Hamburg, Düsseldorf, Frankfurt, Zürich ca. 1 Std., von Berlin, München, Wien jeweils 2 Std.). Ryanair und Easy Jet locken mit preiswerten Tickets. Bedenken Sie aber, dass zur Anreise zum Flughafen im Heimatland auch noch die Fahrt vom Londoner Flughafen in die Innenstadt hinzukommt (z. B. von Stansted nach London Liverpool Street kostet ein Standardticket mit der Bahn hin und zurück 29,90 £). Außerdem haben Billigflieger oft sehr frühe oder späte Flugzeiten. Wenn Sie beispielsweise um 7 Uhr ab Stansted fliegen, müssen Sie um 5 Uhr mit dem Stansted Express von Liverpool Street losfahren, mit dem Bus von Victoria oder Liverpool Street bereits um 4 Uhr.

Heathrow (LHR)

24 km westl. der Innenstadt, T 084 43 35 18 01, www.heathrow.com. Gute Verbindungen per U-Bahn, Heathrow Express oder Bus in die Stadt.

U-Bahn (Piccadilly Line): Fahrzeit ca. 45 Min. Falls Sie in London am selben Tag noch weitere öffentliche Verkehrsmittel benutzen möchten, können Sie nach 9.30 Uhr eine normale Travel Card für Zone 1–6 kaufen oder Ihre Oyster off-peak verwenden. Achtung: Falls ein Morgenflug erreicht werden muss, erkundigen Sie sich unbedingt, wann die erste U-Bahn fährt. Es gibt oft Abweichungen.

Heathrow Express (Bahn): Mo–Sa ca. 5–23.45 Uhr von allen Terminals, alle 15–30 Min. nach London-Paddington, Fahrtzeit 15–20 Min., hin und zurück 37 £, im Voraus und am Wochenende günstiger, www.heathrowexpress.com.

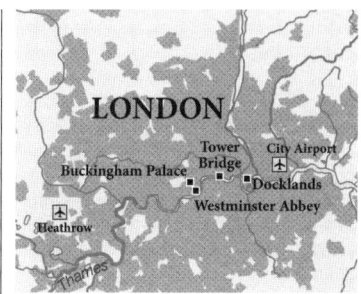

STECKBRIEF

Lage: 51° 3' nördliche Breite, Längengrad 0
Größe: ca. 1580 km^2, 80 km^2 davon Grünanlagen.
Einwohner: Inner London 2,8 Mio., Großraum 8,8 Mio. 41 % der Bevölkerung wurden außerhalb des United Kingdom geboren. Ca. 300 Sprachen werden gesprochen. Bevölkerungswachstum: 1,4 % pro Jahr, Bevölkerungsdichte: 5491 Einw. pro km^2. Weniger als die Hälfte sind Christen, gefolgt von Muslimen (12,4 %), Hindus (5 %), Juden (1,8 %) und Sikhs (1,5 %).
Stadtverwaltung: Greater London Authority (GLA). Sie besteht aus dem gewählten Mayor (= Bürgermeister), zzt. Sadiq Khan, und der London Assembly. Der Großraum London besteht aus Inner und Outer London. Inner London ist in 12 Boroughs (= Bezirke) gegliedert. Die City of London ist verwaltungstechnisch fast unabhängig.
Politik: Im Juni 2016 stimmten 51,9 % der Briten für den Brexit.
Zeitzone: Greenwich Mean Time, d. h. in London ist es eine Stunde früher als in Mitteleuropa.
Landesvorwahl: 0044. Londoner Festnetznummern beginnen mit 020.

ACHTUNG ZUG! **Z**

Der Bahnverkehr nach und in London sowie aus der Stadt heraus ist in den letzten Jahren zu einer Zumutung geworden. Züge fallen aus, sind verspätet, es gibt keinen Fahrer oder »Laub liegt auf der Strecke«. Erkundigen Sie sich unbedingt zeitnah, ob es Probleme mit den Zügen zum Flughafen gibt, und erwägen Sie notfalls Alternativen.

Bus: Fahrtdauer je nach Verkehr ca. 40–80 Min. bis London Victoria, Abfahrt Central Bus Station. Mit dem Bus in die Innenstadt zu fahren ist eher unüblich. Ist Ihre Unterkunft im Südwesten von London, kommt aber der X26 nach West Croydon infrage. Achtung: Im Bus kann man nicht bar bezahlen. Ticket vorher am Automaten kaufen oder Oyster Card bzw. Debit Card nutzen.
Taxi: in die Innenstadt ca. 50–70 £.

Gatwick (LGW)

43 km südl. der Innenstadt, T 084 48 92 03 22, www.gatwickairport.com. Gute Zuganbindung rund um die Uhr.
Gatwick Express: tagsüber alle 15 Min., nachts stdl. nach Victoria, Fahrtzeit 30 Min., hin und zurück 36,70 £ (online 33,70 £), www.gatwickexpress.com. Gute Zuganbindung fast rund um die Uhr. Die aktuellen Abfahrtzeiten entnehmen Sie bitte der Website.
Alternative Bahnverbindung: Fast ebenso schnell, aber günstiger mit Halt in East Croydon: tgl. alle 15 Min., nachts 1–2 x/Std. nach Victoria oder London Bridge. Fahrtzeit ca. 30–40 Min.
Easybus: rund um die Uhr alle 15–30 Min. von/nach London Victoria (via Streatham and Stockwell) und Earl's Court/West Brompton, Fahrtzeit 60 Min., online ab 2 £, www.easybus.co.uk.
Taxi: in die Innenstadt mind. 95 £.

Stansted (STN)

50 km nördl. der Innenstadt, T 084 43 35 18 03, www.stanstedairport.com. Von hier fliegt z. B. Ryanair. Hektisch, immer voll.
Stansted Express: Fahrzeit 47 Min., einfache Fahrt 18,10 £, diverse Ermäßigungen für Frühbucher und Kleingruppen. Informieren Sie sich über aktuelle Fahrpläne. Achten Sie darauf, dass Sie den Express- und keinen Bummelzug erwischen. Alle Züge (außer Frühzüge) halten in Tottenham Hale (Anschluss an Victoria Line).
Bus: Flughafenbus A7 am Tag alle 15 Min., nachts halbstdl. von/nach Victoria Coach Station, Fahrtzeit ca. 100 Min., Einfache Fahrt ab 6 £. A8 fährt in 65 Min. nach Liverpool Street, A9 in 50 Min. nach Stratford.
Easybus: Tgl. rund um die Uhr alle 15 Min. von/nach Baker Street (75 Min.) sowie von/nach Old Street Station (60 Min.), online ab 2 £, www.easybus. co.uk.
Taxi: in die Innenstadt mind. 100 £.

London City Airport (LCY)

15 km östl. der Innenstadt, T 020 76 46 00 88, www.londoncityairport.com Erfreulich übersichtlich und ruhig.
DLR: Alle 8–15 Min. geht es in ca. 8 Min. bis U-Bahn-Station Canning Town (Anschluss: Jubilee Line) oder mit der DLR direkt zur U-Bahn-Station Bank (City).
Taxi: nach Liverpool Station je nach Verkehrsaufkommen rund 25 £.

London Luton (LTN)

51 km nördl. der Innenstadt, T 015 82 40 51 00, www.london-luton.co.uk
Zug: alle 15 Min. von/nach St Pancras International, Fahrtzeit: ca. 25 Min., hin und zurück ca. 25 £. Von Luton Airport Parkway Shuttle-Bus zum Flughafen (8 Min., einfache Fahrt 2.30 £).
Easybus: rund um die Uhr alle 15–30 Min. von/nach Victoria Coach Station und Liverpool Street, Fahrtdauer ca. 60 Min.), man sollte frühzeitig und online buchen, einfache Fahrt ab 2 £.
Taxi: in die Innenstadt mind. 80 £.

... mit Bahn oder Bus

Mit Bahn oder Bus geht es aus zahlreichen deutschen Städten zunächst nach Brüssel oder Paris. Dort gibt es Anschluss an den Eurostar, der in wenigen Stunden St Pancras International in London erreicht (von Paris 2 Std. 15 Min., von Brüssel 1 Std. 50 Min.), Eurostar: www.eurostar.co.uk.

Die **Eurolines-Busse** (www.eurolines.de), **Flixbus** (www.flixbus.de) und verschiedene andere Anbieter fahren tgl. oder mindestens 3- bis 4-mal pro Woche von zahlreichen Städten in Deutschland, Österreich und der Schweiz nach London. Sie kommen in der London Victoria Coach Station an.

... mit dem Auto

Für Autofahrer ist der Autoreisezug **Le Shuttle** interessant (www.eurotunnel.com, ab 30 £ pro Auto), der Autos, Busse und Motorräder samt Passagieren durch den Kanaltunnel zwischen Calais und Folkestone befördert (Fahrtdauer rund 40 Minuten). Die Züge fahren Tag und Nacht im Abstand von 15 Minuten. Von Folkestone geht es auf der Autobahn M 20 nach London.

Eine Alternative sind die Autofähren zwischen England und Frankreich (Calais–Dover oder Dunkerque–Dover) und den Niederlanden (Hoek van Holland–Harwich).

P & O Ferries: www.po-ferries-uk.co.uk
Stena Line: www.stenaline.co.uk
DFDS Seaways: www.dfdsseaways.com

Bewegen und Entschleunigen

Bötchen fahren

Eine Runde mit dem Tret- oder dem Ruderboot zu fahren macht immer Spaß und entspannt. Toll ist es z. B. auf der Serpentine im **Hyde Park,** im wunderschönen **Regent's Park,** im **Victoria Park,** im **Greenwich Park,** oder – etwas außerhalb – im **Crystal Palace Park** oder **Dulwich Park.** In der Regel April bis September, ab 4 £ für 30 Minuten (Crystal Palace günstiger).

Kajakfahren

Der Verleiher Moo Canoes (www.moocanoes.com) in Limehouse bietet Kajaktouren hinüber nach Greenwich. Dort gibt es Lunch, bevor die Tour bei der O2 Arena endet.

Schwimmen

Fast jeder Stadtteil hat ein Schwimmbad, oft sind die Swimming Pools aber recht klein und vom Standard her einfach. Für sonnige, heiße Tage gibt es einige schöne Freibäder. Spektakulär ist das **London Aquatics Centre** im Olympic Park (www.londonaquaticscentre.org, U: Stratford). Die Wassersportarena wurde von Stararchitektin Zaha Hadid für die Olympischen Spiele 2012 geschaffen. Hier schwimmt man gleich etwas schneller. Weitere Bäder: **Serpentine Lido** am Westufer des Sees Serpentine im Hyde Park (www.serpentinelido.com); **Parliament Hill Lido** an der Ostseite des Hampstead Heath (Bahn: Gospel Oak, www.cityoflondon.gov.uk).

STAND-UP-PADDLING

Ja, tatsächlich, Stand-up-Paddling ist durchaus ein Sport, den man in London ausüben kann. Der bekannteste Anbieter für SUP ist Active 360 (www.active360.co.uk, 1–3 stündige Kurse für Anfänger oder Fortgeschrittene an der Kew Bridge, in Putney oder auf dem Paddington Basin). Für jedes Alter geeignet. Es gibt sogar SUP-Yoga für den besonderen Chill.

Wellness

Es gibt exzellente Wellness- und Spa-Möglichkeiten, z. B. das Chuan Spa im Langham Hotel oder das Spa des Hotels Beaumont in Mayfair. Preiswerter sind das **K West Hotel Spa** (www.k-west.co.uk), die Spas des britischen Unternehmens **Cowshed** (www.cowshed.com/uk/spa) und das **Aveda Institute** in Covent Garden (www.avedainstitute.co.uk). Der Renner ist **Floatworks** (https://floatworks.com), wo man sich im Wasser schwebend in einer Kugel entspannt.

Einreisebestimmungen

Wegen der nicht abschließend geklärten Brexit-Situation war bei Redaktionsschluss unklar, wie sich die Einreisebestimmungen zukünftig entwickeln. Beachten Sie dazu zeitnah die Mitteilungen des Auswärtigen Amtes (www.auswaertiges-amt.de). Einen Reisepass oder Personalausweis braucht man auf jeden Fall wie bisher.

Feiertage

1. Januar: Neujahr
Karfreitag, Ostermontag
Erster Mo im Mai: May Bank Holiday
Letzter Mo im Mai: Spring Bank Holiday
Letzter Mo im August: Late Summer Bank Holiday
25. Dezember: Christmas Day (1. Weihnachtsfeiertag)
26. Dezember: Boxing Day (2. Weihnachtsfeiertag)
Bank Holidays (BH) sind offizielle Feiertage, an denen die Banken geschlossen, die meisten Geschäfte aber geöffnet sind.

Geld

Offizielle Währung ist das Pfund Sterling (*pound* = £). Ein Pfund hat 100 Pence oder Pennys (p). Banknoten gibt es zu 5, 10, 20, 50 £ und Münzen zu 1, 2, 5, 10, 20, 50 pence, 1 und 2 £.
Wechselkurs: 1 £ = 1,15 € = 1,30 CHF; 1 € = 0,87 £, 1 CHF = 0,77 £ (Stand: Frühjahr 2019)

Ausländische Währung kann in Banken oder Wechselstuben (Bureau de Change, höhere Gebühr, ungünstigerer Kurs), in größeren Kaufhäusern, Hotels und Postämtern getauscht werden. An den Geldautomaten (*cashpoints*) werden Bank- und gängige Kreditkarten akzeptiert.

Gesundheit

Für den Fall des Brexit ist nicht klar, ob Reisende aus der EU vom National Health Service (NHS) kostenlos behandelt werden, entweder im Rahmen der ambulanten Notfallversorgung bei niedergelassenen Ärzten oder in den Unfallstationen der Krankenhäuser. Machen Sie sich in jedem Fall auf lange Wartezeiten gefasst! Es empfiehlt sich der Abschluss einer Reisekrankenversicherung, da stationäre oder fachärztliche Behandlungen bar bezahlt werden müssen. Medikamente erhält man in Apotheken oder Drogerien. Nachtapotheken finden Sie im Internet oder im Fenster der Apotheken ausgehängt.

Informationsquellen

Fremdenverkehrsämter
Die British Tourist Authority (BTA) unterhält in Deutschland, Österreich und der Schweiz keine Büros mehr. Alle Informationen s. www.visitbritain.com.

Info-/Servicestellen in London
City of London Information Centre: St Paul's Churchyard, T 020 73 32 14 56, www.visitlondon.com, Mo–Sa 9.30–17.30, So 10–16 Uhr

Greenwich Tourist Information Centre: Pepys House, 2 Cutty Sark Gardens, T 087 06 08 20 00, www.visitgreenwich.org.uk, DLR: Cutty Sark, tgl. 10–17 Uhr

Travel Information Centre

Über die Stadt verteilt gibt es mehrere Travel Information Centres, in denen man Stadtpläne und Auskunft über öffentliche Verkehrsmittel erhalten kann. Wichtige Standorte sind in Heathrow Airport, Liverpool Street Station und Victoria Station.

Infos im Internet

www.visitbritain.com: Offizielle Seite der British Tourist Authority (BTA); deutschsprachige Version: www.visitbritain.de. Hier finden Sie alles Wissenswerte über das Reisen in Großbritannien, u. a. Angaben zu Reiseveranstaltern, die auf Großbritannien spezialisiert sind, sowie Tourenvorschläge und Onlinebuchungen von Hotels bzw. B & B. Im Onlineshop bekommt man ›Fast Track‹-Eintrittskarten für die beliebtesten Sehenswürdigkeiten (z. B. Madame Tussauds), Musical-Tickets sowie Oyster Cards.

www.visitlondon.com: Die offizielle Londoner Website ist sehr übersichtlich gestaltet. Sie bietet nicht nur Veranstaltungstipps, Übernachtungsangebote, Restaurantrezensionen und Hinweise für das Reisen mit Kindern, sondern auch die Möglichkeit, Tickets für Shows oder Sehenswürdigkeiten zu erwerben. Außerdem Wettervorhersage und Verkehrshinweise.

www.londontown.com: Die Internetseite eines privaten Unternehmens, das auf die Vermarktung von touristischen Angeboten in London spezialisiert ist, bietet alles, was ein Ortsfremder braucht. Sehr gute Angaben zu Hotels (Onlinebuchung mit Rabatt möglich), Theater- und Veranstaltungstickets sowie ein detaillierter Jahreskalender mit Veranstaltungen aller Art.

www.standard.co.uk: Die Website des »Evening Standard« enthält Tagesnachrich-

Auch eine Möglichkeit, sich über London zu informieren: eine Fahrt mit dem London Eye.

ten sowie detaillierte Veranstaltungshinweise, Restaurantkritiken und Besprechungen der neuesten Filme, Theaterstücke, Konzerte, Ausstellungen usw.

Apps

Visit London App: Sehenswürdigkeiten, Events, Restaurants, A–Z

Tube Live App: Good service on all lines?

Santander Bikes App: Wo gibt es freie Räder?

Citymapper App: Wie kommt man von A nach B?

Timeout London: Was gibt's Neues, wo ist was los?

Hidden London App: Unbekannte und Insider-Tipps.

Great Little Place: Zeigt versteckte Schätze.

British St. Food App: Für Street Foodies.

Met Office Weather App: Das Wetter im Stundentakt.

Stagedoor: Theater ›off the beaten track‹.

Voice Map London: Verschiedene Audio-City-Guides.

The Pub Finder: Falls Sie wirklich keinen Pub finden sollten.

UK Bus Checker: Wann kommt der Bus?

Natural History Museum: Die super App führt durchs Museum.

Internetzugang

Viele Hotels bieten kostenlosen WLAN-Zugang für ihre Gäste. Aber auch in der Stadt finden sich überall Hotspots. O2 hat einen kostenlosen WLAN-Service z. B. bei McDonald's, Debenhams oder Costa Coffee. Die O2-WiFi-App zeigt den nächsten Hotspot an. Es gibt auch freie Cloud-WiFi-Hotspots, z. B. bei Pizza Express, Pret A Manger. Starbucks bietet zwei Stunden kostenloses WLAN. Virgin Media bietet für 5 £/Woche einen WiFi-Pass, der auch in der U-Bahn funktioniert. Man muss kein Kunde von Virgin Media sein. Die Szene ändert sich ständig; am besten googeln Sie nach der Ankunft »free Wifi Spots in London« und dann sollte es problemlos klappen.

Der kleine Junge ist ja mutig. Ob er dem Zauberkünstler in Covent Garden auf die Schliche kommt?

Kinder

Die meisten Kinder lieben die Dinosaurierausstellung im **Natural History Museum** und im **Science Museum** die ›Hands-on‹-Abteilung mit vielen Geräten zum Ausprobieren. Diese Museen sind aber besonders in den Ferien und am Wochenende voll. Vielleicht verzichten Sie zu diesen Ansturmzeiten lieber auf einen Museumsbesuch. Ein Ausflug in den Süden Londons führt zu dem tollen **Horniman Museum,** wo es z. B. ein kleines Aquarium gibt. Die **Wachablösung** der Gardeoffiziere mit ihren Bärenfellmützen am Buckingham Palace finden die Kleinen gut, ebenso eine Fahrt mit dem größten Riesenrad der Welt, dem **London Eye.** Für kleine Gäste sind auch der **Battersea Park Children's Zoo,** das **London Aquarium** und das **Bethnal Green Museum of Childhood** mit vielen Spielflächen und Spielzeug geeignet, und eine Bootsfahrt auf der Themse macht allen Spaß. Ein Besuch im **Harry Potter 9 3/4 Shop** in Kings Cross steht ebenfalls bei vielen Kindern auf dem Programm. **Hamley's** ist der größte und älteste Spielzeugladen der Welt, 1760 gegründet und seit 1881 in der Regent Street.

Viele Teenager finden das Gruselkabinett London Dungeon, Madame Tussauds Wachsfigurenkabinett und den Tower of London toll. Highlights für viele Jugendliche sind der Flohmarkt in Camden sowie Covent Garden mit seinen zahlreichen Straßenkünstlern.

Time Out. London for Children bietet Anregungen für Unternehmungen mit Kindern und Tipps für kinderfreundliche Restaurants. Siehe www.timeout.com/london/kids.

Klima und Reisezeit

In den letzten Jahren ist das Wetter völlig unvorhersehbar geworden. Auch kann

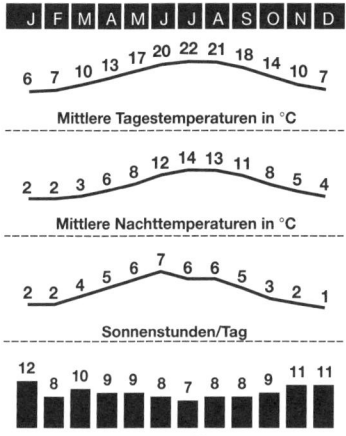

So ist das Wetter in London.

es sich innerhalb von Tagen ändern. Vom schönsten Sonnentag bis Dauerregen ist alles drin. Beachten Sie vor Ihrer London Reise auf jeden Fall die Wettervorhersage.

Im **Frühling** ist es mit 8–10 °C noch recht kalt. Doch es gibt auch Tage, die so mild sind, dass man bereits ohne Jacke draußen sitzen kann. Viele Engländer holen sich dann ihren ersten Sonnenbrand. Im Sommer ist es laut Statistik um 21 Grad, doch gab es den letzten Jahren auch Tage, wo das Thermometer locker auf über 30 Grad kletterte. In der U-Bahn können Sie dann noch einmal 10 Grad hinzufügen. Im **Herbst** kann London wunderschön sein. Die Bäume leuchten in bunten Farben, und im Oktober ist es oft noch richtig warm. Mit dem ›Zwiebel-Look‹ fährt man kleidungstechnisch am besten.

Die **Winter** sind in der Regel relativ mild und feucht, Schnee fällt eher selten. Falls dies doch einmal vorkommt, bricht das Verkehrswesen zusammen, Büros und Schulen werden geschlossen, das Leben kommt zum Stillstand. Zeitungen berichten von einer neuen Eiszeit. Und bei Temperaturen leicht unter dem Gefrierpunkt naht der Weltuntergang.

Lesetipps

London – Die Biographie, Peter Ackroyd: Dieses Werk ist eine Liebeserklärung an die englische Metropole und das London-Buch schlechthin. Der Autor Peter Ackroyd stellt seine Stadt als lebendigen Organismus dar und zieht immer wieder Vergleiche zwischen Vergangenheit und Gegenwart.

Brick Lane, Monica Ali: Ali beschreibt das Leben bengalischer Frauen im East End der 1980er-Jahre.

Der Geheimagent, Joseph Conrad: Der Klassiker, Conrads einziger Kriminalroman (1907), zeigt die Abgründe menschlichen Verhaltens und spielt u. a. in Soho.

Oliver Twist und **Little Dorrit,** Charles Dickens: Die Romane geben ein realistisches Bild von den Zuständen zu Zeiten des viktorianischen London.

Englische Fragmente, Heinrich Heine: Entstanden zwischen 1826 und 1831, zeigen die ›Reisebilder‹ Heines zweischneidige Einstellung zu London.

Secret London. An Unusual Guide, Rachel Howard und Bill Nash: Ob Hundefriedhof im Hyde Park oder Großbritanniens kleinste Polizeistation – der unterhaltsame Stadtführer verrät viele Geheimnisse.

This is London. Life and Death in the World City, Ben Judah: Migranten aus aller Welt kämpfen ums Überleben: Araber, Afghanen, Rumänen, Polen, Afrikaner – zerstörte Hoffnungen zwischen Nachtbus und Hauseingang.

33 Walks durch London die man erlebt haben muss, Nicola Perry. Unterhaltsam und informativ zugleich, plaudert die Autorin über ihre Heimatstadt, die sie auf endlosen Spaziergängen neu entdeckt hat. Man bekommt sofort Lust, es ihr nachzutun.

Zum Lachen auf die Insel. Als deutscher Komiker in England, Christian Schulte-Loh: Schon der Titel lässt Hei-

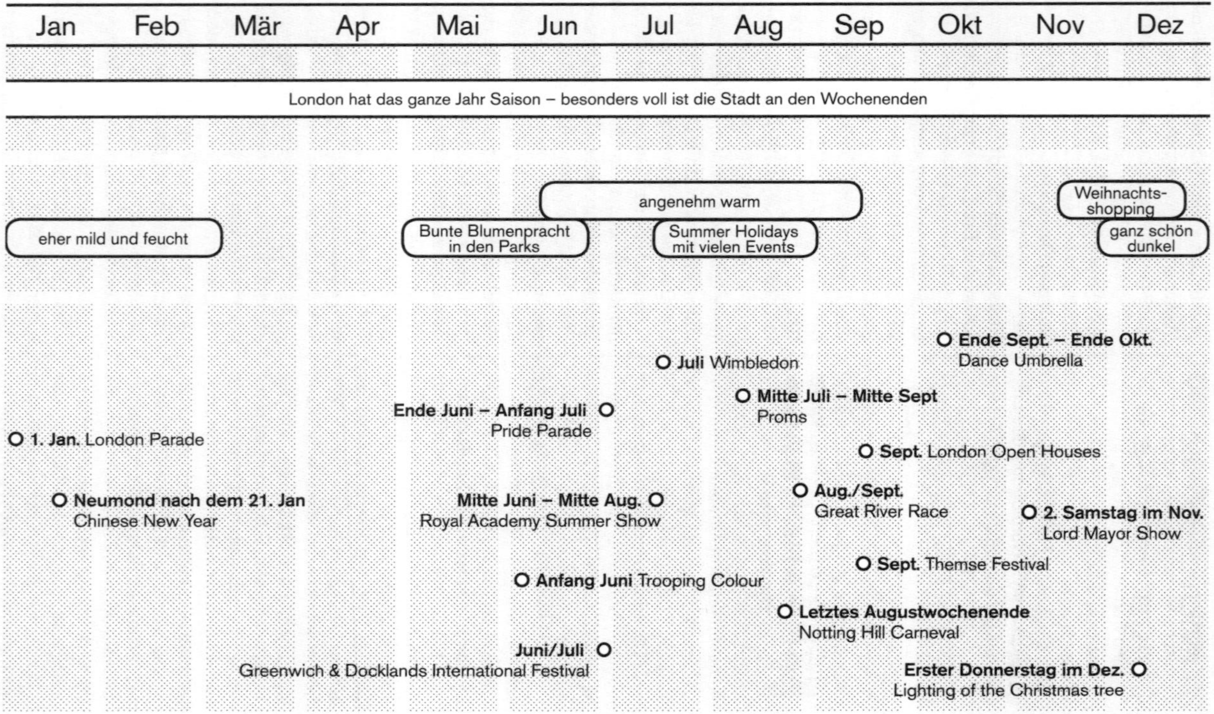

Jan   Feb   Mär   Apr   Mai   Jun   Jul   Aug   Sep   Okt   Nov   Dez

London hat das ganze Jahr Saison – besonders voll ist die Stadt an den Wochenenden

eher mild und feucht

angenehm warm

Summer Holidays mit vielen Events

Bunte Blumenpracht in den Parks

Weihnachts-shopping

ganz schön dunkel

O **1. Jan.** London Parade

O **Neumond nach dem 21. Jan.** Chinese New Year

Ende Juni – Anfang Juli Pride Parade O

Mitte Juni – Mitte Aug. Royal Academy Summer Show O

O **Anfang Juni** Trooping Colour

Juni/Juli O Greenwich & Docklands International Festival

O **Juli** Wimbledon

O **Mitte Juli – Mitte Sept** Proms

Aug./Sept. O Great River Race

O **Sept.** London Open Houses

O **Sept.** Themse Festival

O **Letztes Augustwochenende** Notting Hill Carneval

O **Ende Sept. – Ende Okt.** Dance Umbrella

O **2. Samstag im Nov.** Lord Mayor Show

Erster Donnerstag im Dez. O Lighting of the Christmas tree

teres vermuten, wird den Deutschen doch chronische Humorlosigkeit vorgeworfen. Was also treibt einen Deutschen auf die Insel und wer will in Zeiten des Brexit noch deutschen Humor?

Zähne zeigen, Zadie Smith: Die umfangreiche, detailreiche Familiensaga spielt mit viel Lokalkolorit in Nordlondon, das Erstlingswerk der damals 24-jährigen Autorin.

Reisen mit Handicap

Obwohl viele Sehenswürdigkeiten behindertengerecht ausgestattet sind, ist der Zugang oft beschwerlich. »Transport for London« weist auf seiner Website www.tfl.gov.uk alle barrierefreien Bahnhöfe und U-Bahnhöfe aus. Infos zu behindertengerechten Einrichtungen: www.visitlondon.com, Stichwort ›accessibility‹, und Tourism for All UK, T 08451 249 971, 0044 1539 726 111, www.tourismforall.org.uk.

Reiseplanung

Stippvisite

Wer zum ersten Mal in London ist und nur zwei Tage Zeit hat, möchte bestimmt nicht auf das Postkarten-London verzichten: Buckingham Palace, Westminster Abbey, Big Ben und Houses of Parliament sowie Trafalgar Square und Covent Garden (alle in Westminster und im West End). Zur ›Erholung‹ geht's ans Südufer der Themse. Genießen Sie einen Spaziergang mit Blick auf die Stadt: Entlang der Strecke liegen zahlreiche Sehenswürdigkeiten, wie das London Eye, die Tate Modern, das Globe Theatre und der 309-m-Bau The Shard. Hier ist immer etwas los, insbesondere rund um das Southbank Centre.

Abseits der Touristenströme

Sie könnten meinem Tourenvorschlag (s. S. 200) folgen und mit Bus 149 von London Bridge in den Norden fahren – die Vielfalt an Eindrücken ist grandios: vom gläsernen Büroturm bis zum bunt angestrichenen Künstlercafé. Ganz andere Impressionen bietet ein Ausflug ins noble Chelsea oder ins dörfliche Hampstead mit wunderschönen Villen.

Raus aus der Stadt

Toll ist eine Fahrt mit einem Pendlerboot auf der Themse, z. B. nach Canary Wharf, wo es ultramoderne Architektur und ein ausgezeichnetes Museum zur Geschichte der Docklands gibt. Oder fahren Sie nach Greenwich.

Sicherheit und Notfälle

Taschendiebe operieren vor allem auf vollen Plätzen, Märkten, rund um die Hauptsehenswürdigkeiten sowie in den U-Bahnen. Verstecken Sie Ihr Geld gut am Körper und lassen Sie Taschen nie unbeaufsichtigt stehen. Nehmen Sie vor allem nicht mehr Geld mit, als Sie brauchen.

In der Dunkelheit sollte man, insbesondere in den Vororten, nicht allein durch Parks oder dunkle Gassen gehen. Seit den europaweiten Terroranschlägen in

NOTRUFNUMMERN

Notruf: T 999 (gebührenfrei), Polizei, Feuerwehr, Notarzt, Krankenwagen und Wasserschutzpolizei. **Sperrung von Handys, Bank- und Kreditkarten:** T +49 116 116 (24 Std.), aus dem Ausland gebührenpflichtig, www.sperr-notruf.de. **Diplomatische Vertretungen:** D: T 020 78 24 13 00, www.uk.diplo.de; A: T 020 73 44 32 50, www.bmeia.gv.at; CH: T 020 76 16 60 00, www.eda.admin.ch/london

den letzten Jahren wurden das Polizeiaufgebot und die Sicherheitsvorkehrungen in London immens verstärkt.

Verkehrsmittel

London Underground (Tube)

Die Linien der Londoner *tube* sind auf den Plänen durch eigene Farben gekennzeichnet. Es gibt über 270 Stationen. Die Züge sind besonders morgens und zur Feierabendzeit sehr voll. Nicht selten bleiben die Züge für einige Minuten im Tunnel stecken. Dennoch ist die U-Bahn für längere Fahrten die beste Alternative.

Orientierung: Die Orientierung folgt den Himmelsrichtungen. ›Northbound‹ bedeutet Richtung Norden, ›Southbound‹ Richtung Süden usw.

Zeiten: Mo–Sa ab ca. 6, So ab ca. 7.30 Uhr, letzter Zug zwischen 23.30 und 0.30 Uhr je nach Linie/Station. Auf fünf Linien fährt die U-Bahn (Victoria, Central, Piccadilly, Northern und Jubilee) Fr und Sa die ganze Nacht durch (www.tfl.gov.uk).

Kosten: Im Vergleich zu anderen Weltstädten ist die Londoner U-Bahn recht teuer. Einfache Fahrt im Stadtgebiet: 4,90 £. Am besten besorgen Sie sich eine **Oyster Card** (sie lässt sich schon von zu Hause aus online kaufen) oder eine **Daily Travel Card** (Tageskarte, nur vor Ort erhältlich). Haben Sie diese immer griffbereit, damit Sie beim Betreten und Verlassen des U-Bahnhofs die Ticketschranke passieren können. Oyster-Card-Besitzer können per Gratis-App jederzeit ihre Oyster Balance prüfen oder die Karte aufladen (www.tfl.gov.uk/oyster).

Verhalten: Eine für London typische Regelung für das Benutzen der Rolltreppen ist: ›Stand right, walk left‹ (rechts stehen, links gehen). Ein weiteres ungeschriebenes Gesetz ist, dass man sich in der U-Bahn anschweigt – nur Touristen reden.

DER UMWELT ZULIEBE NACHHALTIG REISEN

Wenn die meisten Londoner auch weder von Mülltrennung, Pfandsystemen oder Vermeidung von Verpackungsmüll gehört haben, gibt es doch einige lobenswerte Initiativen und Bemühungen in Sachen Umweltschutz. So haben viele Take Aways inzwischen Plastikstrohhalme verbannt. GoodGym (www.goodgym.org) und Permablitz (www.permablitzlondon.org) sind zwei von zahlreichen Organisationen, die sich für den Umweltschutz, ein besseres (Zusammen-)Leben einsetzen.

Green Guide for London: Fast 800-seitiges Kompendium mit Tausenden von Adressen und Tipps zu nachhaltigem Leben in London.

Time Out A–Z of Green Living in London: Listet ebenfalls zahlreiche Adressen von Umweltinitiativen.

Qbic Hotel: https://qbichotels.com; das Hotel in Whitechapel setzt ganz auf Nachhaltigkeit, s. S. 29.

Terra Hale: umweltfreundliches Gym in Shepherds Bush.

Riverford at The Duke of Cambridge in Islington: Zertifizierter Öko-Pub, s. S. 179.

Overground und Crossrail

Die zu **London Overground** (OVG; www.tfl. gov.uk) gehörende Strecke zwischen West Croydon und Dalston bietet eine nützliche Nord-Süd-Verbindung.

Ende 2019 wird als Teil des **Crossrail-Projektes** die neue Elizabeth Line zum Einsatz kommen, eine großartige Ost-West-Strecke, die Heathrow Airport mit Canary Wharf verbinden wird.

Bus

Das Bussystem ist vielfältig und funktioniert erstaunlich gut. Es gibt 5500 Busse

Mit einer Reihe von Bussen lassen sich gute Sightseeing-Touren unternehmen.

in London, die von rund 3,5 Mio. Menschen täglich benutzt werden. An weniger belebten Haltestellen muss man den Arm ausstrecken, um dem Fahrer zu signalisieren, dass man einsteigen möchte. Für kürzere Fahrten sind Busse angenehmer als U-Bahnen, weil man gleichzeitig Sightseeing machen kann; auf längeren Strecken sind sie durch das hohe Verkehrsaufkommen in London nicht unbedingt empfehlenswert. Und: Abgesehen vom Innenstadtverkehr sind Busse meist verspätet, insbesondere Nachtbusse. Die mit einem ›N‹ gekennzeichneten Busse fahren von 24 bis ca. 7 Uhr. Die beste Chance, einen Nachtbus zu erwischen, hat man am Trafalgar Square. Fahrkarten für den Bus gibt es nur noch bargeldlos, entweder mit Kreditkarte oder Oyster- oder Travelcard. Kinder unter zehn Jahren fahren frei, 11–15-Jährige mit Young Visitor Discount ermäßigt.

Docklands Light Railway (DLR)

Die Docklands Light Railway (DLR) ist eine oberirdisch angelegte, fahrerlose Bahn, die von Tower Gateway und von Bank nach Lewisham oder nach Stratford fährt. Viele Urlauber fahren mit der DLR nach Canary Wharf oder nach Greenwich.

Wasserbus

Wasserbusse sind mehr Pendler- als Ausflugsboot, billig und schnell. Regelmäßige Abfahrten vom Savoy Pier (Embankment) nach Masthouse Terrace (Isle of Dogs) via Canary Wharf (www.thamesclippers.com).

Taxi

Die Black Cabs gehören zu London wie der Tower. Die Wagen – es gibt sie inzwischen übrigens in jeder Farbe – stehen an Taxiständen, können aber auch auf der Straße angehalten werden. Gelbes Licht bedeutet, dass das Taxi frei ist. Alle Taxis sind mit einem Taxameter ausgestattet. Der Fahrpreis richtet sich nach der Fahrtzeit: Tarif 1 für 6–13 Min. innerhalb 1 Meile 6–9,40 £, abends und am Wochenende teurer (www.tfl.gov.uk/taxifares). Black Cabs sind so geräumig, dass man sogar einen Kinderwagen hineinstellen kann.

Minicab

Minicabs sind günstiger als Taxis. Man bestellt sie persönlich oder telefonisch in einer Zentrale. Keinesfalls in unlizenzierte Minicabs einsteigen, die vor allem nachts unterwegs sind oder vor den Clubs stehen.

Fahrrad

In der Innenstadt wurde auf Initiative von Bürgermeister Boris Johnson ein Fahrrad-Leihsystem (heute Santander Bikes genannt) mit über 750 Stationen eingerichtet (ab 14 J. Grundgebühr 2 £/Tag (jedoch erst ab 18 J. zu mieten.), bis 30 Min. frei, dann für jede weitere 30 Min. jeweils weitere 2 £). Keine Buchung oder Mitgliedschaft erforderlich, wohl aber eine Kreditkarte (www.tfl.gov.uk).

Sprachführer Englisch

Allgemeines

Guten Morgen	good morning
Guten Tag	good afternoon
Guten Abend	good evening
Auf Wiedersehen	good bye
Entschuldigung	excuse me/sorry
Hallo/Grüß dich	hello
bitte	please
gern geschehen	you're welcome
danke	thank you
ja/nein	yes/no
Wie bitte?	Pardon?
Wann?	When?

Unterwegs

Haltestelle	stop
Bus/Überlandbus	bus/coach
Auto	car
Ausfahrt/-gang	exit
Tankstelle	petrol station
Benzin	petrol
rechts	right
links	left
geradeaus	straight ahead/straight on
Auskunft	information
Telefon	telephone
Handy	mobile
Postamt	post office
Bahnhof	railway station
Flughafen	airport
Stadtplan	city map
alle Richtungen	all directions
Einbahnstraße	one-way street
Eingang	entrance
geöffnet	open
geschlossen	closed
Kirche	church
Strand	beach
Brücke	bridge
Platz	place/square
Schnellstraße	dual carriageway
Autobahn	motorway
einspurige Straße	single track road

Zeit

3 Uhr (morgens)	3 a. m.
15 Uhr (nachmittags)	3 p. m.
Stunde	hour
Tag/Woche	day/week
Monat	month
Jahr	year
heute	today
gestern	yesterday
morgen	tomorrow
früh	early
spät	late
Montag	Monday
Dienstag	Tuesday
Mittwoch	Wednesday
Donnerstag	Thursday
Freitag	Friday
Samstag	Saturday
Sonntag	Sunday
Feiertag	public holiday

Notfall

Hilfe!	Help!
Polizei	police
Arzt	doctor
Zahnarzt	dentist
Apotheke	pharmacy
Krankenhaus	hospital
Unfall	accident
Schmerzen	pain
Panne	breakdown
Rettungswagen	ambulance
Notfall	emergency

Übernachten

Hotel	hotel
Pension	guesthouse
Einzelzimmer	single room
Doppelzimmer	double room
mit zwei Betten	with twin beds
mit/ohne Bad	with/without bathroom

mit WC	ensuite
Toilette	toilet
Dusche	shower
mit Frühstück	with breakfast
Halbpension	half board
Gepäck	luggage
Rechnung	bill

Einkaufen

Geschäft	shop
Markt	market
Kreditkarte	credit card
Geld	money
Geldautomat	cash machine
Bäckerei	bakery
Metzgerei	butchery
Lebensmittel	food
Drogerie	chemist's
teuer	expensive
billig	cheap

Größe	size
bezahlen	to pay

Zahlen

1	one	17	seventeen
2	two	18	eighteen
3	three	19	nineteen
4	four	20	twenty
5	five	21	twenty-one
6	six	30	thirty
7	seven	40	fourty
8	eight	50	fifty
9	nine	60	sixty
10	ten	70	seventy
11	eleven	80	eighty
12	twelve	90	ninety
13	thirteen	100	one hundred
14	fourteen	150	one hundred
15	fifteen		and fifty
16	sixteen	1000	a thousand

WICHTIGE SÄTZE

Allgemeines

Sprechen Sie Deutsch?	Do you speak German?
Ich verstehe nicht.	I do not understand.
Ich spreche kein Englisch.	I do not speak English.
Ich heiße …	My name is …
Wie heißt du/heißen Sie?	What's your name?
Wie geht's?	How are you?
Danke, gut.	Thanks, fine.
Bis bald (später).	See you soon (later).

Unterwegs

Wie komme ich zu/nach …?	How do I get to …?
Wo ist bitte …	Sorry, where is …?
Könnten Sie mir bitte … zeigen?	Could you please show me …?

Notfall

Können Sie mir bitte helfen?	Could you please help me?
Ich brauche einen Arzt.	I need a doctor.
Hier tut es weh.	It hurts here.

Übernachten

Haben Sie ein freies Zimmer?	Do you have any vacancies?
Wie viel kostet das Zimmer pro Nacht?	How much is the room per night?
Ich habe ein Zimmer bestellt.	I have booked a room.

Einkaufen

Wie viel kostet …?	How much is …?
Ich brauche …	I need …
Wann öffnet/schließt …?	When does … open/close …?

Im Restaurant

Ich möchte einen Tisch reservieren.	I would like to book a table.
Bitte warten Sie, bis Ihnen ein Tisch zugewiesen wird.	Please wait to be seated.
Die Speisekarte, bitte.	The menu, please.
Die Rechnung, bitte.	The bill, please.

Kulinarisches Lexikon

Allgemeines

breakfast	Frühstück
dessert	Nachspeise
dinner	Abendessen
lunch	Mittagessen
main course	Hauptgericht
meal of the day	Tagesgericht
pepper	Pfeffer
salt	Salz
soup	Suppe
starter	Vorspeise
sugar	Zucker
sweetener	Süßstoff
trimmings/	Beilagen
side dishes	
wine list	Weinkarte

Zubereitung

boiled	gekocht
deep fried	frittiert
fried	in Fett gebacken, oft paniert
garnished	garniert
grilled	gegrillt
hot	heiß; oder: scharf
pickled	sauer eingelegt
rare/medium rare	blutig/rosa
roasted	im Ofen gebraten
smoked	geräuchert
stuffed	gefüllt
well done	gut durchgebraten

Frühstück

bacon and eggs	Eier mit Speck
baked beans	weiße Bohnen in Tomatensauce
boiled egg	hart gekochtes Ei
cereals	Cornflakes u. Ä.
fried eggs	Spiegeleier
jam	Marmelade
marmalade	Orangenmarmelade
poached eggs	pochierte Eier
porridge	warmer Haferbrei
rolls	Brötchen
sausage	Würstchen
scrambled eggs	Rühreier

Fisch und Meeresfrüchte

bass	Barsch
cod	Kabeljau
crab	Krebs
eel	Aal
flounder	Flunder
haddock	Schellfisch
halibut	Heilbutt
herring	Hering
lobster	Hummer
mussels	Miesmuscheln
oyster	Auster
plaice	Scholle
prawn	Riesengarnele
salmon	Lachs
scallops	Jakobsmuscheln
shellfish	Schalentiere
shrimp	Krabbe
sole	Seezunge
squid	Tintenfisch
swordfish	Schwertfisch
trout	Forelle
tuna	Thunfisch

Fleisch und Geflügel

bacon	Frühstücksspeck
beef	Rindfleisch
beef minced meat	Hackfleisch vom Rind
carvery	Bratenaufschnitt
chicken	Hähnchen
drumstick	Hähnchenkeule
duck	Ente
ham	Schinken
lamb	Lammfleisch
pie	Teigtasche, Pastete, gefüllt mit Fleisch und/oder Gemüse

pork chop	Schweinekotelett
prime cut	saftige Rinder-bratenscheibe
rib eye steak	Hochrippensteak (Rind)
roast goose	Gänsebraten
sausage	Würstchen
spare ribs	Rippchen
turkey	Truthahn
veal	Kalbfleisch
venison	Reh/Hirsch
wild boar	Wildschwein

Gemüse und Beilagen

aubergine	Aubergine
bean	Bohne
cabbage	Kohl
carrot	Karotte
cauliflower	Blumenkohl
chips	Pommes frites
courgette	Zucchini
cucumber	Gurke
fried potatoes	Bratkartoffeln
garlic	Knoblauch
lentil	Linse
lettuce	Kopfsalat
mash	Kartoffelbrei
mushroom	Pilz
onion	Zwiebel
parsnip	Pastinake
peas	Erbsen
pepper	Paprikaschote
pickle	Essiggemüse
potato	Kartoffel
rice	Reis
squash/pumpkin	Kürbis
swede	Steckrübe
sweet corn	Mais

Obst

apple	Apfel
apricot	Aprikose
blackberry	Brombeere
cantaloup	Zuckermelone
cherry	Kirsche
fig	Feige
grape	Weintraube
lemon	Zitrone
melon	Honigmelone
orange	Orange
peach	Pfirsich
pear	Birne
pineapple	Ananas
plum	Pflaume
raspberry	Himbeere
rhubarb	Rhabarber
strawberry	Erdbeere

Käse

cheddar	kräftiger Käse
cottage cheese	Hüttenkäse
cream cheese	Frischkäse
curd	Quark
goat's cheese	Ziegenkäse

Nachspeisen und Gebäck

apple pie	gedeckter Apfelkuchen
biscuits	Kekse
brownie	Schokoplätzchen
bun	süßes Brötchen
cream	Sahne
muffin	Rührteiggebäck
pancake	Pfannkuchen
pastries	Gebäck
scone	eine Art süßes Brötchen zum Tee
waffle	Waffel

Getränke

ale	Bier
cider	Apfelwein
coffee (decaffeinated)	Kaffee (entkoffeiniert)
ice cube	Eiswürfel
iced tea	gekühlter Tee
juice	Saft
lager	Pils
lemonade	Limonade
light beer	alkoholarmes Bier
liquor/spirits	Spirituosen
mineral water	Mineralwasser
red/white wine	Rot-/Weißwein
sparkling wine	Sekt
stout	dunkles Bier
tea	Tee

Das

Magazin

›Tube‹ nennen die Londoner ihre U-Bahn wegen deren röhrenartiger Tunnel und Waggons. Mit ihr kommt man in der Innenstadt am schnellsten voran.

Von Beginn an kosmopolitisch

London ist die Welt im Wassertropfen — eine der kosmopolitischsten Weltmetropolen, und zwar schon seit römischen Zeiten. Das heißt aber nicht, dass alle Ausländer und Migranten immer besonders willkommen waren und sind.

59,9 Prozent, so hoch war der Anteil der wahlberechtigten Londoner, die im Juni 2016 für den Verbleib Großbritanniens in der Europäischen Union votierten. Landesweit sprachen sich die Briten dagegen mit sehr knapper Mehrheit für den Brexit aus. Vorherrschendes Thema bei der Abstimmung war die Migration, und zwar vor allem aus jenen osteuropäischen Ländern, die der EU kurz nach der Jahrtausendwende beigetreten waren, insbesondere aus Polen. Die Migran-

ten aus diesen Ländern mussten als Sündenbock für Probleme herhalten, die hausgemacht waren. Denn es war die britische Regierung gewesen, die diesen Ländern – anders als die übrigen EU-Staaten – in wirtschaftsliberalem Sinne sofort Arbeitnehmerfreizügigkeit gewährt hatte.

Wirklich weltoffen?

Auf den ersten Blick unterstreicht das Londoner Ergebnis den kosmopolitischen Charakter der Stadt. Auf den zweiten fällt es für eine traditionell sehr internationale Weltmetropole verhältnismäßig gering aus. Tatsächlich beklagen sich auch Londoner Migranten aus Osteuropa inzwischen in den Medien häufiger über Fremdenfeindlichkeit: »Es wird einem das Gefühl vermittelt, ein ungebetener Gast zu sein«, sagte etwa ein Pole zur BBC.

Xenophobie hat es in London wie wohl fast überall auf der Welt auch schon zu anderen Zeiten gegeben. Im Hochmittelalter haben sie beispielsweise Flamen, Holländer, Italiener und Franzosen zu spüren bekommen. Und vor allem Juden. 1290 wurden die meisten von ihnen vertrieben und die übrigen ermordet. Erst rund 350 Jahre später erlaubte Oliver Cromwell während des

KURZ UND KNAPP **K**

38 % der Londoner, gut 3,35 Mio. Einwohner, wurden außerhalb des Vereinigten Königreichs geboren (Stand 2017, Quelle: Migration Observatory at the University of Oxford). Inder bilden mit einem Anteil von 9 % die größte Migrantengruppe, gefolgt von Polen, Bangladeschern und Rumänen mit jeweils 5 %. Gemäß Zahlen der Wohltätigkeitsorganisation Trust for London lebten 2016 rund 55 000 Deutsche in London. Das entspricht einem Anteil unter den Migranten von rund 1,6 %.

Auch das Straßenbild, wie hier in Brixton, macht die ethnische Vielfältigkeit der Weltmetropole deutlich.

republikanischen Interregnums wieder jüdisches Leben in England. Im 19. Jh. waren Deutsche, von denen damals viele im East End lebten, Zielscheibe absurder Anfeindungen. Beispielsweise wurde die Heftigkeit eines Choleraausbruchs auf ihren Sauerkrautkonsum zurückgeführt.

»Markt für viele Völker«

»Immigration bringt neue Fertigkeiten und Innovationen in unsere Stadt. Sie schafft Jobs und bereichert unsere Kommunen.« Mit solchen Worten wirkt Londons sunnitischer Bürgermeister Sadiq Khan von der Labour Party aktueller Fremdenfeindlichkeit entgegen. Ihm geht es um den »Zugang zu globalen Talenten«, wie er in einem Zeitungsartikel schrieb. In der Tat ist die ungeheure Internationalität von Anfang an ein bedeutender Teil der DNA Londons gewesen. Auch dank oft hochqualifizierter Einwanderer nimmt London seit Jahrhunderten in Wirtschaft, Wissenschaft und Kultur eine Spitzenstellung unter den Weltmetropolen ein. Schon im römischen Londinium machten Menschen aus ganz Europa Geschäfte. So auch im angelsächsischen Lundenwic, das als Handelsplatz am heutigen Covent Garden angelegt worden war. Der Historiker Bede beschrieb den Ort um 730 herum als »einen Markt für viele Völker, die über das Land und über das Meer kommen«. Im Hochmittelalter hatten deutsche Kaufleute der Hanse, etwa aus Köln und Lübeck, ein eigenes Viertel in London.

Besonders große Einwanderungswellen setzten nach dem Zweiten Weltkrieg ein, vor allem infolge des 1948 beschlossenen, später sukzessive immer weiter eingeschränkten »British Nationality Act«. Danach hatten die Einwohner der ehemaligen britischen Kolonien praktisch auch die britische Staatsbürgerschaft. So sollten Arbeitskräfte rekrutiert werden, die man zum

Vor der Jamme Masjid, der ›Freitagsmoschee‹ an der Brick Lane: Das Gotteshaus steht auch für den Wandel und die Vielfalt Londons, die Einwanderer mit sich brachten.

Wiederaufbau des Landes benötigte. Viele Bangladescher zogen damals ins East End an die Brick Lane und in deren Umgebung. Neben Curry-Buden und Textilgeschäften richteten sie auch die sunnitische Moschee Jamme Masjid ein.

Das East End als Symbol der Vielfalt

Ursprünglich war der Bau das Gotteshaus von Hugenotten gewesen, die im 17. Jh. aus Frankreich geflohen waren. Im 19. Jh. verwandelten es zugewanderte osteuropäische Juden in eine Synagoge. Zeitgleich immigrierten viele Iren aufgrund von Hungersnöten in den Stadtteil. Angesichts dieser Geschichte stießen 2010 Pläne des zuständigen Stadtbezirks Tower Hamlets, dort große Bögen in Form von Hijabs, den Kopftüchern muslimischer Frauen, zu errichten, auf den erfolgreichen Widerstand vieler Einwohner. Die Gegner betrachteten die geplanten Bauwerke als Zeichen der Abgrenzung und der Ausgrenzung anderer und den Stadtteil eher als Symbol der Vielfalt durch Zuwanderung.

Die Geschichte des Viertels verdeutlicht aber auch: Unter den rund 300 Ethnien in London tendieren insbesondere die größeren dazu, sich schwerpunktmäßig in bestimmten Stadtteilen anzusiedeln. Sie bilden eigene Gemeinschaften, in denen Neuankömmlinge relativ schnell Kontakt und Hilfe finden und ihre eigenen Gebräuche und Sitten besser pflegen können. So leben Inder bevorzugt in Southall, Tooting und Wembley, Jamaikaner in Brixton, Südafrikaner, Australier und Neuseeländer in Putney und Barnes, Koreaner in New Malden und Deutsche in Richmond, wo auch die Deutsche Schule ist. Das macht London für viele Zuwanderer attraktiv. ■

Als Deutscher in London

Gibt es eine Londoner Identität? — Was zeichnet das multikulturelle Miteinander in der britischen Hauptstadt aus? Wie blickt man aus ihr auf Deutschland? Ein Interview mit dem Historiker Tobias Becker.

Tobias Becker, 38, ist Research Fellow am Deutschen Historischen Institut in London und lehrt deutsche Geschichte am University College London. Im Fokus seiner Arbeit stehen die britisch-deutschen Beziehungen vom 19. Jh. bis zur Gegenwart, deren Kulturgeschichte sowie Stadtgeschichte. Er promovierte über die Populärkultur in London und Berlin zwischen 1880 und 1930. Derzeit arbeitet er an einer Kulturgeschichte der Nostalgie seit den 1960er-Jahren. Bevor er nach London wechselte, lehrte er an den historischen Fakultäten der Freien Universität Berlin und der Humboldt Universität in Berlin.

Wie lebt es sich für Sie als Deutscher in London?

Sehr gut. London ist eine tolle Stadt. Wenn man eine Weile hier ist, identifiziert man sich mit der Stadt. Das fällt auch Nicht-Briten leicht, da die meisten Einwohner keine genuinen Londoner sind. Hier sind sehr viele Kulturen vertreten und man lebt in einem entsprechend internationalen Umfeld. Das unterscheidet die Stadt London auch vom Rest des Landes und schafft eine eigene Identität. Beispiel: Ein guter Freund von mir begreift sich als Londoner, aber nicht als Engländer.

Das war dann für Sie auch eine neue Erfahrung?

London fällt in eine Kategorie von Stadt, wie es sie in Deutschland nicht gibt. Als ich vor einigen Jahren von München nach Berlin gezogen war, um meine Dissertation zu schreiben, dachte ich: Jetzt bin ich in einer richtigen Großstadt gelandet. Da kannte ich London noch nicht. Hier ist es völlig normal, ständig

FORSCHUNGSZWECK

Das Deutsche Historische Institut (German Historical Institute London, GHIL) in London wurde 1976 gegründet. 13 Wissenschaftler erforschen hier vornehmlich die britische Geschichte sowie die deutsch-britischen Beziehungen. Dafür arbeiten sie auch mit einheimischen Historikern zusammen. Weltweit gibt es fünf weitere Einrichtungen dieser Art, und zwar in Paris, Washington, Warschau, Moskau und Rom.

Tobias Becker vor dem Eingang des Deutschen Historischen Instituts in London am Bloomsbury Square

Leuten aus aller Herren Länder und in allen Hautfarben zu begegnen. Viele Deutsche machen sich davon keinen Begriff. Das führt vor Augen, wie provinziell manchmal die deutsche Debatte über Integration und Multikulturalität ist.

Man ist quasi ein in seiner Individualität akzeptierter Teil einer Weltgemeinschaft.

Genau. Es gibt nicht wie in Deutschland diese Integrationsrhetorik. Hier kann man erleben, wie eine multikulturelle Gesellschaft funktioniert. Jeder lebt in seiner Kultur, soweit er nicht aneckt. Die Deutschen, die Franzosen, alle. Niemand redet dem anderen rein. In Stoke Newington, wo ich lebe, gibt es beispielsweise viele orthodoxe Juden. Nebenan ist ein türkisches Viertel. Zwischen den Gruppen gibt es wenig Berührungspunkte und auch wenig Konflikte.

Ist das Bild Deutschlands und von den Deutschen noch maßgeblich von Krieg und Nationalsozialismus geprägt?

Das war noch so, als meine Eltern Anfang der 1980er-Jahre ein paar Monate in Südengland lebten. Da liefen allabendlich Kriegsfilme im Fernsehen und manche Schulkinder glaubten laut Umfragen, es herrsche noch Krieg mit Deutschland. Nach der Wiedervereinigung hat das deutlich nachgelassen. In meinen Seminaren beobachte ich heute ein großes Interesse an Deutschland. Die Kurse sind voll. Viele wissen über Deutschland recht wenig, sind aber neugierig, besonders auf Berlin. Da denken die Briten vornehmlich an Vielfalt, an das Nachtleben, auch an die günstigen Preise. Parallel dazu halten sich die traditionellen Vorstellungen, etwa dass die Deutschen wenig Humor haben, sehr diszipliniert und effizient sind und gute Autos bauen.

Wenn man durch die Innenstadt geht, trifft man auf recht viele Kriegsdenkmäler, die das alte Image der Deutschen wieder aufleben zu lassen scheinen.

Dabei geht es für die Briten weniger um Deutschland und Kontinentaleuropa, sondern mehr um die eigene Nation und Identität. Der Gedanke, dass alle zusammengehalten haben, der ›Blitz Spirit‹, dass man die Bombardements überlebt hat, dass man sich als kleinere Nation zäh durchgeschlagen hat und letztendlich zu den Siegermächten zählte. Auf diesen Attributen basiert ein Teil britischer Identität noch heute.

Das Denkmal für Arthur Harris, im Zweiten Weltkrieg Oberbefehlshaber der britischen Bomberflotte, und das für seine Besatzungen, lassen dennoch aufschrecken. Denn es wurden ja gezielt Zivilisten durch die Bombenteppiche getötet.

Diese Denkmäler, 1992 und 2012 enthüllt, wurden und werden deshalb auch hier sehr kontrovers diskutiert, sind sogar beschmiert worden. Es steht die Frage im Raum, ob das wirklich eine sinnvolle Strategie war, um den Zweiten Weltkrieg zu beenden. Auf der anderen Seite ist die Hälfte der Bomberbesatzungen umgekommen. Viele ihrer Leichname sind nicht nach Großbritannien zurückgekommen, weil sie verbrannten oder mit den Flugzeugen ins Meer stürzten. Insofern gibt es ein Bedürfnis der Hinterbliebenen, ihrer zu gedenken. Ich glaube, da darf man sich als Deutscher nicht angegriffen fühlen. Es wird auch hier Geschichte eher mit dem Blick nach innen verarbeitet.

Nun soll – zusätzlich zu einer kleinen Holocaust-Gedenkstätte im Hyde Park – bis 2021 noch ein großes Holocaust-Mahnmal südlich der Parlamentsgebäude in den Victo-ria Tower Gardens hinzukommen. **Das dürfte viele Deutsche irritieren, da sie den Holocaust als Teil der deutschen Geschichte sehen und auch jener Länder Kontinentaleuropas, die von Nazideutschland besetzt waren.**

Auch das wird hier sehr kontrovers diskutiert, zumal es im nahe gelegenen Imperial War Museum eine Holocaust-Dauerausstellung gibt, die derzeit überholt wird. Beispielsweise hat sich die Tochter jüdischer Flüchtlinge vor dem Naziregime dagegen ausgesprochen. Bei dem Denkmal in London geht es aber weniger um den Holocaust selbst und das jüdische Leid, sondern es geht um Antirassismus, um eine Mahnung zur Toleranz. Auch hier ist der Blick eher nach innen gerichtet. Gleichwohl frage ich mich: Wo sind die Denkmäler, die an dunkle Kapitel britischer Geschichte wie etwa die Sklaverei erinnern? Da geht man im Vereinigten Königreich und Deutschland sehr unterschiedlich mit eigener Geschichte um. ∎

KRIEG UND FRIEDEN

Im **Imperial War Museum** in Lambeth (www.iwm.org.uk) spielen die deutsch-britischen Beziehungen eine bedeutende Rolle. 1917 unter dem Eindruck der Schlacht an der Somme gegründet, veranschaulicht es die Erfahrungen von Menschen aller Gesellschaftsschichten in einem hochtechnisierten Krieg. Eine Dauerausstellung zum Ersten Weltkrieg sieht die Schuld für diesen bei allen beteiligten Nationen. Vor dem Bau steht ein Teil der einstigen Berliner Mauer mit dem Graffiti-Spruch »Change your Life«. Es soll daran erinnern, dass Konflikte auch ohne Waffen gelöst werden können.

1952 sah man noch Blumen- und Obsthändler vor und in der Floral Hall am Covent Garden. Heute beherbergt sie die Bar der benachbarten Royal Opera.

Reise durch Zeit & Raum

Groß und vielfältig — das ist London seit nunmehr rund 2000 Jahren. Ein Überblick über die lange Geschichte, von der viele Sehenswürdigkeiten künden.

An der richtigen Biegung des Flusses
43

Nachdem sie fast die gesamte größte britische Insel besetzt haben, gründen die Römer eine Stadt an einer Stelle, die die Einheimischen wohl ›Plowonida‹ nennen. ›Plowo‹ bedeutet ›Schiff‹, ›Schwimmen‹ und ›Fluten‹, ›nida‹ steht für ›Fluss‹. Die Römer machen daraus ›Londinium‹. Es ist der erste Ort hinter der Themsemündung, an dem sie eine Brücke über den Strom bauen können. Auch die Brandschatzung durch den aufständischen Stamm der Icener im Jahr 60 verhindert nicht den Aufstieg der Stadt zu einer internationalen Handelsmetropole.
Zum Anschauen:
Reste des Amphitheaters, S. 126

Die Angelsachsen kommen
410

Rom zieht seine Truppen aus der Provinz Britannia ab. Zum Schutz werden Söldner aus dem heutigen Norddeutschland und aus Dänemark angeworben. Teils durch friedliche Vermischung, teils kriegerisch erlangen sie und ihre Nachfahren die Vorherrschaft. Ihr ›Englisc‹ wird vorherrschende Sprache. Auf dem Areal des heutigen Covent Garden errichten sie später den sehr internationalen Handelsplatz ›Lundenwic‹ und schaffen

mit dem Pfund eine der ältesten noch bestehenden Währungen der Welt. Im 8. und 9. Jh. wird der Handel durch Überfälle der Wikinger empfindlich gestört.
Zum Anschauen:
Saxon Arch, All Hallows-by-the-Tower (City)

Alfred gründet die City
886

Alfred der Große, faktisch erster Herrscher über ganz England, beschließt, das fast zur Ruinen- und Geisterstadt heruntergekommene Londinium wieder aufzubauen. Die Grundstücke werden vornehmlich an reiche Bürger und führende Geistliche vergeben. Daraus ergibt sich die fortbestehende Aufteilung in *wards* und *parishes* (›Kirchensprengel‹), eine politische Eigenständigkeit und die Prägung als Geschäftsviertel. Das ist die City, die mit dem Gebiet von Londinium oder ›Lundenburg‹, wie es die Angelsachsen nannten, fast identisch ist – noch heute.
Zum Anschauen:
Museum of London, S. 126

Westminster als politisches Zentrum
1052

Edward the Confessor baut die Benediktinerabtei südlich des ehemaligen Lundenwic u. a. mit einem Palast aus. London entwickelt sich fortan als Zwillingsstadt:

Rund um das ›östliche Münster‹, St Paul's Cathedral, liegt das geschäftliche, rund um das neue westliche Münster, ›Westminster‹, das politische Zentrum. 1065 ist der Bau fertig. 1066 stirbt Edward kinderlos und wird dort begraben. Sein Schwager Harold wird wohl als erster englischer Herrscher dort inthronisiert. Seitdem ist Westminster Abbey Krönungskirche. Angeblich gibt es Versprechungen und Eide von Harold und Edward, dass Guillaume, Herzog der Normandie und ein Neffe von Edwards Vater, die englische Krone bekommen soll. Der stellt sogleich ein Heer auf, mit dem er über den Kanal setzt.

Zum Anschauen:
Westminster Abbey, S. 44

Jane Seymour, dargestellt um 1536/37 von Henrys Hofmaler Hans Holbein d.J.

Wilhelm erobert die Stadt
1066

Nach dem Sieg in der Schlacht von Hastings muss Guillaume – bald William the Conqueror genannt – noch die größte und wirtschaftlich bedeutendste Stadt Englands einnehmen. Doch London ist gut befestigt. So marodieren Williams Truppen zur Abschreckung im Umland. Erst nachdem ihm die Nobilität der Stadt abgerungen hat, dass London seine Eigenständigkeit behält, werden dem Normannen die Stadttore geöffnet. Er macht London sogar offiziell und anstelle von Winchester zur Hauptstadt. Um sich vor Londons selbstbewussten Einwohnern zu schützen, errichtet er Bastionen an der Stadtmauer, die seine Nachfolger ausbauen.

Zum Anschauen:
Tower of London, S. 124

Die Juden werden vertrieben
1290

Den Juden, die unter den Normannen ins Land kamen, wird Münzfälschung vorgeworfen. Das hatte schon zuvor zu Pogromen geführt und dazu, dass jeder Jude, der älter als sieben Jahre ist, ein gelbes Abzeichen tragen muss. Edward I. vertreibt alle Juden aus dem Land – in Absprache mit dem Parlament, das ihm dafür eine zusätzliche Steuer genehmigt. Am 10. Oktober werden die letzten von ihnen auf einer Sandbank in der Themse ausgesetzt und ertrinken. Rund 650 Jahre später ist Großbritannien Zufluchtsort vieler Juden, die vor dem Naziregime aus Deutschland fliehen.

Zum Anschauen:
Jewish Museum, S. 177

Henry, seine Frauen und die Kirche
1534

Der Papst weigert sich, der Scheidung von Henry VIII. von Katharina von Aragón zuzustimmen. Daraufhin trennt der König die englische Kirche von Rom und macht sich zu deren Oberhaupt. Da Katharina ihm keinen Sohn und damit keinen anerkannten Nachfolger geboren hat, befürchtet Henry einen Bürgerkrieg, ähnlich den Rosenkriegen, durch die erst sein Vater die Tudors an die Macht gebracht hatte. Henry heiratet sechsmal. Nur seine dritte Frau, Jane Seymour,

bringt einen Sohn zur Welt: Edward, der noch als Kind 1547 die Nachfolge antritt. Nach Edwards Tod kommen dennoch Henrys Töchter auf den Thron. Maria, Tochter von Katharina von Aragón, geht als ›Bloody Mary‹ in die Geschichte ein, weil sie brutal eine Rekatholisierung betreibt. 1558 wird unter ihrer protestantischen Halbschwester Elizabeth, die Henrys Ehe mit Anne Boleyn entstammt, die Reformation wieder aufgenommen.
Zum Anschauen:
Hampton Court, S. 240

Dank Börse führende Metropole
1570

Elizabeth I. eröffnet die von dem Kaufmann und Finanzspekulanten Thomas Gresham gestiftete Börse. Durch sie löst London Antwerpen als führende Wirtschafts- und Finanzmetropole ab. Entdecker und Freibeuter wie Francis Drake erkunden die Meere und bekämpfen den Überseehandel der katholischen Spanier. Erste Handelsgesellschaften legen die Grundlage für das spätere Kolonialreich. William Shakespeare steht stellvertretend für eine Kulturblüte.
Zum Anschauen:
Royal Exchange, S. 120

Der Absolutismus wird geköpft
1649

Charles I. wird hingerichtet. Mit seinen absolutistischen Bestrebungen hatte der zweite Monarch der Stuart-Dynastie sieben Jahre zuvor einen Konflikt mit dem Parlament und schließlich den Bürgerkrieg heraufbeschworen. Oliver Cromwell und seine ›New Model Army‹ gewinnen den Konflikt. Doch Cromwell wird immer mehr zu einem Militärdiktator. Nach seinem Tod verliert sein Sohn und Nachfolger die Unterstützung der Armee und 1660 wird die Monarchie wieder eingeführt.
Zum Anschauen:
Banqueting House, S. 41

Zwei Katastrophen in kurzer Zeit
1666

Ein Feuer in der Pudding Lane zerstört den Stadtkern weitgehend. Schon im Vorjahr hatte eine Pestepidemie in London gewütet. Christopher Wren will die Stadt nach einem mediterran geprägten Plan wieder aufbauen. Doch die Kaufleute der City sperren sich gegen das mit einer Neuaufteilung von Grund und Boden verbundene Vorhaben. Gleichwohl wird Wren das Stadtbild mit vielen Bauten, vor allem Gotteshäusern, neu prägen – allen voran mit St Paul's Cathedral.
Zum Anschauen:
St Paul's Cathedral, S. 115

Glorreiche Revolution
1688

London wendet sich zusammen mit dem Parlament gegen den katholischen König James II., weil er absolutistische Bestrebungen hegt. Die Stadt öffnet seiner protestantischen Tochter Mary und ihrem Ehemann Wilhelm von Oranien die Tore und erkennt sie so als neues Herrscherpaar an. Das ebnet den Weg für einen gewaltlosen und daher als Glorious Revolution bezeichneten Umsturz. Wilhelm III. und Mary II. kaufen Nottingham House in Kensington und lassen es von Christopher Wren in eine Residenz umbauen. Gemäß dem neuen Krönungseid sind sie dem Parlament untergeordnet.
Zum Anschauen:
Kensington Palace, S. 151

Die Hannoveraner und Händel
1714

Kurfürst Georg Ludwig von Hannover tritt als George I. die Nachfolge von Queen Anne an, weil er der erste Protestant in der Thronfolge ist – das Parlament hatte 1701 beschlossen, keine Katholiken mehr als Herrscher zu dulden. Als Kundschafter ist für den Kurfürsten schon sein Kapellmeister Georg Friedrich Händel in London, der dort ein Komponist von Weltrang wird. Großbritannien bringt erstmals Maler von Weltruf hervor wie William Hogarth, Joshua Reynolds und Thomas Gainsborough. Die kulturelle Blüte geht mit dem Ausbau des Kolonialreichs einher.

Zum Anschauen:
Handel & Hendrix in London, S. 53

Neue Pracht für den Regenten
1820

George IV. besteigt den Thron. Schon 1810 hatte er als Prinzregent die Herrschaft an seines Vaters statt übernommen, der als geisteskrank galt, in Wirklichkeit aber an einer Stoffwechselkrankheit litt. Das Streben von George IV. nach Pracht drückt sich in den Bauten und Parks seines Lieblingsarchitekten John Nash aus.

Zum Anschauen:
Buckingham Palace, S. 47

Bobbys passen auf
1829

Die erzkonservative Regierung unter Premierminister Arthur Wellesley, 14 Jahre zuvor Sieger über Napoleon bei Waterloo, führt die Metropolitan Police ein. Nach dem Vornamen des dafür zuständigen Innenministers Robert Peel werden die Polizisten ›Bobbys‹ genannt.

Zum Anschauen:
Apsley House, 149 Piccadilly, Hyde Park

Publikumsmagnet Weltausstellung
1851

Prinzgemahl Albert, kultur- und technikbegeisterter Ehemann der seit 1837 herrschenden Königin Victoria, initiiert die erste Weltausstellung. Eine für die moderne Architektur wegweisende Innovation ist bereits der Glaspalast im Hyde Park, in dem die internationale Leistungsschau, mit der sich das Königreich auch als führende Weltmacht präsentiert, stattfindet. Mit den Einnahmen wird ein südlich anschließendes Areal

für diverse kulturelle und wissenschaftliche Institutionen erworben, das bald den Spitznamen Albertopolis erhält.

Zum Anschauen:
Albert Memorial, S. 151

Londoner gehen in den Untergrund
1863

In den Straßen kommt man kaum voran. Eisenbahnen bringen immer mehr Menschen und Waren nach London. Abhilfe soll die erste Untergrundbahn der Welt schaffen, die zwischen Paddington und King's Cross pendelt. Die Linie wird später zu einem Ring ausgebaut.

Zum Anschauen:
London Transport Museum, S. 80

Bomben aus Zeppelinen
1914

Formell aufgrund des Angriffs auf Belgien tritt das Vereinigte Königreich in den Krieg gegen die Achsenmächte Deutschland und Österreich-Ungarn ein. In den folgenden Jahren bombardieren Zeppeline London. Vier Jahre später wird am 11. November ein Waffenstillstand vereinbart. Der Tag ist seitdem als ›Remembrance Day‹ eine Art Volkstrauertag.

Zum Anschauen:
Imperial War Museum, S. 265

Churchill wird Premier
1940

Er galt schon als gescheitert, u. a. weil er als Finanzminister in den 1920er-Jahren eine Wirtschaftskrise verursacht hatte. Doch er hat früh vor Hitler gewarnt und die britische Beschwichtigungspolitik heftig kritisiert. Deshalb erscheint er nun, da der Zweite Weltkrieg ausgebrochen ist, plötzlich als der richtige Mann zur rechten Zeit: Winston Churchill. In Friedenszeiten sehen die Briten das – zunächst – anders: 1945 verliert er die Wahlen zum Unterhaus, gewinnt sie aber 1951 wieder.

Zum Anschauen:
Churchill War Rooms, King Charles Street

Swinging London

Die 1960er-Jahre

Infolge des Wirtschaftsbooms der Nachkriegszeit, sozialer Reformen und besserer Bildungschancen steigen junge Menschen gesellschaftlich eher und in größerer Zahl auf. Somit verdienen sie auch mehr Geld als vorhergehende Generationen. Ihr neues Lebensgefühl drücken sie mit Rock- und Jazzmusik aus, aber auch mit schriller, gewagter Kleidung. Bands wie die Beatles und die Rolling Stones erlangen Weltruhm. Genauso wie der Minirock, den u. a. Mary Quant in ihrer Boutique an der King's Road kreiert.

Zum Anschauen:
Ronnie Scott's, S. 87

Big Bang

1986

Am 27. Oktober schallt der ›Big Bang‹ durch die City: Mit der Deregulierung, die Premierministerin Margaret Thatcher durchsetzt, beginnt eine bis heute andauernde Ära des Wirtschaftsliberalismus. London steigt wieder zu einer der weltweit führenden Bankenmetropolen auf. Zeichen der ungeheuren Kapitalströme in die Hauptstadt sind neue Wolkenkratzer. Den Anfang markiert One Canada Square in den Docklands, die im Zuge dieser Entwicklung von einem verfallenen Hafengebiet in einen Außenposten des Finanzdistrikts umgewandelt werden.

Zum Anschauen:
Londons Skyline

IRA-Bombe erschüttert die City

1992

Am 10. April detoniert vor dem Gebäude der Baltic Exchange eine Bombe der irisch-republikanischen Untergrundarmee IRA. Dabei wird die Fassade der Börse für Schiffsmakler, Reeder und Charterer zerstört. Später wird das Gebäude abgerissen und darauf der Wolkenkratzer 30 St Mary Axe errichtet, besser bekannt als ›The Gherkin‹ (›die Gurke‹).

Seit dem Karfreitagsabkommen von 1998 verzichtet die IRA auf Gewaltanwendung.

Zum Anschauen:
Glasmalereien aus der Baltic Exchange im National Maritime Museum, S. 235

Terror erschüttert die Welt

2005

Am 7. Juli, einen Tag nachdem London den Zuschlag für die Ausrichtung der Olympischen Spiele 2012 bekommen hat, verüben vier islamistische Terroristen Anschläge in der Stadt. Rucksackbomben explodieren in einem Bus am Tavistock Square sowie in U-Bahnen nahe den Stationen Russell Square, Edgeware Road und Aldgate. Insgesamt werden dabei 56 Menschen ermordet und mehr als 700 verletzt. Auch in den folgenden Jahren werden Terroranschläge in London verübt, so etwa 2017 auf der Westminster Bridge und der London Bridge sowie dem daran angrenzenden Borough Market.

Zum Anschauen:
Denkmal für die Terroropfer, Hyde Park

Khan kommt, Britannien will gehen

2016

Mit Sadiq Khan wird erstmals ein Muslim Bürgermeister von London, genauer gesagt der »Greater London Assembly«. Diese umfasst alle 32 Boroughs der Stadt, nicht aber die City of London, die eine zeremonielle Grafschaft ist. Die Eltern des Sunniten waren 1968 aus Pakistan immigriert. Der Labour-Politiker arbeitete als Anwalt für Menschenrechte und saß zuvor für den Londoner Wahlkreis Tooting, in dem er geboren wurde, im Unterhaus. Khan gehört dem gemäßigten linken Flügel der Partei an. Im selben Jahr votieren knapp 60 Prozent der Londoner für den Verbleib des Vereinigten Königreichs in der Europäischen Union. Landesweit stimmt jedoch eine knappe Mehrheit für den Austritt.

Zum Anschauen:
City Hall, S. 217

Immer aufmerksam und zugewandt sein wie hier Queen Elizabeth II. – das gehört zum Job der Royals und ist sicher oft ganz schön anstrengend.

Täglich ruft die Pflicht

Die Königsfamilie — ist keine Showtruppe zur Volksbelustigung. Sie erfüllt eine wichtige gesellschaftliche Aufgabe durch die Förderung zahlreicher, oft wohltätiger Einrichtungen.

So kennen und lieben sie vor allem Nicht-Briten: winkend auf dem Balkon des Buckingham Palace, etwa anlässlich einer Hochzeit im Königshaus. Auf Empfängen, Eröffnungen, Ordensverleihungen und ähnlichen Veranstaltungen richten die Royals ein paar warme Worte an ihre Untertanen, von denen sie mit Knicks oder leichtem Kopfnicken begrüßt werden. Ihre Auftritte beflügeln die Fantasie, beschwören romantische Vorstellungen von einem märchenhaften, sorglosen Luxusleben. Vor allem offenbar bei älteren Frauen. Überwiegend aus ihnen bestehen in den Sommermonaten die langen Besucherschlangen vor dem Buckingham Palace. Briten, auch den männlichen, bedeuten die Royals mehr. Auch wenn sie in der konstitutionellen Monarchie nur theoretisch über das Land herrscht und es faktisch von einem Premier regiert wird, verkörpert die Königsfamilie – allen voran natürlich der Monarch bzw. die Monarchin – die Nation, ist identitätsstiftender emotionaler Bezugspunkt und Symbol nationaler Einheit. Dementsprechend haben die Royals noch eine weit tiefergehende gesellschaftliche Aufgabe. Sie sind Präsidenten oder Schirmherren von über 3000 Wohltätigkeitsorganisationen. Angefangen hat damit George II., als er die Patronage für die Society of Antiquaries übernahm, die sich um den Erhalt von Kulturdenkmälern und Kunstwerken kümmert. Einen bedeutenden Teil nimmt das Engagement für Angehörige der Streitkräfte ein, in denen zumindest männliche Mitglieder der Königsfamilie auch Dienst tun. Das gehört sich auch so, möchte man meinen, denn der Monarch ist auch stets – formell – das Oberhaupt der Armee. Zudem ist er oder sie automatisch Schutzherr bzw. Schutzherrin der anglikanischen Kirche, deren spirituelles Oberhaupt allerdings der Bischof von Canterbury ist.

Welches Familienmitglied sich um welche Belange kümmert, hängt auch von persönlichen Interessen ab. So ist Prinz Charles' Frau Camilla, Duchess of Cornwall, Präsidentin der britischen Osteoporose-Gesellschaft, da sowohl ihre Mutter als auch ihre Großmutter an der Knochenkrankheit litten, um deren Bekämpfung sich diese Organisation kümmert. Zuweilen gründen die Royals auch selbst Vereinigungen. Prinz Charles etwa in den Bereichen Umwelt und Architektur. Gleichwohl ist dieses Engagement kein Hobby. Es ist PR-Arbeit. Royals verschaffen diesen Organisationen Öffentlichkeit und Aufmerksamkeit. Sie sorgen dafür, dass sie Spenden und andere Unterstützung für ihre Anliegen bekommen – gleich ob es sich um große Institutionen handelt wie das Rote Kreuz oder um eine kleine Bürgerinitiative, die einen Dorfladen in der ländlichen nordenglischen Grafschaft Cumbria retten will. Das ist PR in eigener Sache. Eine Art Existenzberechtigung der Royals, mit der sie auch ihr Ansehen aufpolieren, das nach dem Tod von Prinzessin Diana 1997 stark ramponiert war. ∎

Mutter aller Parlamente

Demokratie fällt nicht vom Himmel — Der Entstehung
des Parlaments in England, das als ›Mother of all Parliaments‹
gilt, ging ein langer Kampf voraus. Das Recht auf Meinungsfreiheit muss auch heute immer wieder verteidigt werden.

»Order! Order!« Diese theatralisch durch
das Unterhaus gebrüllte Aufforderung zur
Ruhe und Einhaltung der Regeln machte
ihn während der hitzigen Brexit-Debatten
2019 weltberühmt: John Bercow. Auch
mit seinen an der Grenze zur Beleidigung
entlangschrammenden Zurechtweisun-
gen zog er die Aufmerksamkeit der Fern-
sehzuschauer auf sich. So rüffelte er einen
Abgeordneten, nicht weiter »sitzend, aus-
druckslos und mit keinem erkennbaren
Zweck draufloszubrabbeln«. Anderen
empfahl er, sich »in Zen zu üben« oder
sich an ihre Kinderstube zu erinnern.

Doch der Speaker, wie sich der Parlamentspräsident nennt, ist keineswegs
nur eine unterhaltsame Nebenfigur inmitten der Wortgefechte und Ränkespiele
zu seinen Seiten. Er entscheidet, welche
Ergänzungsanträge zu einem Gesetzent-
wurf der Regierung zur Abstimmung im
Unterhaus gestellt werden. Zum Leid-
wesen von Premierministerin Theresa
May ließ Bercow vor der Abstimmung
über ihren EU-Austrittsvertrag einen
Antrag des konservativen Abgeordneten Dominic Grieve zu, der den Parla-
mentariern weitere Mitsprache- und
Ergänzungsrechte geben sollte. Bercow,
der beim Referendum 2016 gegen einen
Austritt votiert hatte, wurde daraufhin
vorgeworfen, seine Neutralitätspflicht
zu verletzen. Der Parlamentspräsident,
dessen Mitgliedschaft in der Conservative Party qua Amt ruht, entgegnete, er
habe vielmehr das Recht des Parlaments

verteidigt, sich gegen Schikanen der Regierung zu wehren. In der Tat wollte May
das Parlament ursprünglich gar nicht im
Verlauf des Brexit-Prozesses abstimmen
lassen. Dieses Ansinnen stoppte dann der
Supreme Court.

Bis hierher und nicht weiter

Beobachter verglichen Bercows Ent-
scheidung mit einem historischen Mei-
lenstein auf dem Weg zur Vorherrschaft
des Parlaments und damit zum Rechts-
staat: Als 1642 der zum Absolutismus
neigende Charles I. das Parlament mit
einer Soldateska stürmte, um Abgeordnete, die ihm unbequem waren, als
Hochverräter zu verhaften, machte ihm
der damalige Speaker William Lenthall
deutlich, dass der König im Parlament
nichts zu sagen habe. So zog dieser un-
verrichteter Dinge ab. Kurz darauf ent-
brannte der Bürgerkrieg, der Charles I.
den Kopf kosten sollte.

An Lenthalls historische Tat und an
die Funktion des Unterhauses als eine
über der Regierung stehende Instanz,
erinnert die alljährlich meist im Mai
zelebrierte Eröffnung des Parlaments. Bei
der Zeremonie sitzt der Monarch in voller
Montur auf einem vergoldeten Thron im
House of Lords, dem Oberhaus, um das
Regierungsprogramm darzulegen. Das
hat natürlich nicht der Monarch verfasst,
sondern das Kabinett. Doch die Vertreter
des House of Commons, des Unterhauses,

aus deren Reihen die Regierung gebildet wird, fehlen noch. Um sie herbeizurufen, wird der Stellvertreter des Monarchen im Parlament, wegen seines schwarzen Stabes Black Rod genannt, zum Unterhaus geschickt. Doch kurz bevor er es erreicht, wird ihm dessen Tür vor der Nase zugeschlagen. So zeigen die vom Volk gewählten Abgeordneten ihre Eigenständigkeit und Macht. Der ›Pförtner des Schwarzen Stabes‹ muss nun dreimal an die Tür klopfen, ehe sie geöffnet wird. Erst dann bequemen sich die Abgeordneten hinüber zum Oberhaus.

Entstehung des Parlaments

Der Kampf um die Parlamentshoheit und damit auch um Rechtsstaatlichkeit und Meinungsfreiheit begann 1215 mit der Magna Carta. Mächtige Barone hatten dieses Gesetz John I. ›Lackland‹ abgerungen. Es besagt, dass auch der König und seine Herrschaft dem – somit von ihm unabhängigen – Recht unterliegen. Zudem durfte der Monarch nur noch mit »Rat und Urteil« eines Gremiums aus 25 Baronen regieren – Keimzelle des heutigen Parlaments. Edward I. schuf 1295 das ›Model Parliament‹, zu dem neben der hohen Geistlichkeit und dem Hochadel auch Vertreter der Ritter, Bürger und des niederen Klerus zählten. Aus Bürgern und Rittern bildete sich im Laufe des 14. Jh. das House of Commons, während Hochadel und führende Geistlichkeit das House of Lords bildeten. Henry VIII. wertete das Parlament von einer beratenden zu einer gesetzgebenden Versammlung auf, als er dessen Unterstützung bei der Trennung der englischen Kirche von Rom suchte und fand.

Zur bestimmenden Macht im Staat wurde das Parlament im Widerstand gegen weitere absolutistische Bestrebungen von Charles' beiden ersten Nachfolgern nach der Glorious Revolution 1688. Weltweit bedeutenden Vorbildcharakter

DIE ROTE LINIE

Ursprünglich tagte das Unterhaus im Chor der St Stephen's Chapel im Westminster Palace. Dieser brannte 1834 jedoch größtenteils ab. Im neu errichteten Parlamentsgebäude wurden die Sitzbänke ähnlich wie das Chorgestühl des Gotteshauses gestaltet. Regierung und Opposition sitzen sich relativ nahe gegenüber. Vor den vordersten Sitzreihen ist die sprichwörtliche ›rote Linie‹ gezogen. Sie zu übertreten war bei den Auseinandersetzungen verboten. Damit sollte verhindert werden, dass sich Kontrahenten mit gezogenem Schwert zu nahe kamen.

für Verfassungen hat bis heute die kurz darauf durchgesetzte »Bill of Rights«. Sie umfasst die Grundrechte der Briten, darunter auch das Recht auf freie Meinungsäußerung. Seitdem ist der Monarch definitiv dem von einem selbst ernannten Parlament gesetzten Recht unterworfen.

Wahre Volksvertretung

Ab 1689 folgte ein 25 Jahre während er Krieg gegen Frankreich. Das Geld dafür musste das Unterhaus genehmigen. Es bestimmte dadurch schließlich über die Staatsfinanzen und wurde so zur wichtigeren der beiden Kammern. Aufgrund des am Besitz orientierten Wahlrechts repräsentierte es aber noch nicht das Volk, sondern reiche Grundbesitzer und Geschäftsleute. Als im Zuge der Industrialisierung Revolutionen wie in anderen Ländern Europas drohten, suchte das Parlament im 19. Jh. dieser Gefahr u. a. durch mehrere Wahlrechtsänderungen vorzubeugen. Erst seit 1928 können alle erwachsenen Frauen und Männer im Vereinigten Königreich wählen. ∎

Am Himmel ist noch Platz

An ihnen scheiden sich die Geister — Markante Wolkenkratzer haben Londons Skyline völlig verändert. Und diese Entwicklung geht rasant weiter. Was spricht für, was gegen die zum Himmel strebenden Büro- und Wohntürme.

Pro: Besser kann man die knappe Fläche nicht nutzen

Befürworter argumentieren, dass der knappe Grund und Boden in London durch Wolkenkratzer weit ökonomischer genutzt wird als durch niedrigere Bauten. Das sei umso wichtiger, als in Zukunft noch mehr Menschen in London leben und arbeiten würden – und zwar auch in der City, solle diese nicht zu einem Museum verkommen. »Was Design und Nachhaltigkeit betrifft, ist London hier führend«, meint der Architekturkritiker Herbert Wright. Die Wolkenkratzer der City zeichneten sich durch höchst individuelle Formen aus, die auch zu ihren Spitznamen führten, wird dazu weiter vorgebracht. Einige seien zu Wahrzeichen der Stadt geworden wie etwa ›The Gherkin‹, mit offiziellem Namen ›30 St Mary Axe‹, und ›The Shard‹. Es entstehe hier also ein zeitgemäßes, individuelles Gesicht Londons. Zudem seien die Skyscraper sehr innovativ in puncto Energieeffizienz. Die Büros der ›Gherkin‹ etwa würden über die Helixstränge des Tragwerks von außen belüftet, wodurch die Strom fressende Klimaanlage weit weniger eingesetzt werden müsse als dies bei anderer Bauweise der Fall wäre.

Bill Pedersen, Partner des Architekturbüros, das den wie ein Origami-Objekt ›gefalteten‹ Wolkenkratzer ›The Scalpel‹ entwarf, lobte in der BBC die Arbeit von Peter Rees, fast 30 Jahre oberster Planer der City of London, der den Wolkenkratzer-Boom mit initiierte. Er habe »die City of London führend bei der Integration von Wolkenkratzern in das traditionelle Gewebe der Stadt gemacht«, so Pedersen. Beispielhaft dafür kann angeführt werden, dass beim Bau der Skyscraper Rücksicht auf die historischen Sichtachsen in Richtung St Paul's Cathedral, des Tower und der Houses of Parliament genommen werden muss. Deshalb ist auch eine Fassade von Richard Rogers' ›Cheesegrater‹ abgeschrägt.

Befürworter meinen zudem, der Bau von Wolkenkratzern sei in London sozial abgefedert, da die Bauherren den jeweiligen Bezirken auch Gelder zum Bau von Sozialwohnungen zahlen müssten. Allgemein verkörperten Wolkenkratzer Optimismus und Stolz. Sie seien Symp-

Erst moderne Bautechnik macht es möglich, dass auch in Londons relativ weichem Boden Wolkenkratzer sprießen können.

Der Skygarden im Walkie Talkie ist ein öffentlicher Park und kostenlos zu besuchen.

tom einer starken Wirtschaftskraft und fortschrittlicher Technologie. Einheimischen wie Touristen böten sie überraschende und imposante Ausblicke auf die Stadt.

Contra: Dem Stadtbild abträglich und unsozial

Auch die Argumente der Gegner von Hochhäusern sind vielfältig. Barbara Weiss von der Bürgerinitiative Skyline Campaign z. B. beklagt, dass London durch die Wolkenkratzer seinen einzigartigen Charakter verliere und zu einer austauschbaren, »generischen Stadt« verkomme. Die Organisation Historic England, die sich um die Bewahrung historisch wertvoller Baudenkmäler kümmert, ist der Ansicht, dass zu viele Wolkenkratzer in der City Besucher vom Themseufer fernhalten.

In einer Umfrage von 2016 meinte rund die Hälfte aller Bewohner der inneren Bezirke Londons, dass bereits zu viele Hochhäuser gebaut worden seien. In derselben Erhebung befand nur rund ein Drittel dieser Bewohner, die teils im Schatten der Wolkenkratzer leben, die Bauten verbesserten die Skyline.

Ein weiteres Gegenargument lautet, die Wohnungen in Wolkenkratzern wie ›The Shard‹ und in Hochhäusern rund um die City könnten sich nur Reiche leisten. Sie sähen den Kauf vorrangig als Investition in ›Betongold‹. Daher stünden die Wohnungen die meiste Zeit im Jahr leer. So würde die Wohnungsknappheit verschärft und Hauspreise und Mieten würden in die Höhe getrieben. Die Wolkenkratzer symbolisierten den Triumph der Finanzspekulation. Weiter wird von den Gegnern vorgebracht, die Skyscraper seien ein Indikator für Blasenbildung, also für einen Boom, der bald in eine Krise umschlage. Die lange Bauzeit bedeute oftmals, dass die Hochhäuser in Boomzeiten in Auftrag gegeben und erst in Krisenzeiten fertiggestellt würden – so etwa geschehen im Fall von ›The Gherkin‹.

Die Gegner von Wolkenkratzern führen auch ins Feld, dass diese keine nachhaltigen Bauten seien. Skyscraper hielten meist nur rund 50 Jahre und müssten dann erneuert werden. Zudem könnten kleine Fehler dramatische Folgen haben. Tatsächlich wirkte beispielsweise die gebogene Fassade des ›Walkie Talkie‹ wie ein Brennglas und ließ Plastikteile eines in der Nähe geparkten Luxusautos schmelzen. Von der Fassade des Wolkenkratzers ›The Cheesegrater‹ stürzten fast 1 m lange Bolzen zu Boden und von der ›Gherkin‹ sogar Glasscheiben. Krisiert wird ferner, dass die Bauhöhe bei den einzelnen Boroughs bzw. der eigenständigen City of London, die den Finanzdistrikt und historischen Kern der Stadt umfasst, liege. Dadurch sei eine übergeordnete Planung zumindest sehr schwierig. ∎

Super-Gentrification

Nun hat es auch den Mittelstand erwischt — er wird aus manch einem Londoner Stadtteil verdrängt. Super-Gentrification nennt sich dieser Prozess. Die ›klassische Gentrifizierung‹ hat derweil frühere Armenviertel erfasst. Eine Entwicklung mit sozialer Sprengkraft.

Nicht nur sauber, sondern rein sind die backsteinernen Fassaden der Stadtvillen, Terraces und Doppelhäuser in Barnsbury. Herausgeputzt auch die wenigen weißen Stuckornamente – und die SUVs, die hier häufiger als in den meisten Vierteln Londons vor der Tür stehen. Wer die Richmond Avenue oder die Stonefield Street entlanggeht, kann öfter durch die vorderen Fenster der Häuser bis zu den hinteren schauen, durch die der Garten schimmert. Ebenso wie die auf Hochglanz polierten farbigen Haustüren mit blitzenden Klopfern sind diese Häuser eine typische Hinterlassenschaft der ›Pioneer-Gentrifiers‹. Oft in Eigenbau rissen sie bei ihren Renovierungen einige nicht tragende Wände ein, mit denen die ursprünglich durchaus herrschaftlichen Stadtvillen in kleine Wohnparzellen für die Unterschicht aufgeteilt worden waren.

In Islington ging's los

Etwa Ende der 1950er-Jahre zogen die ersten von ihnen in die damals heruntergekommenen Stadtteil des Bezirks Islington: links-liberale Medienleute oder Architekten, für die die Häuser leicht erschwinglich und näher an ihren Arbeitsplätzen waren. Sie kamen aber vor allem, weil die Luft in der Innenstadt wieder besser geworden war. Die Dampfloks und Fertigungsstätten, vor deren Abgasen fast alle,

die es sich leisten konnten, im Zuge der Industrialisierung aus der Innenstadt geflohen waren, verschwanden zusehends. Das Pendel schlug in die andere Richtung aus. Und nun überdreht es. Denn seit einiger Zeit kommen vermehrt die Banker und Juristen aus der nahen City, dem Finanzdistrikt, und vertreiben die Pioniere wie diese einst das ›Lumpenproletariat‹.

Islington, das die Soziologin Ruth Glass 1964 den Begriff ›Gentrification‹ prägen ließ, steht heute für die – vorerst – letzte Spielart dieses Aufwertungs- und Verdrängungsprozesses: die Super-Gentrification. Selbst die nicht eben billigen Läden der nahen Camden Passage, die im Verlauf der ersten Gentrifizierung zielgruppenspezifisch im wahrsten Sinne des Wortes aufgemöbelt worden war, bekommen das zu spüren. Einigen sind die Mieten zu hoch geworden.

Der Begriff Gentrification leitet sich übrigens mit leichter Ironie von ›Gentry‹ ab, der Bezeichnung für den englischen Landadel, dessen Lebensstil die Mittelschicht kopieren wollte. Die Super-Gentrification könnte als Stil des neureichen Geldadels betrachtet werden.

Auch der Süden ist erfasst

Ruth Glass sah damals voraus, dass solche Aufwertungs- und Verdrängungsprozesse bald benachbarte Stadtteile

A

WO LEBEN DIE ARMEN?

Nach Angaben des Bezirks leben 42 % der Bevölkerung Islingtons in Sozialwohnungen. In Kensington, zu dem Notting Hill gehört, liegt die Quote bei 29 %. Laut Trust for London beträgt die Kinderarmut in Islington 38 % – der zweithöchste Wert in London. Im benachbarten Camden liegt sie bei 35 %, am höchsten ist sie mit 43 % im Borough Tower Hamlets, der ebenfalls zunehmend gentrifiziert wird.

wie Camden, Highbury, Clerkenwell und Teile des East End erfassen würden. Heute hat der Prozess schon längst Stadtteile südlich der Themse erreicht. Bermondsey, vor rund 30 Jahren noch eine Art Slum, ist zu einem Luxusviertel mit dem Luxus-Wolkenkratzer The Shard und der superluxuriösen Kunstgalerie White Cube geworden. Wo sich einst heruntergekommene Billigläden aneinanderreihten, locken heute schmucke Geschäfte Besserverdienende. Anziehungspunkte für Künstler oder solche, die sich dafür halten, befördern den Prozess, ziehen die Hipster aus der Mittelschicht an.

Der Preis der Attraktivität

Gentrifizierung, deren Aufwertung ohne solch massive Verdrängungsprozesse freilich auch ihre guten Seiten haben kann, geschieht, wenn in beliebten, wirtschaftsstarken Städten die Nachfrage nach Wohn- und Büroraum deutlich höher ist als das Angebot. Und London ist eben überaus sexy, zieht viel Geld an und bietet daher auch relativ viele gut bezahlte Jobs. In den letzten 20 Jahren ist die Einwohnerzahl von gut sieben auf fast neun Millionen gestiegen. Kein

Wunder, dass die Gentrifizierung – nur kurz unterbrochen von der Finanz- und Wirtschaftskrise 2008 – immer weiter um sich greift. Sogar nach dem Krieg im zunächst verhassten Betonstil des Brutalismus als Sozialsiedlungen errichtete Komplexe wie das Wohn- und Einkaufszentrum The Brunswick in Bloomsbury werden davon erfasst.

Monument der Ungleichheit

Die Gentrifizierung verdrängt nicht zwangsläufig alle alteingesessenen Einwohner. In Islington führt sie zu einem oft bestürzenden Nebeneinander von sehr reich und sehr arm. Selbst in den noblen Doppelhäusern am Richmond Crescent, wo Tony Blair wohnte, bis er 1997 Premierminister wurde, gibt es Sozialwohnungen. Eine bewohnt ein Künstler, der im Garten davor meist eine seiner metallenen Engelsfiguren zeigt. Auch in Notting Hill, wo zur selben Zeit wie in Islington die Gentrifizierung einsetzte, gibt es dieses Nebeneinander von Armen und Wohlhabenden. Eine Armennische zwischen Millionärshäusern war der Grenfell Tower, der im Juni 2017 wie eine Fackel über der Stadt brannte. Fehlende Alarm- und Sprinkleranlagen sowie eine leicht brennbare Fassade begünstigten die Katastrophe. 81 Menschen kamen in den Flammen um. Nicht nur die ehemaligen Bewohner betiteln das verkohlte Gerippe seitdem empört als »Monument der Ungleichheit«. Das zeigt auch die soziale Sprengkraft an, die in diesen gentrifizierten Vierteln herrscht. Ähnlich kann die gewandelte Symbolkraft Islingtons interpretiert werden: Vor gut 20 Jahren stand es noch für das wirtschaftsfreundliche »New Labour« eines Tony Blair, bei der Unterhauswahl 2017 hingegen wurde in North Islington der dezidiert linke, damals neue Labour-Chef Jeremy Corbyn mit 73 Prozent gewählt. ∎

Seit dem Brand des Grenfell Tower fordern Demonstranten, mehr Wohnblocks, in denen Sozialwohnungen sind, sicherer auszustatten. Sorgen vor Verdrängung muss sich hingegen der Mittelstand machen, der in georgianischen Häusern Islingtons wohnt.

Taxi Driver in
London

*Fast täglich ist er auf Londons Straßen unterwegs und im
Austausch mit seinen Kollegen: Lloyd Baldwin.*

Black Cabs zählen zu Londons Ikonen — doch selbst vor ihnen macht der Wandel nicht halt. So müssen fabrikneue Taxis heute einen Elektromotor haben. Auch die Bedingungen auf den Straßen verändern sich. Es gilt Rücksicht auf mehr und mehr Radfahrer zu nehmen. Ein Taxifahrer berichtet.

Mühsam quält sich der Verkehr über die Putney Bridge. An jedem Werktag. Nur zwischen Mitternacht und 6 Uhr morgens gelangen Busse, Pkws und Lieferwagen einigermaßen ungehindert über die Themsebrücke nach Norden. Hier beginnt mit dem Stadtteil Hammersmith auch ›Inner London‹. Und hier beginnt seit rund 25 Jahren die Arbeit für Lloyd Baldwin. Denn er ist Taxifahrer. Außerdem ist er Executive Support Officer der Licensed Taxi Drivers Association, kurz LTDA, der Londoner Taxifahrer-Vereinigung.

»Die Maut ist viel zu niedrig«

Baldwin, 56, agil und bodenständig, hat mit seinem Black Cab dann schon eine, wenn es gut gelaufen ist, rund 40-minütige Fahrt von seinem Wohnort Walton-on-Thames südwestlich von London hinter sich. Über die King's Road und den Eaton Square gelangt er durch Chelsea und Belgravia schließlich zum Grosvenor Place nahe dem Buckingham Palace. Dort beginnt die ›Congestion Charge Zone‹. 2003 eingeführt, soll diese ›Stau-Gebühr‹ die Verkehrsdichte verringern. Sie umfasst das Regierungsviertel Westminster, die Vergnügungsviertel des West End und

die City. Eben jene Gebiete, in denen Baldwin vornehmlich sein Geld verdient.

Wer in die Mautzone mit einem Privatwagen hineinfährt, dessen Nummernschild wird maschinell registriert und er muss – online – eine Maut entrichten, derzeit 11,50 Pfund, rund 13 Euro. »Die Gebühr ist viel zu niedrig, sie müsste mindestens 20 Pfund betragen. Das erst hält die Leute wirklich davon ab, das Auto zu benutzen«, sagt Baldwin. In der Tat ist die Maut derzeit günstiger als eine Tageskarte, mit der man nach 9 Uhr morgens Busse und Bahnen bis in die Randbezirke Londons benutzen kann. Zudem: Motorradfahrer müssen keine Gebühr zahlen, auch Kleinbusse, emissionsfreie Fahrzeuge, Rettungswagen und Abschleppdienste nicht. Und Taxis ebenfalls nicht.

Eine neue Generation von Black Cabs

Wer allerdings einen alten Diesel oder Benziner fährt, dessen Emissionen schlechter als die Euro-4-Norm sind, muss seit 2017 zusätzlich eine ›Toxicity Charge‹ entrichten. Dieser ›Giftzuschlag‹ beträgt momentan zehn Pfund. Taxis sind auch davon befreit – allerdings: Neue Black Cabs müssen elektrisch betrieben sein. Nur für Notfälle sind sie mit einem kleinen Benzinmotor ausgerüstet. Und gebrauchte Cabs dürfen nur gefahren werden, bis sie 15 Jahre alt sind. »Ich persönlich denke, das ist ein Schritt nach vorne. Die Luftverschmutzung, insbesondere im Sommer, ist fürchterlich«, sagt Baldwin. Besonders gelte dies für die Straßen rund um den Trafalgar Square, fügt er hinzu. »Das ist ein Flaschenhals.« Darüber hinaus sei der Verkehr in der Innenstadt generell sehr anfällig, könne sich zu jeder Zeit aus irgendeinem Grund ändern. »Wenn es irgendwo ein Problem gibt, dann greift das gleich auf die Nachbarviertel über.« Überhaupt sei es sehr anstrengend in London Auto zu fahren. »Mehr als zehn Stunden hält man das nicht durch.« Ständig sei eine erhöhte Aufmerksamkeit gefordert.

Stadtautobahnen für Radfahrer

Vor allem machten den Taxifahrern die Radfahrer zu schaffen, so Baldwin. Das sei insbesondere der Fall, seit für diese unter dem radfahrbegeisterten konservativen Bürgermeister Boris Johnson, der bis 2016 amtierte, ›Super Cycle Highways‹ geschaffen wurden. Immer mehr bis zu 20 km lange zweispurige Fahrbahnen, die vielfach baulich von denen des Motorverkehrs getrennt sind, durchziehen London.

»Viele Radfahrer halten sich nicht an Ampeln oder an Zebrastreifen«, klagt Baldwin. »Die bremsen nicht, um nicht an Momentum zu verlieren.« Wenn sie halten würden, bräuchten sie wieder einige Zeit und Kraft, bis sie einigermaßen auf Geschwindigkeit kämen. »Dies-

Trotz separater, baulich abgegrenzter Fahrbahnen: In Londons Zentrum schützen sich nahezu alle Radfahrer mit einem Helm. So auch hier an der Farringdon Street.

bezüglich haben beide Seiten noch zu lernen«, meint Baldwin. Simon Munk von der Organisation ›London Cycling Campaign‹, die sich für bessere Bedingungen für Fahrradfahrer einsetzt, sagt dazu, dass unter Radfahrern der Anteil derjenigen, die sich nicht an Regeln hielten, genauso hoch sei wie der unter den Autofahrern. Gleichwohl sei dies ein Punkt, auf den geachtet werden müsse.

Taxifahren erfordert viele Fähigkeiten und Kenntnisse

Hohen Stress erzeugen bisweilen auch Fahrgäste. »Das sind nur wenige, vielleicht fünf Prozent. Aber die haben es dann eilig, weil sie zu einem Termin müssen, und offenbar glauben, Taxis könnten wie ein Hubschrauber über den anderen Verkehr hinwegfliegen«, amüsiert sich Baldwin. Und in den Nachtstunden benähmen sich dann schon mal Betrunkene daneben.

Londons Taxifahrer werden vorab getestet, ob sie auch solchen Situationen gewachsen sind. Die Prüfer zeigen sich zwischendurch mit Absicht besonders aggressiv. »Wenn man dann selber aggressiv wird, ist das ein Minuspunkt.« Charakterliche Eignung ist ebenso wichtig wie die Kenntnis der Stadt. Letztere haben angehende Taxifahrer in dem berühmt-berüchtigten Test »Knowledge of London« unter Beweis zu stellen. Mindestens drei Jahre müssen sie sich dafür die Stadt geistig einverleiben. Und zwar auch die Sehenswürdigkeiten, die Hotels und die größeren Geschäfte, ebenso die Theater, Nachtclubs und besondere Pubs. Gerade weniger ortskundige Fahrgäste profitieren davon: Sie können dem Taxifahrer einfach den Namen ihrer Unterkunft oder eines Veranstaltungsortes nennen und benötigen nicht dessen genaue Adresse.

»Das ist auch ein wesentlicher Unterschied zu dem privaten Fahrdienst Uber«,

RADFAHREN IST HEUTE SICHERER

R

Berichte über schreckliche Unfälle vermitteln den Eindruck, Radfahren sei in London besonders gefährlich. Simon Munk von der ›London Cycling Campaign‹ behauptet jedoch, es sei statistisch gesehen »unglaublich sicher« und es gebe Anhaltspunkte dafür, dass es noch sicherer werde. Tatsächlich ist die Zahl der tödlich verunglückten Radfahrer drastisch gefallen. Zwischen 1989 und 2016 sank sie von 33 auf neun, und das, obwohl sich die Zahl der Fahrten in dem Zeitraum auf 270 Mio. verdreifachte. Baulich vom Motorverkehr getrennte Fahrbahnen machten das Radfahren nicht nur sicherer, die Radfahrer fühlten sich dort vor allem auch sicherer, betont Munk. Das bewege immer mehr Londoner dazu, das Rad zu benutzen.

betont Baldwin. Der sei zwar billiger, aber die Fahrer würden die Stadt nicht so gut kennen. Uber reagierte auf die Bitte einer Stellungnahme dazu nicht. Trotz der Konkurrenz ist die Zahl der Black Cabs, die übrigens nicht schwarz sein müssen, laut LTDA recht konstant geblieben. Sie pendelt in Inner London zwischen 22 000 und 25 000. Black Cabs gehören dort nach wie vor zum Straßenbild wie die roten Busse, deren neuere Varianten an das Design der legendären Routemaster angelehnt sind. Sie sind Ikonen, die sofort mit London assoziiert werden. Stolz aber ist Baldwin auf etwas anderes: »Wir gelten als besonders vertrauenswürdig.« So setze beispielsweise regelmäßig morgens eine Mutter ihre beiden Kinder in sein Taxi und gehe zurück ins Haus im Wissen, dass ihr Nachwuchs sicher zur Schule komme. ∎

Das zählt

Zahlen sind schnell überlesen — aber sie können die Augen öffnen. Nehmen Sie sich Zeit für ein paar überraschende Einblicke. Und lesen Sie, was in London zählt.

88,8

Mio. Fotos wurden bis Ende 2017 mit dem Hashtag #London auf Instagram gepostet. Damit ist die britische Hauptstadt weltweit Spitzenreiter, dicht gefolgt von New York.

70

Milliardäre lebten Anfang 2018 in London. Zusammen mit Schanghai liegt London damit weltweit auf Platz fünf. Und wo Geld ist, kommt immer noch mehr Geld hinzu. Vor der Themsemetropole liegen in dieser Rangliste nur Peking (131), New York (92), Hongkong (80) und Shenzen (77).

179

Euro kostete laut Angaben der Plattform HRS 2017 im Schnitt eine Übernachtung in einem Londoner Hotelzimmer – ein Rückgang um drei Euro gegenüber dem Vorjahr. Dennoch war London damit zusammen mit Kopenhagen Spitzenreiter in Europa. Es folgten Amsterdam und Zürich. München war mit 115 Euro pro Hotelnacht die teuerste deutsche Stadt.

12.228

mal umrunden Londons Busse den Globus jährlich – rein rechnerisch. Denn sie legen in diesem Zeitraum insgesamt mehr als 490 Mio. Kilometer zurück. Das Londoner Busnetz ist relativ engmaschig und bei vielen Strecken eine Alternative zur U-Bahn.

3

Mal fanden in London Olympische Spiele statt, so oft wie in keiner anderen Stadt. Zweimal waren sie eher improvisiert. 1908 sprang London kurzfristig für Rom ein. 1948 war wegen des Weltkriegsendes 1945 die Vorbereitungszeit erneut knapp und zudem die finanzielle Ausstattung sehr mager. Nur für 2012 konnte London die Spiele regulär planen.

400.000

Menschen arbeiten ungefähr allein in Londons Finanzsektor. In Europa ist die britische Hauptstadt damit eine Klasse für sich. Zum Vergleich: In Paris sind es rund 147 000, in Zürich 90 000 und in Frankfurt am Main 75 000.

95

% der Einwohner Londons sind einer Feinstaubbelastung ausgesetzt, die um mindestens die Hälfte höher ist als der von der Weltgesundheitsorganisation WHO festgesetzte Grenzwert. Dieser wird im gesamten Stadtgebiet überschritten. Bis zu einem Drittel der Belastung ist auf die Beheizung von Wohnungen und Häusern mit Holzkaminen zurückzuführen.

44.088

Radfahrer strömen täglich durch die City of London. Nach dem Auto ist das Rad damit das am zweithäufigsten benutzte Verkehrsmittel. In der Rushhour morgens ist es sogar das am meisten genutzte. Die Zahl der Radfahrer stieg jeweils deutlich nach Einführung der innerstädtischen Maut, der Finanzkrise 2008 und der Einrichtung separater Fahrradspuren.

500.000

Überwachungskameras gab es 2017 in London. Bis 2020 sollen es rund 642 000 werden – eine pro 14 Einwohner. Man kann im öffentlichen Raum so gut wie keinen Schritt tun, ohne gefilmt zu werden.

603,5

mm Niederschlag pro Quadratmeter verzeichnet London im Schnitt jährlich. Deutlich weniger als z. B. Stuttgart mit 664 mm. Und viel weniger als Rom mit 794,1 mm. Dabei zählt Rom im Mittel pro Monat nur 6,6 Regentage, London dagegen 9,9.

12

Füchse leben in etwa auf jedem Quadratkilometer Londons. Die meisten Briten lieben die urbanen Wildtiere und stören sich nicht an der vergleichsweise hohen Dichte.

402

km lang ist das Streckennetz der London Underground, kurz ›tube‹ genannt. Über Jahrzehnte war das Weltspitze. Nun aber sind die Gleiskörper der Untergrundbahnen Pekings und Schanghais noch länger.

1,7

Mio. – um etwa so viele Bürger ist Londons Bevölkerung zwischen 2001 und 2018 gestiegen, nämlich von knapp 7,2 auf fast 8,9 Mio. Das entspricht etwa der Einwohnerzahl Hamburgs.

3.530

Pubs gab es 2017 in London. Das waren 1305 oder rund 27 % weniger als 2001. Der rapide Rückgang dieser sozialen Institutionen ist vor allem das Ergebnis von Immobilienspekulationen. Der Verkauf bzw. die Umwandlung in ein Geschäft ist lukrativer.

Nah am Wasser gebaut

Romantisches Little Venice — die Hausboote auf dem Regent's Canal in Maida Vale erinnern freilich eher an Amsterdam. Wo einst auf solchen Narrow Boats mühsam Kohle transportiert wurde, genießen heute Flaneure Großstadtidylle.

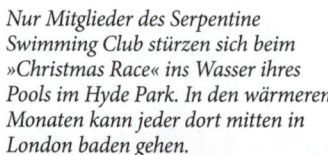

Nur Mitglieder des Serpentine Swimming Club stürzen sich beim »Christmas Race« ins Wasser ihres Pools im Hyde Park. In den wärmeren Monaten kann jeder dort mitten in London baden gehen.

Pittoresk sind viele Themseufer in Londons Westen – so auch Strand-on-the-Green in Chiswick. Prosaisch wird es, wenn der Fluss vor allem von Plastikmüll gesäubert werden muss.

An Flüssen und Kanälen scheint die Metropole Hektik und Dynamik abzulegen.

Ein jeder entspannt gern an den Wassern Londons, ob nun Touristen und Angestellte der City am Südufer der Themse oder Freizeitkapitäne und Pubbesucher am umgebauten St Katherine's Dock.

Kunst im Jetzt

Ganz vorne, ganz aktuell und ganz international — das ist London auch in puncto zeitgenössischer Kunst. Ein erstaunlicher Wandel, denn es ist nicht lange her, dass es vor allem als Dorado Alter Meister galt.

Herzog & de Meuron können auch anders: Sie müssen nicht immer eine Glashaube auf Backsteine setzen, wie bei der 2000 eröffneten Tate Modern und bei der Elbphilharmonie in Hamburg. Neben dem von einer Industriekathedrale zur Kunstkathedrale mutierten ehemaligen Kraftwerk an der Themse errichteten sie mit dem 2016 eröffneten Switch House, gewissermaßen das – um im Bild kirchlicher Bauwerke zu bleiben – ›Kapitelhaus‹ der Tate Modern. 2017 wurde es nach dem ursprünglich aus Odessa stammenden Milliardär Leonard Blavatnik benannt, einem der bedeutendsten Mäzene des Museums für moderne und zeitgenössische Kunst. Es ist selbst ein postmodernes Kunstwerk. Leicht pyramidal windet sich seine festungsgleiche Backsteinfassade zehn Stockwerke in die Höhe. Bei genauerem Hinsehen ist sie aber löchrig. Kritikern schien es so, als sei ein Strickpullover über den Bau gezogen worden. Ein paar schmale Fensterbänder geben ihm einen Touch Bauhausmoderne. Die Aussichtsplattform im zehnten Stock gewährt einen Rundblick über London – und Einblicke in die Zimmer der umliegenden Wohnhäuser. Als ob die Kunst hier aufginge in der Lebenswirklichkeit – ein Ziel manch zeitgenössischer Ästhetik.

Eine neue Käuferschicht

So korrespondiert das Äußere des Neubaus mit seinem Innenleben. Denn es wird nur Kunst gezeigt, die nach 1960 entstanden ist. Rund drei Viertel der Werke wurde gar erst nach der Jahrtausendwende geschaffen – außergewöhnlich viele von lateinamerikanischen, afrikanischen und asiatischen Künstlern sind darunter. Wie seit jeher in geschäftlichen und politischen Dingen, so blickt London auch in Sachen Kunst auf die

---

F

FRIEZE ART FAIR

Londons Wandel zu einem Dorado zeitgenössischer Kunst zeigt sich auch in der Kunstmesse »Frieze«, die stets Anfang Oktober stattfindet. 2003 schlug sie erstmals – wortwörtlich – ihr Zelt im Regent's Park auf. Sie wurde schnell zu einer der weltweit bedeutendsten Verkaufsschauen der Welt. Begleitend finden kleinere Nebenmessen und viele andere Kulturveranstaltungen statt. Zeitnah versteigern in der Regel auch die großen Auktionshäuser zeitgenössische Werke. Wie die Konkurrenzmesse »Art Basel« hat sich auch die »Frieze« international ausgeweitet und veranstaltet mittlerweile weitere Messen in New York und Los Angeles.

Die Tate Modern zieht mehr Besucher an als jedes andere Museum für moderne Kunst. Beim Betreten der gewaltigen Turbinenhalle fühlt man sich klein und auf sich selbst zurückgeworfen.

gesamte Welt und nicht nur auf Europa und die USA.

Die Tate Modern ist Wahrzeichen einer Entwicklung, deren wesentliche Ursache am nördlichen Themseufer liegt. Dort ist die City, der Finanzdistrikt. Nachdem ihn Margaret Thatcher 1986 durch die Deregulierung in eine neue Ära führte, strömten Investmentbanker aus aller Welt in die Stadt. Unter vielen von ihnen ist es Mode, moderne und zeitgenössische Kunstwerke als Statussymbole zu erwerben – schön zu sehen im Film »Wall Street«. Allmählich vergrößerten sich daraufhin die bis dahin eher kleinen Abteilungen der Auktionshäuser für moderne und zeitgenössische Kunst. Auch ganz allgemein stieg das Interesse an Werken, die nach 1945 entstanden sind. Im Zuge dieser Entwicklung machten namhafte Galerien Filialen in London auf, etwa Gagosian und Hauser & Wirth.

Kunst und Kommerz waren und sind in London aufs Engste verbunden. Schon die erste große und international bedeutende Blüte britischer Malerei, die Ende des 18. Jh. u. a. mit Thomas Gainsborough und Joshua Reynolds begann, ging mit der Industrialisierung und einem ungeheuren wirtschaftlichen Aufschwung einher, der den Aufbau eines Kolonialreichs ermöglichte. Im Zuge dieser Entwicklung wurde London auch zu einem Zentrum des internationalen Kunsthandels. Die Themsemetropole war damals schon nicht nur ein besonders anregender Ort für Künstler, sondern auch ein überaus lukrativer Verkaufsort – wie heute.

Trendsetter Saatchi

Ganz nah dran an der allerjüngsten Kunstszene wollte und will immer noch Charles Saatchi sein. In einem ehemaligen Militärgebäude in Chelsea, den Duke

Außen klassizistisch, innen modern: Die Saatchi Gallery residiert in einem ehemaligen Militärgebäude von 1801.

of York Headquarters, hat er mit seiner Saatchi Gallery ein innovatives Forum für Gegenwartskunst eingerichtet. Auf gigantischen 7000 m² präsentiert er in der Regel Werke bislang unbekannter britischer Künstler oder von ausländischen Künstlern, deren Werke bis dato nicht oder kaum im Vereinigten Königreich zu sehen waren. Der Werbemogul, dessen Agentur die Conservative Party 1979 mit dem legendären Slogan »Labour Isn't Working« in den Wahlkampf schickte, will damit weiterhin seinem Ruf als Trendsetter gerecht werden. Begründet hat er diesen Anfang der 1990er-Jahre, als er – wie für ihn üblich in großem Stil – Werke einiger Absolventen des Goldsmiths College kaufte. Sie hatten zuvor mit einer Ausstellung in einer Lagerhalle in den Docklands für Furore gesorgt. Mit Ausstellungen in seiner eigenen Galerie, die damals noch im Stadtteil St John's Wood beheimatet war,

sollte Saatchi Damien Hirst, Tracey Emin und einige weitere Künstler als »Young British Artists« berühmt machen. Damit und mit der von ihm mitkonzipierten Schau »Sensation« 1997 in der Royal Academy of Arts lenkte er auch ganz allgemein das Augenmerk der internationalen Kunstwelt auf britische Künstler.

Inzwischen hat sich Saatchi übrigens von vielen Werken der YBA getrennt – zu seinem Stil gehört es nämlich auch, in Massen zu verkaufen. Hirsts in Formaldehyd eingelegten Tigerhai, der unter dem Titel »Die physische Unmöglichkeit des Todes im Gedächtnis eines Lebenden« präsentiert wurde, besitzt inzwischen – passenderweise – der amerikanische Hedgefondsmanager, Milliardär und Kunstsammler Steven A. Cohen. Saatchis extensives Kaufen und Verkaufen ist häufig kritisiert worden, weil es sich so grundlegend von der Vorstellung des beständig über Jahrzehnte hinweg bestimmte Richtungen verfolgenden Sammlers unterscheidet. Andererseits öffnet er dadurch der Kunstwelt, aber auch einem breiteren Publikum immer wieder die Augen für Neues und Brandaktuelles – und das ist ja auch das Ziel seiner Galerie, die nach einer Stippvisite in der County Hall, Londons ehemaligem Rathaus, 2008 nach Chelsea zog.

Kunst für alle

Indem Saatchi seinen Besitz unentgeltlich zugänglich macht und zudem ein Bildungsprogramm bietet, reiht er sich in eine britische Tradition ein, die ihren Ursprung in einer protestantischen Bildungsethik hat. Herausragendstes Beispiel dafür ist das British Museum, dessen Grundstock die Sammlung von Hans Sloane bildete. Aber auch die im Jahr 1900 eröffnete Wallace Collection ist dieser Ethik entsprungen, die London zu einer an Museen außerordentlich reichen Stadt werden ließ. ∎

London hat etwas Magisches

Vibrancy — so wird gern das Lebensgefühl in London bezeichnet. Solch ein ›lebendiger Resonanzraum‹ zieht auch zahlreiche Künstler und Künstlerinnen an. Gleiches gilt für die vielen Kunsthochschulen und exzellenten Verkaufsmöglichkeiten, meint die Londoner Kuratorin Ziba Ardalan.

Ziba Ardalan gründete 2004 die Stiftung Parasol unit (https://parasol-unit.org). Sie liegt in einer ruhigen Straße nahe der Grenze zwischen dem Galerienviertel in Shoreditch und Islington. Das nichtkommerzielle Ausstellungshaus ist in einem umgebauten viktorianischen Möbellager untergebracht, widmet sich ausschließlich der Gegenwartskunst und verlangt keinen Eintritt. Ardalan stammt aus dem Iran, promovierte in Genf in Chemie und studierte anschließend Kunstgeschichte in New York, wo sie das Swiss Institute, ein nichtkommerzielles Ausstellungshaus und Bildungszentrum für zeitgenössische Kunst, mitgründete.

Frau Ardalan, warum haben Sie später in London die Parasol unit gegründet?

Aus purem Idealismus und Liebe zur Kunst. Nachdem ich 1987 Direktorin des gerade gegründeten Swiss Institute in New York geworden war, lernte ich, eine kleine und unabhängige Institution zu führen. Von da an wollte ich immer einen eigenen Kunstraum leiten. Denn in einer großen Institution können Sie nur alle drei bis fünf Jahre eine Ausstellung kuratieren, hier in der Parsol unit kuratiere ich vier pro Jahr. Verhältnismäßig kleine Räume können erstaunlich effektiv und effizient sein.

Wie ist die Resonanz und welche Kunst zeigen Sie?

Die Galerie zeigt Ausstellungen von jungen wie auch etablierten Künstlern aus aller Welt. Sie ist vollkommen unabhängig und sieht sich britischen wie internationalen Künstlern verpflichtet. Unter den Künstlern, deren Karriere wir beeinflusst haben, sind beispielsweise Michael Borremans, Yang Fudong, Julian Charrière und Rana Begum. Unsere Ausstellungen wurden auch national und international beachtet. Zu jeder Schau erscheint ein Katalog. Außerdem werden die Ausstellungen begleitet von Bildungsprogrammen für Kinder, Jugendliche und Erwachsene.

London ist zu einem Hotspot auch der Gegenwartskunst geworden. Aber ist es nicht für viele Künstler zu teuer?

Natürlich ist das Leben in Londons Innenstadt in den vergangenen zwanzig Jahren für Künstler teuer geworden, was sehr schade ist. Ich erinnere mich, dass dies auch in den 1980er-Jahren in New York passierte und sehr abträglich für das Leben der Künstler war. Dennoch kommen die Künstler hier in London,

GALERIE AM COLLEGE **G**

2018 hat in einem ehemaligen Badehaus im südlichen Stadtteil New Cross die **Goldsmiths Centre for Contemporary Art Gallery** (www. gold.ac.uk) eröffnet. Direkt neben dem Goldsmiths College, der Kunsthochschule, an der u. a. Damien Hirst, Tracey Emin, Thomas Demand und Bridget Riley studierten, werden »internationale Künstler in direkten Kontakt mit jungen Künstlern gebracht«, sagt Direktorin Sarah McCrory. Neben Ausstellungen werden Diskussions- und andere Veranstaltungen geboten. »Im Unterschied zu vielen anderen Ausstellungshäusern arbeiten wir auch generationsübergreifend sowie mit verschiedenen Präsentationsformen«, betont McCrory. Die Galerie erwerbe neue Werke, zeige aber auch ältere.

das eine enorm große Stadt ist, damit irgendwie zurecht. Zudem kommt die Kreativität in einer Stadt nicht nur von Leuten, die auch ständig dort leben. Heutzutage reisen wir sehr viel und weit und unsere Kontakte, der Austausch wirken sich auf jede Stadt aus. Am wichtigsten ist es, offen und tolerant zu bleiben. Wir haben uns daran gewöhnt, Berlin als eine kostengünstige Stadt für Künstler zu betrachten. Aber die Menschen, die dort leben, reisen häufig ins Ausland. Es wäre interessant zu erkunden, welche Einflüsse sie zurück in die Stadt bringen.

Ist London ein besonders inspirierender Ort für Künstler?

London hat etwas Magisches. Es hat stets kreative Menschen angezogen. Früher kamen sie wegen der Musik, der Mode und der Theater, aber zunehmend wollen sie hier sein wegen der Vibrancy,

der Lebendigkeit in der bildenden Kunst. Hinzu kommt, dass es hier mehr als ein halbes Dutzend Kunsthochschulen gibt, die sehr offen und flexibel sind. Neben führenden Galerien gibt es zudem einige große Museen wie das Science Museum, das Natural History Museum, das Maritime Museum und viele weitere, die Künstlern sehr gute Möglichkeiten für Recherchen und Inspiration bieten.

Welche Themen beschäftigen Künstler in London derzeit besonders?

Traditionell haben im Vereinigten Königreich Künstler wie auch die Öffentlichkeit ein besonderes Interesse an Darstellungen des menschlichen Körpers und damit auch an figurativer Kunst. Man denke nur an Francis Bacon, David Hockney, Lucian Freud und Antony Gormley. Und natürlich an Damien Hirst und Tracey Emin, die direkt von der gegenständlichen Welt inspiriert sind. Dennoch kann man heute viele verschiedene Stile erkennen, von der Installation bis zum Bewegtbild und hin und wieder auch Abstraktion. Die jüngere Generation ist eher von ihrer unmittelbaren Umgebung inspiriert, vom Internet und Instagram bis zu Tagesnachrichten. Im Zeitalter des Internets, intensiver Reiseerlebnisse und der Kommunikation ist es nicht mehr möglich, Kunstrichtungen geografisch so deutlich zuzuordnen wie früher. Hinzu kommt, dass das soziale Gewebe in London sehr verschieden ist. Aus welchem Grund auch immer – und ich möchte das politisch nicht weiter ergründen – ist London offen für fremde Einflüsse. Das gilt übrigens für alle Gesellschaftsschichten und ist an sich schon ein enormer Antrieb für Kreativität.

Welche Rolle spielt die Streetart, insbesondere im East End und in Bermondsey?

Streetart spielt heute eine bedeutende Rolle in jeder großen Stadt der Welt. Jene

Städte, die sie einst skeptisch betrachteten oder ablehnten, mussten lernen, sie zu akzeptieren oder gar zu schätzen. Man bedenke nur, welche Preise Banksys Werke auf Auktionen erzielten. Mauern werden in jeder Stadt von vielen als leere Leinwände gesehen und es ist unausweichlich, dass junge und aufstrebende Künstler sie nutzen, sei es aus Protest oder um Aufmerksamkeit zu erlangen. Ähnlich wie Karneval oder einige Paraden ist Streetart eine Möglichkeit, Zorn und Frustation abzulassen oder einfach Spaß zu haben. Streetart scheint zunehmend ein bedeutender Faktor des Stadtlebens zu sein. Allerdings: In dem Maße, in dem Stadtteile wie das East End, Shoreditch, Bermondsey oder Brixton gentrifiziert werden, geht dort die Streetart zurück.

Abgesehen von den großen Museen und kommerziellen Galerien: Wo können Besucher einen guten Überblick über die junge Kunst aus London gewinnen?

Am besten eignen sich dafür die kleinen Institutionen, die keine eigene Sammlung haben und daher nicht ihre eigenen Künstler unterstützen müssen. In London gibt es davon viele: das Camden Arts Centre, Calvert 22, die South London Gallery, die Chisenhale Gallery, Peer, The Mosaic Rooms, Studio Voltaire, Drawing Room, Bow Arts Trust, Raven Row, Nunnery Gallery, Candid Arts Trust, die Serpentine Galleries und die Whitechapel Gallery. Und natürlich die Parasol unit. ∎

Die Installation »Supra Terram« der isländischen Künstlerin Katrín Sigurðardóttir war 2015 in der Parasol unit ausgestellt.

Applaus, der nachhallt

In Camden werden auch alte Theatersäle gerockt – wie hier der des KOKO von der finnischen Band »The Rasmus«.

Lust auf Rock, Jazz oder Folk? — London ist nach wie vor eines der führenden Zentren populärer Musik und Camden mit seinen Music Venues seine bedeutendste Brutstätte für Stars.

Stellen Sie sich einmal vor, Ed Sheeran würde in Ihrer Wohnküche singen. Oder Leonard Cohen wäre dort aufgetreten. Der größte Teil Ihrer geladenen Nachbarn und Freunde hätte wohl schon angesichts der Aussicht, die Stars so nah erleben zu dürfen, glänzende Augen bekommen. Die beiden traten tatsächlich in einer – gleichwohl zu einer vegetarischen Bar – erweiterten Wohnküche in Camden auf. So könnte man nämlich das 2005 gegründete Green Note am Parkway beschreiben.

Klein, fein, intim: Green Note

Nur rund 65 Plätze zählt der 2015 vom Stadtmagazin »Time Out« zum beliebtesten Music Venue gewählte Club. Ein Jahr später kürte ihn die Zeitschrift sogar zu Camdens führender kultureller Institution. Die Bühne ist wirklich winzig. So haben hier denn auch oft Singer-Songwriter Soloauftritte, allenfalls spielen noch Duos oder sehr kleine Gruppen auf. Vorwiegend ist Rootsmusik zu hören, darüber hinaus Jazz, Bluegrass, Blues und World Music – und alles, was den Betreiberinnen Immy Doman und Risa Tabatznik sonst noch gefällt, wie sie auf ihrer Website kundtun. Eines Tages kam auf Doman mal ein Stammgast mit etwas strubbeligen dunklen Haaren und einem mächtigen Brillengestell zu und sagte, er würde auch gern mal hier auftreten. Doman bat ihn daraufhin, ihr doch ein paar Demoaufnahmen zu geben. Der Stammgast schaute sie etwas verwundert an, schickte ihr dennoch Beispiele seiner Musik. Da erst begriff sie, wen sie vor sich gehabt hatte: Graham Coxon, Leadgitarrist der damals schon berühmten BritPopBand Blur. Natürlich gab Coxon dann auch ein Konzert im Green Note.

Härtere Klänge: The Dublin Castle

Fast jeder Musiker oder jede Gruppe, die die BBC als ›emerging artists‹, als ›aufkommende Künstler‹, listet, tritt in Camden auf. So war es auch bei der 2011 verstorbenen – bis heute allgegenwärtigen – Sängerin Amy Winehouse, an die ein Denkmal in den Stable Markets erinnert. Legendäre Auftritte legte die ›Queen of Camden‹ im Parkway hin. Ihre Stimme

war ebenfalls im Green Note zu hören, öfter aber noch ein paar Schritte weiter in The Dublin Castle – und dort nicht nur auf der Bühne, sondern auch hinter der Theke. Die bierdünstige Kneipe steht für eine andere, sehr traditionelle Art von Veranstaltungsort: den Music Pub. Bis zu 200 Besucher trinken und feiern hier. Jede Nacht treten vier Bands auf, einige auch in den Hinterräumen. Es wird vor allem jungen Gruppen eine Chance gegeben. Zu hören sind auch härtere Klänge als nebenan im Green Note. Das Spektrum reicht von Jazz bis Metall.

Dabei wurde in der Kneipe ursprünglich gar nicht Musik gemacht. Sie war Treffpunkt irischer Einwanderer, die Gleise und Tunnel für die Eisenbahn bauten. Erst 1979 gestattete der Betreiber ein paar jungen Leuten, hier ein Konzert zu geben. Doch die spielten dann gar nicht wie angekündigt gepflegten Jazz, sondern eine Mischung aus Ska Punk und Pop, die sie – und damit auch The Dublin Castle – bald berühmt machen sollte: Madness. Die Gruppe drehte später sogar das Musikvideo ihres Titels »My Girl« in und vor dem Pub. Bekannt wurde er überdies durch Auftritte von Britpop-Bands wie der schon erwähnten Gruppe Blur.

Die Taverne ist geradezu ein Symbol für Camdens Musikszene. Um die Zeit herum, als dort die Gäste wortwörtlich gerockt wurden, entstanden in der Nähe weitere bis heute bedeutende Musikbühnen, etwa das Dingwalls, der Electric Ballroom und das Roundhouse. In dem ehemaligen Eisenbahnschuppen, der einer geschrumpften Royal Albert Hall gleicht, hatte Amy Winehouse übrigens ihren letzten Auftritt.

Camden wurde zu Londons Zentrum der Musikszene und feierte dies regelrecht mit dem »Camden Crawl«, einer Art Kneipentour durch die Music Venues. The Dublin Castle war schon 1995 beim ersten Mal dabei. 2014 musste der »Camden Crawl«, bei dem

Stets irgendwie präsent, auch mit Graffiti: Amy Winehouse, die »Queen of Camden«, trat auch im KOKO (oben) auf.

Weltstars wie Adele auftraten, wegen finanzieller Schwierigkeiten eingestellt werden. Es gibt aber Bestrebungen die Veranstaltung wieder aufleben zu lassen. Die Lücke füllt einstweilen das Festival »Camden Rocks«, das stets Anfang Juni veranstaltet wird. Für 2019 haben sich 400 Bands angekündigt, die in 20 Clubs, Theatern und Music Pubs auftreten, darunter weitere sehr profilierte wie The Hawley Arms, Camden Underworld und The Camden Assembly – neben The Dublin Castle, das natürlich wieder dabei ist.

Konzertsaal mit Restaurant: Jazz Café

Einen richtigen Konzertraum bietet weiter den Parkway entlang das Jazz Café. Mit einer Kapazität von gut 400 Personen ist er gleichwohl noch deutlich kleiner als der des KOKO, dessen ehemaliger Theatersaal rund 1400 Plätze bietet, oder der des Electric Ballroom, der 1100 Besucher fasst. Der Name ist etwas irreführend, denn es wird weit mehr als Jazz geboten: Soul und Neo-Soul, Hip-Hop, Electronica, Blues, World Music, Reggae und Latin stehen vornehmlich auf dem Programm. Die Konzerte können auch von einer Galerie im Zwischengeschoss aus genossen werden, und zwar bei einem Drei-Gänge-Menü zu relativ zivilen Preisen. Erst 2016 wurde das Jazz Café von einem Unternehmen gekauft, dem auch die vormals unter dem Namen Barfly zu Ruhm gekommene Camden Assembly gehört, und renoviert. In der imaginären ›Hall of Fame‹ des seit 1990 in der ehemaligen Bankfiliale ansässigen Etablissements stehen neben Amy Winehouse u. a. Lana del Rey, Adele und Herbie Hancock. Im Grunde reicht schon ein ›Parkway Crawl‹, um dem Musikgeschmack eines jeden wenigstens grob gerecht zu werden – es sei denn, jemand hört nur Klassik. ∎

Schärfer könnte der Kontrast kaum sein: Mudchute Park and Farm bietet Landleben in Sichtweite der hochstrebenden Finanzwelt in den Docklands.

Urban Gardening schafft Ruheoasen

London ist ausgesprochen grün — außer den Squares gibt es eine Reihe von Farmen und viele kleine Ruheoasen an überraschenden Orten. Dort wird einer urenglischen Leidenschaft gefrönt, dem Gardening.

Was für ein Kontrast. Dort der brutalistische Wolkenkratzer Centre Point, dessen Büros in Luxusapartments umgebaut wurden, hier wild wuchernde Pflanzen neben schmalen Pfaden, Steinbänken, kleinen Rasenflächen und Teichen. Nur wenige Meter entfernt von den Passantenströmen in Soho und rund um Covent Garden ist der Phoenix Garden (s. Abb. S. 305) nicht nur eine Oase der Ruhe, sondern auch der Natur inmitten steinerner Stadtwüste. Der Community Garden der Anrainer ist ein Stück – wenn auch eingehegte – Wildnis. Wenn man so will eine moderne Weiterentwicklung, ja Steigerung des englischen Landschaftsgartens, der im Gegensatz zum streng geometrisch geschnittenen Barockgarten Naturlandschaft nachahmte. Die hohe Kunst des Chefgärtners Chris Raeburn, der hier eine der imposantesten und sogar mit Palmen bestückten Grünanlagen Londons geschaffen hat, ist mit vielen Preisen gewürdigt worden, u. a. dem »European Award for Ecological Gardening«.

Bushaltestellen werden Miniparks

»Das Gefühl, ein eigenes Reich zu haben, eine Spielfläche für unsere Vorstellungen, ist der tiefere Grund, weshalb wir als Nation Gärten lieben«, meint die Gartenjournalistin und Autorin Debora Robertson in einem Artikel der Tageszeitung »Telegraph«. Der Althistoriker und passionierte Gärtner Robin Lane Fox führt die Leidenschaft in einem Interview mit der »ZEIT« eher auf das milde, daher pflanzenfreundliche Klima Englands zurück. Wie auch immer, das Hobby trägt wesentlich dazu bei, London zu einer noch grüneren Stadt zu machen, als sie es durch die Squares ohnehin schon ist.

In den vergangenen Jahren scheint eine regelrechte Begrünungsmanie ausgebrochen zu sein. Vielleicht kein Wunder in einer Stadt, in der Globalisierungsgegner im Jahr 2000 das ›Guerilla Gardening‹ mit einer Aktion auf dem Parliament Square weltöffentlich machten. Mehr als ein Jahrzehnt später organisierte das frühere Model Mak Gilchrist eine Nachbarschaftsinitiative, um das schnöde Areal um die Bushaltestelle Landor Road an der Linie 322 in einen Minipark zu

---

CITY FARMS 　　　　　　 **C**

In London gibt es über 60 City Farms und Community Gardens. Einen Überblick bekommen Sie auf der Website der Organisation Federation of City Farms & Community Gardens: www.farmgarden.org.uk.

verwandeln. Nebeneffekt: Die Kommunikation und das Gemeinschaftsgefühl der Anwohner wurden gestärkt und damit ihre Identifikation mit dem Viertel. Inzwischen ist aus der Initiative die Firma Edible Bus Stop erwachsen. Sie hat unter Einbeziehung der Anrainer nicht nur weitere Haltestellen an der Buslinie in Miniparks umgestaltet, sondern auch andere eher kahle Plätze. Vorwiegend nutzt sie dazu einheimische, wild wachsende – und wenn möglich essbare – Pflanzen. Und in der Straße Great Maze Pond nahe dem Wolkenkratzer The Shard hat sie eine ausrangierte Telefonzelle aufgestellt, die von Pflanzen und damit von der Natur quasi zurückerobert wird.

Gardening mit sozialer Komponente

Forciert durch städtische Förderung erblühten in den vergangenen Jahren zudem mehr als 100 ›Pocket Parks‹ aus dem Londoner Boden. Das sind teils nur wenige Quadratmeter kleine Gärten, die unwirtliche Flecken im Stadtgewebe insbesondere im Frühling und Sommer zu farbenprächtigen Kleinoden machen. So etwa neben einem Tunneleingang an der Leake Street nahe Waterloo Station. Wo sich früher u. a. Drogendealer trafen, sieht man heute Sprayer, die den Tunnel mit teils exzellenten, oft sozialkritischen Graffiti ausgestalten. Urban Gardening trifft Streetart.

Eine soziale Komponente kennzeichnet auch den Coriander Club in Tower Hamlets. Lutfun Hussain gründete ihn, um den vielen Frauen des Bezirks, die wie sie aus Bangladesch stammen, eine Möglichkeit zu geben, auch alleine das Haus zu verlassen. Wer den Roman »Brick Lane« von Monica Ali gelesen hat, weiß, dass das ein Problem für viele Bangladeschi-Frauen ist. Unter den Folienzelten bauen sie Gemüse und Kräuter an, die sie für ihre traditionellen Gerichte verwenden. Was über den Eigenbedarf hinausreicht, wird verkauft, auch an Besucher. Der Club

gehört zur Spitalfields City Farm, einem von mehreren Bauernhöfen in London. Ein weiterer ist Mudchute Park and Farm auf der Isle of Dogs. Es mutet fast surreal an, dort weidende Schafe vor dem Hintergrund der Bankentürme zu sehen. Die Farmen mit ihren Pferden, Eseln und sonstigen Tieren sind besonders für Kinder ein Vergnügen. Sie bringen Natur in teils problematische Viertel und wollen das Umweltbewusstsein schärfen.

Auch in Privatgemäuern wird bepflanzt, was das Zeug hält. Seit rund zehn Jahren verändern Dachgärten signifikant das Bild Londons von oben. Restaurants und Hotels folgen dem Trend, imkern teils sogar auf den Dachterrassen. Firmen lassen ihre Dächer begrünen, gern auch mit essbaren Pflanzen. Das soll die Energiekosten senken und trägt dazu bei, die infolge des Klimawandels häufigeren starken Regenfälle im Sommer besser abzufangen. In jeder Hinsicht frei ist der Zugang zum Japanischen Garten auf dem Dach der Brunei Gallery. Nordwestlich des Russell Square im Universitätsviertel Bloomsbury kann man dort im Angesicht von Thymian und Blauregen Tee trinken.

Lunch im Inner Temple Garden

Wer ein regelrechtes ›Frühstück im Grünen‹ vorzieht, hat dazu in den Inner Temple Gardens Gelegenheit. Abseits der hektischen Fleet Street herrscht auf dem Gelände, das seit Jahrhunderten die Anwaltskammer Inner Temple in Beschlag genommen hat, eine fast klösterliche Stille. Um die Pflanzen zu schonen, ist die Gartenanlage nur zwischen 12.30 und 15 Uhr geöffnet. Gärtner sorgen dafür, dass im Frühling viele Tulpen leuchten und vom Sommer bis in den Herbst u. a. Geranien und Dahlien erstrahlen. Dort fand übrigens bis 1912 der gesellschaftliche Höhepunkt englischer Gartenbaukunst statt: die Schau der Royal Horticultural Society, die später nach Chelsea verlegte »Chelsea Flower Show«. ∎

Der Skip Garden nahe King's Cross kann wirklich ›hüpfen‹: Alle Beete und Behälter sind beweglich.

Inmitten gepflegter Beete macht selbst das Warten auf den Bus Freude: die Haltestelle Landor Road.

Schon exotisch: Der prämierte Phoenix Garden bietet unerwartet mitten im lautesten Metropolentreiben eine Oase der Besinnlichkeit – nicht nur für Anrainer, auch für Besucher.

Abbildungsnachweis
Louise Dentice, London (GB): S. 241 **DuMont Bildarchiv,** Ostfildern: S. 20, 22, 24, 32/33, 37, 59, 91 o. re., 130 re., 131 li., 150, 153, 155, 161 o. re., 161 u. re., 189 li., 191, 227 o. re., 234, 247, 248, 253, 284, 291 u. (Georg Knoll); 16 u., 35 o. re., 168, 178 (Martin Sasse) **EyeEm,** Berlin: Titelbild (Depixion) **Getty Images,** München: S. 111, 187 (AFP/ Ben Stansall); 105 (Anadolu Agency/Ray Tang); 7 o. li. (Dosfotos/Design Pics); 129 (EyeEm/Keren Sequeira); 266 (Heritage Images/Museum of London); 181 (Hollie Fernando); 25, 298/299 (Redferns/ Venla Shalin); 89 (WireImage/Joseph Okpako); 2/3 (Stephan Zirwes) **Annette Kossow,** London (GB): S. 188 li., 311 **iStock.com,** Calgary (CA): S. 160 re. (acmanley); 46 (AtomStudios); 6 re. (chrisdorney); 62 li. (coward_lion); 163 (georgeclerk); 301 u. (oversnap); 62 re. (poludziber); 209 li. (PatrikSlezak); 131 u. re. (LiubovTerletska) **laif,** Köln: S.18 (Andrea Artz); 82 (CAMERA PRESS/Steve Forrest); 30 (Malte Jaeger); Umschlagklappe vorn, 63 o. re., 81, 156 (Georg Knoll); 179 (hemis.fr/Ludovic Maisant); 217 (hemis. fr/Philippe Renault); 229 (Loop Images/Iksung Nah); 120, 124 (Zenit/Paul Langrock) **Mato,** Hamburg: S.

75 (Antonino Bartuccio); 290 o. li. (Corrado Piccoli); 115, 278 (Maurizio Rellini) **Mauritius-Images,** Mittenwald: S. 305 u.; 262 (Alamy/Brian Anthony); 144 (Alamy/Kristina Blokhin); 15 (Alamy/CatwalkFashion); 90 re., 203 (Alamy/Elena Chaykina); 69, 291 o. (Alamy/Chrispictures); 305 o. li. (Alamy/Stephen Chung); 227 li. (Alamy/Milton Cogheil); 8 (Alamy/ Dylan Garcia Photography); 107 (Alamy/Education & Exploration 3); 226 li. (Alamy/Julio Etchart); 21 M., 118 (Alamy/Tony Farrugia); 84, 212 (Alamy/Tony French); 133 (Alamy/Jeff Gilbert); 61 (Alamy/GL Archive); 281 u. (Alamy/James Hadle); 301 o. (Alamy/ Nick Hughes); 290 re. (Alamy/Imageplotter News and Sports); 108, 195 (Alamy/Jansos); 99 (Alamy/Sylvie Jarrossay); 188 re., 196, 261 (Alamy/Michael Kemp); 281 o. (Alamy/Mark Kerrison); 276/277 (Alamy/ Lazyllama); 159 (Alamy Live News/Claire Doherty); 130 li. (Alamy/LondonPhotos); 173 (Alamy/Panther Media GmbH);
93 (Alamy Parinya Suwanitch); 19 re., 26 (Alamy/ Roger Parkes); 230 (Alamy/Mo

Annette Kossow war von frühester Jugend an von Fernweh geplagt. Die gebürtige Schleswig-Holsteinerin bereiste seit ihrem Studium alle Teile der Welt. Seit über 20 Jahren lebt die Mutter von zwei Mädchen im Süden Londons. Sie arbeitet als Lehrerin in verschiedenen Londoner Stadtteilen sowie als Übersetzerin und Reisebuchautorin.

Matthias Schatz arbeitete viele Jahre als Finanzjournalist in London, nachdem er zuvor für führende deutsche und englischsprachige Medien tätig gewesen war. An London gefällt dem promovierten Kulturhistoriker neben der Internationalität besonders die Dynamik und Aufgeschlossenheit für Neues.

Peerbacu); 86 (Alamy/Pictures Colour Library); 139 (Alamy/Eugene Regis); 207 (Alamy/David Richard); 49 (Alamy/RichardBakerStreetPhotography); 16 o. (Alamy/David Saunders); 134 (Alamy/Peter Scholey); 21 re., 258/259 (Alamy/Alex Segre); 76 (Alamy/ SFL Travel); 211 (Alamy/Robert Stainforth); 290 u. li. (Alamy/Steve Hawkins Photography); 28 (Alamy/ Edmund Sumner-VIEW); 73, 288/289 (Alamy/ Travelshots.com/Peter Phipp); 239 (Alamy/Steve Tulley); 219 (Alamy/Simon Turner); 160 li., 166, 182 (Alamy/Monica Wells); 221 (Alamy/Steve Vidler); 223 (Alamy/Gregory Wrona); 6 li. (imagebroker); 169 (Loop Images/Ricky Leaver); 91 li. (Loop Images/ Roberto Herrett); 23, 44, 127 (Steve Vidler) **Parasol unit foundation for contemporary art**, London (GB): S. 297 (Jack Hems) **picture-alliance**, Frankfurt a. M.: S. 268 (CPA Media/Pictures From History); 53 (Reuters/dpa/Peter Nicholls); 143, 272 (ZUMA Press/Ray Tang) **Matthias Schatz**, Hamburg: S. 264, 282, 302, 305 o. re. **Shutterstock.com,** Amsterdam (NL): S. 42 (Aivita Arika); 131 o. re. (Steve Allen); 294 (andersphoto); 27, 57, 65, 141, 209 o. re., 225 (Willy Barton); 14 (Bikeworldtravel); 63 li. (Kristi Blokhin); 112 li. (S. Borisov); 189 re. (Del Boy); 113 o. re., 208 li (Chrispictures); 19 li., 204 (ElenaChaykinaPhotography); 176 (Ron Ellis); 34 re. (globetrotters); 242 (Steve Heap); 226 re. (IR Stone); 209 u. re. (iuliia_n); 113 u. re. (Piotr Krzeslak); 208 re. (Lenscap Photography); 35 re. u. (MATpic); 34 li. (Jaroslav Moravcik); 227 u. re. (Ngvozdeva); 63 u. re. (avtor painter); 71 (Paolo Paradiso); 113 li. (Pajor

Pawel); 148 (Silvi Photo); 293 (photocritical); 170 (poludziber); 161 M. (Alex Segre); 7 re. (srekap); 112 re. (Kiev.Victor); 35 M. (Alberto Zamorano) **Matthew Tugwell**, London (GB): S. 55, 147 **Wikimedia Commons:** S: 90 li. (CC BY-SA 3.0/Einsamer Schütze); 91 u. re. (CC-PD)

Umschlagfotos
Titelbild: double-decker bus; Umschlagklappe vorn: The Mall nach dem Queens birthday

Kartografie
DuMont Reisekartografie, Fürstenfeldbruck
© DuMont Reiseverlag, Ostfildern

Autoren: Annette Kossow, mit Beiträgen von Matthias Schatz **Redaktion/Lektorat:** Erika E. Schmitz **Bildredaktion:** Erika E. Schmitz, Titelbild: Carmen Brunner **Grafisches Konzept und Umschlaggestaltung:** zmyk, Oliver Griep und Jan Spading, Hamburg

Hinweis: Autoren und Verlag haben alle Informationen mit größtmöglicher Sorgfalt geprüft. Gleichwohl erfolgen alle Angaben ohne Gewähr. Bitte schreiben Sie uns! Über Ihre Rückmeldung und Ihre Verbesserungsvorschläge freuen wir uns: DuMont Reiseverlag, Postfach 3151, 73751 Ostfildern, info@dumontreise.de, www.dumontreise.de

1. Auflage 2019
© DuMont Reiseverlag, Ostfildern
Alle Rechte vorbehalten
Printed in Poland

Offene Fragen*

Wie schwer ist Big Ben?
Seite 43

Ist »Stuckist« das englische Wort für Stuckateur?
Seite 52

Ist die Londoner U-Bahn wirklich die älteste der Welt?

Sind Jubilee, Harris, Gripp, Rocky, Erin, Poppy und Merlina Mitglieder einer Band?
Seite 129

Warum verkauft niemand Schafe auf dem Shepherd Market?
Seite 48

Wie viele Black Cabs gibt es in London?

Wie viel Bier gehört in ein Pint?

Sind Beefeater in Wahrheit Vegetarier?
Seite 125

Wo ist der Sand von »The Strand« geblieben?
Seite 77

BYO: Was soll das denn sein?

Warum hat London gleich zwei Bürgermeister?
Seite 119

Fish & Chips oder lieber Blutwurst?
Seite 14

* Fragen über Fragen – aber Ihre ist nicht dabei? Dann schreiben Sie an info@dumontreise.de. Über Anregungen für die nächste Ausgabe freuen wir uns.